U0556729

教育部"新世纪优秀人才支持计划"项目成果
社会学前沿论丛
北京市第十三届哲学社会科学优秀成果奖一等奖

西方社会运动理论研究

Social Movement Research in the West:
Perspectives and Theories

冯仕政　著

中国人民大学出版社
·北京·

谨以此书献给我的母亲李仁菊（1942—2011）
她虽然识字不多，但她的言传身教让我懂得了很多做人和做事的道理

序

赵鼎新

认识仕政是大约十年前的事。那天，我的老朋友李路路教授带了一位年轻人来见我，说他是人大社会学系刚留校的教师，各方面都很优秀，并且开始对社会运动研究感兴趣，等等。仕政的博士论文做的是关于南街村的研究，并且已经发表成书。我当时正在关注中国极左势力和乌托邦思潮的复兴，对南街村所发生的一切很感兴趣。初次见面，我和仕政就谈了许久，临别时仕政送了我一本他关于南街村的书。我马上就把它看完了。十年前的中国社会学要比今天闭塞不少，西方社会学的许多理论和研究方法还没有在中国产生影响。南街村在某种程度上可以被视为一个在中国特殊的"政治机会结构"下产生的特殊的村落组织，仕政却套用当时国内风行的"市场转型理论"来分析南街村所发生的一切，整本书的理论和叙事因此而显得不太协调，可我仍花了一下午时间津津有味地把它读完。尽管仕政给自己的书戴了一顶不伦不类的理论帽子，但这一帽子却未能掩盖他流畅的文笔、对现实的高度把握和分析能力。他书中的一些资料验证了我对南街村现象的一些初步看法，我也从仕政的书中学到不少东西。在此后的接触中，我发觉仕政为人实在，治学甚勤，而且做事讲原则，是我很欣赏的品性，于是我们成了忘年交。

此后不久，仕政转向社会运动研究。这些年来，他发表了不少很有见地的文章，同时一直在对西方社会运动理论进行梳理。我很高兴地看到他的识见在不断地增长。尽管如此，当他告诉我他计划撰写一本全面介绍西方社会运动理论的书时，我还是为他捏了一把汗。毕竟仕政没有在西方长期生活的经历，这是否会影响他对这些理论背后的社会和政治环境的把握？毕竟西方学者所写的社会运动的书籍已经被大量地译成中文，仕政的书能否有独到的贡献？这些都是我的疑虑。但是在看到仕政的著作之后，所有这些疑虑都一扫而空。除了极少数段落，仕政对西方社会运动理论有着平衡的理解和很好的驾驭能力。他的许多观点都来自多年的教学和研究心得，因此很少有国内著作中常见的那种急就章的味道。他对西方的理论既没有表现出盲目的崇拜，也没有一味地否定。虽然仕政没有点明，但他的著作无处不在告诉我们：在大量社会机制的层面上，中国社会和西方社会并没有本质的区别；换言之，在社会机制这一层面上，西方理论是完全可以用来理解和研究中国问题的。从社会学角度来说，不同的社会之所以不同，就是因为它们有着不同的社会、政治、经济结构和文化，而这些不同的结构和文化会在很大程度上影响每一种社会机制在社会生活中的相对重要性和作用方式（比如，在计划经济社会下，"搭便车"这一社会机制对社会的方方面面都有着很大的影响；但是在市场经济社会下，这一机制的作用就十分有限）。从这一观点出发，我们应该懂得，作为一个合格的社会学家，我们既要树立切合中国实际的问题意识和解读视角，又要避免落入因为坚持中国的特殊性而轻视西方学术的误区。

笔者曾经出版过一本题为《社会与政治运动讲义》的教科书。与拙作相比，仕政的著作有如下三个特点：第一，我的教科书是在清华大学授课录音的基础上改写而成的。虽然我在录音的基础上做了大量的修改和扩充，但是拙作的讲义性质还是很明显的。也就是说，仕政的著作对西方社会运动理论有着更广阔的覆盖。第二，我的教科书侧重于从知识社会学与方法论的角度来批判和重建西方社会运动理论，而仕政的重点在于梳理和介绍。如果读者想更详细地了解西方社会运动理论的发展，仕政的著作能够提供更多的东西。第三，我的人生经历决定了我对在"美好"理想驱动下的暴力革命有着巨大的恐惧。这促使我在书中把西方社会学中的革命理论、社会运动理论和集体行动理论打通，试图提出一种整合性的理论，进而指出将社会矛盾制度化的可能性和方向。而仕政是中国20世纪90年代后兴起的注重专业化的一代学者中的佼佼者，他所关心的问题与西方主流的社会运动理论有着很大的重叠。从以上三个角度来看，仕政的著作与拙作既有重合，也有区别，它们之间有着很好的互补性。

当下中国社会在价值观上存在着严重分裂，与此同时，飞速发展的社会给人们提供了新型的通信交流手段和利益表达方式，但中国的体制却仍然缺乏将这些新型的社会矛盾纳入制度化表达的有效途径，社会上的各种矛盾因此正以多种形式——包括社会运动和骚乱——表现出来。在这个意义上，仕政的著作来得十分及时。我相信，无论是学生和研究人员，还是政府干部和社会人士，都会从仕政的著作中汲取大量有用的信息和思想。

目 录

第一章 导论：西方社会运动研究概览 / 1

 第一节 西方社会运动研究的发展脉络 / 2
  一、美国社会运动研究传统的源流 / 2
  二、美国传统下的专业领域名称 / 7
  三、西欧社会运动研究传统的演变 / 9
  四、西方社会运动研究的知识视野 / 12

 第二节 集体行为的含义及类型 / 13
  一、"集体行为"概念的提出及演变 / 13
  二、集体行为的基本类型 / 15
  三、聚众 / 17
  四、群众 / 20

 第三节 社会运动概念的定义及争议 / 24
  一、社会运动作为集体行为 / 24
  二、社会运动作为政治斗争 / 26
  三、社会运动作为对权威的挑战 / 30

四、社会运动概念：评论与总结 / 34
第四节　西方社会运动研究的知识谱系 / 39
一、研究主题 / 40
二、理论视角 / 43
三、本书的组织架构 / 45

第二章　集体行为论 / 48

第一节　集体行为论的兴起与分殊 / 48
一、集体行为论兴起的时代背景 / 49
二、集体行为论的思想原型 / 52
三、集体行为论内部的理论分野 / 56

第二节　符号互动取向的集体行为理论 / 58
一、勒庞的集体心智理论 / 59
二、布鲁默的循环反应理论 / 60
三、特纳和克利安的突生规范理论 / 61

第三节　结构功能取向的集体行为理论 / 63
一、斯梅尔塞的值数累加理论 / 63
二、康豪瑟的群众社会理论 / 69

第四节　相对剥夺取向的集体行为理论 / 75
一、戴维斯的J曲线理论 / 75
二、格尔的相对剥夺理论 / 77

第五节　集体行为论的衰落与调整 / 81
一、对集体行为论的挑战和批判 / 81
二、集体行为论的调整与修正 / 87
三、集体行为论的回归与最新发展 / 92

第三章　资源动员论 / 94

第一节　范式革命与资源动员论的诞生 / 94
一、资源动员论崛起的时代背景 / 95
二、奥尔森的挑战 / 97
三、资源动员论的酝酿与诞生 / 99
四、理论关切与基本假设 / 101

第二节　社会运动市场 / 104
　　一、运动市场论 / 104
　　二、社会运动市场的构成 / 105
　　三、运动资源的分类与性质 / 108
　　四、资源的配置与社会运动 / 110
第三节　社会运动组织 / 113
　　一、社会运动组织的类型 / 114
　　二、社会运动组织的效能 / 120
　　三、社会运动组织的领导和领袖 / 123
　　四、社会运动组织的演变 / 127
第四节　社会运动参与及招纳 / 130
　　一、社会运动参与的类型 / 130
　　二、社会运动参与：回应"奥尔森命题" / 132
　　三、社会运动参与作为一个过程 / 134
　　四、关系网络与社会运动参与 / 138
　　五、运动参与研究中的其他问题 / 141
第五节　社会运动业类与部门 / 142
　　一、组织间关系与"多组织场域" / 143
　　二、关于社会运动组织间关系的若干命题 / 145
　　三、社会运动组织间的结盟 / 149
　　四、从资源动员论到政治过程论 / 151

第四章　政治过程论 / 153

第一节　政治过程论的兴起与发展 / 153
　　一、政治过程论的诞生 / 154
　　二、对集体行为论和资源动员论的批判 / 157
　　三、麦克亚当的政治过程模型 / 161
　　四、政治过程论：从模型到框架 / 164
第二节　政治机会结构 / 166
　　一、概念界定和使用中的机会主义 / 166
　　二、政治机会还是政治威胁？ / 170
　　三、概念和理论发展的方向 / 171

第三节　国家政治与社会运动 / 172
　　一、重拾国家分析 / 173
　　二、国家的开放性与执行力 / 175
　　三、国家的正式结构与非正式结构 / 177
　　四、第三世界国家与革命 / 180
　　五、国家与社会的交会模型 / 183
第四节　社会运动作为政治过程 / 187
　　一、集体行动的戏码 / 188
　　二、民族国家建构与社会运动的兴起 / 190
　　三、抗争的策略 / 192
　　四、国家对社会运动的镇压与警治 / 197
　　五、运动之间的相互影响与抗争的周期 / 201
第五节　社会运动的结局及后果 / 202
　　一、运动的结局及后果：测量与评价 / 203
　　二、策略运用与运动结局 / 205
　　三、社会政治环境与运动结局 / 207

第五章　框架建构论 / 208

第一节　框架建构论的兴起：议程与背景 / 208
　　一、基本概念：框架与集体行动框架 / 209
　　二、框架建构论与其他理论视角的比较 / 211
　　三、意义与社会运动 / 213
第二节　框架建构的过程 / 216
　　一、框架建构的核心任务 / 217
　　二、框架谋划 / 221
　　三、框架竞争 / 225
　　四、框架言说 / 228
　　五、框架扩散与主框架 / 230
第三节　框架建构的场域 / 232
　　一、意识形态 / 233
　　二、文化 / 237
　　三、社会政治结构 / 240

　　　　四、媒体 / 242
　　第四节　框架建构的效果及影响 / 244
　　　　一、集体行动框架的变量特征 / 245
　　　　二、集体行动框架的共鸣度 / 246
　　　　三、框架建构的失败 / 250
　　　　四、存在的问题与研究转向 / 251

第六章　新社会运动论 / 256
　　第一节　马克思主义的阶级革命理论 / 257
　　　　一、马克思的无产阶级革命理论 / 257
　　　　二、列宁对无产阶级革命理论的发展 / 261
　　　　三、葛兰西的文化霸权理论 / 263
　　第二节　新社会运动论的兴起与理论议程 / 266
　　　　一、新社会运动论的产生及其背景 / 266
　　　　二、新社会运动论：共识与分歧 / 268
　　　　三、新社会运动之"新"特征 / 271
　　　　四、新社会运动的历史起因 / 275
　　　　五、新社会运动的历史意义 / 279
　　　　六、新社会运动论的理论影响 / 281
　　第三节　新社会运动论的代表性理论 / 283
　　　　一、梅鲁奇的信息社会论 / 283
　　　　二、图海纳的程控社会论 / 290
　　　　三、哈贝马斯的晚期资本主义危机论 / 298

第七章　结语：反思西方社会运动研究 / 302
　　第一节　西方社会运动研究的最新趋势 / 302
　　　　一、从社会运动到"斗争政治" / 303
　　　　二、文化主义转向 / 308
　　　　三、重拾情感分析 / 312
　　第二节　西方社会运动研究的演变规律 / 315
　　　　一、核心关切与基本议程 / 315
　　　　二、范式和流派的变异 / 319

三、未来的挑战与走向 / 321
第三节　中国社会转型与社会运动研究 / 325
　　一、科学精神 / 326
　　二、历史视野 / 331
　　三、中国关怀 / 336

主要参考文献 / 339

人名中英对照表 / 370

重要术语中英对照表 / 373

后　记 / 376

第一章　导论：西方社会运动研究概览

本书所说的"西方社会运动研究"，指的是"西方"关于社会运动的研究，而不是关于"西方社会运动"的研究。所谓"西方"，有两层含义：首先，作为一个政治地理概念，它指的是西欧和美国等发达资本主义国家；其次，作为一个意识形态概念，它指的是非马克思主义的立场、观点和方法。综合这两个方面，所谓"西方社会运动研究"，仅指美国和西欧国家的学者基于非马克思主义的立场、观点和方法而产生的社会运动研究成果，特别是第二次世界大战以后产生的研究成果。至于马克思、恩格斯、列宁等马克思主义经典作家关于社会运动和革命的研究，虽然其科学成就堪称杰出，社会政治影响无出其右，他们也生活在或曾经著述于西方，但根据上面的定义，亦不属于"西方社会运动研究"之列。

上述意义上的"西方社会运动研究"，主要有两个知识传统（Buechler 1995，2011；Edelman 2001；Klandermans 1986，1991；Tarrow 1988）：一个是美国的集体行为和社会运动研究，另一个是西欧的新社会运动研究。美国的集体行为和社会运动研究渊源于法国社会心理学家勒庞关于聚众的研究，西欧的新社会运动研究则渊源于马克思关于无产阶级革命的研究。这两大知识传统在相当长的时间内各自为政，并行发展，直到20世纪80年代才实现交流。不过，由于研究旨趣、理论视野等方面存在巨大差异，两大传统之间的融合至今十分有限。目前，美国传统占据着西方社会运动研究的主流，在社会学中尤其如此，而西欧传统则主要流行于社会理论、社会历史比较等领域。基于这样一种学术格局，加上本书的主要目的是为中国社会学开展相关研究提供理论镜鉴，所以本书虽兼及西欧传统，但以美国传统为研究重点。

经过一百多年的发展，西方社会运动研究积累了非常丰富的、同时也非常庞杂的概念和理论。作为导论，本章的中心任务是对西方社会运动研究的发展脉络、核心概念和知识谱系做一个提纲挈领的概述，以便读者对该领域的历史和现状有一个总体的了解。本章分为四节：第一节，概述西方社会运动研究作为一个专业领域的发展脉络；接下来，第二节和第三节分别交代"集体行为"和"社会运动"这两个核心概念的内涵及其演变；最后，第四节将梳理西方社会运动研究的知识谱系，并在此基础上阐述本书的结构安排及其逻辑。

第一节 西方社会运动研究的发展脉络

在中国社会科学研究中，美国和西欧总是被统称为"西方"，似乎"西方"内部是高度同质的，但至少在社会运动研究领域，西欧传统和美国传统的界限却是十分分明的。它们起源不同，感兴趣的问题和思考的角度也存在巨大差异。既然这两大传统在很大程度上是并行的，因此，要了解西方社会运动研究的发展脉络，最好是分成美国和西欧两个方面来说。首先来看兴起和流行于美国的社会运动研究传统。

一、美国社会运动研究传统的源流

当前所见的美国传统的社会运动研究，直接渊源于美国社会学家、芝加哥学派的创始人之一罗伯特·帕克在20世纪20年代初所开创的集体行为研究，而帕克的集体行为研究又直接渊源于法国社会心理学家勒庞关于聚众的研究。在相当长的时间内，集体行为研究都以勒庞的理论为最重要的思想源泉，因此，美国学者普遍倾向于把社会运动研究的源头追溯到勒庞于1897年出版的《聚众：一个关于大众心理的研究》(Le Bon 1897)[①]一书。如果从这个起点算起，美国传统的社会运动研究大致经历了这么四个阶段：史前阶段（1897—1921年）、创发阶段（1921—1965年）、变革阶段（1965—1977年）、确立阶段（1977年至今）。

第一阶段，可以称为美国传统的"史前阶段"，从1897年勒庞出版《聚众：一个关于大众心理的研究》一书起，到1921年帕克主编的《社会学概论》(Park and Burgess 1921)一书正式出版为止。在这个阶段，勒庞的聚众理论已经通过多种渠道传入美国，并引起了帕克等美国学者的兴趣，但直到1921年帕克主编的《社会学概论》一书出版之前，美国学者并未出现任何有关集体行为或社会运动研究的有影响的成果，所谓社会运动研究的"美国传统"尚处于"史前阶段"。

1921年，帕克主编的《社会学概论》一书公开出版。该书对美国社会运动研究的意义在于，它首次提出"集体行为"这个概念，并在书中专辟"集体行为"一章，对集体行为的形态和形成机制做了论述。尽管该书关于集体行为的论述深受勒庞的影响，但毕竟提出了"集体行为"这么一个新概念，并在理论上有不少创新，而不是对勒庞理论的简单翻版。尽管这些创新在现在看来比较肤浅，但终究开创了"集体行为"这样一个全新的研究议程和领域。后来美国的社会运动研究实际上是接着该书所创立的集体行为概念和理论往下讲，而不是直接接着勒庞的理论往下讲。正是由于该书所具有的这样一种继往开来的划时代意义，因此这里把该书的出版作为美国社会运动研究第一阶段的终点和第二阶段的起点。该书的出版，标志着西方社会运动研究中的美国传统正式浮出水面。

以帕克的《社会学概论》一书关于"集体行为"的阐述为标志和起点，美国的社会运动研究进入第二个阶段。这个阶段一直持续到1965年美国经济学家奥尔森出版《集体行动的逻辑》(Olson 1965)，可以称为美国社会运动研究传统的"创发阶段"。在这个阶段，美国社会运动研究的

[①] 中译本可参见古斯塔夫·勒庞：《乌合之众：大众心理研究》，冯克利译，北京，中央编译出版社，2005。

基本特征是，围绕帕克提出的"集体行为"概念而逐渐形成了一个专门的、得到学界认可的"集体行为研究"领域。在这一阶段，贡献最大的是帕克的学生、芝加哥学派第二代中坚力量布鲁默。1939年，布鲁默在帕克主编的《社会学原理纲要》一书中撰写了"集体行为"一章（Blumer 1969）。① 在该章中，布鲁默对集体行为的形态做了更明确和精细的区分，对集体行为的形成机制做了更完整的论述，并提出了一个"循环反应"理论。帕克虽然创造了"集体行为"这个概念并对集体行为作了一些分析，但在此后相当长一段时间里，他对"集体行为"概念的界定和分类，以及集体行为的形成机制等问题一直都没有清晰的论述，导致集体行为研究裹足不前。直到布鲁默的集体行为理论问世，集体行为研究才迎来一个真正的新时代。布鲁默的集体行为理论诞生于第二次世界大战前夕，但随着《社会学原理纲要》一书在第二次世界大战中及战后的不断再版，该理论仍然对美国的社会运动研究产生了极为深刻的影响。可以说，集体行为研究在帕克那里还只是一个初步的构想，是布鲁默把它落到了实处，从而开创了一个堪称"集体行为研究"的时代。

　　第二阶段，即1921年至1965年间的"集体行为研究"仍然有勒庞理论的痕迹，但研究的范围和议题，以及概念和理论的建构已经远远超出勒庞的水平，具有了非常鲜明的美国特色。尽管后来美国社会运动研究的三大基本理论视角——资源动员论、政治过程论和框架建构论对集体行为研究几乎全盘否定，但正是在批判和反思集体行为研究的基础上，这三大理论视角才得以确立。从这个意义上说，没有早期的集体行为研究，就没有这三大理论视角。如果把资源动员论、政治过程论和框架建构论视为西方社会运动研究中美国传统的代表，那么，它们也是在与早期集体行为研究进行理论对话的基础上确立起来的。如果没有早期集体行为研究卓有成效的理论工作作为基础，要开展卓有成效的理论对话是不可想象的，这三大理论视角的诞生自然也是不可想象的。正因为如此，尽管资源动员论、政治过程论和框架建构论常常认为早期的集体行为研究水平很低，至少是不够高，但这里仍然将"集体行为论"主导的第二阶段视为美国社会运动研究传统的创发阶段。

---

　　① 布鲁默关于集体行为的论述最早完成于1939年，后来被一版再版。本书参考的是它的1969年版。下同。

在布鲁默的集体行为理论的引领下，第二次世界大战后，美国学界的集体行为研究一度非常繁荣。但随着理论缺陷的暴露和社会形势的变化，集体行为论作为一种研究范式开始受到质疑。奥尔森于1965出版的《集体行动的逻辑》（Olson 1965）一书则把这种质疑推到一个崭新的理论高度，极大地激发和推动了针对集体行为论的理论反思，故该书的出版可以作为美国社会运动研究进入第三阶段的标志。自此一直到麦卡锡和左尔德于1977年正式提出"资源动员论"（McCarthy and Zald 1977），为美国社会运动研究的第三阶段。这个阶段的基本特征是美国社会运动研究的范式正在经历从集体行为论向集体行动论的转变，故可称为"变革阶段"。资源动员论是基于理性主义假设而产生的第一个理论，所以将其作为第三阶段的终点。

由帕克开创和布鲁默引领的集体行为研究有一个基本倾向，即把集体行为看作一种非理性行为和破坏性的社会现象，因此在理论上特别强调情感，尤其是各种怨愤（grievances）在集体行为发生和发展过程中的决定性作用。大约从20世纪50年代末期开始，这样一种理论倾向不断遭到质疑，但真正从理论上给予它致命一击的还是奥尔森《集体行动的逻辑》一书的出版。奥尔森不是社会学家，而是经济学家。不愧是旁观者清，他从经济学的"理性人"假设出发，一下子就点中了集体行为论的要害：人都是理性的，即使在集体行动中也改不了追求效益最大化、代价最小化的本性；基于这样一种本性，大规模集体行动的发生是不可能的，因为集体行动的成果是在使用上不具有排他性的"公共物品"（public goods），由此导致每个人都企图搭他人的"便车"，坐享他人的劳动成果。大家都这么想的结果，是大规模集体行动成为不可能。奥尔森的结论未必是社会学家愿意接受的，但他关于集体行动参与者的"理性人"假设，却为社会学家颠覆集体行为论，进而开创新的研究视角提供了理论武器。

在奥尔森从理论上暴露集体行为论的弱点的同时，还有许多学者，特别是社会学家，致力于从经验层面上，用数据和事实对集体行为论进行批驳（比如Oberschall 1973；Snyder and Tilly 1972）。正是在吸收理论和经验两方面研究成果的基础上，1977年首先诞生了资源动员论。此后不久，又相继诞生了政治过程论和框架建构论。资源动员论、政治过程论和框架建构论甫一诞生，即受到热烈欢迎。它们竞长比高，共同主导着美国的社会运动研究，成为西方社会运动研究中美国传统的代表。由于这三种理论视角都基于一个共同的假设，即"理性人"假设，而社会运动中的"理性人"假设又是由奥尔森的集体行动理论首先提出并系统阐发的，因此，这三种理论视角可以统称为"集体行动论"，这一方面可以标明它们的共同理论渊源，另一方面也可以与早期的"集体行为论"相对称。

综上所述，从1965年到1977年，美国社会运动研究经历了从集体行为论到集体行动论的范式转变，是一个新旧交替的变革时期，是美国社会运动研究发展的第三阶段。相应地，从1977年资源动员论正式诞生至今，就可以算作美国社会运动研究发展的第四阶段。在这一阶段，资源动员论、政治过程论和框架建构论这三个完全生于美国、长于美国的理论视角得以确立，至今主导着西方的社会运动研究，即使是与西欧新社会运动论的交流和碰撞亦未撼动这三大理论视角的统治地位。因此可以说，第四阶段是美国社会运动研究传统的"确立阶段"。

早期的集体行为论坚持非理性假设。作为其理论对立面，资源动员论、政治过程论和框架建构论坚持彻底的"理性人"假设。但对"理性"的过分强调，同样带来许多问题。在反思这些问题的基础上，近年来，西方社会运动研究正在兴起一股"文化主义转向"的潮流，即强调"文化"因素在社会运动发生和发展过程中的作用。在"文化"的旗帜下，此前被资源动员论、政治过程论和框架建构论痛批而被彻底抛弃的情感等因素又重新被拾了回来，成为理论建构时所考虑的一个重要变量。"文化主义转向"也许代表着美国社会运动研究正在经历一场新的范式变革，但由于这一趋势仍在形成之中，特别是尚未形成一个得到普遍承认的理论，因此，这里不将其作为独立的发展阶段。

当然，研究范式的变化并不是同步的，有的学者改弦更张比较早或更激进，有的则比较晚或更温和，甚至根本无动于衷。经常出现的情况是，主流范式早已切入一个新的历史阶段，却仍有一些学者坚守原来的范式，并在学术上表现十分活跃，从而导致早期阶段的研究范式在以后各阶段仍有"残留"。因此，上面所说的四个历史阶段，只是根据主流研究范式的变化而勾勒的一个大体历史轮廓，并不是说一种研究范式在其所在阶段之前完全没有，在该阶段之后完全绝迹。

经过上述四个阶段总计一百多年的发展，美国的社会运动研究已经成为一个横跨社会学、政治学、经济学、历史学、人类学、传播学、公共管理、国际关系、组织研究和文化研究等多个学科的综合性研究领域（Oliver et al. 2002：3）。据斯诺等人（Snow et al. 2004：5）统计，在20世纪50年代，在《美国社会学评论》（*American Sociological Review*）、《美国社会学学刊》（*American Journal of Sociology*）、《社会力》（*Social Forces*）和《社会问题》（*Social Problems*）等美国最重要的四个社会学期刊上发表的论文中，社会运动研究只占2.23%，但到70年代时已经上升到4.13%，到90年代更是达到9.45%，基本上每二十年翻一番。美国社会运动研究的繁荣由此可见一斑。

二、美国传统下的专业领域名称

美国社会运动研究的上述历史变化，也反映在学术界对该领域的称呼上。同样是对作为社会稳定和秩序之对立面的聚众、骚乱、社会运动、革命等社会现象的研究，作为一个专业领域，其名称曾有"集体行为"（collective behavior）、"集体行为与社会运动"（collective behavior and social movements）、"社会运动"（social movements）、"社会运动与集体行动"（social movements and collective action）或"集体行动"（collective action）等多种说法。这些说法的不同其实是美国社会运动研究的上述历史变迁过程的折射。在第二次世界大战以前，由于相关研究还不够发达，美国社会运动作为一个独立的专业领域的面目还不甚清晰。第二次世界大战后，随着相关研究日渐繁荣，它作为一个独立的专业领域隐然成形。由于集体行为论是这一时期占统治地位的理论视角，因此该领域自然被称为"集体行为"。现在被认为是整个领域的研究重点并经常成为整个领域的总称的"社会运动"，在当时看来不过是集体行为的一部分，并且是很边缘的一部分。这表现在，当时出版了若干影响很大的教材、读本、理论专著和综述性论文（参见Evans 1969：5），均以"集体行为"作为内容安排的中心，或直接以"集体行为"命名——在教材和读本方面，影响非常大的有特纳和克利安于1957年出版的《集体行为》（Turner and Killian 1957），以及克尔特·朗与格德斯·朗于1961年出版的《集体过程》（Lang and Lang 1961）；在理论专著方面，1962年，结构功能论的领军人物之一斯梅尔塞出版了影响极为广泛的《集体行为理论》（Smelser 1962）一书；在综述性论文方面，重要的有1964年特纳和克利安共同为《当代社会学指南》所撰写的"集体行为"一章（Turner and Killian

1964)———一本指南类图书能够为"集体行为"专列一章，表明该领域已经得到学术界的承认。

进入 20 世纪 60 年代，随着集体行为论开始受到质疑，以"集体行为"作为整个领域的名称的正当性也成了疑问。由于当时研究范式变革的基本方向是从集体行为论所突出的非理性假设向集体行动论所推崇的"理性选择"假设转变，而且相对于骚乱等其他集体行为，社会运动具有的更好的组织性和持续性，更符合"理性选择"假设关于此类社会现象的理论想象，于是成为新范式理想的代言人。在这样一种背景下，"社会运动"逐渐从整个领域的边缘走向中心。这一变化反映在整个领域的名称上，就是"社会运动"开始与"集体行为"并列，以"集体行为与社会运动"来称呼这个领域。随着集体行为论的进一步式微、集体行动论的逐渐确立，"社会运动"甚至凌驾于"集体行为"之上，完全取代"集体行为"成为整个领域的总称。又由于新的理性选择范式渊源于奥尔森的集体行动理论，人们又倾向于用"集体行动"或用"社会运动与集体行动"来为整个领域命名。但不管是用"社会运动"也好，用"集体行动"也好，还是用"社会运动与集体行动"也好，都反映了该领域的主流范式从非理性选择向理性选择的转变，其潜台词都是集体行为论的全面衰落，从而导致"集体行为"概念从专业领域名称中消失。

范式的转变并不是同步进行的，在学术主流已经转变的情况下，仍有一些学者坚持"不随大流"，对专业领域的称呼也比较"恋旧"。这方面比较突出的例子是上面提到的特纳和克利安，他们自始至终坚持集体行为论，即使后来基于资源动员论、政治过程论和框架建构论的研究已成烽火燎原之势，他们也仍然试图将新的研究成果纳入其集体行为论框架。他们于 1957 年出版的第一本书叫《集体行为》，1987 年出第三版时仍然叫《集体行为》。从当前美国大学里的课程设置、教授对本人研究领域的描述，以及公开出版的著作和教材来看，把该领域称为"社会运动"、"集体行动"或"社会运动与集体行动"的固然普遍，但坚持称为"集体行为"或"集体行为与社会运动"的也不少。一个学者对该领域名称的称呼在一定程度上标识着他对研究范式的特定偏好。当然，也有很多学者对这个领域的名称问题并不十分在意，无可无不可。但如果一定要追究为什么该领域的名称迭有变化、不同名称背后有什么特殊含义的话，那么，其原因正在于美国社会运动研究范式的历史变化。至于本书，为简便起见，选择将这个领域通称为"社会运动研究"。

三、西欧社会运动研究传统的演变

从上面不难看出,美国社会运动研究传统的发展线索是比较清晰的,基本上是一个在理论辩诘中次递推进的过程。相对而言,西欧社会运动研究传统的历史演进则不那么清晰。造成这种状况的一个重要原因,是西欧传统内部各家观点和理论之间的差异比美国传统要大得多,再加上比美国传统更多、更深地卷入意识形态和现实政治纷争,导致相互间的理论对话不像美国那么深入,那么聚焦。彼此"相忘于江湖"的结果,就是内部缺乏整合,没有一个公认的源头,其发展进程也很难像美国传统那样被概括成一个以理论观点的层层递进为标志的历史进程。

与其说"西欧传统"是一种基于高度的理论共识而形成的研究范式,毋宁说它代表着一种共同的研究趣味、问题取向和理论风格。那就是,它倾向于从整个人类社会变迁的高度去思考社会运动问题,醉心于考察社会结构变迁,特别是工业化和后工业化过程对社会劈理(social cleavage)的影响,以及相应而来的社会冲突和社会运动形态的变化。它感兴趣的问题是:自工业化以来,社会劈理,即社会势力结构,已经、正在和行将发生哪些变化?这些变化又对社会冲突和运动的形态已经、正在和行将造成什么影响?也就是说,它把社会运动作为一个总体,放在整个人类社会变迁的大背景下去考察其形态的历史变异,并寻找这些历史变异的动因和规律。与此形成鲜明对照的是,美国的社会运动研究由于深受中程社会学(middle-range sociology)趣味的影响,一般只关注一个或一类社会运动是如何发生和发展的、其逻辑和机制是什么。对于社会运动作为一个总体在历史上所经历的变化及其规律等问题,美国社会运动研究没有什么兴趣。在理论追求上,西欧传统希望总结出社会运动发展,甚至是人类社会发展的一般规律,而美国传统则仅止于希望总结出若干可以观察、可以检验和可以应用的"机制"。要言之,在所涉及的经验现象的范围上,西欧传统比美国传统要广得多,不管是在空间上,还是在时间上,都是如此;在所追求的理论抽象层次上,西方传统也比美国传统要"一般"得多。相应地,西欧传统的社会运动理论一般都比较宏大,哲学、历史和思辨的色彩十分浓厚;而美国传统的社会运动理论则趋于中观和微观,经验研究的风格非常鲜明。

西欧社会运动研究作为一种知识传统的上述特征，一方面与西欧社会运动独有的特征有关，另一方面也与欧洲大陆独特的重哲学、重历史、重思辨的研究传统有关。从直接的知识渊源来看，西欧社会运动研究传统虽然不能算正统的马克思主义，但深受马克思主义的影响却是不争的事实。自从17世纪英国工业革命以来，随着劳工阶级和资产阶级的分化日益显著，劳工运动也不断高涨。首先对这一新的社会形势做出系统的理论分析而又影响最大的，无疑是马克思主义。众所周知，马克思主义是从阶级分化来理解社会运动的，认为社会运动本质上是阶级斗争的表现。而在当时，基本的、首要的阶级斗争是工人阶级反对资产阶级的斗争，于是社会运动首先被理解为劳工运动。在这个问题上，尽管很多学者并不完全赞同马克思主义的观点，特别是在阶级形成的社会机理、阶级斗争的方式和前途等问题上有分歧，但在问题取向、思考方向和若干理论判断上却又深受马克思主义的影响。这突出地表现在，社会运动的本质是阶级斗争、现实社会运动的主流是劳工运动的观点，成为当时西欧社会运动研究传统的基本认知。

但从20世纪60年代开始，西欧社会运动的形态开始发生改变：劳工运动似乎大大地衰落了，代之而起的是一些原来比较少见、甚至根本没有出现过的社会运动，比如女权运动、学生运动、环境运动、和平运动、动物权运动，等等。这些运动在多个方面表现出传统劳工运动所没有的"新"特征，传统的"阶级斗争范式"对此似乎难以做出完满的解释，于是西欧学者们开始寻找新的理论解释。在此过程中，1968年5月爆发的学生起义，以其巨大的社会政治影响和迥异于劳工运动的特征震动了学术界，同时极大地推动了理论发展的进程（Buechler 2011：159）。在长期酝酿的基础上，1980年，梅鲁奇（Melucci 1980）正式提出"新社会运动"概念，并提供了一个理论分析框架。该理论提出后，得到一大批研究者的响应，遂在西欧流行开来，成为西欧社会运动研究传统的最新标志。顾名思义，"新社会运动论"的核心，是强调第二次世界大战以后西方社会运动发生了质的转变，是与传统劳工运动不同的"新"社会运动。自20世纪80年代以来，以梅鲁奇为代表的西欧学者一直致力于阐述"新社会运动"与劳工劳动的区别及其原因。

基于上述发展历程，似可以1968年法国学生起义和1980年"新社会运动论"正式宣告诞生为界，将西欧社会运动研究传统划分为三个阶段。

第一阶段,即 1968 年以前,可称为"劳工运动理论"阶段,因为劳工运动是当时西欧社会运动研究的主题,用以解释劳工运动的阶级理论是主流的分析范式。不过,对于这一阶段,很难像对美国传统那样,为西欧传统找一个明确的起点。因为这一阶段的西欧社会运动研究虽然深受马克思主义的影响,即使后来的"新社会运动论"也总是以马克思主义的有关理论为辩论对象,但这些研究并不认为马克思是其理论的历史起点或逻辑起点,不像勒庞作为美国传统的起点是得到公认的。

第二阶段,即 1968—1980 年,是"范式调整和酝酿"阶段。如前所述,在这一时期,面对学生运动、女权运动、环境运动等所谓"新社会运动"的冲击,西欧学者开始反思和调整分析范式。此期虽然有很多讨论,但一直处于酝酿过程中,尚未形成明确的、系统的理论观点。

第三阶段,即 1980 年至今,可称为"新社会运动论"阶段。在这一阶段,尽管西欧传统内部的理论观点仍然庞杂,理论分歧仍然严重,但毕竟明确打出了"新社会运动论"的旗号,梅鲁奇等学者还提出了一套严整的理论。

在历史上,西方社会运动研究中的上述两大传统长期割据大西洋两岸,彼此几乎没有交流。直到 1985 和 1986 年,美国康奈尔大学教授塔罗和荷兰自由大学教授克兰德曼斯召集美国和欧洲的社会运动研究者共同举行了两次研讨会,双方才注意到彼此的存在,并惊呼是第一次见面。事实上,早在 20 世纪 50 年代,借助一大批因第二次世界大战而避难美国的西欧学者,西欧传统就已经传播至美国,并产生了一批颇有影响的成果(参见 Buechler 2011:75-90)。然而,毕竟"道不同,不相与谋",随着集体行为论等美国本土研究传统的勃兴,西欧传统在美国迅速被边缘化,在社会学中尤其如此。由于长期"无缘对面不相识",以致它们在 80 年代重新聚首时,早已忘记曾经认识,还以为这是第一次见面。

综上所述,西方社会运动研究中并行着美国和西欧两大传统。两大传统虽然从事的都是"社会运动研究",但在问题取向、理论追求和表述风格等方面却存在着巨大差异。在过去二十多年中,大西洋两岸的学者曾经试图填平这一鸿沟,但从目前的情况来看,虽然各有一些学者投入对方的阵营,但两大传统并行发展的格局并未根本改变。

四、西方社会运动研究的知识视野

"社会运动研究",顾名思义,当然是研究"社会运动"的;根据通常的理解,一切与社会运动的形成、表现和后果有关的社会现象都应该在它的研究视野之内。但事实上,由于受社会背景、研究传统和学科分工等因素的制约,西方社会运动研究的知识视野并不像人们想象的那么宽广,很多从事实本体的角度来说或者从认知逻辑上来说都属于"社会运动研究"范围的内容,却因种种原因而被排斥在外。

关于西方社会运动研究在知识视野上的局限性,在该领域内颇有建树和声名的麦克亚当和塔罗(McAdam and Tarrow 2011:1-2)曾经指出,长期以来,西方社会运动研究作为一个独立的专业领域,其研究对象基本上局限于19世纪60年代以来在美国发展起来的那种改良性社会运动,而对于比美式改良性运动更为激烈的革命性运动,以及常常作为社会运动之前奏、环节或余绪的社会冲突事件,却缺乏关注。从经验事实来说,无论革命还是社会冲突事件,都与社会运动有着密切的联系,本应一并研究,但社会运动研究、革命研究、社会冲突研究却长期分属于不同的学科和专业,彼此在概念、理论和方法等方面差异很大,而且交流很少。即使是关于改良性社会运动的研究,也因为深受西方价值观和认识方式的主导而显得褊狭。

此外,西方社会运动研究中还有一些对社会运动研究本身影响颇大的知识隔阂。这包括,它长期将社会运动单纯视为"非制度政治"(noninstitutionalized politics),而生生将其与"制度化政治"(institutionalized politics)割裂开来,导致以剖析"非制度政治"为使命的社会运动研究与专攻"制度化政治"的政治学研究长期缺乏交流,这也在很大程度上妨碍了对社会运动现象获得全面的、深入的理解(McAdam et al. 2001:6)。

要更加真切地掌握西方社会运动研究的知识视野,除了从反面了解它不研究什么之外,还要从正面了解它到底研究些什么。在这个问题上,最方便的途径之一是梳理它对"社会运动"这个核心概念的理解,包括它的内涵和外延。由于西方社会运动研究的知识视野的形成与美国传统在该领域中的主导地位有莫大关系,而美国研究传统中的"社会运动"概念又是从"集体行为"这个概念中派生出来的,因此在讲"社会运动"概念之前,有必要先讲一讲"集体行为"这个概念。

第二节 集体行为的含义及类型

"集体行为"（collective behavior）作为一个社会学的专业概念，最早是由美国社会学家帕克于1921年提出来的。但当前西方社会运动研究中所使用的"集体行为"概念虽然直接渊源于帕克，其内涵却已有很大变化。了解这个变化过程，对于准确把握"集体行为"这个概念以及美国社会运动研究的趣味和精神，都很有帮助。

一、"集体行为"概念的提出及演变

在当今西方社会运动研究中，关于"集体行为"概念的定义，从文字上说或有千万种，但其意思却大体一致，即都认为"集体行为"是一个与"制度化行为"（institutional behavior）相对的概念，其基本特征是混沌、无序，走向和后果都充满不确定性，与制度化行为的井然有序和较好的可预测性形成鲜明对比。然而，这样一种意义上的"集体行为"却不是帕克提出这个概念的本义。事实上，帕克所说的"集体行为"与其字面含义差不多，是与"个体行为"相对而言的，泛指一切经由社会互动而形成、从而具有某种社会共同性的行为；既包括那些制度化程度很高的行为，也包括那些制度化程度很低的行为。如前所述，帕克是于1921年在其主编的《社会学概论》一书中最先提出"集体行为"这个概念的。在"集体行为"一章中，他对"集体行为"的定义是（Park and Burgess 1921：865）："个体在某种具有共同性和集体性的冲动（亦即该冲动是社会互动的结果）影响下做出的行为。"这一定义虽然谈不上严谨，但意思很明确：凡是经由社会互动塑造而成、从而具有某种共同性和集体性的行为，都是"集体行为"。根据这一定义，可以说所有脱离了生物本性的社会行为都是"集体行为"。

那么，"集体行为"概念为什么会发生从与"个体行为"相对到与"制度化行为"相对的意义转变呢？这与帕克领衔的芝加哥学派的社会学观念以及相应而来的社会学研究实践有关。帕克认为，社会学本质上是一门关于集体行为的学问（Park and Burgess 1921：第1章），其任务是研

究那些制度化程度很低的集体行为是如何通过社会互动而走向制度化,从而形成社会秩序的。也就是说,在帕克眼中,集体行为不是一种静止的形态,而是一个动态的过程。既然集体行为是一个动态的过程,那么,关于集体行为的研究,重点就不是那些已经制度化,从而比较稳定和静止的集体行为,而是那些初级的、制度化程度比较低的(同时意味着正在制度化过程之中的)集体行为。在这种观点的影响下,重点研究那些制度化和组织化程度比较低的集体行为,就成为集体行为研究的传统。久而久之,"集体行为"概念的含义也就发生了漂移,即不再包括那些已经制度化的行为,而只指那些制度化程度较低的行为。这样一种"集体行为"概念虽然与帕克最初的理解相去甚远,但已经成为当代社会学和西方社会运动研究普遍接受的观念。

布鲁默是首次对"集体行为"概念及研究思路进行系统阐发,从而使集体行为研究真正成为一个独立的社会学领域的社会学家。在其关于"集体行为"概念和"集体行为领域"的阐发中,还可以看到帕克"集体行为"观念的遗绪。在布鲁默那里,"集体行为"首先仍然是包括制度化和非制度化行为在内的所有社会行为。他曾说(Blumer 1969:67):"从某种观点来看,实际上所有群体性的活动都可以被认为是集体行为。"与此同时,他认识到,如果这样定义"集体行为",将使集体行为研究是社会学内一个专门领域的说法面临逻辑上的困难。于是,他进一步将集体行为区分为两种:一种是"初级的集体行为"(elementary collective behavior),另一种是"组织化的集体行为"(organized collective behavior)。这样,作为一个专门的社会学领域,"集体行为研究"的任务就有两个:一是关于那些初级的、自发的集体行为本身的研究;二是"探究那些初级的和自发的(集体行为)形态是怎样发展为组织化形态的"(Blumer 1969:68)。他认为,这样就能把关于集体行为的研究与社会学的其他部分区分开来。不难发现,布鲁默的意思仍然是说,尽管一般社会学意义上的"集体行为"既包括"初级的集体行为",也包括"组织化的集体行为",但作为一个社会学专门领域的"集体行为",应该仅指那些"组织化的集体行为"之前和之外的初级的、自发的集体行为。为了区别,他将一般社会学意义上的、作为总体概念的"集体行为"用正体英文"collective behavior"表示,而将作为一个社会学分支领域的"集体行为",即那些初级的、自发的集体行为,称为"*collective behavior*",用斜体英文表示。但事实上，即使他本人，后来也没有遵守这样一种表示方式，都是直接用"collective behavior"表示他所说的"*collective behavior*"。于是，"collective behavior"也就慢慢成了初级的、自发的集体行为的代名词，不再有表示"组织化的集体行为"的意思。

显然，"集体行为"作为一个社会学概念的形成和演变过程充分反映了芝加哥学派的互动论思想。在芝加哥学派看来，社会是在社会互动中形成的。社会之所以成为社会，是因为人们对社会情境有共同的理解。这种共同的理解，使人们能够领会他人对自己的期待，并对他人的期待做出合适的反应，与此同时，每个人也能对他人抱以合理的期待。这样一种基于共同的理解之上的社会互动，使人的行为具有动物行为所不具有的集体性，也因此而具有了社会性。因此之故，芝加哥学派不但将社会学理解为一门关于"集体行为"的科学，而且特别关注行为的集体性是如何形成的，即是如何从混沌的、无序的、充满不确定性的"集体行为"，演变为组织化和制度化的集体行为的。如前所述，这样一种社会学观念及其指导下的研究实践，最终使"集体行为"从一个指代所有社会行为的概念，演变为仅仅指代那些制度化和组织化程度较低的社会行为，并使关于此类"集体行为"的研究成为一个专门的社会学领域。

二、集体行为的基本类型

经过上述历史演变，在西方社会运动研究中，"集体行为"概念的内涵最终确定下来，那就是，所谓"集体行为"，是由于人们对社会的共同理解遭到破坏或尚未形成，以致人与人之间不能形成有序、可预期的社会互动，于是在多人卷入或参与时所发生的相对无序和混乱的、走向和结果充满不确定性的社会现象。"集体行为"是一个与"制度化行为"相对而言的概念。

不过，在这样一种共同的理解之下，集体行为到底包含哪些内容，即其外延是什么，却随着集体行为现象本身的历史变化、社会价值观念的转变，以及学科分化等因素的变化而有所变化。在这方面，最重要的变化有两个：一是"公众"一开始被认为是集体行为最基本的类型之一，后来随着学科的分化而从社会学的集体行为研究中转移出去，成为新闻传播学的领域；二是"社会运动"一开始亦被认为是集体行为现象之一，后来随着理性选择范式的兴起，社会运动被认为是一个基于理性选择而发生的社会行为，与非理性的集体行为有本质区别，于是也独立出去，不再包含在集体行为之内。在其内容最广泛的时候，集体行为包括四种基本类型：聚众、群众、公众和社会运动。经过这么一番历史变动，现在社会学谈到集体行为时，通常只讲两种类型——聚众和群众。不过，为了方便理解，这里首先从概念上对聚众、群众、公众这三种类型进行一个总体比较，然后再着重介绍聚众和群众。至于社会运动，则在第三节中专门讨论。

集体行为中的"聚众"现象，毫无疑问，是勒庞最先关注并予以阐述的。如前所述，勒庞关于聚众的论述是美国社会运动研究的源头。在勒庞的基础上，1921年，帕克在其主编的《社会学概论》一书中，已经注意到与聚众有所不同的"公众"和"群众"现象，但他并没有对三者的联系和区别做系统的理论阐述（参见 Park and Burgess 1921：第13章）。这个工作是由他的学生布鲁默在1939年最先完成的。

根据布鲁默的区分，所谓"聚众"（crowd），是指由于共同的关注和兴趣而临时聚集在某个地点上的一大群人。其基本特征是：第一，有共同的关注和兴趣；第二，人与人之间在地理位置上邻近，而且存在面对面互动。顺便指出的是，国内有学者将"crowd"译为"乌合之众"，这种译法具有强烈的贬义，而且没有概括出"crowd"相对于"群众"和"公众"的区别。故这里根据社会学对"crowd"的理解，将其译为"聚众"。

"群众"（mass），在中国通常是一个政治概念，而作为集体行为的一种类型，它指的是，虽然有共同的关注和兴趣却分散在不同地点，相互间虽然不存在互动，但其行为在时间上和形式上却具有较高一致性的一大群人。其基本特征是：第一，有共同的关注和兴趣；第二，在地理上足够分散，即地理距离远到超出感官所能感受的范围，从而不可能发生面对面互动；第三，不仅没有面对面互动，而且连通过中介因素发生的互动都几乎没有，也就是说，这些人虽然具有相同的关注和兴趣，但并未意识到彼此的存在，其行为也不是针对彼此而发生的；第四，这些人尽管相互没有直接的互动和沟通，却由于某些因素的影响，在行为上表现出较强的一致性，具有"不约而同"的特征。2011年日本福岛核电站事故发生之后，受核污染将影响中国的食盐生产、食用碘盐有助于抗核辐射等传言的影响，国内多个城市出现碘盐抢购风潮。卷入这个风潮的人与人之间几乎没有直接的面对面的互动，却基于对核泄漏事故的共同判断，不约而同地加入抢盐的行列，这就是典型的"群众"行为。

最后，所谓"公众"（public），是指在分散在不同地点、不存在面对面互动，却出于对某个话题的共同兴趣和讨论而被吸引到一起的一大群人。其基本特征是：第一，所有人都有着共同的关注和兴趣，这一点与聚众和群众相同。第二，与群众一样，公众在地理上也是分散的，不存在面对面互动，这一点将其与聚众区别开来。第三，又与群众不同的是，公众内部人与人之间存在着有意识的互动，人们都在那里发表意见，甚至会因为意见的不同而分成不同派别，相互攻讦，而群众内部则几乎不存在有意识的互动，更不用说讨论和争论了。不过，公众内部尽管存在着讨论，在这个意义上它比聚众和群众都要理性一些；但一是这种讨论往往是即兴式的，没有深入的思考，二是将人们凝聚为一个公众的话题是流动的、易变的，随着话题的转变，公众的构成及意见也在不断转变。就这两点而言，公众的组织性和稳定性都是相当差的。

总而言之，聚众、群众和公众的共同点在于，第一，卷入其中的人都有共同的关注和兴趣，正是这个共同的关注和兴趣把在一个个在身体上独立的个体拢到一起，形成一个"集体"。第二，都具有较强的自发性，在其发生过程中，既有的社会规范和常规都在很大程度上被抛弃和打破，组织性、结构性和稳定性都比较差。将这三种集体行为区分开来的标准主要是两个：一是卷入者的地理分布。在聚众中，卷入者在地理上是接近的；而在群众和公众中，卷入者在地理上是分散的。二是卷入者内部的互动状况。在聚众中，卷入者之间存在着直接的面对面互动；在群众中，卷入者几乎没有直接的互动、也几乎没有间接的互动，彼此间没有明确意识到对方的存在，他们的行为虽然有较强的相似性，但这不是因为意识到对方的存在而做出针对性反应的结果，而是每个人都只根据自己的需要和判断而行动，结果却不期然地凑成一个"集体"；而在公众中，卷入者虽然没有直接的面对面互动，但有间接的互动，彼此明确意识到对方的存在并做出有针对性的行为反应。

在从总体上对聚众、群众和公众三种集体行为现象进行区分之后，下面重点阐述聚众和群众这两种集体行为现象。

三、聚众

布鲁默把聚众划分为四种类型：偶合聚众、常规聚众、行动聚众、表意聚众。这一分类至今沿用。不过，布鲁默本人对这四种类型的阐述较为简单，后来的研究又在布鲁默的基础上做了发展和充实。

偶合聚众与常规聚众

首先，根据引起人群聚集的刺激是否在预期之内，聚众可分为偶合聚众和常规聚众。

偶合聚众（casual crowd）是指由于某种不期然因素的刺激而偶然聚集在同一地点的一大群人。发生事故时围在一起看热闹的人群、路过商店时临时停下来欣赏橱窗表演的人群，就是典型的偶合聚众。偶合聚众的根本特征在于它的偶然性，这主要表现在引起共同关注和兴趣的刺激因素是不期而至的，卷入其中的人员在聚众的形成过程中完全是消极的、被动的。因此，卷入者在其中投入的感情非常少，相互之间的互动也比较微弱，再加上人员不断进进出出，流动性很强，因此偶合聚众内部谈不上什么团结和整合。就像因围观交通事故而形成的偶合聚众，是交通事故引起了人们的共同兴趣，但交通事故的发生并不是围观者意料之中的事。看热闹的人彼此素不相识，仅仅因为看热闹这么一点共同兴趣而走到一起。他们看热闹时可能交谈几句，也可能一起感叹或起哄，也可能彼此熟视无睹；一些人看至兴趣索然时便悄然离去，而此时却有一些人刚刚到达现场，于是停下来饶有兴趣地观看。

偶合聚众是结构性最差的一种聚众，一般对正常社会生活没有什么危害，因此通常不被看作一个社会问题。但是在特别情境下，偶合聚众也可能转变为具有极强的共同行动能力的集体。2004年发生的"万州事件"就是一个典型的例子。在该事件中，事情起因于一个很偶然的事件：一位农民的肩扛物品不小心戳到行人某甲，某甲要求那位农民道歉，因此发生争执，引起大量路人围观。争执期间，某甲的一些言行引起围观者的强烈愤怒，他们不但围攻某甲，而且要求政府"主持公道"，进而发生包围当地国家机关的群体性事件。近年来，在中国，因偶合聚众而引发群众性事件的现象经常发生。

常规聚众（conventional crowd）是指出于对计划中的某个事件的共同关注而聚集到同一地点的一大群人。出席演唱会的观众、观看足球赛的球迷，等等，就是典型的常规聚众。常规聚众与偶合聚众的区别在于，引发人们共同兴趣的刺激因素是预期之中的。因此，在常规聚众中，人们在活动过程中是主动的、积极的，相应地，投入的感情也要充沛一些；相对来说，互动更有章可循，结构性更强，共同行动的潜能也更大。但即便如此，常规聚众的行为仍然具有高度的不确定性。拿观看足球赛的球迷来说，足球赛这个引起他们聚集的刺激因素是预期之中的，他们凭票入场、对号入座，有自己热爱的球队。比赛开始后，他们此呼彼应，为自己的球队加油、喝彩，这些互动都有迹可循、在意料之中、有一定的组织性和结构性。但是，这个常规聚众可能因现场某个突发因素的刺激而打破常规和制度的约束，发生混乱。比如场上突然有自己一方的球员因对方球员犯规而受伤倒地，就有可能引起球迷的强烈不满，他们开始同声叫骂，接着有球迷向场内或对方球迷投掷杂物，又有激动的球迷跳下看台，冲入场内殴打对方球员，结果引发一场骚乱。

行动聚众与表意聚众

其次，根据聚众是否表现出侵犯性的行为，聚众可划分为行动聚众和表意聚众。

行动聚众（acting crowd）是针对人或物体做出攻击行为或破坏行为的聚众。行动聚众的基本特征是，卷入其中的个体都处于一种兴奋状态，这种兴奋在聚众内部通过相互感染和激发而不断加强，终使个体失去理智，其行动不再受制于仔细的思考和审慎的判断，而受相互撩拨起来的冲动的驱使。在平时，每个人对他人的言谈举止都会先解读和思量一番，再决定怎么行动；而在行动聚众中，每个人都是即时地、直接地、"不过脑子"地对他人的言语和行动做出反应。由于这个缘故，行动聚众往往情绪激昂而反复无常、容易受暗示因素的影响、缺乏责任感；卷入行动聚众的个体因为与他人的共同兴奋而获得一种力量感，获得一种自我膨胀和不可战胜的感觉，从而容易做出破坏行为。行动聚众具有强大的破坏力，有时甚至引发革命，因此是聚众行为研究中的重点。上面讲的偶合聚众和常规聚众在特定条件下都有可能转化为行动聚众。

暴众（mob）和骚乱（riot）是两种最典型的行动聚众。它们的不同之处在于，暴众的攻击行为具有明确的目标，达到目标后即自行消散；骚乱则是漫无目的的，常常是兴之所至，随意破坏，目标不断发生转移。一群民众抓住小偷后，怒不可遏，一拥而上，将其乱拳打死，此时小偷作为民众行动的目标是明确的；人们打死小偷后，破坏行为即告中止。这是典型的暴众行为。而在足球比赛中，有球迷因为怀疑裁判不公，愤然冲入场内殴打裁判，其他人则从旁起哄，如此相互激发，以致发生引燃赛场座椅、焚烧警车、殴打对方球迷甚至完全无关的路人。在此过程中，攻击目标是不断游移的，这是典型的骚乱。

表意聚众（expressive crowd）是指纯粹为了表达或宣泄某种情感，或在表达或宣泄某种情感的过程中自发形成的聚众。与行动聚众一样，卷入表意聚众的个体也表现得非常兴奋，其行为也在很大程度上摆脱了平时所遵从的那些规则和制度的限制，容易受到外界偶然因素的影响，缺乏审慎的判断和仔细的思考。但不同的是，在行动聚众中，集体兴奋最后会凝聚为指向一个具体目标的行动，而在表意聚众中，集体兴奋本身就是目的，集体兴奋纯粹是为了宣泄情绪，而不是为了制造行动。2001年7月13日中国申办奥运会成功之夜，大批北京市民自发涌到天安门广场狂欢，一时间广场上人头攒动，欢呼声、喇叭声不绝于耳，这就是典型的表意聚众。表意聚众表达的情感是多种多样的，除了喜悦，还有悲伤、愤怒、崇敬、赞美等。人们可以通过聚众行为表达情感，而且聚众行为本身也会制造或激发某种情感。一个心情抑郁的人进入迪斯科舞场后，在狂舞的人群、强劲的音乐、炫目的灯光的刺激下，可能会变得亢奋起来。表意聚众由于蕴涵着非常充沛的感情，在某种条件下可能转变为行动聚众。

四、群众

布鲁默重点阐述的第二种集体行为现象是群众。对于群众现象到底包括哪些内容，又应该怎样分类，在西方社会运动研究和社会学中一直没有一个统一的说法。有时即使是同一个概念，不同社会学家赋予它的含义也有很大区别。下面所列举都是西方社会运动研究中比较公认的群众现象。对这些现象的概念定义及其特征的描述，这里也尽可能采用被普遍接受的观点。

传言

传言（rumor）是关于某个问题的未经确证的或不能确证的报道，通常以非正式的口头方式在人与人之间传播。在传言的扩散过程中，人们往往不去仔细考证消息的确实性，而是简单地根据"常识"去决定是相信它还是不相信它；如果觉得可信或比较可信，就会作为一个重要的或有趣的信息进一步向他人传播。不管最初有多少真实的成分，传言在扩散过程中总是会离事实越来越远，因为在传播过程中，为了使"故事"听起来更加有趣或更符合逻辑，每个人都会自觉不自觉地根据自己的需要或理解添加若干成分。在传言的传播过程中，在卷入者中可以观察到一种集体兴奋：传播者认为自己掌握着一个很重要的、很有趣的信息，急不可耐地要与他人分享；在分享过程中，他因为能够引起他人的注意、受到他人的重视而很有成就感，很高兴。而对接收传言的人来说，也因为能够"及时"得到如此"重要"和"有趣"的信息而感到庆幸或得意。在传播者与接收者之间，还会由于对一个信息的"共享"而在心理上形成一种彼此都是"自己人"的亲密感。这样一种集体兴奋，一方面使卷入传言活动的个体进一步丧失理性思考的意愿和能力，另一方面又为传言的进一步扩散提供了动力，于是越传越盛，越传越离奇。

传言作为一种群众行为，从微观角度来看，可以是一个人亲自告诉另一个人，在这种情况下，两人也许会交流一下、讨论一下；但在更多的时候，人们只是"听说"某个传言，然后直接或间接地随机转述给他人，至于传言所从何来，又将去往何方，不会太留意。尽管从一个局部来看，传言的散布者之间可能存在一定程度的互动；但将传言过程作为一个整体来看，其中的社会互动是非常微弱的，几乎可以忽略不计。正是由于这样一种特征，传言一旦形成，其源头就难以查找，其内容和传播方向也难以控制。在一些研究者看来，传言是一种重要的沟通机制，是分散的个体得以凝聚成具有共同行动潜能的集体，从而引发集体行为的必要条件之一（Turner and Killian 1987：52-76）。

传言的发生与个体特征、技术水平和社会形势都有关系。在社会形势比较紧张，或话题受到社会高度关注却难以获得确切信息的时候，往往容易发生传言。一些人由于道德修养和知识水平的原因，可能比其他人更容易信谣、传谣，甚至造谣。现代社会中发达的传媒设施在有利于传播确切信息的同时，也为传言的扩散提供了方便。

恐慌和群众癔症

恐慌（panic）是人们在面对某种现实的或臆想的危险时，所做出的高度情绪化的、规避性的或自我保护性的集体行为。当人们感到某种危险超出自己的控制能力时，往往会发生恐慌。恐慌既可能发生在位于同一个地方的人群中，也可能发生在分散于不同地方的人群中。发生火灾时，人们争先恐后地夺门而出；发生金融危机时，人们纷纷抛售股票，挤提现金，抢购实物，等等，都是常见的恐慌行为。人们在恐慌之中往往会置社会规范于不顾，所以容易造成社会破坏。在恐慌过程中，散处于各地的人虽然是各自分头行动，相互之间没有什么沟通，但基于相似的风险判断和行为选择，这些相对独立的个体行动最后却汇成一股集体行动的洪流，对既有社会秩序造成巨大的冲击和破坏。

群众癔症（mass hysteria）是人们面对现实或想象中的威胁时，由于心理过度紧张而集体性地发生的头晕、目眩、昏厥、恶心、痉挛、腹痛、疲软等不良身体反应。2002年6月，黑龙江省密山市实验中学为1 500多名学生接种乙脑疫苗。随后，一名学生身上发生皮疹，伴有头晕等症状，被医院确诊为疫苗注射后的身体反应。消息传开后，在20多天时间里，不断有学生报告有头晕、发烧、胃疼、呕吐、胸闷、手脚发麻等不良生理反应，因此而住院的学生最多时接近1 000人。后来经专家诊断，这实际上是由于过分紧张而发生的"集体癔症"，亦即这里所说的"群众癔症"。开始住院的几个孩子确实跟疫苗反应有关，但随后绝大多数孩子出现同样症状，都是受当时周围气氛的感染而情绪过分紧张的结果。

时髦和热潮

时髦（fad）是指许多人突然竞相追求某种新奇事物或追随某种行为方式的集体行为，通常持续时间比较短。在追求时髦的过程中，人们表现得兴致高昂，以致不会去仔细思考所追求的新鲜事物是否有实际意义或对自己是否合适。20世纪90年代，曾有人这样调侃当时的流行打扮："不管多大官，都穿夹克衫；不管孙和爷，都穿旅游鞋；不管多大肚，都穿健美裤；不管老和少，都戴导演帽。"比如其中的"健美裤"，是一种紧贴皮肤的弹力裤，适合展示健美、修长的身材。但在时髦的影响之下，一些体态臃肿的女士穿健美裤，不啻自曝其短，如果不是有强烈的情绪在背后主导，做出如此不明智的选择是不可想象的。

社会学家凡勃伦（1997：第7章）曾经研究过服装的流行规律。在他看来，时髦是有闲阶级炫耀其优越地位的一种手段。赶时髦的目的，不是为了追求某种实际用途；恰恰相反，它就是要通过对物质和人力的浪费来显示自己的排场。因此，决定时髦之兴衰的不是对实际价值的需要，而是对排场的需要。时髦追随者面临一种心理紧张：一方面，为了显示与众不同，他们总是要不惜成本地标新立异；另一方面，时髦因追求排场而导致的浪费毕竟使人（包括自己和别人）感到不快。为了逃避这种心理紧张，寻求安慰，赶时髦的人会不断地翻新花样。一种时髦不管多么火爆，人们一旦回归固有的审美感，就会对它丧失兴趣，这种时髦的生命也就结束了。凡勃伦还批判说，现代社会中的富有阶级，审美观念的发展陷于停滞，对排场和荣耀的追求却不断膨胀，所以时装变换得越来越快，样式也越来越光怪陆离。

另一种与时髦相似的群众行为是热潮（craze）。关于热潮与时髦的区别，有很多种说法。通常的说法是，它们都是热烈追求新奇事物和新奇行为的集体行为，只不过热潮比时髦的持续时间更短，人们在其中倾注的感情也更浓烈一些。另一种说法是，除了上述区别之外，还有一个区别，即热潮常常涉及对某物的购买和投资，通常是为了追求利润，而时髦既可以涉及购买和投资，也可以不涉及（Locher 2002：176-177）。最近几年，我国频频出现各种各样的投资和消费热潮，如"股票热"、"基金热"、"普洱茶热"、"iPhone热"，等等。热潮会在极短的时间内导致极为旺盛的投资和消费需求，推动有关物品的价格急剧上涨，等到热潮消退时，价格急跌，一些投资者和消费者会因此损失惨重。

灾事行为

灾事是任何社会中都会发生的。在传统社会中发生的主要是自然灾害，比如风灾、瘟疫等。在现代社会中，除自然灾害之外，还会由于技术运用不当或失败而发生大量的"技术性灾事"，比如工业污染、火车出轨、有毒气体泄漏，等等。灾事使各种社会资源供给在非常短的时间内面临非常大的压力，导致原有的技术设施和社会规范难以继续发挥效用，社会秩序受到严重破坏，人们只能自发行动。这些为了应对灾事而产生的种种自发行为，就是灾事行为（disaster behavior）。比如2003年年底，重庆市开县发生天然气井喷事故，当时人们的反应就是非常混乱的：一些人赶紧驾车离开现场，一些人忙于寻找亲人或保护财产，一些人企图就地躲藏，一些人不知所措，还有一些人则不明白发生了什么事，没有任何作为……

这就是典型的灾事行为。灾事行为如果处置不当，就有可能进一步扩大灾害的破坏性。因此，灾事行为也是集体行为研究的重要内容。

综上所述，"集体行为"最初是指所有经过社会互动而形成的具有一定协同性的社会行为，既包括制度性的集体行为，也包括非制度性的集体行为，后来才逐渐转义为专指后者。在当今社会学和社会运动研究中，只要未予以特别说明，"集体行为"就专指非制度性的集体行为。这个意义上的集体行为主要包括聚众、群众和公众等三种类型。布鲁默（Blumer 1969：197）认为，这三种集体行为往往是同时存在的，并会在特定条件下相互转化。他注意到，一些鼓动家总是致力于把公众转变为聚众，使人与人的分歧不是通过舆论来表达，而是通过情绪来表达；在现代社会中，随着大众传媒的出现、公共议题的不断衍生，公众转变为群众比转变为聚众的可能性更高。

第三节 社会运动概念的定义及争议

"社会运动"这个概念是德国社会学家洛伦兹·冯·斯泰因在1850年讨论大众政治斗争时最先引入的（Tilly 2004：5），但其含义在使用过程中一直复杂多变。与此相类似，社会运动研究在西方作为一个专业领域已经存在几十年了，但对于什么是社会运动，却一直没有一个统一的定义。之所以形成这样一种状况，主要有两个原因：一是现实生活中的社会运动从形式到内容都非常复杂，并且还在不断翻新，要在理论上提炼出一个普适性的定义非常困难；二是基于不同的理论观点和价值立场，学者们在刻画社会运动的本质和特征时难免各有侧重，从而形成各具特色甚至相互矛盾的定义。鉴于这种情况，本书既不准备对社会运动下个定于一尊的定义，也不准备穷尽学术史上的所有定义，而是挑选几种在学术史上最流行或最重要的定义作为样本，比较它们之间的联系和差异，借以梳理社会运动概念内涵的发展脉络，这样对读者理解社会运动概念或许更有帮助。

一、社会运动作为集体行为

如前所述，在美国传统的社会运动研究中，最初只有集体行为研究，而没有专门的社会运动研究，社会运动被认为只是集体行为的一种表现形式而已。帕克当初在论述集体行为现象时，已经提到社会运动，但并未作为一个专门的类型来阐述。直到1939年，布鲁默对集体行为的基本类型及形成机制进行系统阐述时，社会运动才被列为最重要的集体行为现象之一。在他那篇关于集体行为的奠基性论述中，关于聚众、群众和公众等集体行为现象的论述被集中在同一章，关于社会运动的论述则单列一章，且占总篇幅的近一半，由此可见社会运动在布鲁默的集体行为理论中的重要地位。

布鲁默对社会运动的定义有两个要点。首先，与聚众、群众和公众等初级集体行为一样，社会运动也是既有社会秩序崩溃，即人们失去了对社会的共同理解，从而对彼此无法形成合适的期待，或对彼此的期待无法做出合适的反应之后的产物。其次，社会运动是一种企图重建对社会的共同理解，从而重建生活秩序的努力。用布鲁默的原话来说，社会运动是"一种企图建立新的生活秩序的集体努力"，正是通过这种努力，"新的集体行为得以建立，并凝结为固定的社会形式"（Blumer 1969：99、98）。

基于这样一种认知，布鲁默虽然把集体行为划分为"初级的集体行为"和"组织化的集体行为"两种，但并未把社会运动视为其中的任何一种，而是将其视为一种从前者过渡到后者的中间状态。他说，一个社会运动在开始阶段，总是"没有确定的形态，组织性很差，没有结构"，但越向前发展，它就越是"要求组织和结构、一整套习惯和传统、常任的领袖、持续的社会分工、社会规则和社会价值，总之，是要求某种文化、某种社会性组织和一套新的生活蓝图和系统"（Blumer 1969：99）。到这个时候，社会运动就具备了一个新的社会秩序的雏形。也就是说，在布鲁默看来，社会运动尽管比那些"初级的集体行为"更有组织性，但仍未达到作为一种稳定的社会秩序所要求的"组织化的集体行为"的程度，因此，归根结底，仍然是一种与制度化行为相对的集体行为。

芝加哥学派的第二代传人特纳和克利安继承了布鲁默将社会运动视为一种集体行为的观点，但他们对社会运动作为集体行为的特征的描述比布鲁默要清晰得多。他们认为，所谓"社会运动"，就是"一个以具有一定连续性的行动去推动或阻止所在社会或群体发生某种变革的集体。一个运动作为集体，其成员是不确定的、流动的，其领袖的产生更多地取决于拥护者的非正式反应，而不是通过正式程序使权威得以合法化"（Turner and Killian 1987：223）。这个定义强调社会运动的以下特征（Turner and

Killian 1987: 223-226): 第一, 它是一个集体 (collectivity), 而不是一个简单的集合 (aggregate)——两者的区别在于, 集体内部存在着社会互动, 以及因此而产生的某种新观念和新规范, 而集合只是一定数量的人的堆积; 第二, 它在目标、认同、行动策略、组织结构等方面表现出一定的连续性; 第三, 由于它旨在推动或阻止某种社会变革, 因此会努力动员新的支持者加入, 不是一个自我封闭的群体; 第四, 运动的界限不确定、不清楚, 常与其他运动发生重叠。

斯梅尔塞是把集体行为论从互动论版本推向功能论版本的社会学家。与芝加哥学派一样, 他认为社会运动是社会秩序动摇或崩溃后的产物, 是集体行为的一种; 与此同时, 他也认为社会运动代表着一种创设新的社会秩序的企图。不过, 他没有从整体上对社会运动下一个定义, 而是只分别定义了 "价值导向型运动" (value-oriented movement) 和 "规范导向型运动" (norm-oriented movement)。综合斯梅尔塞对上述两种运动的定义看来, 他所谓的社会运动, 就是某种在 "概化信念" 的支配下恢复、保护、修改旧的社会规范或价值, 或创设新的社会规范或价值的企图 (参见 Smelser 1962: 271、313)。这个定义有两层含义: 第一, 社会运动的目标是针对社会行动系统的规范或价值层面, 而不是另外两个更低的层面——角色和设施; 第二, 社会运动是既有价值或规范体系的整合功能失灵后的产物, 与此同时, 它是一种恢复、保护、修改或创设社会价值或规范体系的努力。

总而言之, 上述三种定义尽管都承认社会运动不像聚众、群众和公众等初级集体行为那样是完全自发和散乱的, 而是具有较强的目的性、组织性和持续性, 但它们都认为, 社会运动的发生是由于社会失序而导致相当数量的人的行动失去方向的结果; 尽管社会运动具有重建社会秩序的积极意义, 但社会运动本身在组织上、结构上仍然是不定型的, 其过程和走向仍然充满不确定性。说得形象一点, 在这种观点看来, 所谓社会运动, 不外是一群失去方向的人在折腾中摸索着寻找方向, 因此, 社会运动归根到底是一种人人所不乐见的社会乱象。

二、社会运动作为政治斗争

集体行为论把社会运动视为社会乱象的观点在 20 世纪 60 年代后逐渐受到质疑和批判。代之而起的主流观点, 是将社会运动看作 "采取别种手段" (by other means) 进行的政治斗争。所谓 "采取别种手段", 就是采取现行政治制度不允许、不乐见或不适应的挑战性手段。这种观点由于很切合当时的社会形势,加上作为倡言人的梯利、麦克亚当、塔罗等人都是社会运动研究领域中的领军人物,因此成为该领域中影响最大的观点。坚持这种观点的塔罗所著的《运动的力量》(Tarrow 1994,1998,2011)一书很好地整合了西方社会运动研究的成果,是业内使用最广泛的参考书之一,为简便起见,这里就以该书对社会运动的定义为样本来分析"另途政治"(politics by other means)观点对社会运动的理解,并将这种观点简称为"政治斗争论"。

塔罗认为,"与其将社会运动视为极端主义、暴力和剥夺感的表现,不如将其定义为一种集体挑战,一种以共同目的和社会团结为基础的,在与精英、对手和权威之间持续不断的交锋中展开的集体挑战"(Tarrow 2011:8)。这个定义有四个要点。

首先,社会运动是一种"集体挑战"(collective challenge)。人类社会有多种形式的集体行动,但社会运动作为一种集体行动,最典型的特征,是用公开的、直接的破坏性行动发起针对精英、权威、其他团体或文化符码的挑战。社会运动"之所以不同于市场关系、游说或代议政治,就在于它带领普通民众与对手、精英或权威对抗"(Tarrow 2011:8)。尽管一些社会运动也采用游说、起诉等方式表达自己的诉求,但直接对抗仍然是社会运动最具有特色的手段。

其次,社会运动参与者有"共同的目的"(common purpose)。也就是说,社会运动参与者之所以卷入社会运动,不像集体行为论者所理解的那样是因为他们在社会制度失灵之后迷失了方向,变得沮丧、迷茫、焦虑等,而是因为他们在利益或价值主张上是共同的或者有交集。换句话说,人们加入社会运动都是基于理性思考,而不是出于某种非理性原因。

再次,社会运动是以某种"团结和集体认同"(solidarity and collective identity)为基础的。只有以某种社会团结和集体认同为基础,社会运动才可能持续。对于社会运动的维系来说,心理上的团结感和集体认同比单纯的利益更为坚固,因此社会运动的发起者总是想方设法在特定人群中形成某种共识、团结和身份认同。基于这一点,一个孤立的抗争事件、一次骚乱或暴乱不能算社会运动,因为一般来说,它们缺乏稳定的集体认同和团结。不过,这些事件常常成为一个运动的起点或标志。

最后,社会运动是"持续性的斗争政治"(sustaining contentious politics)。塔罗认为,以集体挑战形式出现的"斗争政治"古已有之,但要像社会运动这样持续地进行,却是进入现代社会才有的现象。一个孤立的或偶然出现的抗争,比如骚乱、暴乱都不能算社会运动,抗争性的集体行动一定要持续地进行,具有了某种持续性,才算是社会运动。持续性是将社会运动与人类历史早期的政治抗争区别开来的标志之一(Tarrow 2011:12)。在人类历史早期,人们对强权对手的反抗多是偶发性的,缺乏持续性。

比较塔罗和布鲁默等集体行为论者关于社会运动的定义,可以发现,它们有相同点,也有不同点。相同点在于,它们都认为社会运动具有较强的目的性、组织性和连续性,不同于骚乱、暴乱等初级集体行为。不同点在于,首先,塔罗认为社会运动的本质是斗争性,而不是非制度性。集体行为论认为,各种社会制度最重要的功能就在于建构人们关于社会的共同理解,而共同理解是一种社会秩序得以建立的基础。因此,集体行为论所谓的"非制度性",根本意思不是说社会运动破坏了既有的社会制度,而是说社会制度丧失了引导人们建立对社会的共同理解的功能。而塔罗则认为,社会运动确实会破坏并且是有意识地破坏既有社会制度,但社会运动从根本上说不是起源于既有社会制度失灵所引发的人们对社会的共同理解的丧失,而是因为既有社会制度威胁到特定人群的既得利益,或给他们追求期得利益创造了机会。因此,社会运动本质上是一个围绕利益矛盾而展开的政治斗争,不是一个寻找失落的"共同理解"的过程。在这个意义上,社会运动的本质特征不是"非制度性",而是斗争性。相应地,与集体行为论者关于社会运动之"非制度性"的理解相反,在塔罗看来,参加社会运动的人都是一群有主见、有追求的头脑清醒的人,而不是一群因为丧失了精神家园而惶然无措的人。

其次,与集体行为论者一样,塔罗也认为社会运动对当前的社会制度具有破坏性,破坏性是社会运动最重要的特征之一。但不同的是,集体行为论者认为,社会运动的破坏性起源于人们对社会的"共同理解"的丧失,是行为失范的表现;而塔罗则认为,社会运动采用破坏性手段,不是行为失范,而是一种经过理性选择的策略,因为对特定人群来说,在当前制度之下,他们除了实施破坏,没有别的办法。因此,破坏不等于非理性,破坏和理性是可以统一的。

总而言之,在塔罗看来,虽然并非所有政治斗争都是社会运动,但社会运动本质上是一种政治斗争却是毫无疑义的。这样一种观念在西方社会运动中被广泛接受，其影响极大，甚至在该领域内形成了一种"概念霸权"（Snow 2004b）。但塔罗的定义也有争议。

首先，社会运动在多大程度上是组织化的？在社会运动研究早期，集体行为论为了标识社会运动与初级集体行为的区别，就已经开始强调社会运动的组织性；而到塔罗这里，为了强调社会运动是一种理性行动，他对其组织性特征的强调比集体行为论者更进了一步。对社会运动之组织性的有增无减的强调引起一个问题：社会运动与那些经常出没于社会运动的政党或利益集团是什么关系？在现实生活中，社会运动与利益集团及政党确实有非常密切的联系，很多社会运动就是由利益集团或政党发起和领导的。那么，在这种情况下，我们能说某个利益集团或政党就是运动，或者反过来说某个运动就是利益集团或政党吗？显然不能这么说。因为从经验观察中可知，尽管利益集团和政党常常在一个社会运动的兴起和发展过程中发挥重要作用，但这些利益集团和政党本身并不是社会运动，只有它们动员到足够多的追随者，从而造成足够大的社会影响时，才会形成社会运动。而在一个社会运动中，特定利益集团或政党的加入及领导虽然有助于加强整个运动的凝聚力，但利益集团和政党与其运动追随者之间并不存在确定的组织关系，一个旁观者随时可能投身于该运动成为追随者，已经投身于该运动的追随者也随时可能离开。这样一种关系表明：社会运动固然有一定的组织性，但其组织化程度并没有高到成为一个利益集团或政党的程度。利益集团和政党虽然常常参加社会运动，甚至在其中发挥领导核心作用，但不管其影响如何显著，归根结底，它们本身并不就是社会运动，而只是整个运动的一部分。反过来，自然也不能说社会运动本身就是一个利益集团或政党。也就是说，就其组织特征而言，社会运动仍然是不定型的、非结构化的。在这个意义上，社会运动只是将个人、政党、利益集团等各种行动者联系起来的一种"紧密的非正式网络"（della Porta and Diani 2007：20）——它是"紧密"的，不像聚众、群众和公众那么松散，但又是"非正式"的，不像利益集团和政党内部的关系那样稳定和结构化。对于社会运动的这一特征，迪阿尼（Diani 1992）曾做过专门论述。

其次，也是争议最大的一点：社会运动到底在多大程度上是政治性的？对塔罗来说，一切社会运动都是政治性的（Tarrow 2011：8）："某些运动对政治基本没有兴趣，而只关注自身或其成员的内心生活。但即使是这些运动，正如社会学家克雷格·凯霍恩所指出的，也会与权威发生冲突，因为这些权威负有维护法律和秩序，以及为整个社会秩序设立规范的责任。"这一观点后来在他与麦克亚当和梯利合著的《斗争的动力学》(McAdam et al. 2001)一书中得到进一步重申。对这种观点，很多社会运动研究者表示难以苟同。因为该定义把注意力集中到"抗争者与国家的互动"，以及"那些向当前的法律、政策或国家等等挑战的运动或活动"上面，而"忽略那些以中产阶级为主的……运动，特别是那些挑战'文化符码'的运动"，以及"那些未将国家作为其主要敌人的运动"(Goodwin et al. 1999: 34)。有学者 (van Dyke et al. 2004: 36) 专门统计了美国在1968年至1975年间发生的4 654个抗争事件，发现国家及其机构确实是社会运动的主要目标，但也有相当数量的运动是针对公众意见和其他非国家机构的，如表1—1所示：

表1—1　美国1968年至1975年间社会运动所声称的抗争目标

	占所有事件的百分比（%）	事件数（起）
国家/政府	52.5	2 443
教育机构	23.7	1 102
公众	9.3	431
商业机构	8.3	385
个人	4.3	201
文化和宗教组织	2.1	98
工会/职业团体	1.1	50
医疗机构	1.0	46

注：事件总数为4 654起，但存在一个运动同时针对多个目标的情况，所以根据抗争目标统计的事件的总和超过4 654，百分比的总和也超过100%。

尽管受到很多批评，但塔罗的定义已经成为并且目前仍然是西方对于社会运动概念的主流理解。

三、社会运动作为对权威的挑战

对政治斗争论的社会运动概念，最激烈而富有建设性的批判来自斯诺（参见Snow 2004b）。斯诺认为，给社会运动下定义应该同时考虑三个方面：首先，要能对整个社会运动研究起到良好的组织作用。社会运动概念是整个社会运动研究的出发点，对社会运动概念的理解方向和方式将左右整个社会运动研究的方向、焦点以及对研究内容的组织。它就像一支"锚"，锚定着整个社会运动研究。如果定义过窄，将限制社会运动研究的视野；如果定义过宽，则会使整个研究失去焦点，不利于研究的深入和专业化。其次，要考虑社会运动在整个社会制度中的定位，即应该以什么社会制度设置为参照系来定义社会运动，或者说，社会运动到底是什么社会制度设置的对应物。最后，要考虑社会运动所寻求的社会变革的层次，即一个社会运动寻求的社会变革是指向政治制度层次、个人或私人层次，还是其他层次。社会运动学者都认为社会运动的目标是寻求或阻止某种社会变革，相应地，所寻求的社会变革的层次应该成为定义社会运动时考虑的重要标准之一。

　　无论用哪条标准来衡量，政治斗争论的社会运动概念都显得太狭隘。第一，如果单纯从政治斗争来理解社会运动，不仅会先入为主地把其他理论视角排除在社会运动研究之外，而且在面对经验现象时，也会偏向于选择那些符合其理论取向的社会运动事件或集体行动形式。第二，社会运动并不完全是政治制度设置的对应物，因为大量社会运动不是以政治制度为目标，更不是以国家为目标，而是以政治制度或国家政权系统之外的其他制度为目标。也就是说，社会运动并非全部发生在政治领域，在政治以外的其他领域也会发生。固然可以说，由于国家是社会秩序的终极守护者，对整个社会秩序负有无所不在的责任，一个社会运动即便是挑战政治领域以外的其他事物，也会威胁到国家对责任的履行，威胁到国家的权威，所以一切社会运动归根到底都是政治性的，但这样一来，"政治"这个概念就会被撑大到无所不包的程度。而从逻辑上说，一个概念如果无所不包，那就不能揭示事物之间的差别；而不能揭示事物之间的差别，也就丧失了作为理论分析工具的意义。第三，从所寻求的社会变迁的层次来讲，有些社会运动固然是寻求政治制度层面的变革。但也有一些社会运动纯粹是追求个人或私人层次的变革。比如一些宗教运动，唯一的目标就是改变人的心灵或生活方式，并且这些的运动在历史上为数还相当不少。

　　鉴于政治斗争论的不足，斯诺认为，应该在这一观点之外寻求一个更加清晰、简洁而有概括性的社会运动定义。综合权衡之下，斯诺（Snow 2004b：11）的定义是："宽泛地说，社会运动就是对某种权威体系或结构的集体挑战，说得更具体一点，社会运动就是一个旨在改变或反对改变自己所在组织、社会、文化或世界秩序中的权威体系而行动起来的、其行动主要在制度性或组织性渠道之外进行而且具有一定组织性（组织形式可以是正式的、层级性的或网络性的，等等）和连续性（比聚众或抗议事件更有连续性，但又没有制度化或常规化到有一个制度性或组织性日程的程度）的集体。"

斯诺的社会运动定义，关键词有两个：一个是"权威体系或结构"，另一个是"集体挑战"。首先是"权威体系或结构"，表面上看，这个概念与塔罗定义中的"精英、对手和权威"没有区别，实际上内涵差异很大：首先，"权威体系或结构"不限于国家组织、机构或制度，一个非政府组织、非政治组织，比如公司、大学、基金会等，也可以构成一个权威体系；其次，更进一步说，权威也不限于有形的组织和结构，一组信念和认知方式也可以构成一个权威体系，因为任何权威的存在和施展都必须以一定的合法性（legitimacy）为基础，而合法性正是依靠一套信仰和观念而得以维持、巩固的。由于文化体系的界限与政治体系的界限并不完全一致，因此，对文化权威的挑战并不一定意味着对政治权威的挑战，反之亦然。一些社会运动，比如宗教改革运动，甚至完全是针对公众的，与国家政治没有任何关系。斯诺认为，一方面，权威体系和结构在某些情况下确实是政治性的，即它表现为一套事关利益分配的结构性规则和位置。但另一方面，它也不完全是政治性的。这突出地表现在，在很多时候，它只是一种认知和信仰模式。这种认知和信仰模式通过对行为和心灵取向的塑造，使得一部分人自觉或不自觉地顺服于另一部分人。这样一种形式的权威，虽然也在人与人之间造成了一种支配与服从关系，但它既不涉及具体的利益分配，更没有表现为一套具体的程序和位置，因此很难说它是政治性的，更不能说它是国家性的。在这种情况下，社会运动作为对权威的挑战，自然不会针对政治制度或国家，而是针对某种处于优势地位的心理和行为模式。在这个意义上，我们可以说，斯诺的定义强调的是社会运动的观念性，即社会观念既是社会运动形成的重要基础，也是社会运动挑战的重要目标。显然，斯诺对社会运动之观念性的强调，目的只有一个，就是要让社会运动概念"去政治化"，以便驳倒政治斗争论。

其次是"集体挑战"。塔罗在定义社会运动时，虽然没有明说，但实际上认为社会运动一定是公开进行的，如此方能称得上"斗争"。事实上，这也是当前西方社会运动研究的主流观念。对此，斯诺却认为，这种看法人为地把社会运动研究的范围缩小了。在他看来，社会运动作为一种"集体挑战",并不一定要公开进行。为了阐明观点,斯诺对挑战重新做了分类(Snow 2004b:17)。如图1—1所示,斯诺首先把挑战分为"直接挑战"和"间接挑战"。"直接挑战"是直接的、公然的要求,作为目标的权威能够看到挑战的人及其使用的手段。"间接挑战"则是隐蔽的或模糊的。"隐蔽"是指其行动和手段让人不易觉察,"模糊"是指其诉求不甚清楚。其次是把行动分为"个体行动"和"集体行动"。然后两两组合,得到关于挑战的四种类型:第一类,以个体行动形式进行的直接挑战,即个人呼吁和教请有关权威改善其生活处境。第二类,以个体行动进行的间接挑战,即美国人类学家斯科特所说的"弱者的武器"(Scott 1985),比如磨洋工,等等;第三类,以集体行动形式进行的直接挑战,行动的诉求、目标和手段都是公开的,挑战和被挑战双方对此都了解;第四类,以集体行动形式进行的间接挑战,行动的诉求、目标和手段是秘密的,不为被挑战一方所知悉,最典型的就是恐怖主义运动。斯诺认为,以往的社会运动研究集中于第三类,第四类基本上被忽略,现在应该引起重视。

	直接挑战	间接挑战
个体行动	(I) 吁请权威调整(如申诉)	(II) 日常形式的抵抗或躲避
集体行动	(III) 各种有目标的抗争	(IV) 退出或脱离权威体系

图1—1 斯诺关于挑战的分类

应该说,斯诺对"对抗政治论"的批判清晰地揭示了政治对抗论在社会运动概念理解上的偏差,很有启发性。特别是他关于挑战行为的分类,巧妙而又令人信服地把恐怖主义运动纳入社会运动研究的范畴,有利于开阔社会运动研究的视野和疆域。事实上,"9·11"事件之后,恐怖主义运动成为西方社会运动研究的热点之一。斯诺关于挑战行为的重新分类,从理论上很好地回答了恐怖主义运动研究与以往西方社会运动研究主题之间的区别和联系。这个案例也生动地说明了西方社会运动研究的主题及视角与现实社会运动形势之间的密切联系。此外,斯诺强调权威体系和结构的重要功能之一是塑造社会观念,体现了强调社会制度的基本功能在于建立人们对社会的"共同理解"的芝加哥学派的影响。当然,斯诺并没有简单地重复集体行为论的社会运动概念——与政治斗争论一样,他也认为社会运动是一种理性行动，只不过他认为社会运动企图改变的目标不限于国家或其他政治制度，而是范围更为宽泛的"权威体系或结构"而已。在这个意义上，可以说，斯诺对政治斗争论的社会运动定义的批判，既在一定程度上反映了集体行为论与政治斗争论的对立，又在一定程度上超越了这种对立。

这不是说斯诺的社会运动定义就是完美无缺的。事实上，这个定义不过反映了框架建构论关于社会运动的理解罢了。如第五章将要指出的，斯诺所创立的框架建构论突出"思想动员"在社会运动形成和发展中的作用，他的社会运动定义特别强调权威的观念基础及其对社会观念的塑造作用，也就不难理解了。斯诺虽然希望提出一种能够超越政治斗争论的、更具有包容性的社会运动定义，并且其定义也确实比政治斗争论更有包容性，但在研究实践中，对社会运动之观念性的特别强调，却容易导致对其政治性的忽视。在当代社会运动普遍政治化并且政治化趋势不断加强的形势下，这就有点不合时宜了。这就是为什么斯诺对政治斗争论痛加批判，在逻辑上也言之有理，却丝毫不能撼动其"概念霸权"地位的原因。

四、社会运动概念：评论与总结

至此，本书回顾了三种关于社会运动概念的典型理解：第一种，也是最早的一种，是集体行为论的，强调社会运动的非制度性，即社会运动是社会制度的整合功能失效，致使社会成员难以形成"共同理解"的结果。第二种，是政治斗争论的，强调社会运动的政治性，即社会运动本质上是有关行动者为了利益追求而反抗权威、精英或其他强势对手的斗争。政治斗争论否认社会运动的非制度性，因为它认为社会运动参与者都是理性的，并不是一群丧失了对社会的"共同理解"而在惊惶中摸索的人。第三种观点，由批判第二种观点而来，很难给它一个确切的命名。它主要强调，并非所有社会运动都是政治性的，还有很多社会运动是思想性的、文化性的，是以某种思想观念或行为模式为斗争目标的。这种观念体现了框架建构论对社会运动概念的理解。在这三种理解中，当前最流行的是第二种观点。

除这三种观点之外，还有一些影响较大的观点。首先值得注意的是资源动员论的观点。大多数关于社会运动的定义，不管分歧多大，最后都把社会运动定位为一种"集体行动"（collective action），或一种"行动集体"(acting collectivity),即由行动取向相同或相近的人组成的一个集合。资源动员论则独树一帜,认为社会运动仅仅是"存在于一个人群中的,代表着某种改变社会结构要素和/或社会报酬分配之偏好的一套主张和信念"(McCarthy and Zald 1977: 1217-1218)。简言之,社会运动不是一个行动,也不是一个群体,而仅仅是一种"意见和信念"。其次值得注意的是梯利等人的观点。作为一个偏爱历史比较研究的社会运动研究者,梯利特别强调社会运动现象的历史性,即社会运动是随着现代化过程而出现的一种历史现象(Tilly 2004: 1-16)。因此,他偏重于从与前现代政治抗争现象的对比中定义社会运动现象。关于梯利对社会运动的理解,第四章第四节将有阐述,此处不赘。

回顾以往关于社会运动现象的种种定义,有两个值得一提的发现:第一,怎么定义社会运动,与研究者所经历的社会运动形势和特征,以及整个社会氛围密切相关。在第二次世界大战以前,西方社会正经历深刻的文化变革,以改造心灵和生活方式为目标的宗教运动、世俗运动层出不穷,所以集体行为论倾向于从心理和文化角度去把握社会运动;而第二次世界大战以后,随着福利国家制度的兴起,纳入国家治理范围的社会领域不断扩大,整个社会事务的政治性、国家性越来越强,研究者倾向于把社会运动定位为一种政治斗争也就不难理解了。在这个意义上说,社会运动定义是时代特征的反映。

第二,怎么定义社会运动,还与研究者的理论取向有关。针对同样一种社会运动现象,不同学者基于不同的理论取向,会有不同的关注焦点和阐发方向。框架建构论和芝加哥学派对斯诺的社会运动定义的影响、资源动员论把社会运动定义为一种"意见和信念"、梯利倾向于从历史比较中来界定社会运动,都反映了这一点。这说明,社会运动定义又是理论特征的反映。

综上所述,社会运动定义是时代特征和理论特征的共同反映。相应地,不同社会运动定义在揭示各自时代特征和理论特征的同时,也不可避免地带有研究者时代和理论的局限。随着以后各章对有关理论视角的深入阐发,这一点将表现得越来越清楚。因此,企图寻找一个终极的、超越时代特征和理论流派的、能够"一统江湖"的社会运动定义,无异于胶柱鼓瑟。概念只是一种分析工具,是为科学分析特定问题服务的,其定义当然应随着问题性质的变化和科学的发展而不断调整。判断一个概念定义是否合适,主要是看三条。

首先，是概括的完备性。科学要研究问题，首先得揭示该问题的性质，并用概念予以表示。要揭示问题的性质，一是要揭示同一个问题内部诸现象之间的共性，二是要揭示一个问题与另一个问题之间的差异。因此，一个概念必须尽可能完备地概括所要研究的经验事实的所有特征，不能遗漏一些重要的经验事实或特征。

其次，是逻辑的简洁性。简化现实世界的复杂性是科学研究最重要的任务之一，因此概念必须简洁，既要能够完整概括经验现象及其特征，又要做到言简意赅，要言不烦，不能事实有多复杂，概念就有多复杂。

最后，是分析的扩展性。即一个概念定义，特别是核心概念的定义，既要能够很好地总结和吸收既往研究的智慧，又要能够很好指引或开启未来研究的方向。比如前面提到的斯诺关于社会运动的定义，在继承以往社会运动传统的同时，又合乎逻辑地将恐怖主义运动纳入了社会运动的研究范畴。就分析的扩展性而言，这个定义是不错的。概念是人类思维之网上的"纽结"，如果概念定义具有良好的扩展性，就既能够与既有的思维之网保持联结，以借重既有的知识，又可以改善这张网的结构，以推动知识的更新。显然，要保证概念定义具有良好的扩展性，就必须深入掌握相关研究的科学背景，包括以往研究的成就和不足，以及未来研究的期望和方向。如此，方能使对有关概念的定义在科学研究的过去和未来之间找准定位，让概念定义在科学研究中发挥继往开来的作用。科学的发展都是以"范式革命"（库恩 2003）的方式进行的。追求"分析的扩展性"，就意味着要让概念定义既能与原范式对接，又能推动范式的更新。

以上述三标准衡之，现在所有的社会运动定义都还有所欠缺。先抛开第二条不谈，单说第一条和第三条。正如上面三种定义之间，特别是第二种和第三种定义之间的争论所显示的，它们都认为对方的定义对经验事实的概括是有偏差的，是不完备的。至于分析的扩展性，自 1996 年以来，麦克亚当、塔罗和梯利等三位西方社会运动研究的领军人物一直企图打破西方社会运动研究内部的知识隔阂，为社会运动研究寻找新的出路。他们最后选择以"斗争政治"（contentious politics）概念为核心来重组整个社会运动研究（McAdam et al. 2001），并在社会运动研究界引起强烈反响。但在最近的一篇回顾性文章中，麦克亚当和塔罗不得不承认，取得的成效是相当有限的（McAdam and Tarrow 2011）。

尽管西方社会运动研究界对于什么是社会运动仍然有很大争议，但为了让读者更好地把握西方社会运动的研究对象，笔者在这里仍然提供一个社会运动定义，以便参考。大体言之，所谓"社会运动"，是指：**一个人群为了追求或抵制特定社会变革而以某种集体认同和团结感为基础，并主要采取非制度性方式进行的，具有一定连续性和组织性的冲突性集体行动。**

这个定义强调了社会运动的五个基本特征：一是它有明确的目的，即追求或抵制某种社会变革。这是社会运动与集体行为和革命的重要区别：一方面，社会运动不像聚众、群众和公众等集体行为，后者的形成和演变受偶然因素的影响非常大，缺乏明确的目的。另一方面，社会运动所追求的社会变革只是局部性的，不像革命那么彻底。相应地，革命通常以某种精心阐述的意识形态为纲领，而社会运动虽然一般都有比较明确的诉求，却缺乏系统而严整的意识形态论述。当然，这三种现象之间并没有绝对界限，在特定条件下可能相互转化。

二是它主要采取非制度性的行动方式，即采取与大多数人的预期相左的方式。人类社会在发展过程中会形成一整套制度，这些制度确定了社会成员处理特定问题时应该采取的方式。在通常情况下，人们都会采取制度所期待的方式去处理问题，但社会运动却倾向于采取非制度性方式。这样做的原因，倒不像符号互动论和结构功能论所讲的那样是由于制度失灵而导致人们无法形成一致的、稳定的社会预期，而是由于既有的制度对特定人群不利，使之无法或不愿意采取当前制度所期待的方式，或是由于采用非制度性方式更有利于达成目标。显然，主要采取非制度性方式，意味着对既有制度的背弃。由于政治制度并不是一个社会中唯一的制度，国家也不是社会制度唯一的供给者，因此，对既有制度的背弃并不总是意味着对国家及其政治体制的挑战。有的时候这种背弃甚至是国家所欢迎的。在这个意义上，确如斯诺所说，并非所有社会运动都是政治性的。主要采取非制度性方式表达自己的诉求，是社会运动与国家改革的一个重要区别。

三是它依靠某种集体认同和团结感而得以维持。社会运动的一个重要特征，是它的发起人、领袖或核心领导力量与其参与者之间没有固定的、程序化的支配与服从关系，从而不得不依靠某种集体认同和团结感来维持。这是社会运动与政党和利益集团的重大区别之一。确实，政党和利益集团常常是社会运动形成和发展的中坚力量，但如上所述，即使这些政党和利益集团内部是高度组织化的，其本身也并不构成社会运动，而只有它们在本组织之外吸引到足够多的社会公众参加从而造成较大的社会影响时，才构成一个运动。此时，这些政党和利益集团与参与其运动的社会公众之间仍然没有固定的、程序化的支配与服从关系，仍然不得不依靠某种集体认同和团结感来维系社会公众对其运动的参与。集体认同和团结感虽然表现为一种情感和信念，但与物质利益并不是完全脱节的，不是说社会运动维系于特定的集体认同和团结感，就完全否定了物质利益交换在社会运动形成和维系过程中的重要作用。事实上，利益互惠也是集体认同和团结感的重要基础之一。

四是它有一定连续性和组织性。社会运动之所以被称为一个运动，就在于它不是单个的、离散的事件，而由具有连续性的一系列斗争（campaign）组成。单个事件可能构成运动的一部分，但它本身算不上一个运动。与此同时，由于社会运动具有比较明确的目标，又有某种集体认同和团结感作为基础，自然会具有比较好的组织性。不过，需要注意的是，社会运动虽然具有一定的组织性，但并未完全组织化。当然，随着时间的推移，有些社会运动可能转变为完全组织化的利益集团、政党甚至国家政权。较好的连续性和组织性也是社会运动与集体行为的区别之一。

五是它具有冲突性。社会运动既然志在社会变革，那么不管变革范围大小和层次深浅，都不可避免地会损害运动对象的利益或打破他们的生活常轨，有时甚至波及运动对象以外的其他社会人群。因此，引起社会冲突是社会运动的必然后果。一些社会运动在手段上是和平的、调侃的、娱乐的甚至是自戕的，但其中所蕴涵的挑战意味仍是不言自明的。

概言之，西方社会运动研究所指的"社会运动"指的就是同时具有上述五种特征的集体行动。那么，具体来说，社会运动到底包括哪些类型呢？也许是因为社会运动的现实形态过于复杂，也许是因为理论上的分歧太大，西方社会运动学者很少对社会运动进行分类。布鲁默（Blumer 1969）曾经把社会运动分为一般社会运动、专门社会运动、表达性社会运动、复兴及民族主义运动等四类，但没有说明分类标准。斯梅尔塞（Smelser 1962：271、313）曾根据其目标是指向社会行动中的规范系统还是价值系统，将社会运动分为"规范导向型运动"和"价值导向型运动"，也没有被学界广泛接受。现在西方社会学和社会运动课程中常常引用的是艾贝尔的分类（Aberle 1966；转引自 McAdam and Snow 1997：xix-xx）。

艾贝尔的分类思想是，既然社会运动的目标是寻求社会变革，那就可以根据变革的位置和变革的程度将社会运动分为四类（见图1—2）：第一类是修正性运动（alternative movements），寻求部分地改变个人的行为或思想；第二类是改良性运动（reformative movements），寻求社会结构的部分性变革；第三类是救赎性运动（redemptive movements），希望彻底改变个人的观念和行为，典型的表现是那些极端宗教运动；第四类是革命性运动（transformative movements），寻求彻底改变社会结构，亦即通常所说的革命。分类是为理论阐述服务的。艾贝尔的分类虽然清晰，但据以分类的"社会变革"这个特征过于单一，仅用这个特征的变异来分类，不足以揭示社会运动现象在理论内涵上的丰富性和复杂性，因此用处并不大。但如果用艾贝尔的分类来看，那么，西方社会运动研究的主要对象是第一、二、三类运动，对于第四类即革命性运动则涉及较少。

	变革的位置	
	个人	社会结构
变革的程度 部分	（I）修正性运动	（II）改良性运动
变革的程度 整体	（III）救赎性运动	（IV）革命性运动

图1—2 艾贝尔关于社会运动的分类

第四节 西方社会运动研究的知识谱系

前面用了两节内容来梳理"集体行为"和"社会运动"这两个概念，目的是让读者对西方社会运动研究的对象有一个总体的了解。在过去一百多年中，围绕集体行为和社会运动现象，西方社会运动研究产生了大量知识成果。特别是第二次世界大战以后，随着社会运动的频繁发生，关于社会运动的研究也呈爆炸式增长（della Porta and Diani 2007：1）。在这种情况下，如何理解西方社会运动研究的知识谱系，即各种理论预设、观点和方法之间的内在联系和区别,就成为一个重要问题。只有厘清这个知识谱系,才能事半功倍地掌握和借鉴西方社会运动研究的知识成果。

事实上,这也是西方社会运动学界本身非常关注的问题。在此之前,已经有很多研究者尝试着整理让人眼花缭乱的西方社会运动理论知识。整理的思路主要有两种:一种可以称为"主题式",是按照研究主题来勾画知识谱系;另一种不妨称为"视角式",是按照理论视角来勾画知识谱系。这两种思路的差别在于,前者偏向于以研究对象,即社会运动所呈现的特征为基点来剖析整个知识体系;后者则偏向于以研究主体,即学者们看待社会运动现象的基本立场为基点来剖析整个知识体系。社会运动研究作为一个知识生产过程,是研究主体和研究对象两方面相互作用的结果,研究对象的特征会影响研究主体的理论视角,而研究主体的理论视角也会导致他偏向于关注研究对象的一些特征而忽视另外一些特征。因此,研究主题和理论视角这两种勾画方式是有内在联系的。下面首先回顾以往学界梳理西方社会运动研究知识谱系的逻辑框架,然后在此基础上提出本书的梳理框架以及相应的结构安排。

一、研究主题

关于西方社会运动的研究主题,有多种概括。最早的概括应该是马克思和伍德于1975年在《美国社会学年评》上发表的《集体行为理论和研究综述》(Marx and Wood 1975)一文。当时社会运动研究还没有完全摆脱集体行为论的影响,所以他们仍以"集体行为"为题来综述整个领域的研究成果。在这篇综述性文章中,他们虽然也将"集体行为理论和研究"概括为"集体行为的分类"、"集体行为的内在紧张"、"意识形态"、"动员"、"招纳"、"动态、发展和结果"等七个专题,但并未为这一划分提供明确的逻辑依据,而只是将有关理论和观点合并同类项而已。更重要的是,该文所综述的那些理论和观点现在多已湮灭不传,所以该文所概括的研究主题对于把握西方社会运动研究的知识谱系用处不大。

1988年,在斯梅尔塞主编的《社会学手册》一书中,麦克亚当、麦卡锡、左尔德共同撰写了"社会运动"(McAdam et al. 1988)一章。这可能是首次有人试图用一个逻辑框架来梳理西方社会运动研究的成果。他们

(McAdam et al.1988：697)认为："任何关于社会运动的完整的解释，必须做两件事：一是考虑在宏观和微观两个分析层次上起作用的过程和变量，二是在阐明一个运动的发生过程的同时，阐明那些据以解释一个成熟的运动保持稳定及变化的动态过程。"结合这两个方面，他们将西方社会运动研究的成果总结为六个方面，如图1—3所示。

	发生（emergence）	维持/变化（maintenance/change）
宏观	（I） * 宏观政治条件 * 宏观经济条件 * 宏观组织条件	（II） * 宏观发展
	（V） * 宏观—微观联结	（VI） * 运动的维持和变化过程
微观	（III） * 行动主义的个人性解释 * 行动主义的微观结构性解释	（IV） * 运动的微观发展过程

图1—3 麦克亚当等人对西方社会运动研究成果的总结

他们还用这个分析框架总结了西方社会运动研究的历史变迁，即，在20世纪70年代及以前，西方社会运动研究的特点有两个：一是只关心社会运动是怎样发生的，而不太关心社会运动是怎样维持和变化的；二是受芝加哥学派的影响，偏重于从微观角度去理解社会运动的发生机制。20世纪70年代末，随着资源动员论、政治过程论等理论的兴起，西方社会运动研究的焦点发生转移，一是从关注"发生"转向关注"维持和变化"，二是从微观转向宏观。

这个分析框架的优点是逻辑清晰，缺点是缺乏针对性，因为"宏观—微观"加"发生—发展"这样一种分析图式并不是根据社会运动研究独有的逻辑关系来定制的，而几乎适用于对任何社会学知识的梳理。由于缺乏针对性，所以这一框架对于掌握西方社会运动的知识谱系并没有太大帮助。即使是他们自己，在将分析框架落实到具体划分研究专题时，也只能随意地、开中药铺式地简单罗列，并且清单长到令人难以忍受：在6个大的方面之下，又划分了9个一级专题（图1—3中以星号标出）和38个二级专题！

也许是吸取了这个教训，1997年，麦克亚当与斯诺共同主编的、在美国"集体行为与社会运动"课程中被广泛用作参考书的《社会运动读本：发生、动员及动态》（McAdam and Snow 1997）一书对研究主题的划分就要简洁和清晰得多。如表1—2所示，在该书中，他们根据社会运动的形成和演变过程，将社会运动研究的主题划分为运动发生的有利条件、运动的微观动员和运动的动态过程等3个方面，每个方面再分专题，共分出11个专题。通过这个分类框架，即使是一个初入社会运动研究领域的人，也可以大体了解西方社会运动研究的知识构成，以及这种构成与现实的社会运动现象之间的关系。

表1—2　　　麦克亚当和斯诺关于西方社会运动研究成果的总结

一、运动发生的有利条件	二、运动的微观动员	三、运动的动态过程
● 紧张性条件：社会冲突及崩溃 ● 诱致性条件：政治机会 ● 组织性条件：有利环境	● 微观结构因素：社会网络 ● 动机性因素一：参与的障碍和关联性 ● 理解性因素：框架建构 ● 动机性因素二：归依与投入	● 运动的行动：战略与战术 ● 运动的历程：运动外过程 ● 运动的历程：运动内过程 ● 社会运动参与及活动的后果和影响

除上述分类框架外，关于西方社会运动研究的主题还有一些值得注意的总结。首先，德拉·波塔和迪阿尼（della Porta and Diani 2007：5-19）认为，社会运动研究始终围绕着四个"核心问题"：其一，社会变迁是怎样为社会运动的发生创造条件的？其二，那些被认为值得作为运动对象的议题和值得作为集体行动主体的行动者是怎样分离出来的？其三，集体行动是怎样形成的？其四，集体行动的形态和激烈程度是怎样决定的？简言之，一是运动发生的社会条件，二是运动议题和行动者的形成，三是行动之整体性和组织性的形成，四是社会运动形态和激烈程度的差异。

其次，魏昂德（Walder 2009）把全部社会运动研究概括为两个方面：一个是政治取向，一个是动员过程，比上面任何一种分类都要简约。他认为，在20世纪70年代以前，西方社会运动研究的主要兴趣集中于解释社会运动在政治取向上，即在意识形态、目标、动机或暴力倾向等方面的差异。此后，研究兴趣迅速地并几乎是完全地转移到动员过程上，只关心一个运动怎样为了取得成功而去获取资源、招纳支持者或寻找政治机会，却不关心一个运动到底是什么人是出于什么原因而把矛头对准谁。魏昂德认为，将研究兴趣完全集中在动员过程上，严重收窄了社会运动研究的视野，今后应注意从那些分散在各个领域的关于社会运动之政治取向的研究中汲取智慧。

上面四种分类框架都没有明确指出美国传统和西欧传统在研究主题上的差异。在这个问题上，梅鲁奇（Melucci 1985：791-792）指出，西欧传统的社会运动研究主要关注"why"，即**为什么**会发生社会运动；而美国传统则主要关注"how"，即作为行动者的个人或组织是**怎样**做出集体行动的有关选择的。"why"和"how"的区分虽然是就美国传统和西欧传统的差别而言的，但和魏昂德将西方社会运动研究区分为政治取向和动员过程这样两个主题的观点几乎相同。

上面总共提供了五种关于西方社会运动研究主题的分类框架。这些分类框架繁简不一，角度各异，所解析出的知识图谱也有很大差异。综合这些各有千秋的知识图谱，可以使我们对西方社会运动研究的知识体系有一个概略的了解。

二、理论视角

"主题式"分类框架主要根据研究对象，即所涉及的社会运动现象或特征来梳理西方社会运动研究的知识成果，"视角式"分类框架则倾向于根据研究者观察社会运动现象时所采取的理论视角来梳理有关知识成果。这两种梳理方式有联系，也有区别。有联系，是因为理论视角确实会在一定程度上影响研究者选择经验研究对象时的偏好，从而影响其研究主题；有区别，是因为同一种经验现象可以从多个理论视角去分析，而多种经验现象也可以从同一个理论视角去分析。因此，在揭示西方社会运动研究的研究主题之外，仍有必要揭示其中的主要理论视角。

关于西方社会运动研究的主要理论视角，有多种看法。其中，第一种观点是欧洲学者克兰德曼斯（Klandermans 1986，1991）提出的。他认为，主要有两种理论视角，即美国的"资源动员"视角和西欧的"新社会运动"视角："资源动员"视角倾向于从"理性人"假设出发，研究那些创发社会运动的精英或组织是怎样取得社会运动所需的各种资源和机会的；"新社会运动"视角则着重研究第二次世界大战以来的所谓"新社会运动"在价值、行动方式、支持者等方面与以劳工运动为代表的"老社会运动"有什么区别，这些区别是怎样产生的，又对社会运动的形态有什么影响，等等。

这种观点将20世纪80年代以来在西欧社会运动研究中流行的理论视角概括为"新社会运动",无疑是正确的;与此同时,它指出同期流行于美国的社会运动研究都基于"理性人"假设,亦为精辟之论。但它因此而将美国的社会运动研究都贴上"资源动员"视角的标签,却低估了美国社会运动研究内部在理论视角上的分歧。事实上,正如后面将要指出的,美国至少有三个得到广泛承认的理论视角:资源动员论、政治过程论和框架建构论。这三个理论视角固然都以"理性人"假设为逻辑基石,但在发展过程中不仅形成了独特的理论兴趣、核心议题和中心概念,而且都把批判其他视角作为自己开宗立派的理论基础,具有明确的"自我意识"。在这种情况下,忽视三种理论视角之间的内在差异而通通贴上"资源动员"视角的标签,既不符合历史事实,也不利于揭示美国社会运动研究的发展逻辑。美国的社会运动研究是西方社会运动研究的主要组成部分,对社会科学研究的影响比西欧的社会运动研究要大得多,不充分揭示其知识体系的内在变异显然是不明智的。而且,从概念使用来说,"资源动员"这个概念在美国社会运动研究中早已有之,并有确定的含义,即,作为一个理论视角时,它与"政治过程"和"框架建构"这两种视角是并列的。如果现在撇开这一概念使用传统,而将后两种视角都归入"资源动员"视角,就会造成概念混乱,并影响理论对话。再者,往"资源动员"概念中装入过于复杂的,甚至相互矛盾的内容,只会使这个概念失去清晰度和针对性,不利于理论分析。

其实,早在第一种观点发表之前,已有学者指出美国社会运动研究内部在理论视角上的差异。这就是这里要说的第二种观点。这种观点(Jenkins 1983;Perrow 1979:199-205)认为,在20世纪六七十年代,美国社会运动研究在理论上经历一次了重新定向,即从传统的集体行为论转向新兴的资源动员论。这种观点虽然也像第一种观点一样,将当时流行于美国的社会运动研究新取向统称为"资源动员"视角;但它注意到,"资源动员"视角内部存在差异——一部分着重关注造成社会运动兴衰成败的政治环境及过程,另一部分则着重关注运动组织者、运动积极分子和各种运动组织的动员活动对社会运动形成及演变的影响。鉴于这种差异,佩罗(Perrow 1979:199-120)将前者称为"资源动员论 I"(RM I),而将后者称为"资源动员论 II"(RM II)。这种观点曾经在美国有一定影响,但同样存在"资源动员"概念界定过宽的缺点(参见 McAdam 1999:262-

263)。这里所谓"资源动员论 I"和"资源动员论 II"的区别，实际上是政治过程论和资源动员论的差异。

这两种观点所存在的不足，除了理解上的偏差之外，与当时美国社会运动研究的有关理论视角还在成长中、面目尚不十分清晰有关。

第三种观点是麦克亚当、麦卡锡和左尔德于 1996 年在其主编的《社会运动研究的比较视角》（McAdam et al. 1996a）一书中提出的。这一观点将美国社会运动研究的理论视角区分为三种，它们分别以政治机会（political opportunities）、动员结构（mobilizing structures）和文化框构（cultural framings）作为理论阐发的焦点。他们虽然没有交代这三种理论视角的出处，但显然是按照 20 世纪 70 年代末到 80 年代末这十年中所确立的、至今仍主导着美国社会运动研究的三大理论流派，即政治过程论、资源动员论和框架建构论来划分的。这样划分的好处是，能够清晰地展示美国社会运动研究范式的演替轨迹及其蕴涵的知识发展逻辑，从而有利于揭示各个理论视角的优长和局限，推动范式的革新和科学的发展。所以，到目前为止，这种观点仍是西方社会运动研究中最为广泛接受的观点。

不过这种观点仍有其不足，那就是充满了美国中心主义色彩，对西欧社会运动研究传统了解不够，把握不准。这表现在，主要流行于西欧的新社会运动论明确不赞成上述三个理论视角所坚持的"理性人"假设，但麦克亚当等人却企图将新社会运动论的有关观点分别并入美国的三大理论视角中。这显然是一个严重的误解。也许认识到这个问题，麦克亚当后来又提出另外一种分类框架——将西方社会运动的理论视角划分为结构主义、理性主义和文化主义三种（参见 McAdam 1999：vii - xlii）。在这里，他认识到西欧新社会运动论对"结构"和"文化"而非"理性"的强调，并指出西方社会运动研究的理论视角正在经历从理性主义向文化主义的转变，无疑是很有洞见的。但他对这三个视角的具体内涵及其与既有社会运动理论知识之间的对应关系都语焉不详，因此难以置评。

三、本书的组织架构

本书的根本目的不是写一部《社会运动概论》，也不是写一部《西方社会运动研究史》，而是要为中国学者，特别是社会学者开展集体行为和社会运动研究提供理论借鉴。既然是"提供理论借鉴"，就要深入总结西方社会运动研究在理论发展过程中所积累的正、反两个方面的经验，一是它展现的理论智慧，二是它存在的局限和教训；特别是要揭示酿成这些智慧、局限和教训的历史规律和科学逻辑。为着这个目的，综合权衡之下，本书决定采取以理论流派为纲、兼顾理论视角和研究主题的方式来组织全书的内容。

所谓"理论流派"，是指以若干理论共识为核心和基础而形成的某种研究传统。从理论的角度来看，一个理论流派首先表现在它有其独特的关于研究对象的理论假设。这些假设无论正确与否，都会作为一种本体论信念规定着该流派理论认识的基本方向和过程。相应而来的第二个表现是，它有独特的中心议题、核心概念或命题。这些中心议题、核心概念或命题是否系统，在逻辑上是否严谨，是判定一套理论是否构成一个流派的重要标志。从历史的角度来看，一个理论流派表现为它有自己的标志性人物和论著，并且有足够多的追随者，从而在业内拥有较大的影响，得到广泛的承认。概言之，一个理论流派就如同一场社会运动，必须有足够明确和可辨别的诉求、领袖和"集体行动"，以及足够广泛的影响，否则称不上流派。

理论流派与理论视角和研究主题既有联系，又有区别。一方面，如上所述，一个理论流派必定有自己独特的理论视角，有自己独特的中心议题，亦即研究主题。尤其是独特的理论视角，它是一个理论流派得以确立和得到承认的基础。因此，理论视角和研究主题可以作为判别理论流派的重要标志。但另一方面，三者又不完全等同。主要差别在于，一个理论流派必须在组织上有所体现，通常有标志性学者作为"领袖"，有标志性著述作为"纲领"，有一批对这些"领袖"和"纲领"表示认同的学者作为"追随者"，否则不成其为"派"。而研究主题和理论视角则有可能只是一种理论概括，不一定体现在组织上。比如，前面讲到，麦克亚当最近将当代西方社会运动研究的理论视角概括为结构主义、理性主义和文化主义三种，从理论上说也不无道理，但这三个"主义"就很难找到什么公认的"领袖"和"纲领"，不能说是一个"流派"。要言之，理论流派与研究主题及理论视角之间有一定对应关系，但也不是一一对应的。

西方社会运动研究是一个国内学术界迫切希望了解但又相对陌生的领域，为了让其研究成果充分发挥理论借鉴作用，本书在内容的组织上尽力贯彻"逻辑与历史相统一"的原则。一方面，必须把西方社会运动研究的历史进程讲清楚；另一方面，必须把西方社会运动研究的理论发展讲清楚。这两个方面必须有机地统一起来，脱离历史事实单纯讲理论进程，容易陷入枯燥和抽象，不容易掌握；而脱离理论线索去讲历史进程，不但容易失焦，而且达不到本书预定的目标。相比较之下，以理论流派为纲的内容组织方式，更能做到"逻辑与历史相统一"。因为，一方面，一个个理论流派有其可辨别的标志性人物和论著、标志性议题和核心概念，从而使理论建构能够作为一种生动的、感性的历史过程来把握，让后学者克服神秘和畏惧心理。另一方面，一个个理论流派就是一个个相对整合的知识体系，以理论流派为基本组织单元有利于清晰而简约地展现西方社会运动研究领域中理论争鸣的焦点和进程，避免流于平铺直叙的史实记述或理论专题罗列。

关于西方在社会运动研究过程所形成的理论流派，上面那些关于理论视角的观点已经有所揭示。概括起来，就是这么五种：一是新社会运动论，诞生于20世纪80年代并主要流传于西欧；第二至四种分别是资源动员论、政治过程论和框架建构论，20世纪70年代末以来先后诞生于美国，并在当前西方社会运动研究中居于主导地位；最后是集体行为论，诞生于美国并主要流行于20世纪60年代以前。上述五论之所以称为"流派"，是因为它们都有专门的名称并得到普遍承认，有独特的理论视角和研究议程，有作为产生标志的论文或专著，有重量级学者作为旗手，而且有大批追随者，有源有流，有干有派，称"流派"当之无愧。至于西欧在新社会运动论之前的社会运动研究，基于其属于马克思主义流派，而根据本书的界定，马克思主义流派的社会运动研究不属于"西方社会运动研究"之列，故本书不做专门阐述，而只是在介绍新社会运动论时附带涉及。

根据这一理解，本书共分为七章。第一章是导论。第二至六章分别讨论集体行为论、资源动员论、政治过程论、框架建构论和新社会运动论。最后是第七章，也是全书的结语，将对前面各章的讨论做一个总结，指出西方社会运动研究的最新趋势和未来走向，并结合当前中国社会的转型略谈借鉴西方社会运动研究需要注意的若干问题。

本书在以理论流派为纲的同时，将兼顾理论视角和研究主题，即既注重比较不同理论流派在理论视角上的异同以及彼此间的批判和继承关系，又注重比较不同理论流派在研究议题上的偏好，以及对相同或近似议题的不同处理方式。

第二章　集体行为论

集体行为论是美国社会运动研究传统的第一代理论视角，后来长期主导西方社会运动研究的资源动员论、政治过程论和框架建构论都是在自觉而激烈地批判集体行为论的基础上发展起来的。不深入了解集体行为论的形成和演变，就难以深刻地理解上述三大理论流派的理论主张以及整个西方社会运动研究的理论格局。本章分为五节，第一节讨论集体行为论兴起的时代和理论背景，以及其中存在的理论分野；第二至四节分别讨论集体行为论中三种比较有影响的理论取向及其观点；最后，第五节分析20世纪60年代以后集体行为论没落的过程及原因。

第一节　集体行为论的兴起与分殊

所谓"集体行为论"，并不是一个单一的理论，而是多个理论的统称。这些理论之所以被统称为"集体行为论"，是因为它们在理论上有两个共同特征：首先，在本体论上，倾向于把集体行为看作一种因为社会结构崩溃、社会整合不良而引起的失范行为，是非理性的、自发性的、非组织性的和破坏性的；其次，在认识论上，倾向于用孤独、挫折、愤怒、苦闷、迷惘、焦虑等心理因素去解释集体行为，认为集体行为是此类紧张心理的集体宣泄。由于总是用社会整合不良、社会结构崩溃所引发的紧张心理去解释集体行为，所以集体行为论又被称为"崩溃论"（breakdown theories）或"紧张—崩溃论"（strain and breakdown theories）（Buechler 2004；Useem 1998）。这两种倾向是集体行为论区别于其他社会运动理论流派的基本特征。在西方社会运动研究中，具有此类倾向的理论观点通常都被划入"集体行为论"的范畴。

一、集体行为论兴起的时代背景

尽管"集体行为"作为一个专业概念是帕克在1921年提出来的，但其作为一个社会科学的研究议题却滥觞于勒庞的聚众研究。帕克也明确将勒庞的聚众研究作为集体行为研究的开端。因此，讨论集体行为论的兴起，要从勒庞的聚众研究开始。

勒庞生于1841年，卒于1931年，生活在一个动荡的时代。其聚众研究是社会动荡的产物。从1688年英国光荣革命开始，经过数世纪酝酿的资产阶级革命终于进入夺取和建立政权的政治革命阶段。此后，大大小小、形形色色的资产阶级革命便连绵不断。其中，尤以1789年法国大革命和席卷整个欧洲的1848年革命最为集中和暴烈。戏剧性的是，资产阶级革命在摧毁封建制度而逐渐建立起资本主义制度的过程中，并未实现其"自由、平等、博爱"以及"人人生而平等"的诺言。确实，在17、18世纪，新生的资本主义制度尽管立足未稳，但其剥削和压迫的本性就已经暴露了出来，由此导致工人运动和革命此伏彼起，终于在1871年爆发了世界史上第一次大规模的无产阶级革命——巴黎公社革命。尽管从历史发展的角度来说，不管是资产阶级革命还是无产阶级革命都具有进步意义，但革命毕竟是对社会秩序的颠覆，会造成严重的社会动荡。在严重的社会动荡中，频频发生并给社会秩序造成严重破坏的聚众事件给时人留下了非常深刻的印象，当时的官方文件、新闻报道和书籍对此有大量记述。在这方面，最有名的当属麦凯于1841年出版的《极端的大众妄想与聚众的疯狂》（Mackay 1969）一书。麦凯是一名记者，苏格兰人，但长期生活在法国。

在该书中，他详细地记录了他目睹和听闻的聚众事件。该书在西方影响甚大，一版再版，直到 2010 年都还有新版本印行。有人甚至认为该书是关于聚众的最早的研究，将其视为社会运动研究的起点。在英国，聚众事件也是当时媒体和著述关注的热点问题之一。普拉兹曾经将英国文献中对 1800 年至 1849 年间聚众事件的记载辑录为《聚众：英国的文献与公共政治》（Plotz 2000）一书。这些情况表明，聚众作为一种社会现象在当时已经引起广泛关注。这些历史记录虽然为后来的社会运动研究提供了丰富的素材，但在相当长的时间内，对于聚众现象的关注都停留在描述和议论的阶段。直到 19 世纪末，以勒庞的《聚众：一个关于大众心理的研究》一书为标志，关于聚众的社会学研究才终于破土而出。

关于聚众的社会学研究首先诞生于法国而不是其他国家，主要有两个方面的原因。一是在西欧各国中，法国的革命最为曲折、最为暴烈，持续时间也最长。于 1789 年爆发的资产阶级大革命以及随后发生的一系列政权更迭事变，其血腥和动荡程度，西方各国无出其右者，以致在西方社会运动研究中，法国大革命至今仍是最重要的研究课题之一。在 1848 年欧洲革命中，法国的二月革命和六月起义也是欧洲诸国中最激烈的。时隔不到三十年，法国又在 1871 年爆发了巴黎公社革命。如此激烈而持久的革命，使法国成为当时欧洲最动荡的国家。与革命相伴而生的聚众现象自然会成为学者最感兴趣的话题之一。即以勒庞本人而言，他从事聚众研究，就与其生活的年代距 1789 年革命不远，且亲身经历过 1848 年欧洲革命和 1871 年巴黎公社革命，耳闻或目睹革命所造成的混乱和灾难有关。

二是法国学术界长期以来的知识积累。长期社会动荡所引起的研究兴趣包括但不限于聚众研究。事实上，在勒庞之前和同一时代，还有许多学者从聚众之外的其他角度关注社会动荡问题。在社会学中，勒庞的前辈、西方社会学的创始人孔德从社会秩序的角度来关注革命所造成的社会动荡问题，因此把秩序问题作为社会学研究的两大主题之一；比勒庞出生稍晚但在学术上成就更大的法国社会学家涂尔干则从社会团结的角度来关注同一问题，因此把社会整合的形成和变迁作为其社会学研究的核心议程。这些看似与集体行为研究不相关的社会学研究，实际上为聚众研究以及更为一般的集体行为研究的兴起奠定了理论基础。正如后面所指出的，尽管孔德和涂尔干并未直接从事聚众或集体行为研究，但他们的观点却构成了集体行为论的思想原型。

聚众研究的兴起揭开了集体行为研究的序幕。但从范围较为狭窄的聚众研究走向更具有一般性的集体行为研究，还与19世纪末以及20世纪初大众传媒的急剧发展有关系。19世纪中后期，经营报纸和新闻开始成为一种职业和商业，报纸新闻业迅速繁荣起来。20世纪初，无线电广播作为新闻传播工具登上历史舞台。不久，世界上出现了首家专门从事新闻广播的商业广播电台。报纸和广播的出现极大地改变了社会生态：它打破了传统社会中相对封闭的生活状态，使人们能够打破生理和物理的局限，接触到空前丰富的社会信息和动态；以报纸和新闻所提供的信息为中介，人们相互接触、相互影响的机会前所未有地增多。更重要的是，尽管这些信息看不见、摸不着，却能够实实在在地塑造出一种社会环境，实实在在地影响人与人之间的社会交往，从而影响社会秩序，造成聚众或其他集体行为。这种现象也引起了研究者的极大兴趣。最先提出"集体行为"的社会学家帕克原来是一位记者，他就是有感于新闻传媒对社会秩序的巨大影响而投身于集体行为研究，并提出"集体行为"概念的。在帕克的同一时代，还有很多学者抱着极大的兴趣研究新闻传媒所造成的种种集体行为现象，比如传言、时尚、迷狂等。与此同时，20世纪初，持续数个世纪的革命在西方暂时告一段落，社会秩序趋于平静和稳定，骚乱、暴众等聚众现象日益减少，伴随大众传媒的兴起而来的传言、时尚等群众行为却急剧增加，对社会秩序的影响越来越大。于是，集体行为研究的主要兴趣开始从勒庞及其之前的聚众转向群众。这一转向在革命比较少见和短暂，而经济和传媒更为繁荣的美国表现得更加明显。从聚众研究到群众研究的转向，拓展了集体行为研究的题材和视野，进一步推动着集体行为研究的发展。帕克能够在20世纪20时代提出比"聚众"概念更有概括性和包容性的"集体行为"概念，布鲁默能够在30年代对集体行为研究提出较为系统和完善的研究框架，从而确立一个专门的集体行为研究领域，与大众传媒所造成的集体行为研究的发展和转向有密切关系。

第二次世界大战以后，随着西方学界对法西斯和极权主义问题的反思以及对第三世界国家的社会发展和秩序问题的关注，集体行为研究繁盛一时，并最终形成了成熟的、作为一个理论视角的集体行为论。由法西斯挑起的第二次世界大战，对整个世界和西方资本主义制度来说都是一场空前浩劫。当年很多在美国从事集体行为研究的学者本身就是为了躲避法西斯和极权主义的迫害而逃到美国的。战争结束后，西方学界掀起一股反思法西斯和极权主义的热潮，各种研究一时蔚为大观。让学者们困惑不解的是，作为一种疯狂和野蛮的意识形态，法西斯和极权主义何以能够赢得民众的支持，从而崛起并盛行那么长的时间？当时的主流观点是，民众对法西斯和极权主义的支持典型地属于社会结构崩溃、社会整合失败而引发的集体行为。与此同时，在第二次世界大战之中或之后从西方殖民主义统治中取得独立的广大亚、非、拉国家，推进现代化的过程并不如想象的那么顺利，很多国家陷入严重的骚乱、政变、种族仇杀甚至战争之中，连基本的社会秩序都难以维持，遑论发展。这一现象也引起西方学界的浓厚兴趣。在现代化理论的指引下，第三世界国家的社会动乱也被认为是由于社会整合失败而导致的集体行为。这样，在上述两方面议题的合力推动下，集体行为研究空前繁盛，在密集而多元的理论交锋和交流中，最终形成了西方社会运动研究的第一个理论视角——集体行为论。

由此可见，从社会背景的角度来说，集体行为论的兴起和发展实际上是特定时代的社会秩序问题在理论和知识上的反映。所谓"集体行为"问题，本质上是一个社会秩序紧张或崩溃的问题；所谓集体行为研究，实际上关注的是社会秩序怎样出现问题、出现问题之后又怎样恢复的问题。简言之，集体行为论的核心关切是社会秩序的形成及维持。尽管不同历史时代引发社会秩序问题的因素不同，但集体行为论对社会秩序问题的关切是不变的。正因为如此，所以从18世纪到19世纪中期，尽管不同时代的社会背景不同，所面对的社会秩序问题亦不同，但它们都持续地推动着集体行为研究的发展，最终形成自成一派的集体行为论。

二、集体行为论的思想原型

把集体行为认定为一种与"制度化行为"相对立的异常行为，是集体行为论的逻辑出发点。这样一种本体论信念从根本上规定着集体行为论的认知方向和方式。正是在这一信念的指引下，集体行为论者才把全部的研究兴趣都投向社会异常状况——或是社会结构上的异常，或是个体心理上的异常，试图从中找到集体行为发生和发展的动因。关于集体行为的这样一种观念，最初是由美国社会学家帕克在20世纪20年代提出并初步阐述的，但其思想渊源则可追溯到社会学创立之初的"社会有机体"思想。"社会有机体"思想确定了集体行为论者的社会秩序愿景，即其关于理想社会秩序的想象和期待。正是以这样一种社会秩序愿景为参照，他们才会认定一些行为属于正常的"制度化行为",另一些行为属于异常的"集体行为"。

"社会有机体"是孔德在创立社会学之初便提出的一种观念。这种观念把社会想象成一个各部分唇齿相依、休戚与共的有机整体。在孔德那里,"社会有机体"还只是粗陋的生物学类比,后来却成为历代社会学家,特别是功能论取向的社会学家着力阐发的核心思想之一。英国社会学家斯宾塞首先把"社会有机体"思想作为自己的理论支柱之一,阐述了"社会有机体"从简单到复杂的分化逻辑,但斯宾塞的论述仍然具有浓厚的生物学类比色彩,理论建构也比较简陋,对后世影响不大。关于"社会有机体"思想的第一个系统而精致的、对后世影响最大的阐述无疑来自法国社会学家涂尔干。事实上,涂尔干被认为是集体行为论视角的创始人(Tilly 1981:第4章)。

在社会学史上,涂尔干与马克思和韦伯合称"圣三一"(holy trinity)。但与马克思和韦伯集中关注社会冲突相反,涂尔干学说的主题是"社会整合",即个体是怎样凝聚为社会,社会又是怎样得以维系而不至于解体的。涂尔干深信,社会是一个有机整体,社会的各个构成部分之间存在某种唇齿相依、休戚与共的关系。基于这一信念,涂尔干整个研究工作的任务就是要揭示这样一种唇亡齿寒的社会关联关系在现代化过程中所面临的危机及其解决之道。涂尔干(2000)认为,从历史角度来看,人与人之间的社会关联有两种基本形式:一种是盛行于古代社会的,以强烈的集体意识为纽带的"机械团结";另一种就是伴随工业化进程而来的,以人与人之间的需要和功能上的相互依赖为纽带的"有机团结"。"机械团结"的社会是一个不够分化的社会,人与人之间、社会的各个部分之间具有显著的同质性,而"有机团结"的社会是一个分化的社会,人与人之间、社会的各个部分之间具有显著的异质性,具体表现在社会分工要精细得多、复杂得多。涂尔干肯定"有机团结"的历史进步性和合理性,但他同时指出,仅仅依靠人与人之间功能上的相互依赖并不能有效地维持社会整合。因为在一个"有机团结"的社会中,社会已然分化,每个人都倾向于按照自己的偏好来自主行动,如果没有相应的集体意识对其行为进行引导和约束,个人将失去对社会的关心、了解和敬畏。这样一来,不但社会作为一个整体难以维持,个人也会由于失去了集体意识的引导和约束,要么行为取向陷入迷惘和混乱,要么因为欲望的急剧膨胀而与现实发生激烈的冲突。这样一种因为社会不能有效整合而致个体行为迷惘、混乱或失去限度的现象，涂尔干称之为"失范"。针对"有机团结"条件下社会可能失范的担忧，涂尔干开出的药方是重新加强集体意识，即根据社会分工日益显著这一新的历史条件，努力培育职业群体，培养职业道德，俾使各个职业、各个岗位能够认识到本职业与他职业、本岗位与他岗位之间休戚与共的血肉联系，而不致各行其是，独遂其志。

涂尔干的整个社会学理论贯穿着一个基本理念，那就是，"社会第一性，个人第二性"（阿隆 2000：217），亦即，社会性是人之成为人的首要的、基本的属性，一个人正是由于了解和尊重社会性，并且只有了解和尊重社会性，才会成为一个正常的人。为了说明这一点，涂尔干从多个角度苦心孤诣地论证社会有机体相对于个体的优先性。首先，他从历史的角度考察个人与社会之间关系的变迁。在这方面，他的结论是，以强烈的集体意识为基础的、社会性更强的"机械团结"社会，先于以个体功能相互依赖为基础的"有机团结"社会而出现，这表明社会性在发生学意义上是先于个体性的。其次，他从正反两个方面阐述集体意识对于维系社会的极端重要性。正面的例子他研究的是宗教（涂尔干 1999），反面的例子他研究的是自杀（涂尔干 1996）。涂尔干这么做是有其深意的——显然，如果不能证明社会有机体优先于个体的必然性和必要性，那么，将"社会整合"作为研究主题就没有理论上的正当性。

总之，一方面，涂尔干继承了孔德的"社会有机体"思想，并将其作为社会学研究的主题；但另一方面，他创造了"社会整合"、"机械团结"、"有机团结"、"社会失范"等一整套社会学概念，并用这套概念对社会有机体的形成、维系和解体等过程做了体大思精的阐述，从而使"社会有机体"的社会学理念彻底摆脱了总是用生物体来类比的尴尬局面。涂尔干的社会学理论在后世不仅对社会学，而且对法学、政治学等多个学科都有深远的影响。

就集体行为论而言，涂尔干的影响主要表现在三个方面。一是相对保守的意识形态取向。基于社会是一个有机体的理念，涂尔干深信社会是应该而且能够整合的，其全部工作都以促进社会整合为职志。这与马克思坚持资本主义体制必须推翻而且能够推翻的革命主张形成鲜明的对比，也与韦伯断言人类必将陷入"理性的囚笼"的论调相左。由于对社会整合的无比推崇，涂尔干对一切可能破坏社会整合的趋势和行为都深感忧虑，将那些不符合其社会整合理想的现象都斥为"病态"或"反常"。集体行为论几乎全面继承了这一意识形态取向。这一取向是20世纪60年代以后集体行为论招致广泛批评的原因之一。

二是对社会有机体本质的心理学理解。一方面,涂尔干强调社会是一个产生于个体但又超越于个体,而且会反过来对个体产生强制作用的独立存在。在这个意义上,他对社会有机体的理解是唯实论的。但另一方面,他认为,社会有机体之所以能够形成和维系,关键在于有某种集体意识。尽管基于社会唯实论的观点,涂尔干也强调集体意识不可化约为个体意识的简单堆积,但不管怎样,在涂尔干看来,社会有机体本质上是一种心理存在,而不是一种物质存在。在这个意义上,涂尔干的社会观又是唯心论的。这样一种唯心论的社会观,为后来集体行为论从心理角度来观察社会秩序以及作为其"异常"状态的集体行为埋下了伏笔。

三是,与上述两个方面相一致,涂尔干对社会制度设置的功能也做了简单化的理解。在涂尔干看来,各种社会制度设置的功能只有一个,那就是建构和维持集体意识,或者说,建构和维护人们对社会的共同理解,也就是帮助人们了解怎样形成自己对他人的合理的期待,并对他人对自己的期待做出合理的反应。事实上,不敢说所有社会制度,至少绝大多数社会制度除了具有塑造社会心理的功能之外,还涉及对财富、权力等实际社会资源的分配。偏重从心理角度去理解社会制度的功能,显然是唯心论社会观的延续。更进一步说,即使是社会制度对社会心理的塑造,也不只是建立人们对社会的共同理解那么简单,事实上,在很多情况下,社会制度对社会心理的塑造涉及控制和统治。这一点在差不多同时代的马克思和韦伯那里,尤其是在马克思那里已经谈得很多了,但在涂尔干那里,几乎没有引起任何重视。这一点也反映了涂尔干的保守主义的意识形态立场。

涂尔干关于制度功能的上述理解也被集体行为论继承下来。在集体行为论者眼中,既然社会制度的基本功能是建立人们对社会的共同理解,那么,集体行为对社会常规的偏离,自然就意味着对"集体意识"、对"共同理解"的偏离,就自然是认知或认同发生紊乱、行为失去方向的表现,就自然是病态的非理性行为。显然,如果承认社会制度除了有建立社会共同理解的功能,还有资源分配以及维护统治和压迫的功能,那么,集体行为对社会常规的偏离,就不一定是心灵紊乱的表现,而是为了追求更加公平的资源分配,或者是为了反抗统治和压迫。显然,如果是后者,集体行为就非但不能说是病态的、非理性的，反而可以说是正当的、理性的，甚至是高尚的。

尽管集体行为论的种种理论都渊源于孔德所创立的社会有机体思想，而涂尔干又最早对这一思想做了最系统、最精致的阐述，但从文献上看，集体行为论对涂尔干的直接引述并不多。上面之所以仍然花大量篇幅去勾绘涂尔干的理论，是因为，既然涂尔干的理论是对社会有机体思想的最系统和最精致的阐述，那么，一种集体行为理论不管有没有直接引述涂尔干，只要将其与涂尔干的观点作对照，它与社会有机体论的联系就会显示得格外清楚。

三、集体行为论内部的理论分野

如前所述，"集体行为论"是具有某种共同取向的多个理论的统称。在与后来的资源动员论、框架建构论、政治过程论和新社会运动论等流派相对而言时，"集体行为论"这样一个统称是可以的，但在专门讨论集体行为论时，就存在一个对麋集于该视角旗下的多种理论如何归类的问题。这就是下面行将讨论的集体行为论内部的理论分野。

要讨论集体行为论内部的理论分野，首先要了解集体行为研究内部曾经出现过哪些理论。这就如同数学一样，只有首先确定哪些元素构成一个全集，然后才能确定哪些元素构成这个全集的子集。这个问题看似简单，实际很困难。首先，"集体行为"和"集体行为研究"的内涵和外延是随着时代和研究的发展而不断变化的，在一个时代、一个学者那里被视为集体行为的现象或属于集体行为研究的理论，在另一个时代、另一个学者那里则不这么看。这就导致集体行为研究的"全集"很难确定，要确定这个"全集"之下的理论分野自然也无从谈起。其次，有些理论虽然可以肯定属于集体行为研究的范畴，但对后世的相关研究影响甚微。如果把这样一些理论也作为元素纳入集体行为研究的"全集"，进而确定集体行为论的理论分野，在科学上也没有什么意义。确实，美国社会学家马克思和伍德（Marx and Wood 1975）曾在1975年对集体行为研究的成果做过非常详细的综述。对照这个综述可以发现，其中大多数理论已经完全丧失生命力，只有极少数流传下来，仍然存活于当代西方社会运动研究中，尽管大多数时候是被作为批判的靶子。在科学研究上，理论回顾和总结的目的不是怀旧，而是为了推动研究的发展。那些理论既然湮没不传，就意味着它们已经丧失推动科学发展的意义，因而也就没有回顾和总结的必要了。当然，不排除若干年后，一些饱受冷落的理论被发现具有重要的科学价值，从而能够"起死回生"——这样的例子在科学史上并不少——但至少在目前，笔者还没有发现哪个集体行为理论有这种可能性。因此，本书拟只就那些仍然存活于当代西方社会运动研究中的集体行为理论来讨论集体行为论内部的理论分野问题。

在当代西方社会运动研究中仍然被广泛提及的集体行为理论主要有以下七种：（1）勒庞的集体心智理论；（2）布鲁默的循环反应理论；（3）特纳和克利安的突生规范理论；（4）斯梅尔塞的值数累加理论；（5）康豪瑟的群众社会理论；（6）戴维斯的J曲线理论；（7）格尔的相对剥夺理论。对于这七种理论，一种常见方式是不加分类地逐个罗列（比如赵鼎新2006：第三章）。在一篇被广泛引用的述评性论文中，莫里斯和赫宁（Morris and Herring 1988）曾把上述理论划分为三类：一是"芝加哥学派的集体行为研究"，包括布鲁默的循环反应理论、特纳和克利安的突生规范理论，以及作为芝加哥学派集体行为研究之前身的勒庞的集体心智理论；二是"斯梅尔塞与结构论的集体行为研究"，即斯梅尔塞的值数累加理论；三是"群众社会理论和相对剥夺理论"，包括康豪瑟、戴维斯和格尔的理论。莫里斯和赫宁并没有解释这样划分的理由。不过，从集体行为论的内在逻辑来看，这样划分基本合理，但把康豪瑟的群众社会理论与戴维斯和格尔等人的相对剥夺理论放在一起，显得比较牵强。合理的划分应该是把康豪瑟的群众社会理论与斯梅尔塞的值数累加理论一起归入结构论，其他不变。为简便起见，这三种取向可以分别命名为：符号互动论、结构功能论和相对剥夺论。

这样划分的原因在于，从理论上说，集体行为论所关注的问题实际上可以概括为两个：一是社会结构崩溃与社会紧张之间的关系，即什么样的结构崩溃会导致什么样的社会紧张，特别是作为一种社会心理状态的心理紧张；二是心理紧张与行为反应之间的关系，即心理紧张怎样导致行为失范，从而引发集体行为。在这两个问题中，第一个偏于宏观的结构分析，第二个偏于微观的心理和行为分析。在上面所列的七种理论中，康豪瑟的群众社会理论与斯梅尔塞的值数累加理论主要关注恐慌、烦躁、苦闷、焦虑等负面情绪的社会结构根源，基本思路都是结构功能分析，即把社会心理视为特定社会结构的函数（function，也可译为功能），然后考察特定的社会结构失调是如何引起社会心理紧张的，故称为"结构功能论"。

相对来说，其他五种理论所关注的问题要微观得多。其中，布鲁默的循环反应理论以及特纳和克利安的突生规范理论都继承了芝加哥学派的风格，研究的焦点是社会互动过程，即作为个体心理的恐慌、烦躁、苦闷、焦虑等负面情绪是如何经过社会互动而感染和传播给他人，从而演变成一种集体行为的，因此划入"符号互动论"的范畴。而勒庞虽然不属于芝加哥学派，但毕竟是芝加哥学派的理论渊源，并且其观点也接近于符号互动论，故亦归入此列。

与符号互动论一样，戴维斯和格尔的相对剥夺理论也关注集体行为发生的微观心理机制，但既不像符号互动论那样突出社会心理的形成和演变过程，也不像结构功能论那样突出社会心理的结构根源，而自始至终只强调一种社会心理，即相对剥夺感在集体行为产生和发展过程中的作用。这实际上是受当时流行的行为心理学影响的结果。行为心理学认为，所有社会科学研究都是关于人的行为的研究，而人的行为都是对外界刺激的反应。因此，只要观察一个特定的刺激（S_i）会引起什么反应（R_i），然后在 S_i 与 R_i 之间建立起一个对应关系即可。至于人们是怎样解读外界刺激，然后又怎样选择行为反应的内在心理过程，那是一个永远无法窥知，因而也不必研究的"黑箱"。受这种理论的影响，戴维斯和格尔的相对剥夺理论把人的心理视为一个无须继续解析的常量，因此只考察"相对剥夺"作为一种外界刺激是怎样引起集体行为的，而不像符号互动论那样把心理理解为一个变量，然后仔细解析心理变化的过程及后果。简单地说，同是关注集体行为发生的微观心理机制，符号互动论遵循的是认知心理学路线，而相对剥夺论遵循的是行为心理学路线。这是这里将它们区分为两种取向的根本原因。

遵循这一思路，下面就用三节分别阐述符号互动论、结构功能论和相对剥夺论这三种集体行为论取向。

第二节　符号互动取向的集体行为理论

符号互动取向的集体行为理论源于法国社会心理学家勒庞的集体心智

理论，后经芝加哥学派社会学家布鲁默、特纳和克利安的阐发而在社会运动研究领域内产生巨大影响。

一、勒庞的集体心智理论

勒庞因为深受当时法国革命过程中种种乱象和暴行的刺激而决心研究所谓"聚众心理学"（crowd psychology），最终完成《聚众：一个关于大众心理的研究》（Le Bon 1897）一书。该书后来被译为包括汉语在内的多种语言，影响极大。在该书中，勒庞认为，人类在群处时，会通过无意识、传染和暗示等过程而使心理趋向统一，形成一种所谓"集体心智"（collective mind）。勒庞把这种现象称为"心态归一定律"（law of the mental unity）。"集体心智"一旦形成，就会成为超越个体的普遍特征，并且反过来控制和塑造个体心理。在集体心智的作用下，个人的才智和个性会削弱，人格意识会降低。由于是通过无意识、传染、暗示等低级心理过程而形成的，聚众于是显得冲动、多变、急躁、夸张、幼稚、偏执、专横、狂妄、拙于推理而急于行动，身处其中的个体会变得野蛮、残暴而狂热，从而做出种种不可思议的行动。下面这段话可以概括勒庞的观点（勒庞 2005 [1897]：18）：

> 单是他变成一个有机群体的成员这个事实，就能使他在文明的阶梯上倒退好几步。独处的他可能是个有教养的人，但在群体中他却变成了野蛮人——一个行为受本能支配的动物。他表现得不由自主、残暴而狂热，也表现出原始人的热情和英雄主义……他会情不自禁地做出同他最显而易见的利益和最熟悉的习惯相悖的举动。一个群体中的个人，不过是众多沙粒中的一颗，可以被风吹到任何地方。①

勒庞的理论在逻辑上比较粗糙和武断，很多时候与其说是在分析和解释，不如说是在断言。与此同时，勒庞的理论表现出浓厚的贵族主义的反民主倾向——把议会和陪审团等常见的现代民主机制也视为聚众行为的表现之一（见勒庞 2005 [1897]：141 - 147、158 - 177）。不过，在社会运动

---

① 参照英文对原译文略有改动。

研究史上，勒庞的理论最重要的价值在于，它最先注意并研究"聚众心理"这一现象，而不在于它对这一现象的分析和解释。

勒庞关于聚众的研究构成集体行为论的理论渊源。布鲁默、特纳、克利安等芝加哥学派的集体行为理论家一方面继承，另一方面又在一定程度上超越了勒庞的理论。所谓继承，是指芝加哥学派同样认为，集体行为本质上是一种社会心理现象，因而从社会心理的角度而不是从社会结构去解释；所谓超越，是指芝加哥学派虽然也认为集体行为是社会规范崩溃的产物，但并不像勒庞那样认为它是一种野蛮的、低级的行为。相反，秉持符号互动论的一贯主张，芝加哥学派认为，集体行为本身是一个创造意义（meaning）、重建社会规范的过程，是通向新的组织化、制度化秩序的阶梯。也就是说，集体行为既是社会变迁的必然产物，也是社会变迁的必要条件。因此，在芝加哥学派那里，集体行为的形象要正面得多。

二、布鲁默的循环反应理论

导论中已经指出，"集体行为"这个专有名词是芝加哥学派的创始人之一帕克于1921年创造并最先使用的，但他本人并没有对集体行为进行过系统阐述。第一个进行系统阐述的社会学者是布鲁默。在为帕克主编的《社会学原理纲要》一书所撰写的"集体行为"一章（Blumer 1969）以及后来的一系列论述中，布鲁默把集体行为分为"初级的集体行为"和"组织化的集体行为"。所谓"初级的集体行为"，即当前社会运动理论所说的"集体行为"，包括聚众和群众两种；所谓"组织化的集体行为"，即现在所说的社会运动。布鲁默对社会运动的阐述比较简单，只做了一个简单的分类；而对初级集体行为则论述甚详，不但做了详细得多的分类，而且提出了一个后来广为引用的"循环反应理论"。

布鲁默认为，集体行为发生的起因是个人的烦躁（restlessness）。每个人都有欲望和冲动，一旦这些欲望和冲动不能通过常规的方式满足，个人就会感到不悦、沮丧、不安、孤独和疏离，变得很烦躁。经过一个循环反应过程，个体性的烦躁就会演变为社会性的骚动（social unrest）。在社会骚动状态下，人类行为具有三个重要特征：一是盲目性和随机性，即人人都有一种行动的急迫感，在那里动个不停，却不知道自己要什么，不知道行动所要达到的目的是什么；二是情绪上高度兴奋，通常会莫名其妙地恐惧、警觉、不安、渴望、好斗，因而容易相信谣言，容易接受一些夸张的观点和观念；三是过于敏感，容易接受暗示，容易受外界某些微小的，甚至莫名其妙的因素的影响，个人行为因此而缺乏稳定性和连续性。这样一些行为就是所谓集体行为。

布鲁默把循环反应过程划分为三个阶段：磨动（milling）、集体兴奋（collective excitement）和社会感染（social contagion）。磨动就是人们在那里漫无目的地动来动去且相互影响，就像处于兴奋状态中的一群牛羊，从这里跑到那里，从那里跑到这里，你影响我，我影响你。磨动的一个基本效应是让人们对彼此更加敏感，注意力越来越集中到彼此身上，而把社会制度和常规抛诸脑后。集体兴奋是磨动的加速，是一种更加剧烈的磨动。在集体兴奋过程中，人们的行为更容易受冲动和感情驱使，从而更加不稳定和不负责任。一旦集体兴奋强化和扩散到一定程度，就发生社会感染。所谓社会感染，是指某种情绪、冲动和行为方式快速地、无意识地、非理性地向外释放。经过社会感染，许多原本表现得超然和漠不关心的旁观者也被卷入集体行为，从而扩大集体行为的规模，推高集体行为的激烈程度。布鲁默认为，就是通过这样一个循环反应过程，个人性的烦躁才演变为社会性的骚动，从而引发集体行为。

布鲁默的循环反应理论作为第一个关于集体行为的社会学理论，开启了一个专业领域，功不可没。但受其随笔风格的影响，其理论表述常常不够清晰和准确，在给人以诸多启迪的同时，也予人以含混不清、捉摸不定的印象。布鲁默后来被视为集体行为论中符号互动取向的代表，长期存活于西方社会运动研究中。

三、特纳和克利安的突生规范理论

就符号互动取向的集体行为论而言，特纳和克利安是继布鲁默之后最坚定的支持者。他们二人于1957年合作出版《集体行为》第一版（Turner and Killian 1957），直到1987年还出版了第三版（Turner and Killian 1987）。在长达三十年的时间里，他们始终坚持符号互动论立场。这主要表现在两个方面：第一，坚持把集体行为与社会运动作为一个整体来研究，并且坚持用集体行为研究来统领社会运动研究。这一传统是由帕克开创，并由布鲁默系统阐述的，但后来被西方社会运动研究抛弃。在当今西方社会运动研究中，主流的概念框架是将"社会运动"从"集体行为"中分离出来，用"社会运动"专指那些旨在追求社会变革的（从而是理性的)、组织化程度较高的、连续性较强的集体行动,而"集体行为"则被用于专指那些非结构性的、非组织性的、非理性的、盲目的集体行动。不仅如此,当今学术界在价值观上对"社会运动"更为认同,在专业上对"社会运动"更感兴趣,以至于越来越倾向于把集体行为视为社会运动过程中的一个环节或片断,从而把集体行为研究置于社会运动研究之下,用社会运动研究来统领集体行为研究,而不是像传统上那样相反。第二,坚持认为集体行为是由社会结构和规范的崩溃造成的,尽管这种观点在社会运动研究中饱受批判。

不过,特纳和克利安对符号互动取向的集体行为理论也有发展,那就是他们提出了"突生规范理论"(emergent norm theory)。在特纳和克利安之前,芝加哥学派虽然肯定集体行为具有重建结构和规范、促进社会变迁的积极意义,但与勒庞一样,也认为集体行为本身是受情感、直觉、冲动、兴奋、暗示等初级心理过程支配的,缺乏结构性、规范性和组织性。而特纳和克利安则认为,集体行为并不像早期理论家所认为的那样无序和混沌,相反,它仍然具有一定的结构性和组织性。这表现在,集体行为在进行过程中会突生出一个规范来,这个突生性规范会临时给参与者提供一个关于现实和趋势的共同理解,可以在社会常规被打破或失效的陌生情境下稳定人们对彼此行为的预期,从而赋予集体行为一定程度的秩序。突生规范理论意图表明,集体行为并不是非理性的,它与日常生活中的制度化行为之间并没有不可逾越的界限。

突生规范理论的提出有其社会背景和专业背景。社会背景表现在,与集体行为论在早期的主流观点相反,20世纪60年代以来兴起的大量社会运动不仅表现出很高的组织性,而且所追求的公正、平等、个性解放、环境保护等目标具有很高的正当性,集体行为论对此难以解释,必须做出修正。专业背景表现在,随着资源动员、政治过程等理论的兴起,集体行为因其理论上的简单化,以及对社会运动的"丑化"和"敌视"而饱受批评。为了缓解理论与现实之间的距离和应对资源动员、政治过程等理论的批判,突生规范理论应运而生。但这一努力的效果被证明是非常有限的,因为"突生"意味着难以解释,甚至无需解释,这显然是以解释世界为职志的社会科学家难以接受的。

总而言之,所有符号互动取向的集体行为理论都有一个共同的认知,即集体行为是以集体心理的形成为基础的,因此,它们都致力于揭示从个体心理到集体心理的演变过程。它们的差别只在于对集体心理的形成过程的看法有所不同。与此同时，与其他取向的集体行为理论相比，符号互动取向还有一个特点，那就是，在集体行为的所有形态中，它们的研究兴趣基本集中在聚众等初级集体行为上。虽然在它们看来，组织化和制度化程度相对较高的社会运动也属于集体行为，但对它的研究却相对少得多。这样一种偏向的形成与符号互动取向的研究兴趣大有关系：越是初级的集体行为，与制度化行为的差异就越大；差异越大，就越有利于揭示从个体心理到集体心理的演变过程，对符号互动取向而言，研究价值就越大。比如布鲁默（Blumer 1969）就认为，聚众最能清楚地展示集体行为的内部关联机制，社会运动的运作是围绕相同的机制而发生的。特纳和克利安（Turner and Killian 1987：77）也认为，聚众是研究集体行为的最佳样本："正是在聚众中，特别是在人口密集的聚众中，集体行为的基本过程才能得到最清楚的观察。"这样一种观点与斯梅尔塞将价值导向型社会运动视为最完备的从而最有研究价值的集体行为的观点大相径庭。

第三节 结构功能取向的集体行为理论

同样是把社会心理作为解释集体行为的关键变量，但与符号互动取向聚焦于社会心理的扩散过程不同，结构功能论热衷于从社会结构上寻找社会心理的根源。或者用莫里斯和赫宁（Morris and Herring 1988：151）的话来说，前者更关注"个体性紧张"，后者则更关注"结构性紧张"。结构功能取向的集体行为理论主要有两种：一种是斯梅尔塞的值数累加理论（value-added theory），另一种是康豪瑟的群众社会理论（mass society theory）。与符号互动论内部各种理论之间存在继承和发展的关系不同，这两种理论之间不存在这种关系，它们只是因为有共同的理论取向而被归为一类。

一、斯梅尔塞的值数累加理论

斯梅尔塞关于集体行为的观点集中体现在他 1962 年出版的《集体行为理论》（Smelser 1962）一书中。作为结构功能论的创立者帕森斯的学生，斯梅尔塞像他的老师一样，把社会行动（social action）作为全部理论分析的出发点和落脚点。他认为，集体行为与常规行为同属于社会行动，因此应该放到同一理论框架下来分析（Smelser 1962：21），不能像此前流行的符号互动论那样，把二者分割为两个截然不同的领域，进而适用截然不同的分析框架。从结构功能论的一般立场出发，斯梅尔塞（Smelser 1962：23－28）从结构上把社会行动解析为四个要素，每个要素都为社会行动的展现发挥着特定的功能。这四个要素分别是：（1）价值（value），为行动提供最基本的合法性；（2）规范（norm），为人与人之间的互动提供可遵循的准则；（3）加入组织化行动的意愿的发动（mobilization of motivation into organized action），即阐明谁是追求特定价值目标的主体，这些主体应该承担什么样的角色，又应该怎样被组织起来，当其承担这些角色之后又会得到什么样的回报；（4）特定情境中的设施（situational facilities），即在追求特定目标时有什么工具、技术或信息可以利用，或在这些方面会遇到什么障碍。简单地说，任何社会行动都包含价值、规范、角色和设施这四种要素，都是这四种要素在特定情境下共同作用的结果。

同样是基于结构功能论立场，斯梅尔塞认为这四个要素并不是并列的，而是由抽象到具体地构成一个层级控制系统。其中，价值位于最深层，决定人们信仰什么，不信仰什么，致力于什么，不致力于什么；价值制约着人们对规范的看法，即遵从什么，不遵从什么；规范制约着人们对角色的看法，即负责和不负责什么任务，承担和不承担什么角色，加入和不加入什么组织；角色制约着人们对设施的看法，即对什么手段有信心并采用，又对什么手段没信心而不采用（Smelser 1962：29－30、32）。更进一步，斯梅尔塞又将每个要素内部划分为七个层次。与要素之间的关系一样，每个要素内部的七个层次之间也是一级制约一级的关系。在斯梅尔塞看来，正常的社会行动就是在这样层层制约之下，从抽象到具体地逐层展开的，正是这样一个制约系统保证了整个社会的井然有序、有条不紊。

如果说正常的社会行动是从抽象到具体逐层展开的话，那么，一旦遭遇社会问题，解决问题的方式应该是沿着相反的方向，即从具体到抽象逐层展开。从社会行动的四个要素来说，应该首先在最具体的设施层面来讨论和解决问题，检讨设施、信息、技能、工具等方面是否存在什么问题；如果解决不了或未发现存在问题，再上升到角色层面，检讨有关组织中角色的分配和承担是否存在问题；如果没有问题，再上升到规范层面，检讨人与人之间的行为规范是否存在问题；如果没有问题，最后才上升到价值层面，检讨所信仰的价值是否存在问题。在此过程中，在每个层面内部也应该从最低的第七层次逐层往上推进，最后才进到第一层次。然而，在现实生活中，很多人遇到问题时并不遵循这样一种"逐级上诉"的原则，而是企图走捷径，绕过其中一个或几次层次。这样一种问题解决方式由于不符合社会常规，因此，要达到目的，就只能在常规之外发动集体行为。换句话说，集体行为本质上是一种企图打破社会常规的、走捷径的问题解决方式（Smelser 1962：71-73）。

集体行为的发生同时受六个因素的影响（Smelser 1962：15-17）。前五个因素，一是结构性有利条件。不同社会有不同的结构特征，某些结构特征更有利于集体行为的产生，另一些则否。比如，以银行、证券、期货等为核心的现代金融体系就比以邻里、亲戚借贷为核心的传统金融体系更容易发生金融恐慌。二是结构性紧张，即某种形式的结构上的不和谐、不安定。三是概化信念（generalized belief）的形成和散播。概化信念的功能在于为集体行为提供意义（meaning），引导人们对当前形势的解释、评估和反应，即当前的问题是什么、问题的根源是什么、谁应该为问题负责、问题应该如何解决，等等。四是诱发因素。即使前面三个条件同时具备，也不一定会发生集体行为，集体行为必须由某个偶然事件引爆，这个偶然事件就是诱发因素。五是对参与者的行动动员，即把那些受到结构性紧张影响的群体动员起来，让他们参与行动。

斯梅尔塞认为，这五个因素之间存在递进关系，只有在前一个因素已经具备的前提下，后一个因素才可能发生；而且，只有同时具备上述五个条件，集体行为才可能发生。这就意味着，就像数学上做加法一样，每在前一个因素的基础上增加一个因素，集体行为发生的可能性就增加一分。因此，斯梅尔塞将自己的理论命名为"值数累加理论"。

除了上述五个因素之外，还有第六个因素——社会控制的运作，亦即，动用社会力量阻止集体行为的发生。社会控制可以从上述五个环节中的任何一个环节入手。与其他五个因素的作用方向相反，这个因素的功能是阻碍而不是促进集体行为。在斯梅尔塞看来，只有五个促进因素同时具备，并在与阻碍因素（社会控制）的角力中胜出之后，集体行为才可能发生。

斯梅尔塞的理论可以表示如图 2—1。在该图中，左边三角形表示发生集体行为的风险。三角形中从上到下排列着有利于集体行为发生的五个因素。从上到下，每累加一个因素，发生集体行为的风险就会增加一分，由此形成了一个正立的三角形，表示发生集体行为的风险越来越高。与这些因素相对峙的则是右侧的"社会控制"。与上述五个有利因素相对的五个箭头，表示社会控制可以从这五个因素中的任何一个因素入手。

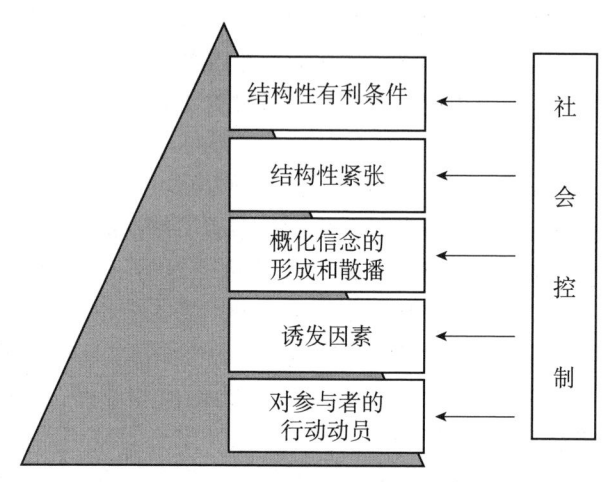

图 2—1　斯梅尔塞的值数累加模型

在上述六个因素中，斯梅尔塞认为概化信念是最为关键的，特地在书中用了一整章来阐述，对其他五个因素则只有简略的说明。什么是"概化信念"呢？斯梅尔塞并没有下一个明确的定义，而是援引勒庞关于聚众心理的一段话作为描述（转引自 Smelser 1962：79 - 80）：

> 无论给聚众传达什么观念，只有采取一种非常绝对的、非此即彼的和简单化的形式，才会产生效果。……我们不能绝对地说聚众不做推理，或者不受推理的影响。不过，他们所采取的观点和那些能够影响他们的观点，从逻辑的角度来看，都是十分拙劣的。如果说那也是推理的话，只能算作一种比喻。与高级的推理一样，聚众的拙劣推理也以观念之间的联系为基础，但聚众在观念之间建立的联系只是粗浅的类比或相续关系。……聚众推理的特点是，只知道把两个纯粹只有表面关联的不同事物联系到一起，并且立刻把特殊的个案普遍化。……任何企图打动聚众想象力的事物，都必须采取耸人听闻的、

鲜明的形式，无需多余的解释，或者仅仅辅以几个匪夷所思的、神奇的事例。一场伟大的胜利、一个了不起的奇迹、一个滔天的罪恶、一幅辉煌的前景一定能够扣住他们的心弦。

不难看出，斯梅尔塞所说的"概化信念"指的是这样一种思维和心理：逻辑推理简单而粗糙、相信奇迹而不切实际、蠢笨、幼稚、容易受蛊惑，等等。因此，所谓"概化"（generalized），实际上同时包含两个方面的含义：一是扩大化，即夸大问题的根源和危害，夸大解决方案的适用性，这是就范围而言；二是简单化，即推理不够严密、不切实际，甚至根本就不做推理，这是就逻辑而言。斯梅尔塞认为，正是在概化信念的支配下，人们才不遵循常规而采取集体行为这样一种"走捷径"的问题解决方式。

概化信念是斯梅尔塞划分集体行为类型并进行比较研究的依据，在其理论模型中居于核心位置。在斯梅尔塞看来，概化信念的差异是导致集体行为发生类型变异的根本原因。他将概化信念分为五种：一是"歇斯底里"（hysteria），它会将一种模糊状态的情境转变为一种强大的、概化的威胁；二是"愿望实现"（wish fulfillment），它会通过定位于某些被认为绝对灵验的、概化的设施来削减不确定性；三是"仇视"（hostility），即企图清除某种被认为是普遍威胁或障碍的个人、组织或事物；四是"规范导向型信念"（norm-oriented belief），为重构某种被认为是威胁的规范结构提供愿景；五是"价值导向型信念"（value-oriented belief），为重构某种被认为是威胁的价值体系提供愿景。

这五种概化信念分别针对设施、角色、规范和价值这四个社会行动要素而发生，目标都是重构这些要素，从而引发相应类型的集体行为。其中，"歇斯底里"和"愿望实现"都是针对设施的，前者会引发"恐慌"（panic），后者会引发"热潮"（craze）；"仇视"针对的是角色，会引发"仇害"（hostile outburst）；"规范导向型信念"针对规范，会引发"规范导向型运动"（norm-oriented movement）；"价值导向型信念"针对价值，会引发"价值导向型运动"（value-oriented movement）。不难发现，在斯梅尔塞的分类体系中，流行于符号互动取向中的聚众、群众等集体行为类型消失了，它们与斯梅尔塞的集体行为分类之间也不存在对应关系。原因在于，对事物进行分类本身就是一个概念化过程。如何概念化，除了受事物本身的特征的影响，还会受研究者本人的理论观念影响。斯梅尔塞的理论观念与符号互动论相去甚远，他对集体行为现象进行概念化的方向和结果自然会大不相同。

此外，如前所述，在符号互动论那里，聚众等初级集体行为被认为是最完备的、最有研究价值的集体行为。而在斯梅尔塞这里，相对高级的社会运动，尤其是其中的价值导向型运动，才被认为是最完备、最典型，从而最有研究价值的集体行为。因为相对于聚众等初级集体行为，社会运动所涉及的社会行动要素更多，价值导向型运动更是涉及设施、角色、规范和价值等社会行动的全部要素。他说（Smelser 1962: 272）："价值导向型运动意味着对所有较低层次要素的重构。"也就是说，斯梅尔塞所说的上述四种集体行为并不是并列关系，而是包含与被包含的关系，即以重构较高层次的社会行动要素为目标的集体行为，同时会涉及对较低层次的要素的重构，从而导致较高层次的集体行为中一定会包含较低层次的集体行为。既如此，越是高级的集体行为，就越有利于完整地考察集体行为的发生机制。由此可见，在经验研究中，到底应该把重点放在什么地方，也受研究者的理论观念的影响。

相对于符号互动取向的集体行为理论，斯梅尔塞的值数累加理论具有浓厚的结构主义色彩，但从其理论模型的核心概念，即"概化信念"来看，其理论仍未摆脱社会心理学的解释范式。这也是它后来被标定为一种集体行为理论的根本原因。

总的来看，比起以前任何一种集体行为理论，值数累加理论在内容上都更为丰富，在逻辑上也更为严整。但生不逢时的是，值数累加理论发表之日正是美国社会趋于动荡、结构功能论备受怀疑和指责之时，以结构功能论作为基本分析框架的值数累加理论还没有来得及盛行就受到猛烈的批判。就该理论本身来说，第一个也是最为致命的问题是：在一个制度化的社会系统中，引发集体行为的上述必要条件何以能够产生？众所周知，结构功能论在意识形态上是保守的，其潜在的理论假设是，社会系统是一个结构耦合、功能互补的均衡的系统，每种社会结构对整个社会系统来说都是必要的，并且都对整个社会系统的稳定及和谐充分地贡献着自己的力量。社会既然是一个均衡的、和谐的系统，那么，何以会发生逼得人们非要用集体行为去解决的问题？对结构功能论者来说，回答这个问题是比揭示"值数累加"过程更为重要的事情，但斯梅尔塞在书中对此着墨甚少，几乎没有涉及。第二，抛开第一个问题不谈，即使是他所揭示的"值数累加"过程也显得过于机械和刻板。大量经验研究表明,集体行为(包括社会运动)的发生并不完全遵循这样一个前后相续的过程;他说的那六个因素也不是必要条件,在其中一些因素不具备的情况下,集体行为也可以发生(参见赵鼎新 2006:22)。

二、康豪瑟的群众社会理论

在 20 世纪四五十年代,"群众社会"(mass society)是一个非常流行的,同时也是一个使用非常混乱的概念。一些学者甚至用该概念来描述现代社会,以示现代社会之大、之复杂。[①] 康豪瑟认为,如此使用将使这一概念失去分析价值。因此,他独树一帜,决定将群众社会与群众运动(mass movement)联系起来,尝试用群众社会理论去解释群众运动兴起的条件、机制和后果。1959 年,康豪瑟出版《群众社会政治》(Kornhauser 1959)一书,系统地阐述了自己的理论。在第二次世界大战后西方学界的反思中,群众运动被普遍认为是法西斯主义和极权主义得以兴起和猖獗的根本原因,群众运动的形成、发展及后果因此而成为一个热门的研究话题。康豪瑟的群众社会理论因为正好赶上这一潮流而名声大噪。

所谓"群众运动",是指"围绕一个项目而组织起来的,从而要求在目的和付出上保持一定连续性的群众行为"(Kornhauser 1959:47)。群众行为(mass behavior)是群众运动的构成要素,因此,要理解群众运动,首先必须理解群众行为。康豪瑟的"群众行为"概念借用自布鲁默,但有自己的发挥。他认为(Kornhauser 1959:43-47),群众行为通常具有以下三个特征:一是行为所关注的焦点远离个人的体验和日常生活;二是对这个遥远的事件所采取的反应直接而没有中介;三是高度不稳定,关注焦点和反应强度变化无常。在现代社会中,由于人们对所关注的事物常常是通过大众传媒得知的,远离个人的体验和日常生活,因此,人们对这些遥远的事物的关切常常缺乏清晰度、独立性、现实感和责任感,远不像对身边的事物那样。在这种情况下,如果有一个团体可以讨论和商量,就可以有效地避免因缺乏清晰度、独立性、现实感和责任感而可能造成的恶

---

① mass 在英语中也有"巨大的"、"大规模的"的意思。如果从字面上直译,mass society 也可以译为"巨型社会"。这可能是一些学者用 mass society 来描述现代社会之大规模和复杂性的原因之一。

劣后果。但群众行为的特征就在于，它倾向于对自己缺乏了解的事物采取直接而坚决的行动。与此同时，正因为对所关注的事物缺乏清晰度、独立性、现实感和责任感，所以群众行为总是容易受外界因素（特别是传媒）的影响而反复无常。这样的行为一旦围绕特定的项目而纠合到一起，就会形成破坏力强大的群众运动。与群众行为的特征相应，群众运动的目标常常遥远而极端、喜欢对社会秩序采取行动主义的直接干预模式、内部缺乏结构和独立的团体生活。群众运动容易走向极端主义，因此是民主制度的敌人。正因为认为群众运动是民主制度的敌人，第二次世界大战后西方学界才掀起一股研究群众和群众运动的热潮。康豪瑟也是在这股热潮中卷入群众运动研究的。

康豪瑟（Kornhauser 1959：43－47）强调，群众运动不同于极权运动（totalitarian movement）。区别在于，极权运动是由一个具有总体性权力（total power）的精英或精英集团组织起来的，因而是高度组织化的；而群众运动通常缺乏稳定的领导，因而是杂乱的、没有定形的。当然，一些极权主义精英会抓住群众运动的弱点，将其置于自己的全面掌控之下，从而将群众运动变成极权运动。

康豪瑟从社会结构中去寻找群众运动形成的根源，认为作为一种社会形态的群众社会是造成群众运动的原因。所谓"群众社会"，是指"这样一种社会系统，在该社会中，精英很容易被非精英的影响力所涉入，而非精英也很容易被精英的动员所俘获"（Kornhauser 1959：39）。简单地说，所谓群众社会，就是一个"裸露社会"（Kornhauser 1959：23），即精英与非精英之间缺乏中间隔离带，致使每一方都直接暴露在对方的压力之下：一方面，社会中的精英缺乏自主性，在组织上容易让非精英进入，在行为上容易受非精英影响；另一方面，非精英也因为缺乏独立的群体生活而容易受到精英的操纵和鼓动。结果，没有任何一方的自由能够得到保障。

从非精英的可俘获性（availability of non-elites）和精英的可涉入性（accessibility of elites）这两个维度，康豪瑟将社会形态划分为四种理想类型（见图2—2），分别是：共同体社会（communal society）、极权社会（totalitarian society）、多元社会（pluralist society）和群众社会（Kornhauser 1959：39－42）。在不同的社会形态中，占主导地位的社会运动也是不一样的，发生群众运动的可能性是有差别的（Kornhauser 1959：50－

51)。在共同体社会中，占主导地位的是复活运动（revival movement）之类的传统运动，几乎不可能发生群众运动；在多元社会中，占主导地位的是改革运动（reform movement），发生群众运动的可能性高于共同体社会；在极权社会中，占主导地位的是极权运动，发生群众运动的可能性更高；最后是群众社会，占主导地位的自然是群众运动。

	非精英的可俘获性	
精英的可涉入性	低	高
低	共同体社会	极权社会
高	多元社会	群众社会

图 2—2　群众社会与其他社会类型的区别

群众社会之所以容易发生群众运动，主要有三个原因。首先是在社会结构上缺乏中间群体（intermediate groups）。康豪瑟设想，一个理想的社会应该有三层结构：第一层由高度个人化和原生性的所有社会关系构成，典型的是家庭；第三层由覆盖整个人口的所有社会关系构成，典型的是国家；第二层是所有的中层关系（intermediate relations），典型的是地方性共同体、志愿性社团和职业团体。以个人化及原生性社会关系为一端，以国家和其他全国性关系为一端，这些中层关系居间发挥着联结作用。从这个角度来看，所谓群众社会，就是一个中层关系不起作用的社会。这种结构很容易引发群众行为和群众运动。首先，从非精英的角度来说，中层关系的匮乏或无效，意味着他们缺乏独立的团体生活，并因此而容易被精英蛊惑和操纵，容易被那些遥远而宏大的目标或意识形态所吸引并直接采取行动，因为他们身边没有什么可以关心的事物，也没有什么中间群体作为政治参与的中介和制约。其次，从精英的角度来说，如果他们自身缺乏独立的团体生活，当其面对来自民众的过度或无端的压力时，将没有群体出面保护，更不会有群体出面树立他们的权威。即使是民众缺乏独立的团体生活，对精英来说也不是什么好兆头，因为这意味着没有什么群体对民众的政治参与进行引导和制约，他们将不得不直接面对民众的直接干涉。总而言之，一个缺乏独立群体生活的社会，不管对精英还是非精英都不是什么好事：它一方面会使非精英容易受到精英的操纵和蛊惑，另一方面也使精英不得不独自和直接面对民众的干涉。

其次，在文化上，价值标准混乱而且不稳定。中间群体生活的缺乏，使个人缺乏地方文化的涵育，不容易养成稳定的认同和价值标准，而容易受所谓"群众标准"（mass standards）的牵引，导致民粹主义盛行。从非精英的角度来说，缺乏稳定的认同和价值标准，将使他们容易受到精英的蛊惑和操纵；而从精英的角度来说，也将不得不直接面对强大的"群众标准"的压力，难以保持自主性。这使精英和非精英都容易卷入群众运动。

最后，在人格上，因为缺乏中间群体生活而形成的"群众人"（mass man）对自己与他人之间的分隔非常敏感，这种心理使之愿意加入群众运动，以补偿长期缺乏的群体生活。康豪瑟特别强调，包括精英阶层在内的所有阶层中都存在"群众人"，尽管底层社会中"群众人"相对会多一些。因此，包括精英阶层在内的所有阶层都容易受群众运动吸引。

在上述三种原因中，第一个原因显然是最重要的原因，后面两个原因只不过是第一个原因的派生物。

理解康豪瑟的理论，需要掌握他对一些概念的特殊用法。首先是"群众"。所谓"群众"，是为数众多，而且未被有效整合到任何社会组群（social groupings）中去的个人。在这里，群众既不等于工人阶级，群众运动也不等于工人运动。即使是工人阶级，只要内部整合良好，也不能说是群众。群众不与任何阶级或群体相对应，任何阶级和群体都有可能产生群众；相应地，群众运动不特指任何阶级的运动，与任何阶级运动都没有对应关系（Kornhauser 1959：14）。由此可见，康豪瑟所说的"群众"，是从社会整合的角度来定义的，与当代中国政治话语中习用的"群众"概念相去甚远。

其次是"精英"（elite）和"非精英"（non-elite）。精英与非精英的二分法是康豪瑟群众社会理论的基石。所谓"精英"，是指"那些能够凭借其社会位置而对特定社会条件下的价值标准承担特殊责任的人"（Kornhauser 1959：51）。具体来说，它包括两个方面（Kornhauser 1959：51）：一是"在一个社会结构中处于上层的那些位置，占有这些位置的人能够要求或获得社会优势"，二是"与这些位置关联在一起的职责，特别是在特定社会范围内塑造和保护价值标准的社会责任"。除此之外的社会成员都是"非精英"。

还需要注意的是，群众与精英或非精英之间并不存在对应关系。不像我们通常理解的那样，群众就是非精英，非精英就是群众。再强调一遍，康豪瑟是从社会整合的角度来定义"群众"这个概念的，与社会地位没有关系。在他看来，任何社会阶层都有可能产生"群众"。

康豪瑟还分析了群众运动与西方民主制度之间的关系。他说，群众运动与西方社会结构和变迁之间没有必然的正面或负面的联系。他认为，民主化过快和过慢都容易引发群众运动；城市和工业化的快速推进可能会破坏原来的社会纽带，造成大批被连根拔起的人（uprooted population），增加发生群众运动的危险。

在康豪瑟之前，已经存在两种关于群众社会的理论传统，一种是贵族主义的，一种是民主主义的。康豪瑟的理论是综合这样两种传统的产物。康豪瑟指出，群众社会理论有两个知识来源：一个是对19世纪的欧洲革命，尤其是法国革命的反应。这一传统以勒庞、托克维尔、曼海姆等人的理论为代表，反映了贵族主义对崛起于现代西方的民主主义的批评。另一个是对20世纪极权主义，特别对德国和苏联极权主义兴起的反应。这一传统以雷德勒、阿伦特等人的理论为代表，体现了民主主义对极权主义的批评。也就是说，尽管这两种理论传统都在批判"群众社会"，但其"群众社会"概念所指的内容是不同的：前者将群众社会等同于民主社会（或曰多元社会），后者将其等同于极权社会。由此导致在同一个概念下面，它们的主张在许多方面其实是相反的。

自资产阶级革命以来，各种意识形态主张莫不以自由、平等相号召，但贵族主义和民主主义所主张的自由和平等是不同的。在贵族主义看来，所谓自由，就是每个人都有权利做正确的事情，而每个人做出正确行动的禀赋和能力是不一样的，因此，每个人享有的自由和权利也应该是不平等的。在一个社会中，正确的标准总在人数不多的上层社会中得到最充分的发展，他们才是整个社会价值的真正承担者。然而，19世纪以来，诸如选举等民主制度的发展，使上层社会不得不越来越多地直接面对群众的压力。在群众压力的牵制之下，本该享有权威的精英，将难以根据自己的判断做出正确的行动。长此以往，整个社会将丧失价值和自由。不难看出，在贵族主义的观念中，群众社会实际上是多元社会或民主社会的代名词，民主的兴起使贵族的权威丧失殆尽。因此，群众社会也可以说是一个权威丧失的社会。相应地，贵族主义思考的重点是如何让精英免遭来自非精英的压力，只有这样，才能避免发生破坏个人自由的群众运动。

与此相反，在民主主义的观念中，自由意味着人人平等，即每个人都有权利要求把对自己的控制减少到与其他社会成员没有差别的程度。而在以法西斯德国为代表的极权主义政体中，为数甚众的社会成员被剥夺了独立的群体生活，这将使他们难以抵挡精英的操控。也就是说，在民主主义看来，群众社会本质上是一个丧失了共同体生活的极权社会。其基本特征有三个：一是日趋严重的原子化，即个人丧失了群体生活，没有社会关联，就像一个个孤立的原子一样；二是对新的意识形态趋之若鹜，这是渴望群体生活的表现；三是极权主义，即完全被一个虚假的共同体所控制。要言之，"群众社会在客观上表现为一个原子化社会，在主观上表现为一个疏离型人群"（Kornhauser 1959：33）。相应地，民主主义思考的重点是如何让非精英免遭来自精英的压力，以免在精英的操纵下卷入相互伤害的群众运动。

康豪瑟认为，尽管上述两种理论对于群众社会的特征以及群众运动的成因的思考恰恰相反，但它们各有洞见，因此有必要将两种观点结合起来，以形成一个更具一般性的群众社会理论。所以，康豪瑟的理论一方面接受贵族主义对民主主义的批评，要求保护精英的自主性免受民主制度的伤害，另一方面接受民主主义对极权主义的批评，要求保护社会生活的自主性免受国家的伤害。这两个方面结合的产物，就是他通篇强调丰富而多元的社会纽带（social ties），即所谓中层社会群体在防止群众运动、维护社会秩序过程中的核心地位。在他看来，丰富而多元的社会纽带可以使精英和非精英有效地保证自己的独立性，抵御群众运动的压力或诱惑，而社会联系缺乏所造成的孤独感和漂泊感则使人容易卷入群众运动。这一观点在后来的社会运动研究中受到长期而持续的批判，因为大量经验研究表明，那些积极参加社会运动的人往往是那些社会联系最为广泛的人，而那些离群索居的人反倒不容易参加社会运动。

与斯梅尔塞一样，康豪瑟虽然致力于寻找导致群众运动的社会结构根源，但其理论仍然具有浓厚的心理学色彩。这主要表现在，心理变量在其理论模型中仍然占有非常重要的位置，有学者甚至认为，心理变量在其理论模型中处于核心位置（McAdam 1982：7）。在康豪瑟看来，归根到底，群众运动都是无聊或无知的产物。他说（Kornhauser 1959：167）："总而言之，极端群众运动对失业人群的吸引力既是经济上的，也是心理上的。它是克服焦虑和无聊的方式，也是寻找新的团结和活动形式的方式。"又说（Kornhauser 1959：163）："群众运动不是在为经济或其他问题寻找一个务实的解决办法。如果他们抱着这样一种态度，这些运动就不会因为他们炽热的感情、信徒般的狂热，甚至随时准备为同党自我牺牲的心态而染上强烈的心理色彩。为了解释这种心理色彩，我们必须在经济利益之外，去寻找深层的心理倾向及其社会根源。"正因为这一点，他的理论虽然做了大量社会结构分析，但最终仍被划入集体行为论。

戏剧性的是，在《群众社会政治》一书中，康豪瑟一直批判群众社会和极权社会中因为缺乏独立的中间群体生活而造成的人与人之间的疏离和个人的原子化，只有民主社会是解决这个问题的出路。没想到，终身在美国加州大学伯克利分校任教的康豪瑟后来也走上疏离社会的道路，成为一个脱离同事、学生和朋友的孤立的"原子"，以致在这本书之后，直到2004年去世，他在学术上再也没有任何有影响的成就。[①]

综上所述，与符号互动取向不同，结构功能取向的集体行为理论，包括斯梅尔塞和康豪瑟，都有一个基本观念，就是把集体行为看作特定社会结构作用下的产物。相应地，他们很少关注从个体心理到集体心理的演变过程。但另一方面，在其理论模型中，心理学变量仍是不可或缺的中介变量，社会结构对集体行为的影响最终是通过这个中介变量而发生的。这一特征使后来的社会运动研究认为它们与符号互动取向的集体行为理论没有本质差异，从而将它们归入同一类别。

第四节　相对剥夺取向的集体行为理论

相对剥夺理论在西方社会学中有很长的历史，最早可以追溯到经典社会学家涂尔干。但在社会运动研究中，以戴维斯和格尔的理论影响为最大。

一、戴维斯的 J 曲线理论

戴维斯的主要兴趣是解释革命的发生（Davies 1962，1970，1971，

[①] 关于这方面情况，可查阅他去世后加州大学发布的悼念网页：http://www.universityofcalifornia.edu/senate/inmemoriam/williamkornhauser.htm。

1974)。戴维斯认为，人们造反不造反、革命不革命，不取决于食品、尊敬、平等、自由等需求的实际满足状况，而取决于人们对需求满足状况的主观感受和期望——"政治上稳定还是动乱，归根到底，取决于一个社会中的心理状态和情绪"（Davies 1962：6）。戴维斯的一个很重要的，也是后来不断被引用的观点是，最容易发生革命的时刻不是经济和社会发展最为困顿的时候，而是在经过长期发展之后突然发生逆转。其原因在于，如图2—3（Davies 1962：6）所示，随着经济和社会的不断发展，人们对于需求满足的期望也在不断增长。在此过程中，即使客观的经济和社会发展出现停滞，人们对于需求满足的主观期望仍然会继续增长，不会停顿下来，更不会主动降低自己的期望。这样，期望的需求满足（expected need satisfaction）与实际的需求满足（actual need satisfaction）之间的差距就会越拉越大。差距的突然扩大会造成一种心理上的恐惧，即担心费尽千辛万苦获得的东西会一夜之间失去。当差距大到一定程度的时候，这种担心就会变成一种革命性情绪，导致革命的爆发。戴维斯并没有解释为什么把自己的理论称为"J曲线理论"，也许是因为图中的实际需求满足线呈J形的缘故。

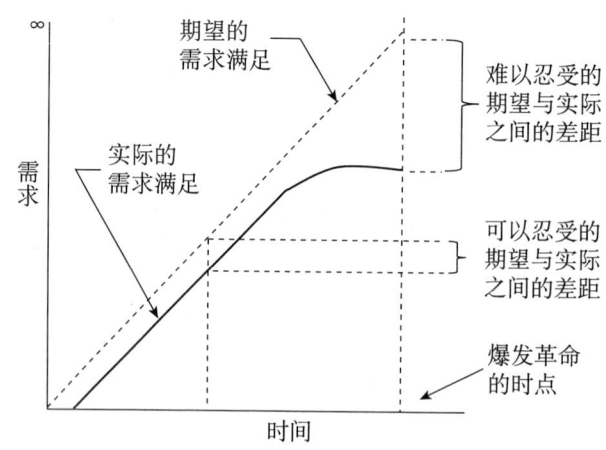

图2—3 戴维斯的J曲线理论

戴维斯认为自己的理论与马克思和托克维尔的有关论述是一脉相承的，他只不过将他们的观点表述得更加清晰。戴维斯还分析了1842年发生于美国罗德岛的多尔叛乱（Dorr's Rebellion）、1917年俄国十月革命、1952年埃及革命和其他一些革命的经验资料，以证明他的理论是站得住脚的。

通过J曲线理论，戴维斯试图说明一个道理，即革命的发生既不取决于需要满足的绝对水平，也不取决于实际满足水平与期望满足水平之间的差距，而是取决于这种差距的突然扩大。因此，实际满足水平的不断提高不但不是好事，反而是坏事，因为它会吊高人们的胃口。一旦实际满足水平的增长速度跟不上期望满足水平的增长速度，即使实际满足水平的绝对水平并未降低，甚至有所增长，仍然会招致强烈的不足，从而引发革命。

这个理论也许可以解释中国改革开放初期曾让人困惑不已的一个现象，即"端起碗吃肉，放下筷子骂娘"。这句话的意思是，受益于改革开放政策，中国民众的生活水平大为改善，原来连温饱都得不到保障，现在不但解决了温饱，甚至都吃得上肉了，然而，没过多久，民众就不满足了，开始一边吃肉，一边骂娘。这种现象如果用J曲线理论来解释，那就是，尽管客观的生活水平已经大为改善，并且还在继续改善，无奈改善的速度跟不上人们的期望，于是引起民众不满。

J曲线理论也说明，要消除社会的不满，单从客观层面入手并不能完全解决问题。如何调整社会的预期也是一个需要重视的问题。很多时候，即使客观层面的工作做得不错，如果对社会预期的管理不到位，仍有可能挨骂，甚至发生骚乱和革命。

J曲线理论尽管不无道理，但总的来看，仍然过于简单。因为相对剥夺感的形成和变化是一个非常复杂的问题，并不像戴维斯说的那么简单。比如，人们对需要满足的期望真是随着客观的经济社会发展而不断增长的吗？真是只能增长，不能倒退，哪怕经济社会发展出现停滞也不会停顿下来？如果是这样，所谓"小富即安"、所谓"共体时艰"的现象又当如何解释？相对剥夺感的形成和变化趋势在不同人群中有无差异？是否受政治或文化环境的影响？如此等等，都是需要仔细考察的问题，但在J曲线理论中都付诸阙如。因此，对J曲线理论的应用必须审慎。

二、格尔的相对剥夺理论

戴维斯尽管没有使用相对剥夺这个概念，但其J曲线理论实际上讲的是相对剥夺感对革命发生的影响。在这个问题上，格尔不但明确使用了相对剥夺这个概念，而且对相对剥夺的探讨比J曲线理论要系统得多。在格尔看来，J曲线理论只不过讲了相对剥夺的一种情形而已。与戴维斯一样，格尔的理论兴趣也是研究集体暴力和革命的发生。格尔这方面的研究成果集中体现在他于 1970 年出版的《人们为什么造反》（Gurr 1970b）一书中。下面就以该书为蓝本，并参考他在同一时期的其他著述（比如 Gurr 1968a，1968b，1970a，1973）来阐述其相对剥夺理论。

格尔的理论有两个基点（Gurr 1968b，1970b: 30 - 37）：一是从心理学角度把革命或集体暴力理解为一种"攻击"（aggression）行为，二是把心理学中的"挫折—攻击"（frustration-aggression）理论作为其全部推理的基础。之所以选择"挫折—攻击"理论，是因为格尔认为，在当时出现的三种关于攻击行为的理论中，该理论的发展最为完备。更关键的是，该理论阐明了攻击行为背后的驱动力——愤怒，即挫折感会引起愤怒，愤怒则会导致攻击。在此基础上，格尔提出一个基本假设：个人的价值期望（value expectations）与其价值能力（value capabilities）之间的落差，会使人产生相对剥夺感，相对剥夺感是集体暴力必不可少的前提。所谓"价值期望"，是指个人认为自己**应该**得到的好处和生活条件，包括经济的、心理的和政治的；所谓"价值能力"，则是指个人认为自己**能够**得到的好处和生活条件（Gurr 1970b: 24）。显然，价值能力的高低受到客观条件的制约，反映了一个社会满足其成员的价值需求的能力。从该假设出发，格尔提出了一组关于相对剥夺与集体暴力的命题（可集中参考 Gurr 1968b）。命题分为两类：一类涉及激发性变量（instigating variables），激发性变量决定着愤怒的程度；另一类涉及调节性变量（mediating variables），调节性变量决定着对愤怒的反应，即是否使用暴力以及使用暴力的程度。格尔提出了非常多的命题，下面只做概括介绍，不一一列举。

关于第一类命题，格尔假设：（1）一个社会中相当数量的个体感到相对剥夺是暴力发生的前提条件；相应地，相对剥夺越严重，发生暴力行为的可能性越高，暴力程度也越高；（2）被剥夺者与剥夺所涉及的目标或条件的感情联系越紧密，在上面投入的时间和精力越多，剥夺引起的愤怒就越强烈；（3）剥夺行为越被认为是正当的，剥夺引起的愤怒就越低；（4）所追求的价值与能够得到的价值之间的差距越大，剥夺引起的愤怒就越强烈，愤怒的程度是差距的幂函数；（5）人们实现价值目标的替代手段越多，剥夺某种手段所引起的愤怒就越低。

不同形式和强度的相对剥夺感能够引起不同程度的愤怒，但愤怒并不一定导致暴力。愤怒能否导致暴力，还取决于调节性变量的影响。于是，格尔又提出第二类命题：（1）暴力的发生概率及量级与预期的物理惩罚或社会惩罚之间呈曲线关系，中等程度的惩罚引发暴力的可能性及其程度最高；（2）威胁使用外部惩罚来阻止暴力的做法，在短期内会提高、从长期来说则会降低愤怒的程度;(3)暴力的发生概率及程度与允许和平表达敌意的制度性机制的可获得性之间呈反向变化关系;(4)如果存在鼓励用暴力方式表达愤怒的共同体验和信仰,发生暴力的可能性和暴力的程度高;(5)如果被剥夺者的组织和/或周边环境为高强度交锋提供规范性支持,或为其免受惩罚提供明确的保护,或提供鼓励性的榜样,发生暴力的可能性和暴力的程度就高。

与戴维斯相比,格尔对相对剥夺理论的一个重要发展是对相对剥夺本身的变异做了探讨,进而将相对剥夺区分为三种类型(Gurr 1970b:46-56)(见图 2—4)。第一种是递减型剥夺(decremental deprivation),即人们的价值期望水平没有发生变化或变化很小,但个人能够从环境中获得价值满足的数量和机会被认为正在或可能急剧下降。第二种是追求型剥夺(aspirational deprivation)。与递减型剥夺正好相反,这种剥夺是个人能够从环境中获取价值满足的数量和机会并无大的变化,但人们的价值期望水平急剧上升。第三种是进步型剥夺(progressive deprivation),也就是 J 曲线所说的那种情况,即社会满足价值需求的能力和人们的价值期望水平都在上升,但前者的增长速度跟不上后者。进步型剥夺从根本上说还是由于价值期望增长过快造成的,因此可以视为追求型剥夺的一种特殊情况。

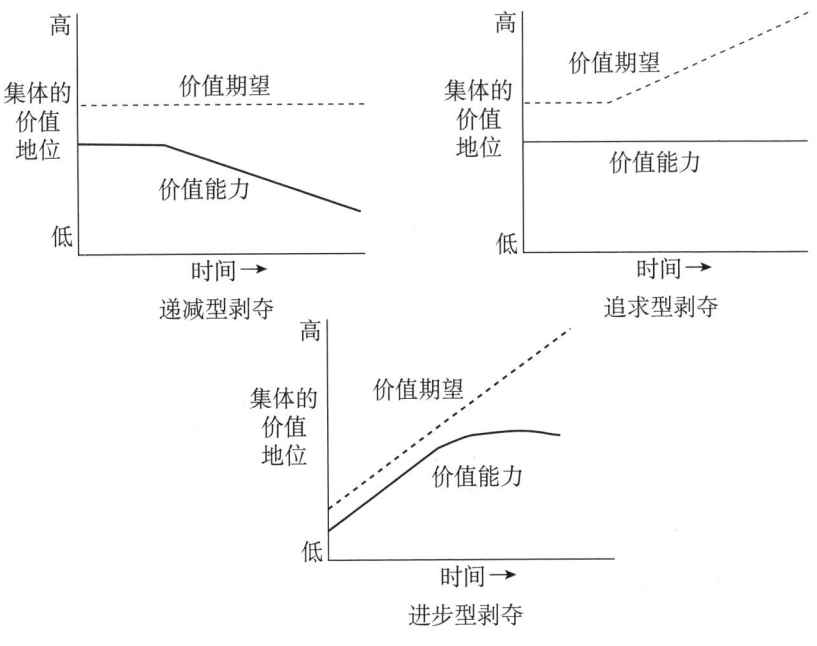

图 2—4 相对剥夺的三种类型

实事求是地说，格尔的研究内容还是非常丰富的。为了揭示相对剥夺的形成机制，他分别考察了导致价值期望不断增长的根源，以及一个社会中价值能力的决定因素；为了揭示相对剥夺感向暴力转变的可能性和强度，他又考察了暴力观念的形成机制、暴力行为可能获得的社会支持、国家对暴力的镇压能力，等等。这些内容实际上已在一定程度上涉及后来资源动员论、框架建构论、政治过程论甚至新社会运动论的研究主题。但遗憾的是，在社会运动研究中，这些内容一直没有引起注意。更遗憾的是，经过长期的批判，社会运动研究已经形成一种刻板印象，即格尔的理论除了简单地用相对剥夺这一因素去解释暴力之外，再也没有别的内容。对格尔的很多批判都是以这样一种刻板印象为基础的。这让格尔颇感委屈。2011年，《人们为什么造反》出了一个"四十周年版"。在为该版写的导言中，格尔趁机为自己做了辩护，认为该书所提出的理论模型的核心仍然是有效的，只是不完备而已（参见 Gurr 2011：x）。

但也不能说格尔完全是被冤枉的。因为，第一，不管其研究内容如何丰富，终归都是用相对剥夺去解释集体暴力，相对剥夺是理论模型的核心，其他内容都是为这个核心服务的。相对剥夺作为理论核心的局限性在相当程度上束缚了格尔的理论视野。因此，他的研究内容虽然在一定程度上涉及了其他理论视角的研究主题，但都显得很肤浅，被忽视是可以理解的。

第二，更糟糕的是，即使对相对剥夺这个核心变量，其理论分析也显得简单和刻板。他自己也承认这一点（Gurr 2011：xi）："《人们为什么造反》没有足够仔细地分析人们关于公平和不公平的信念的根源。'相对剥夺'这个词暗含着这样一个意思，即人们产生受到不公平对待的感觉是与他人进行比较的结果，但解释并不能到此为止。"也就是说，相对剥夺感的产生是一个非常复杂的问题，不是说与他人一比较，发现自己存在差距就会产生相对剥夺感，它还受到个人的价值认同等主观因素的影响。但"相对剥夺"这个概念会导致研究者把注意力放在与他人比较这个问题上，从而忽视人的认知及认同的形成过程。正因为认识到这一点，格尔本人后来也放弃了"相对剥夺"这个概念，转而采用"怨愤"（grievances）、"不公平感"（sense of injustice）等概念，以便更好地"抓住驱动人们参与政治行动的心灵状态的本质"（Gurr 2011：x）。

尽管存在这样那样的不足，但《人们为什么造反》已经成为社会运动研究中的经典。不过，该书之所以成为经典，并不是因为该书的观点很正确。恰恰相反，在过去四十年中，该书虽然被广泛引用，但大部分引用都是否证性的（Brush 1996），即大多数引用都对该书的观点持否定态度。然而，该书有一个特点，那就是，每个概念都定义得很清楚，几乎每个观点都以理论假设的形式出现（这也使该书显得很"傻"，很刻板），有些假设还以数学形式表达，从而具有良好的可检验性。虽然其理论假设中的大多数都被证伪，但正是在这样的证伪过程中，替代性理论不断被激发出来，从而推动着科学的发展。也就是说，该书的观点虽然并不完全正确，但错也错得很清楚、很明白，因此能够以自己的失败充当科学发展的"成功之母"。由此可见，在科学研究中，理论阐述的清晰性是多么重要。

总而言之，在行为心理学思路的引导下，戴维斯和格尔对相对剥夺心理在革命、抗争和集体暴力中的作用及其机制做了深入研究。尽管符号互动取向和结构功能取向的集体行为理论也强调心理因素的作用，但相对而言，相对剥夺取向的集体行为理论对心理因素的刻画更片面，也更机械，从而将集体行为论在理论上的不足暴露得更加充分。

第五节　集体行为论的衰落与调整

20世纪五六十年代是集体行为论最为鼎盛的时期。在此期间，各种取向的集体行为理论竞相开放，使集体行为论成为当时占统治地位的研究范式。但盛极而衰。60年代末，集体行为论开始受到批判；迨至70年代，集体行为论几乎沦为人人喊打的"落水狗"。一方面，猛烈的批判使集体行为论的学术地位迅速没落，但另一方面，集体行为论从未离开社会运动研究的舞台。直到现在，仍然有学者坚持集体行为论的理论立场，并在回应有关批判的基础上对集体行为论做了新的发展。

一、对集体行为论的挑战和批判

在20世纪六七十年代，对集体行为论的挑战主要来自四个方面（Useem 1998：216-217）：一是梯利及其同事对欧洲历史上的集体行动的研究；二是关于社会运动之组织基础的研究；三是关于20世纪60年代美国城市骚乱的研究;四是关于集体行动与犯罪之间关系的研究。其中,第三个方面,特别是斯科尔尼克的研究报告(Skolnick 1969),被认为是对集体行为论的最早的批判(Buechler 2011:105);而第一个方面,即梯利等人的成果则被认为是逻辑上最有力的,从而对集体行为论构成最大威胁的研究。

首先来看第三个方面的研究。20世纪五六十年代是西方的一个动荡时代。在美国,黑人民权运动、学生运动和反战运动相继爆发,并在城镇地区引发了大量骚乱。于是美国社会学者开展了对这些骚乱的研究。这些研究(比如Spilerman 1970,1971,1976)大多是以抽样调查数据为基础进行的。这些研究所得的结论虽然后来不断被发现有可商榷之处,但在当时,却对集体行为论构成了严重的挑战。

在关于美国城市骚乱的诸多研究中,以斯科尔尼克为首的课题组于1969年发表的研究报告被认为是对集体行为论最早而且最直接的批判。1968年6月9日,也就是民权领袖马丁·路德·金遇刺3个月和参议员罗伯特·F.肯尼迪遇刺3天之后,美国总统约翰逊下令成立一个专门研究暴力行为之起因和预防的国家委员会。斯科尔尼克与该委员会签约,带领一个课题组负责撰写关于"抗争和对抗中的暴力"的研究报告。1969年2月,课题组向国家委员会提交了研究报告,题为《抗争的政治》(*The Politics of Protest*)。该报告考察了当时在美国方兴未艾的三大社会运动——反越战运动、学生运动和黑人民权运动,以及白人、警察和司法机构对这些运动的反应。该报告虽然是受政府的委托而作,但在立场和观点方面却与政府相左,因此在撰写和发表过程中受到政府的多方干扰。一直到1969年6月,根据合同,国家委员会才不得不将报告交由美国政府印制办公室(U. S. Government Printing Office)发表。该报告甫一发表,即引起热烈反响,对美国的政策制定、法律实施以及普通民众的观念产生了巨大的影响。

从社会运动研究的角度来说,该报告的意义在于,它不仅提供了大量与集体行为论的理论假设相反的经验事实,而且直言不讳地对集体行为论做了全方位的理论批判,从而推动了研究范式的革新。按其前言所叙,该报告的主要目的,就是要挑战以往关于集体抗争的种种错误观念,"以催生不受误解和歪曲裁剪的、负责任的讨论"(Skolnick 2010/1969:xli)。因此,在经验层面上,该报告在展示集体抗争"是什么"的同时,也花了大量精力去澄清集体抗争"不是什么",即并非流行的集体行为理论所说的那样(Skolnick 2010/1969:xli)。在理论上,该报告指出,当时流行的集体行为理论渊源于19世纪欧洲学者,特别是法国的勒庞等人开创的聚众研究。这些关于聚众的研究中蕴涵着一个基本观念,即聚众既是历史上一切珍贵的事物在法国革命之中或之后走向衰败的产物,也是这些珍贵事物走向衰败的象征。美国的集体行为理论家虽然抛弃了欧洲聚众研究中蕴涵的贵族主义的反民主腔调,不再将聚众的出现与民主参与联系起来,也不再把集体行为归结为某种神秘的因素或人性的黑暗面,而是归结为社会结构或崩溃,却始终继承着它关于集体抗争的前提假设,即集体行为是非理性的和破坏性的,是社会病态和失序的表现,由此导致集体行为论对当时美国社会运动的看法有三大疏失(Skolnick 2010/1969:334-339)。

第一,倾向于只关注抗争群众的破坏性行为,与此同时却不加思考地接受当局的行为是正常的、有效的和理性的。而事实上,当局所确立的、被彻底制度化了的行为同样可能是破坏性的,甚至比骚乱更有破坏性。确实有证据显示,武装官员通常比手无寸铁的平民显示出更强烈的暴力倾向,并且这些暴力行为经常导致混乱的升级,加剧骚乱的"破坏性"。也就是说,集体抗争过程中通常会发生"骚乱群众"与官员及"社会控制"机构之间的行为互动,每一方的行为在另一方看来都可能是"骚乱",但最终的结果却是只有群众的行为被认为是"骚乱",当局的行为则被说成"社会控制",这显然是不公平的。

第二,倾向于把集体行为描述为非理性的、无组织的、无节制的行为。但稍加客观的考察就会发现,很多所谓"骚乱"其实是相当有组织性的,是目的明确的和理性的。抗争群众的骚乱行为并不是天然的,而是在很大程度上取决于他们是否有别的可采取的手段。从历史上看,群众常常是没有"温和的"、"得体的"渠道可利用才铤而走险的。另外,当局所确立的一些行为和手段能否总是与理性、温和、得体画上等号,也是一件可疑的事情。事实上,当局同样会采取不够理性、温和、得体的行为。这不是说群众的行为总是合理的,而是说,不能先入为主地把集体行为等同于暴力、非理性、无节制,同时把官方行为等同于温和、理性和得体,而应该具体地考察经验事实。

第三,倾向于把集体行为的产生归因于社会整合失败、社会控制崩溃所导致的紧张和失范。这种解释是不充分的,一方面解释得"太少",另一方面也解释得"太多"。所谓"太少",是指"紧张"、"失范"等概念的内涵未涉及社会不平等,包括社会不平等所产生的主观意义和客观影响;所谓"太多",是指这些概念的含义太模糊,几乎可以用来指代一切社会不满,从而容易抹杀因政治不平等而导致的怨愤情绪的特殊性。斯科尔尼克(Skolnick 2010/1969:338)不无深刻地指出:"大多数传统的集体行为理论的困境在于,它从心理的而不是政治的预设出发,把社会群体的抗争和骚乱视为'非正常'行为,并从中演绎出大多数理论假设。我们很有必要问一问,如果采用政治的视角,关于集体行为的观念还会剩下些什么。"意思是说,集体行为理论仅仅从心理角度去观察集体抗争,并得出集体抗争是"异常"行为和社会病态的结论。事实上,如果从政治角度观察,尤其是考虑到不同社会群体所面临的政治不平等,所谓非正常行为和社会病态就是可理解的正常行为和正常社会现象。

基于上述分析,斯科尔尼克(Skolnick 2010/1969:333)尖锐地批评道,当时流行的集体行为理论所采取的"这样一种思路具有强烈的政治意涵,使大多数集体行为理论最终沦为一种意识形态的而非分析性的活动。更有危害性的是,集体行为理论所秉持的价值立场是藏而不露的;确实,表现于当前集体行为研究中的许多理论传统一直在强调社会科学保持'价值中立'的必要性"。

在痛批集体行为理论的同时,斯科尔尼克本人又是一个什么立场呢?他的立场是:参与抗争与否或使用暴力与否,都只是一种权力斗争手段,不涉及理性还是非理性、正常还是不正常、得体还是不得体。"在人类历史上,包括美国和其他地方,暴力都经常被用来获取社会、政治或经济目标。它既被官方使用,也被也普通民众使用","加入抗争的人也许很愤怒,有时还会使用暴力,但他们绝不是'非理性'的","动辄将政治理解为秩序或暴力,体现了一种非常狭隘的秩序观念和一种非常宽泛的暴力观念……在一个历史时期被认为是暴力的行动,后来却成为一种可接受的冲突"(Skolnick 2010/1969:xlii、xvi、330)。也就是说,在斯科尔尼克看来,当时美国社会以及流行的集体行为理论都把秩序理解得过于狭隘,同时把暴力理解得过于宽泛,以致连社会运动这样"可接受的冲突"都被认为是破坏秩序的暴力行为。总而言之,在斯科尔尼克看来,集体抗争并不是什么骚乱和非正常行为,而一种正常的、以抗争为手段的政治斗争。这正是他把研究报告命名为《抗争的政治》的原因。

不难看出，斯科尔尼克报告的上述理论观点对集体行为论的理论基石，即认为集体行为是一种因为社会结构崩溃、社会整合不良而引起的非理性的、自发的、非组织性的和破坏性的行为，进而用愤怒、沮丧、挫折、焦虑、苦闷等负面情感和情绪去解释集体行为，构成了直接挑战。这些观点为后续的研究开辟了道路。

对集体行为论的第二个挑战来自梯利及其同事关于欧洲史上集体行动的研究。在其中一个研究中，施耐德和梯利（Snyder and Tilly 1972）考察了1830年至1960年间法国集体暴力事件的发生量与年景好坏之间的关系。根据集体行为理论，特别是其中的相对剥夺理论，集体暴力是人们的期望遭遇挫折后发生的报复行为。据此，集体暴力行为发生量应该随着年景的好坏而波动。但经验研究结果表明，两者之间并不存在显著的相关关系，反倒是政府的镇压能力和合法政治活动的水平能够显著地影响集体暴力的发生量。即，政府的镇压能力越强，集体暴力的发生量越低；合法政治活动水平越高，集体暴力的发生量越高——因为合法的政治活动越多，越有利于集体行动的动员，从而在客观上有利于集体暴力的发生。

在另一个研究中，罗蒂和梯利（Lodhi and Tilly 1973）考察了19世纪法国的犯罪和集体暴力与城市化的关系。之所以选择研究这个题目，是因为，根据集体行为论，特别是其中的群众社会理论，城市化会造成一系列社会紧张，而社会紧张会引发集体行为。但梯利等人的研究发现，不管是针对财产的犯罪、针对人身的犯罪，还是集体暴力，都与城市化程度的提高和城市人口的增长没有显著关系；并且不管是从纵向的时间趋势来看，还是从横向的地区分布趋势来看，都是如此。因此，集体行为论关于城市化与社会紧张以及集体行为之间存在正相关关系的观点是不成立的。对此，梯利等人提供的替代性解释是，犯罪和集体暴力等集体行为的类型和频率不是取决于所谓会造成社会紧张的城市化过程，而是取决于城市化所造成的社会环境，尤其是所造成的政治冲突。因为城市化并不总是会造成政治冲突，因此并不总是会造成集体行为。

随后，肖特和梯利（Shorter and Tilly 1974）分析了法国1830年至1968年间工人罢工在组织规模、波及范围和持续时间等方面的历史变化趋势。结论是，罢工的发生及其历史变化趋势并不是由社会结构失调或民族性格引起的，其主要参与者也不是那些处于社会边缘的、饱受疏离之苦的工人。相反，罢工作为一种集体行动，在本质上是政治性的。其发生与历史变化趋势是政治斗争的产物。在此过程中，工人阶级组织及其动员能力的发展发挥着核心作用。与集体行为论的假设相反，工人运动的主要参与者是那些与社会整合得很好的人，而不是那些与社会相脱离的人。

综上所述，梯利及其合作者的一系列研究一步步地证明了集体行动本质上是一种政治冲突，而不是一种非正常和非理性行为的观点。梯利等人的研究后来也被发现有不少可议之处，但在当时却是对集体行为论的一记沉重打击。

对集体行为论的第三方面挑战来自关于次级群体生活与社会运动参与之间关系的研究。根据集体行为论，集体行为是社会整合不良的产物，集体行为的参与者主要是那些没有什么社会生活、蜗居于狭隘的初级群体（比如家庭）而与次级群体（比如职业团体、志愿社团等）相脱节的人。因此，次级群体生活与社会运动参与之间应该呈负相关关系。即，一个人的次级群体生活越丰富，他参与社会运动的可能性越低；一个人的次级群体生活越少，他参与社会运动的可能性越高。但经验研究却发现，事实刚好相反：一个人的次级群体生活越丰富，他参与社会运动的可能性越高，反倒是那些没有次级群体生活的人，参与社会运动的可能性更低。关于这一点，第三章将有详细讨论，此处不赘。

关于集体行为与犯罪之间关系的研究构成对集体行为论的第四种挑战。在集体行为论看来，集体行为和犯罪都是社会结构崩溃的表现，因此，两者之间应该呈现出显著的同向变化关系。尽管这一观点在格尔（Gurr 1976）那里得到证实，但在梯利等人的研究（Lodhi and Tilly 1973；Tilly et al. 1975）中，犯罪和集体行为的变化趋势是相互独立的，不存在集体行为论所预测的相关性。

在上述研究的打击下，集体行为论在社会运动研究中的地位不断下滑，终于在20世纪70年代末彻底丧失统治地位，被新崛起的资源动员论取而代之。如表2—1所示（Morris and Herring 1988：182），在20世纪50年代，美国主要学术期刊上发表的关于社会运动与集体行动研究的论文中，采用古典理论（即集体行为理论）视角的研究高达83%，到60年代尚有79%，但到70年代已经迅速下降到38%，到80年代前期则进一步下降到21%。反观资源动员论，则从最初的6%迅速蹿升到80年代前期的71%。

表2—1　　　美国主要期刊上社会运动与集体行动研究论文
所采用的理论视角（1949—1983年）

	所采用的理论视角			合计
	古典理论	资源动员	其他	
1949—1959	83%（15）	6%（1）	11%（2）	100%（18）
1960—1969	79%（41）	17%（9）	4%（2）	100%（52）
1970—1979	38%（24）	56%（28）	6%（2）	100%（54）
1980—1983	21%（5）	71%（17）	8%（2）	100%（24）
合计	57%（85）	37%（55）	6%（8）	100%（148）

$\chi^2 = 36.24$　　df = 6　　p<0.001

注：纳入此处统计的"主要期刊"包括《美国社会学评论》（*American Sociological Review*）、《美国社会学学刊》（*American Journal of Sociology*）、《社会力》（*Social Forces*）、《美国政治学评论》（*American Political Science Review*）。

二、集体行为论的调整与修正

面对批判和资源动员论的崛起，集体行为论不断在反驳中进行自我调整。这些调整虽然不能恢复集体行为论往日的光荣，但至少使之一直在社会运动研究中维持着存在。从目前来看，集体行为论的自我调整主要有三个方向：一是限定集体行为论的解释范围，指出集体行为论虽非适用于所有集体行为与社会运动现象，但对其中的某一类现象仍然富有解释力；二是重新整理集体行为论的观点和思路，以保证对集体行为论的正确理解和合理运用；三是在集体行为论的框架范围内引入其他理论视角，以充实和提高集体行为论的解释能力。在这三个方向中，以第一个方向的努力最为引人注意。

（一）修正集体行为论的解释范围

对于如何限定集体行为论的解释范围，有不同的看法。第一种观点是将集体行动区分为"规范性"（normative）和"非规范性"（nonnormative）两种，认为集体行为论企图解释的是前一种，而不是全部，但资源动员论却模糊两类行为的界限，并以此为前提对集体行为论横加指责，进而抹杀集体行为论的解释能力。皮文和克劳沃德（Piven and Cloward 1991，1992）

对这一点做了最为系统的阐述。所谓"规范性集体行动",是指被现有规则所接受和认可的集体行动,反之则是"非规范性集体行动"。在他们看来,对集体行动做出这样的区分至关重要。因为确如资源动员论所说,抗争只是政治的一种表现形式,而规则在调整社会生活,包括在调整统治与被统治的关系过程中发挥着非常重要的作用。政治斗争实际上就是一个不断确定规则和挑战规则的过程,斗争各方都企图使规则对自己更加有利。在这个意义上,那些试图挑战和打破现有规则的非规范性集体行动确实不仅是"外在于常态政治"(outside of normal politics)的,并且是"反对常态政治"(against normal politics)的,不能与那些得到现有规则认可的规范性集体行动混为一谈。很显然,一个集体行动是否挑战和打破现有的政治模式,它所受到的对待、所发生的机理和产生的政治影响怎么可能一样呢?对集体行为论来说,人们为什么有时安于惯常的生活,有时却非要去发动或参与打破惯常生活的骚乱和造反,这正是他们的核心关切所在。

然而,资源动员论对集体行为论的全部批判都立足于一点,即惯常社会生活与集体抗争具有制度上的连续性,亦即那些卷入集体抗争的人与那些过着惯常社会生活而不卷入集体抗争的人在价值取向、认知能力、组织方式、行动策略等方面没有本质区别。这一看法虽然有助于纠正一些集体行为论者将社会运动等同于非理性行为的错误看法,但另一方面,它也犯了相反的错误,即过分强调二者的同一性,以致抹杀了规范性集体行动与非规范性集体行动之间的差异,"似乎集体行动是遵从规则还是违反规则没有什么差别"(Piven and Cloward 1992:301)。这显然是不对的。但就是从这样一个错误的前提出发,资源动员论不但对集体行为论进行了错误的批判,而且夸大了所谓政治机会和组织资源的作用。

前已述及,在西方社会运动研究史上,斯科尔尼克报告和梯利等人的一系列经验研究,曾经对颠覆集体行为论发挥了关键作用,而皮文和克劳沃德却以规范性和非规范性集体行动的区分为基础,对梯利等人的经验研究做了反驳,认为他们的研究犯了一个致命的错误,就是把规范性和非规范性这样两种不同性质的集体抗争加在一起作为因变量,然后用结构崩溃作为自变量去预测集体抗争发生的步调和时点。尽管梯利等人发现自变量与因变量之间不存在显著关联,并据此而对集体行为论提出质疑,但这一质疑是站不住脚的。因为规范性与非规范性集体行动之间有着本质差异,因此是不能相加的;如果他们在构造因变量时将两种集体行动分开,也许结果会大不相同。[①]

皮文和克劳沃德也承认，在操作化研究中要区分一个集体行动是规范性的还是非规范性的，是一件非常困难的事。特别是在围绕集体抗争而发生的政治斗争中，一个行为是否符合既有的规范本身就是斗争的焦点之一，要区分集体行动是规范还是不规范，就更加困难。但不管怎样，做出这一区分在理论上具有非常重要的意义。因为这一区分是集体行为论赖以安身立命的基础。而正是这一点被模糊，导致集体行为论"因为一个它从未持有过的观点而遭到摒弃"（Piven and Cloward 1992：306）。皮文和克劳沃德的观点得到尤瑟姆（Useem 1998）等学者的赞同。

要承认，皮文等人认为应该区分两种不同的集体行动的观点是正确的，他们对资源动员论的反驳也是有道理的。但是，他们认为集体行为论只试图解释非规范性集体行动的观点却是不符合事实的。从历史上看，集体行为论确实曾经试图解释所有集体行动。当然，在资源动员论的批判之下，集体行为论将自己的解释范围限定在非规范性集体行为上，在理论上是具有积极意义的，因为它尝试着划定一个理论范式的适用边界，可以在一定程度上避免理论应用中的盲目和自负。

限定集体行为论之解释范围的第二种观点认为，集体行为论，特别是其中关于集体行为产生于社会结构崩溃的观点，"探讨的是那些改朝换代式的、大型的革命和社会运动的动员，而其批判者所关心的均是一些发生在当代西方国家中的中小规模的改良型社会运动的动员"（赵鼎新 2006：93）。换言之，崩溃论（即集体行为论）对解释中小规模的、改良型的社会运动也许不甚得力，但对革命等大型社会运动却有很好的解释力。因此，尽管集体行为论受到严厉批判，但仍有一些学者（Goldstone 1991a，1991b；Zhao 2001）坚持用崩溃论去解释革命性运动。这很好理解。因为相对于改良型运动，革命性运动对社会结构的颠覆更为彻底，相应地，只

---

① 比如，在上面提到的肖特和梯利（Shorter and Tilly 1974）关于法国工人罢工的研究中，用与社会结构崩溃有关的变量去预测法国 1830 年至 1968 年间工人罢工在组织规模、波及范围和持续时间等方面的历史变化趋势，最后发现两者之间没有必然联系，于是对"崩溃理论"（即集体行为论）提出质疑。在皮文和克劳沃德（Piven and Cloward 1992：305）看来，这个结论是不成立的。因为从 1865 年起，罢工在法国就合法化了。显然，合法罢工与非法罢工面临的政治处境存在显著差异，发生机制也可能因此而大相径庭，相应地，把 1865 年以前和以后的罢工视为同一类别，然后以此为因变量来做统计，显然是不合适的。

有在社会结构更接近于崩溃的条件下才容易形成。

限定集体行为论之解释范围的第三种观点是,认为集体行为论更适用于某些特殊的人群。比如,皮文和克劳沃德曾经专门研究过"穷人运动"(Piven and Cloward 1977)。他们发现,"穷人运动"的发生过程更接近于集体行为论所描述的理论模型,即在相当大程度上依靠人们的义愤和"同仇敌忾"(mass defiance),而不是资源动员论所说的什么组织的力量。因为穷人除了义愤和同仇敌忾之外,没有别的什么资源可以利用。那些所谓组织,除了攫取运动的成果,使运动走向衰亡,没有别的什么用处。由是观之,集体行为论似乎更适用于没有什么资源可以利用的社会底层。不过,斯诺等人关于流浪者运动的研究(Snow et al. 2005)表明,事实并不尽然,即使是那些无家可归的流浪者搞社会运动,也是需要利用组织进行资源动员的。

(二) 重组集体行为论的观点和结构

修正集体行为论的第二个方向是重组集体行为论的观点和结构,以期集体行为论得到更加准确的理解和应用。在这方面值得注意的,一是尤瑟姆将集体行为论——他在文中称之为"崩溃模型"(breakdown model)——概括为两个版本(Useem 1980):一个是"群众社会版"(mass society version),代表人物有康豪瑟、科尔曼,基本推理逻辑是"社会解组→抗争",即社会解组(表现为社会中层组织严重缺乏,个人与社会的纽带很弱)将导致大量与社会结构相脱节的、孤立存在的个体,这样的个体更容易卷入社会运动;另一个是"不满情绪版"(discontent version),代表人物有前面提到的格尔、皮文和克劳沃德,基本推理逻辑是"社会解组→不满→抗争",即个体与共同体联系的削弱通常会导致其不满情绪的增加,而这将使人们更愿意加入集体抗争。与此同时,尤瑟姆把与崩溃论相对立的资源动员论称为"团结模型"(solidarity model)。他关于波士顿罢乘校车运动(anti-busing movement)的经验研究发现:群众社会版的崩溃模型未得到证实;不满情绪版的崩溃模型部分成立,即不满情绪确实会提高集体抗争的参与率,但社会解组并不一定会导致不满情绪的上升;团结模型关于社会团结有助于社会运动动员的观点是成立的,但其认为不满情绪对运动的动员来说无足轻重的观点则是错误的。

尤瑟姆关于两个集体行为论"版本"的区分,实际上是把"崩溃"区分为结构和个体两个层次。所谓"群众社会版"的集体行为论,不外是更多地关注结构层面上的"崩溃",而"不满情绪版"的集体行为论,则更多地关注个体层面的"崩溃"。但这一区分显然是不周延的,因为斯梅尔塞的值数累加理论同样是关注结构层面的"崩溃",但显然不能说它属于"群众社会版"。

与此不同,斯诺等人是从结构与过程的角度来重新理解集体行为论的(Snow and Davis 1995:189-192)。他们认为,集体行为研究实际上有三个学派,每个学派都有自己独特的焦点问题,相应地,理论建构的方向也各不相同;并且,每个学派都因学术渊源而分别与哈佛大学、芝加哥大学和密歇根大学联系在一起。其中,哈佛学派的核心关切是导致社会系统崩溃从而引发集体行为和社会运动的种种结构性紧张或不平衡,代表人物有帕森斯、斯梅尔塞、贝尔;芝加哥学派的核心关切是集体行为和社会运动已经发生之后的动态发展过程,包括符号的形成和使用、认知和情感的转化、循环反应,等等,代表人物有特纳、克利安、古斯菲尔德;密歇根学派的核心关切是社会运动的资源动员,包括政治机会、组织、资源的积累、理性算计,等等,代表人物有梯利、甘姆森、麦卡锡、左尔德。不难发现,斯诺等人在这里使用的是广义的"集体行为研究"概念,就本章所说的狭义的"集体行为研究"而言,应该不包括这里所说的密歇根学派。这样一来,根据斯诺等人的看法,集体行为论就应该分为两种取向:一种是关注结构性紧张的哈佛学派,另一种是关注动态发展过程的芝加哥学派。但这样一种划分仍然是不周延的——正如前文所述,相对剥夺理论既有异于关注动态发展过程的芝加哥学派,也不同于关注结构性紧张的所谓哈佛学派。

尽管上面两种关于集体行为论的重新阐发并不周延,但确实可以丰富对集体行为论的理解,具有一定参考价值。

(三) 改造集体行为论的内涵

修正集体行为论进行的第三个方向,是在集体行为论的基本框架下引入其他理论视角对集体行为论进行改造,以提高其理论解释力。其中,斯诺等人(Snow et al. 1997)基于心理学中的"前景理论"(prospect theory),指出社会崩溃引发集体行为或社会运动的一个重要机制在于,它确已打破或可能打破日常生活(quotidian),即人们广泛接受的某种生活常轨和预期。前景理论认为,在通常情况下,人们对损失既得利益的反应会比追求期得利益的反应更加强烈,顺理成章地,打破生活常轨和预期比追求未来利益更容易引发集体行为。因此,社会崩溃是否引发集体行为,需要看它会在多大程度上打破人们的生活常轨和预期。而生活常轨和预期又是在某种社会结构约束下和某种文化观念引导下，经过社会互动而形成的某种社会心理状态和行为模式，因此，研究某种社会崩溃是否会打破生活常轨和预期，从而引发集体行为的问题，需要借助文化学、现象学、心理学等多种理论。

相对于其他心理学理论，前景理论的一个重要特征是否认人类行为是完全理性的。在集体行为问题上，集体行为论认为集体行为（包括社会运动）都是非理性的，而新兴的资源动员论却认为它是人们追求利益最大化的表现，当然是理性的。因此，斯诺等人基于前景理论来改造集体行为论，一方面是在为集体行为论进行辩护，另一方面也是在对资源动员论进行批驳。在此过程中，他们不但引入了心理学理论，而且引入了其他理论视角，还是很有启发性的。

三、集体行为论的回归与最新发展

综上所述，集体行为论渊源于19世纪末期欧洲学者，特别法国社会学家勒庞关于"聚众"的研究。聚众研究的兴起是资本主义革命及其引发的政治、经济、社会、心理变动在社会科学中的反映。因此，早期的聚众研究具有浓厚的贵族主义的反民主色彩。后来经过美国芝加哥学派的发展，聚众研究被转化为集体行为研究，并在20世纪五六十年代形成繁盛一时的集体行为论。在集体行为论视角主导下的集体行为研究中，作为其渊源的聚众研究中所蕴涵的反民主色彩大为淡化，但将集体行为视为反常的、非理性的行为的观点却保留了下来（Currie and Skolnick 1970）。集体行为论下属的各种理论取向，不管是符号互动取向、结构功能取向还是相对剥夺取向，都把社会运动视为一种由本能、冲动、直觉、愤慨、焦虑、苦闷、迷茫、漂泊、被剥夺、被疏离、被抛弃等初级或负面情绪所驱动的行为，强烈的情绪性导致集体行为具有强烈的自发性和突发性，而强烈的自发性和突发性又使集体行为具有强烈的破坏性。更进一步，上述种种负面情绪又被认为是社会整合失败、社会结构崩溃的结果。

美国社会学家考奇（Couch 1968）曾经概括了集体行为理论家关于集体行为的九大刻板印象：（1）暗示性（suggestibility），即集体行为是经过下意识的或无意识的相互暗示而形成的；（2）破坏性（destructiveness）；（3）非理性（irrationality）；（4）心灵困扰（mental disturbances），即集体行为是由心灵困扰引起的，其目的是宣泄某种紧张情绪；

(5) 低层阶级参与（lower-class participation），即集体行为的参与者都来自社会低层；(6) 自发性（spontaneity），即集体行为的产生具有突发性，其过程具有非组织性；(7) 缺乏自制（lack of self-control），即在行为过程中，每个人都对他人的关切和利益漠不关心；(8) 创造性（creativeness），即集体行为的参与者在行动过程中会创造出若干新的行为规范；(9) 反社会性（anti-social behavior），即参与者在集体行为过程中会丧失人性，做出平时不会做出的反社会行为。这九大刻板印象中，除了第八种，即创造性，在某种情况下具有一定正面意义外，其他刻板印象都是负面的。尽管后来随着形势的改变，一些集体行为理论家极力否认曾经对集体行为持负面看法，但不可否认的是，集体行为论，即使是其中最为肯定社会运动之积极意义的芝加哥学派，对集体行为的描写和解释从整体上看都是负面的，只是程度有所差别而已。

集体行为论曾是西方社会运动研究的主导范式，但从20世纪60年代末开始，集体行为论受到严厉批判，至70年代末完全丧失在社会运动研究中的统治地位。在遭受批判的过程中，曾有一些学者从多种角度对集体行为论进行辩护和修正，但最终都无法挽回其颓势。代之而起的新兴理论范式，从最先成熟的资源动员论，到后来的政治过程论和框架建构论，都把社会运动是理性行为作为自己的逻辑出发点。不过，在此过程中，社会运动研究又走向另一个极端，即为了彰显集体行为和社会运动的理性特征而否认或忽视情感等心理因素在社会运动发生和动员过程中的作用。这样一种取向导致20世纪末西方社会运动研究出现一个新的思潮，即在一定程度上向传统的集体行为论回归，开始重新重视情感、情绪、认同、价值取向等心理因素的作用。但这种回归不是简单的重复，而是"否定之否定"，即不再把集体行为和社会运动参与者的心理视为社会崩溃后出现的一种临时的、消极的应激性反应，而认为这些心理是在文化、意识形态和其他社会因素的共同作用下形成的。因此，社会运动是情感的、甚至是情绪的，却不一定是非理性的；情感并不等于非理性。

第三章 资源动员论

1977年，以麦卡锡和左尔德共同发表《资源动员与社会运动：一个不完全理论》（McCarthy and Zald 1977）一文为标志，在与集体行为论的较量中酝酿多年的资源动员论终于呱呱坠地。资源动员论是西方社会运动研究中第一个叛离集体行为传统的理论范式，标志着当代西方社会运动理论的诞生。与集体行为论将社会运动现象最终归因于怨愤不同，资源动员论的基本假设是：怨愤本身不足以引发社会运动，能否动员到足够丰富的资源才是决定社会运动之兴衰成败的关键。相应地，其核心理论关切是：社会运动需要哪些资源？怎样动员这些资源？资源动员的过程有什么特征和规律？本章首先介绍资源动员论的崛起和理论关切，然后按主题概述相关理论发展。

第一节 范式革命与资源动员论的诞生

资源动员论的崛起是知识传统和时代背景两种因素

共同作用的结果。20世纪五六十年代,面对蓬勃发展的社会运动,传统的集体行为论范式不管是在理论解释上,还是在政治立场上,都日益显露出困境。资源动员论于是作为替代范式应运而生。这样一种发展轨迹,也决定了资源动员论的基本立场,即叛离集体行为论视社会运动为非理性行为的观点,特别强调社会运动作为理性行动的属性。

一、资源动员论崛起的时代背景

对西方而言,20世纪五六十年代是一个颇不太平的年代。在这个年代,民权运动、学生运动、反战运动等各种社会运动风起云涌。在此之前,刚从第二次世界大战中走出来的西方社会,特别是美国,经历了历史上少有的繁荣。然而好景不长。从50年代中期开始,各种以争取民权、民主和自由为内容的社会运动不断涌现,60年代达到高峰,至70年代仍未止息。这样一种社会形势注定了集体行为论作为一种主导理论范式的地位必然丧失,社会运动研究中的"范式革命"(库恩 2003:69)即将到来。所谓"范式",是指科学家共同体对研究对象所持的某种共同信念。这种信念实际上是科学家们对研究对象之本质属性和规律的某种预设(assumptions)。这些预设尽管只是一种先入为主的判断,没有经过严格的论证,也没有被明确地表述出来,甚至连坚持这些预设的科学家本人都没有意识到,但它却从根本上制约着科学家们观察世界、提出问题和建构理论的方向及方式。库恩(2003)发现,在特定历史时期,总是有一个被大多数科学家所接受的,从而处于主导地位的理论范式。在该范式主导下,科学家竭力把所有经验现象都纳入这个范式的框架内进行解释。然而,一旦发现超出这个范式之解释能力的经验事实,该范式的科学性便会遭到质疑。随着这样的事实越来越多,一个范式受到的质疑也越来越严重,直到有一天,它被大多数科学家所抛弃,从而丧失主导地位。与此同时,科学家们会逐渐形成一种新的关于研究对象的信念,即新的范式。这样一个过程,就是所谓"范式革命"。在通常状态下,科学的发展表现为在不违背特定范式的基本假设的前提下对某些命题和解释进行完善,不会表现为范式革命;但范式革命一旦发生,就意味着科学发展的一次飞跃。库恩还发现,范式的革命与人事的变迁有很大关系。原因在于,范式本质上是人们关于客观世界的某种价值信仰,是很顽固的,很难通过辩论而让人放弃,因此,即使一些理论范式已经明显跟不上时代,也只有等那些坚持该范式的科学家由于生命的衰老和终结而淡出科学舞台的时候，旧的范式才会随之日薄西山。

资源动员论取代集体行为论无疑是西方社会运动研究中的一次范式革命。这次范式革命在很多方面符合库恩所描述的特征。首先是西方社会运动的发展及其特征在很多方面超出了集体行为论的信念。如第二章所述，集体行为论关于社会运动有两个基本看法：第一，社会运动是社会整合不良、社会结构崩溃的产物；相应有，第二，社会运动是怨愤情绪的集体宣泄，是一种非理性的越轨行为。在20世纪五六十年代，这两个看法都与时代形势格格不入：一是在理论上，当时的社会运动总体上都表现出良好的组织性和目的性，所采取的抗争方式也比较理性。即使间或发生暴力，也多是由于国家的暴力镇压、司法机构的不公平对待和白人（对黑人）的攻击引起的。这样一种社会运动形象让人很难将之与集体行为论所想象和预言的非理性行为、社会崩溃等表现挂起钩来。集体行为论在理论解释上的困境暴露无遗。

二是在意识形态上，第二次世界大战后，民主化已经成为不可阻挡的历史潮流，当时大量社会运动也都以争取民权和民主为诉求。集体行为论虽然已经摒弃早期聚众研究中包含的反民主倾向，但其中残留的关于社会运动的负面想象仍然是不受欢迎的。尽管从事实来说，社会运动确实属于挑战主流社会文化和政治秩序的"越轨行为"，但在道义上，这种越轨无疑是可接受的，甚至是应该支持的。在这种历史氛围下，集体行为论中暗含的对社会运动的贬抑，无疑属于"政治不正确"。这也是造成集体行为论退出历史舞台的一个重要因素。

三是在人事上，60年代中后期，一些早年参加过这样或那样的社会运动的青年学生已经毕业，其中不少人成为大学教授，进入社会运动研究领域。以过来人的体验，他们不仅对集体行为论的缺陷有更深刻的认识，而且更不能容忍集体行为论对社会运动的"诬蔑"。不少从事社会运动的研究者都直言不讳地提到早年的社会运动体验对其理论倾向的影响（比如Meyer 2002：7-10）。于是，随着人事代谢，一场静悄悄的"科学革命"在西方社会运动研究领域发生了。

上述三方面因素的共同作用，使越来越多的学者加入批判集体行为论的大合唱，并终于在1977年彻底终结了它在社会运动研究中的统治地位。正是在批判集体行为论的过程中，资源动员论冉冉升起。这个"冉冉升起"的历史过程比较复杂，很多历史细节现在已难以廓清。从大的方面来看，资源动员论的崛起有两条线索，一是社会学和政治学在批判和反思集体行为论的过程中所积累的思想和知识,二是经济学家奥尔森的集体行动理论所造成的思想震动。这两条线索开始时似乎是相互平行的,后来则既有交锋也有交流,共同促成了资源动员论的诞生。由于奥尔森理论的出现时间较早,下面先从它开始。

二、奥尔森的挑战

1965年,美国经济学家奥尔森出版了《集体行动的逻辑》(Olson 1965)一书。在该书中,他提出了一个可以说挑战了社会学常识的问题:集体行动(collective action)何以可能?在他看来,与其他人类行为相比,集体行动的一个基本特征在于它创造的是公共物品。所谓"公共物品",就是该物品的消费不具有排他性,这就为一些人"搭便车"创造了条件,即不积极参与甚至完全不参与集体行动,最终却能坐享其成。比如,一个旨在改善环境的集体行动,许多人并不参与,即使参与也只是滥竽充数,但一旦成功,环境真正得到改善,那些不积极参与甚至根本不参与行动的人也能从中受益。显然,企图"搭便车"的人越多,集体行动的形成就越不可能。而对作为经济学家的奥尔森来说,人都是追求个人利益最大化的"理性人",因此,发生"搭便车"的现象不是一种异态,而是一种常态。也就是说,"集体行动何以可能"不是耸人听闻,而确实是一个非常严重的问题。奥尔森认为,要消除"搭便车"行为,就必须实施"选择性激励",即通常所说的"论功行赏,奖罚分明"。但选择性激励的实施需要监督、甄别、评价等,这些都需要成本。显然,群体规模越大,选择性激励的实施成本就越高,选择性激励就越难以奏效。因此,奥尔森断言,群体规模越大,集体行动就越难。换言之,越是大的集体行动,就越难以形成。

从文献上看,奥尔森完全是基于经济学的理论脉络提出和阐述问题的,并未刻意与社会学及社会运动研究对话。但对社会学及社会运动研究来说,奥尔森提出的问题却不可等闲视之。首先,社会运动无疑属于奥尔森所说的难以形成的大型集体行动之一,如果奥尔森的理论是成立的,那么,现实生活中确实发生的大量社会运动又当如何解释?如果奥尔森的理论不成立,那又错在什么地方?不管怎样,奥尔森都提出了一个让社会运动研究者感到非常棘手的问题。

其次,对整个社会学来说,奥尔森的理论也颇有挑战性。长期以来,对社会学家，特别是对那些深受结构功能论影响的社会学家来说，"集体行动何以可能"并不构成一个问题。因为社会学的基本假设是"社会人"，即人要经过一个社会化过程才能从一个生物人变成一个社会人。在社会化过程中，一个社会的价值、规范、知识、技能和角色观念会被灌输到个人头脑中。价值、规范、知识、技能、角色观念的共享性为社会行动提供了一致性，从而为集体行动的形成提供了可能性。基于"社会人"假设，对社会学家来说，集体行动并不是问题，不集体行动才是问题。然而，奥尔森却一反社会学的"常识"，偏说集体行动（特别是大型的集体行动）不可能。这个观点及其推理确实出乎社会学的意料，但仔细想想，却又在情理之中。因此，在理论上如何回应，对社会学来说是个不小的挑战。

尽管奥尔森本人无意加入社会运动研究的有关争论，尽管作为其逻辑出发点的"理性人"假设含义模糊，整个推理亦有循环论证之嫌（Ferree 1992: 31 - 36），并且其论断与客观事实存在很大距离，但就客观效果而言，奥尔森的理论对西方社会运动研究的范式更替和资源动员论的崛起发挥了巨大的推动作用。首先，它彻底扭转了社会运动研究的基本假设。长期以来，在集体行为论主导下，社会运动研究的基本假设都是"社会人"。"社会人"假设强调人的社会性，这显然是正确的，问题是它常常因为强调人的社会性而忽视了人的主体性。这在结构功能论取向的集体行为理论中表现得尤为突出。奥尔森理论所遵循的"理性人"假设则相反，它虽然彻底忽视了人的社会性，但恰恰高扬了被集体行为论严重忽视的主体性。因此，尽管经济学的"理性人"假设对所有社会学家都是一个严峻的挑战，但无疑为社会学家反思集体行为论和建构新的社会运动理论提供了一柄锐利的武器。在美国，继集体行为论之后产生的三大理论视角——资源动员、政治过程和框架建构，虽然在具体问题上互有争议，但在拥护"理性人"假设这一点上却是一致的。这体现了奥尔森的集体行动理论的力量。

其次，它改变了社会运动研究的重心，使之从发生（emergence）转移到过程（process），从条件（condition）转移到机制（mechanism）。在集体行为论中，社会运动不过是具有相同心理倾向的一群人的集合，只要在结构上的条件具备了，社会运动就是顺理成章的事，无需格外的协调和组织。对集体行为论者来说，社会运动似乎是从特定的结构中"冒"（emerge）出来的，因此，他们的研究兴趣是去寻找那些条件，而不关心运动的具体过程。但奥尔森的理论却显示，社会运动不是"冒"出来的，如果不能有效地实施选择性激励，那么即使结构条件具备，社会运动同样不可能发生。于是，为了回答奥尔森提出的"搭便车"问题，社会运动研究的关注焦点开始从运动发生的外部条件转移到运动内部的演变过程，以及将条件与过程联结起来的种种机制。在那篇资源动员论的奠基性论文中，麦卡锡和左尔德（McCarthy and Zald 1977：1216）承认："资源动员论把奥尔森的挑战作为它的基本问题之一：由于社会运动生产的是公共物品，所以很少有人'自愿'承担获取这些物品所需要的劳动成本。因此，解释集体行为需要深入考察那些能够引致集体行为的选择性激励、压缩成本的机制或结构，以及职业生涯上的好处。"奥尔森的影响由此可见一斑。

奥尔森的影响还可以从语词的变化中观察到。在奥尔森之前，"集体行为"（collective behavior）是社会运动研究领域的核心概念，有关课程被称为"集体行为"或"集体行为与社会运动"；而此后，"集体行动"（collective action）逐渐取而代之，成为社会运动研究中的核心概念，以至于"集体行动"与"社会运动"常常被作为同义词使用，有关课程也改称为"社会运动与集体行动"，甚至径直称为"集体行动"。

三、资源动员论的酝酿与诞生

在奥尔森从经济学角度提出集体行动理论的同时，一些社会学家和政治学家也从不同的角度对集体行为论进行了批判，为资源动员论的崛起创造了条件。早在1968年，李普斯基在一篇题为《抗争作为一种政治资源》（Lipsky 1968）的文章中，就论述了组织和领袖对于抗争兴起、发展和成败的影响。他指出，从社会发展的趋势来看，抗争活动已经成为"相对弱势群体"（relatively powerless groups）用以维护自身权益的一种政治资源，但该资源具有某种内在的、必须克服的局限，那就是，"抗争领袖"必须同时吸引四个方面的支持：一是必须培育和维持一个能够包含不同价值追求的人的组织；二是必须将目标和策略有效地衔接起来，以便通过传媒尽可能大地扩大公众知晓度；三是必须尽可能扩大第三方在政治冲突中的影响；四是必须尽力在那些赞成抗争目标的人群中扩大成功的机会。易言之，抗争活动只有同时满足这四个方面的条件，才有可能成功。李普斯基的这篇论文虽然没有使用"资源动员"这样的字眼，但后来成为资源动员论之核心概念或议题的领袖、组织、媒体、支持者（constituency）等内容都已经提出并得到了较为系统的论述,是催生资源动员论的一篇重要文献。

资源动员论酝酿过程中的第二篇重要文献是欧伯箫于 1973 年出版的《社会冲突与社会运动》(Oberschall 1973) 一书。对于资源动员论的诞生而言,该书的重要意义在于:第一,它对以往关于社会冲突、社会运动和集体行为的研究做了较为系统的回顾,总结了这些研究的核心理论命题并用相关经验研究对这些命题进行检验,证明它们是不成立的。第二,综合运用社会变迁、社会分层和其他宏观社会学理论,揭示社会冲突的结构性根源,特别是引起人们为价值和稀缺资源而斗争的统治结构,从而证明大多数社会冲突和社会运动都是正义的。欧伯箫(Oberschall 1973:33 - 34)说:"正是那些造成一部分人穷困和苦难的制度,成就了另一部分人的自由和安全。自由、权利和更大份额的物质财富,不会放在银盘里端到弱势群体面前。……既得利益对变革坚韧而顽强的抵制,使得社会冲突成为一个无法避免的事实。"言下之意,参与社会运动的行为是人们维护自身权益的一种理性选择。而正如后面将要讨论的,将社会运动参与视为理性行为正是资源动员论与集体行为论最根本的分野之一。第三,试图在批判集体行为论和回应奥尔森集体行动理论的基础上,建构一个关于社会运动的动员理论。为此,他从冲突群体的形成和社会运动参与两个方面论述了社会运动的动员过程,并力图从运动动员的角度解释社会运动的动态过程,包括冲突群体之间的互动过程、冲突的形式、冲突的范围和持续时间、冲突的升级或缓和、对冲突的管制和解决、冲突的后果,等等。在这里,欧伯箫不仅在社会运动研究中第一个提出"动员"概念,而且第一次将其作为整个研究的中心。以此为中心,其研究创设了资源动员论的大部分议题,为资源动员论的诞生做了更加充分的准备。

在资源动员论酝酿的过程中,第三个方面的重要文献是梯利等人关于欧洲历史上的集体行动的研究(参见第二章第五节有关内容)。这些研究的前期主要是用历史资料去否定集体行为论的解释范式,到后期则开始从正面去思考集体行动何以形成。在此过程中,"动员"也逐渐成为其理论思考的核心和理论解释的关键。早在 1974 年,梯利等人(Shorter and Tilly 1974)就已经开始用工人阶级组织及其动员能力去解释法国历史上工人罢工的成败和趋势。到 1978 年,梯利更是出版了一本题为《从动员到革命》(Tilly 1978)的专著,把动员视为欧洲历史上集体行动的核心特征之一。

在同一时期,还有一些学者开始从新的角度来研究美国当时的集体行为和社会运动。这些研究一方面对集体行为论的解释范式构成质疑和否定，另一方面也尝试提出新的解释范式。在此过程中，除了第二章第五节中已经提到的那些把重点放在前一个方面的否证性文献之外，还有一些把重点放在后一个方面的建设性文献值得一提。首先是麦卡锡和左尔德于1973年出版的《美国社会运动的趋势：专业化与资源动员》（McCarthy and Zald 1973）一书。在该书中，他们敏锐地观察到美国社会运动正在出现的专业化趋势及其与资源动员之间的关系，于是以"资源动员"概念为中心，对社会运动专业化的表现、成因和趋势做了论述。该书虽然很薄，但是在社会运动研究史上第一次明确提出"资源动员"的概念并以之作为理论论述的中心。其次是甘姆森于1975年出版的《社会抗争的策略》（Gamson 1975）。该书的核心观点是，采取什么样的策略，对抗争能够取得什么样的效果起着决定性作用。尽管这个结论后来被发现颇有可疑之处（参见 Goldstone 1980b），但当时却在学术界引起强烈反响，进一步激发了社会运动研究者们对动员（即"策略"）问题的研究兴趣。

在上述多种力量从多个方向的推动下，1977年，麦卡锡和左尔德合作发表《资源动员与社会运动：一个不完全理论》（McCarthy and Zald 1977）一文，第一次明确把"资源动员"作为社会运动的一个研究视角，并对它的基本假设、核心概念和理论命题作为了系统的阐述，标志着资源动员论正式诞生。此后，资源动员论迅速成为社会运动研究中占据绝对主导地位的理论视角，直到1982年政治过程论和1986年框架建构论出现，才打破这种局面。

四、理论关切与基本假设

如前所述，任何理论都是从某些基本假设出发的。所谓"基本假设"，就是研究者关于研究对象的一组基本判断。这些判断或涉及本体论，或涉及价值观，或兼而有之；有时是出于研究策略的考虑而特意设立的，有时却是连研究者本人都没有意识到的。不管是哪种情况，基本假设都有一个基本特点，即它所指涉的命题相当于不证自明的公理，本身不在该理论的讨论范围内，却构成整个理论系统的逻辑出发点。也就是说，基本假设会导致研究者无意或有意地把某些问题"悬置"起来，不作讨论，从而在根本上规定着一个理论的研究方向和视野，以及所遵循的价值观和方法论。对科学的发展来说，基本假设具有正、反两个方面的影响。就积极的方面而言，它有助于研究对象和过程的聚焦，简化科学研究的复杂性，从而使研究工作更有效率；就消极的方面而言，不言而喻，它会期然不期然地限制研究者的视野。在这个意义上，探析一个理论的基本假设，有助于了解该理论的优势和弱点。那么，资源动员论的基本假设是什么？这首先得从它与集体行为论的区别说起。

在《资源动员与社会运动：一个不完全理论》这篇开创性论文中，麦卡锡和左尔德（McCarthy and Zald 1977：1216-1217）把资源动员论与集体行为论的理论分歧概括为三个方面，如表3—1所示：

表3—1　　　　　　　资源动员论与集体行为论的理论分歧

	集体行为论	资源动员论
支持基础	社会运动的基础是那些感到压抑的人群，他们为社会运动提供必要的资源和人力。	那些被假定为受益人的人的怨愤既可能构成，也可能不构成社会运动的基础。个体性或组织性的良心支持者才是支持运动的主要来源。
战略与战术	社会运动领袖采取谈判、游说或暴力去影响权威，以达到改变现状的目的。对战术的选择取决于此前与权威的关系、此前的成败和意识形态。战术同时受到组织生活的寡头化和制度化的影响。	接受集体行为论关于运动与权威之间关系的看法。但是，社会运动组织还有一系列战略任务必须完成，包括动员支持者、把群众和公众中的精英转变为同情者或中立者、争取斗争对象的转变。由于目标与手段之间可能存在冲突，因此战术选择可能面临困境。战术选择还会受运动组织之间竞争和合作的影响。
与外部社会的关系	强调环境对运动组织，特别是对运动目标的影响，但未注意到运动组织可以有意识地利用环境。	社会向社会运动业类和其他产业提供了可资利用的基础条件。可利用的因素包括通信传媒、富裕程度、进入体制中心的渠道、既有的社会关系网络、职业结构及其增长。

2002年，在综合资源动员论旗下最新研究结果的基础上，他们进一步把两者的区别概括为四点（McCarthy and Zald 2002：534）。

（1）集体行为论企图直接用挫折感或剥夺感来预测运动动员的水平，资源动员论则认为动员的程度（即人们参与社会运动的水平）不能直接用剥夺感或怨愤的水平来预测。运动参与涉及时间、精力和金钱，资源十分有限的人口难以单靠怨愤或主观上的不公平感就行动起来。

（2）集体行为论认为运动是某种形式的非理性行为或病态行为：在个

人层次上，它是个人疏离感或病态心理的表达；在社会层次上，它是隔离、拔根①和离群行为的结果。资源动员论把运动参与视为根源于人生经历、社会支持和亲身生活环境的正常行为。

（3）集体行为论认为社会运动的大部分甚至所有资源都来自受委屈的人群，或即将从运动中受益的人群。资源动员论则认为运动的资源来自外部社会，包括政府或宗教机构、良心支持者和支持社会运动目标的其他群体，尽管这些机构或个人并不直接享受运动所提倡的社会变革的后果。

（4）集体行为论主要关注运动与权威之间的互动，包括极力向权威申诉自己付出的代价和引起权威对其行为之合法性的关注。资源动员论则关注在社会运动和作为旁观者（bystanders）的公众之间起中介作用的媒体的角色。由于媒体的作用，社会运动与作为运动之目标的权威都被卷入一场更大的争夺支持者的竞赛。

综上所述，资源动员论关于社会运动的基本想象主要有四个方面：首先，社会运动是一种与制度化行为没有本质区别的正常行为；其次，它是一种需要消耗资源的行为，信念或悲情不足为恃；再次，它所需要的资源主要来自外部，而不是内部，因为运动所代表的人群往往是资源有限的弱势群体；最后，它不完全是一个只包含运动与权威的两方对垒，而是一个包含运动、权威和旁观者的三方游戏。

这四种想象构成了资源动员论的基本假设。如前所述，这意味着这四个假设所涉及的以下四个问题将作为背景被悬置起来不再讨论：（1）社会运动是理性的还是非理性的？（2）是资源更重要，还是信念或悲情更重要？（3）资源主要来自内部还是外部？（4）运动过程是双方对垒还是三方游戏——或者社会运动"游戏"的基本格局是什么？悬置这些问题固然可以简化模型、提高分析效率，但也会造成解释力的损失。我们在后面会看到，政治过程论和框架建构论正是通过找回一些被资源动员论悬置的问题，并把这些问题作为分析焦点，从而推动社会运动研究的发展的。

不难看出，上述基本假设同时从两个方面——一是关于社会运动是什么的本体论判断，二是关于社会运动是好是坏的价值判断——实现了与集体行为论的全面决裂。正因为如此，我们说，资源动员论的兴起是西方社会运动研究中的一次"范式革命"。

---

① 拔根行为（uprooted behavior），是指强迫迁离长期生活的家园和社会环境的行为。

第二节　社会运动市场

顾名思义，资源动员论的核心关切是"资源动员"，即，社会运动怎样才能高效率地掌握集体行动所需要的资源？所谓"动员"，就是"一个群体寻求对行动所需要的资源进行集体控制的过程"（Tilly 1978：7）。关于这个问题，资源动员论提出了足以让人眼花缭乱的议题和命题，但万变不离其宗，所有这些议题和命题都生发于一个基本想象，即"社会运动市场"。只有了解这个想象，才能掌握资源动员论的思想脉络以及相应而来的理论布局。

一、运动市场论

社会运动怎样才能拿到自己想要的资源？对这个问题，资源动员论内部不同学者有不同的分析思路，但最根本的思路，是把资源动员想象成一种市场性的资源供求关系。在这一想象中，社会似乎是一个完全开放和充分竞争的市场，各种人群都可以到这个市场上来推销自己的主张，同时获取自己所需要的各种社会资源。既然社会是完全开放和充分竞争的，不会给任何运动的生长和发育造成障碍，那么，一个运动能否壮大和成功，就不再取决于外部条件，而是取决于内部条件，即运动自身所具有的竞争力。说到底，资源动员论的全部内容就是分析不同社会运动在竞争力上的差异，以及这种差异的原因和后果。在这个意义上，所谓"资源动员"，实际上是"资源竞争"；所谓"动员能力"，实际上是"竞争力"。本书把这样一种理论想象称为"运动市场论"。

"运动市场"未见于西方社会运动研究文献，是笔者为了表述和研究的方便而创造的概念。它指的是一个以社会运动所需要的资源为中心而形成的竞争性体系，具体内容包括：（1）所有社会运动，相当于市场中的需方；（2）所有运动资源，相当于市场中的供方；（3）所有横亘于运动与资源之间的制度安排和物质技术条件，相当于供需之间的约束条件。

运动市场论的理论想象极其深刻地影响了资源动员论的研究议程。从目前来看，资源动员论的研究议程主要有两个方面：一是社会运动组织，包括组织的类型、领袖和演变，以及不同组织类型的动员效能。这实际上是研究社会运动市场中的需方。由于资源动员论认为组织状况是造成不同运动存在竞争力差异的根源，社会运动组织自然构成其最核心的研究内容之一。二是社会运动参与，包括参与的类型、参与的过程、社会关系网络及组织招纳策略与运动参与之间的关系。这实际上是研究社会市场中的供方。尽管社会运动所需要的资源类型很多、很复杂，但资源动员论实际上还是把人视为最重要的运动资源，这样，社会运动参与成为其核心研究议程之一也就不足为奇了。相对而言，资源动员论对于社会运动市场的第三个方面，即供需之间的约束条件的研究较少，这与资源动员论把社会想象成一个完全开放和充分竞争的市场有关。照理说，资源动员论还应该仔细研究运动组织之间、运动与运动之间的竞争过程，但这部分研究涉及的内容比较宏观，经验研究的操作比前两个方面要难得多，因此研究也比较滞后。

二、社会运动市场的构成

既然资源动员论把社会运动围绕资源动员而形成的体系想象成一个社会运动市场，而这个市场作为一种宏观结构制约着中观和微观层面的资源动员过程，那么，要分析社会运动的资源动员过程，首先要揭示社会运动市场的构成。在资源动员论看来，社会运动市场中总是存在着多个社会运动。这些社会运动就像经济活动一样，按社会运动组织、社会运动业类、社会运动部门的顺序，排列成一个如图3—1所示的有序的体系（参见McCarthy and Zald 1977：1217-1220）。在现实生活中，人们关于社会变革总是有不同的偏好，这就是社会运动。在这些偏好的引导下，人们会寻求成立社会运动组织来实现自己对特定社会变革的追求。不过，具有相同或类似偏好的人们往往成立不止一个而是多个社会运动组织。这些运动组织于是构成一个社会运动业类。由于一个社会中关于社会变革的偏好总是有多种而非一种，于是会形成多个而非一个社会运动业类。所有社会运动业类的集合，就是一个与社会的其他部分相平行的"社会运动部门"。这样一个体系涉及资源动员论经常使用的若干重要概念，需要厘清。

社会运动。麦卡锡和左尔德（McCarthy and Zald 1977：1217-

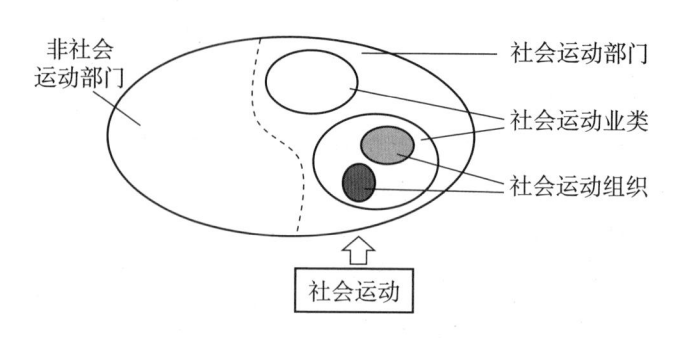

图 3—1　社会运动市场的构成

1218）把"社会运动"定义为："存在于一个人群中的，代表着某种改变社会结构要素和/或社会报酬分配之偏好（preference）的一套主张和信念。"这个定义比较拗口，简单地说，社会运动就是一套要求社会变革的主张和信仰。在西方社会运动研究史上，对社会运动的定义主要有三种方式：第一种，是把它定义为某种形式的集体（collectivity），即人的集合；第二种，也是当前最流行的一种，是把它定义为某种形式的行动（action）或行为（behavior）。这里把社会运动定义为一种思想倾向，是独树一帜的。尽管和者甚寡，但麦卡锡和左尔德至今坚持这一定义（McCarthy and Zald 2002：534-535）。这样一种定义方式实际上是资源动员论整体逻辑的体现。资源动员论的核心观念是，必须经过一个动员过程，主张某种社会变革的偏好才能转变成现实的集体行动；为了突出动员过程的重要性，从逻辑上说，必须把主观意义上的偏好与客观意义上的行动区分开来。而在以往关于社会运动的流行的定义中，主观与客观之间的张力并不明显，客观上压缩了资源动员论对动员过程进行理论阐述的空间。

对立社会运动（countermovements），指在一个人群中存在的反对某个社会运动的一套主张和信念。在现实中，由于多种原因，人们的意见和观念总是存在分歧，反映在社会运动问题上，就体现为社会运动与对立社会运动往往成对出现。

社会运动组织（social movements organization，简称 SMO），是在目标上认同于某个社会运动的信念和主张，并企图实现这些目标的复杂组织或正式组织。这里需要注意的是社会运动组织与利益集团（interest groups)的区别。美国政治学家罗伊（Lowi 1971）认为，一个社会运动组织如果与政府机构有高度制度化和稳定的联系，就属于利益集团。换言之，利益集团是社会运动组织的一个组成部分。麦卡锡和左尔德对这种区分不太满意。他们认为，利益集团这个概念倾向于关注这个组织本身而忽视它所代表的人群，而社会运动组织这个概念恰恰相反：它关注的是这个组织所代表的人群及其社会变革倾向，而不是组织本身，或者说，它是由于关注某个人群及其社会变革倾向而关注社会运动组织的。不过，他们最终也没有给出一个清晰的、令人满意的区分。

社会运动业类（social movements industry，简称SMI），指以实现某种社会变革偏好为目标的所有社会运动组织的集合。在现实生活中，在同一种社会变革偏好的旗帜下，往往会产生多个而不是一个社会运动组织。比如，同样是主张保护环境，既有绿色和平（Greenpeace），也有"自然之友"（Friends of Ecology），那么，所有主张环境保护的社会运动组织集合起来，就可以算一个社会运动业类；同样是主张巴勒斯坦民族独立，既有"巴勒斯坦解放组织"，也有"哈马斯（伊斯兰抵抗运动）"，那么，类似的组织集合起来，也可以算一个社会运动业类。显然，一个社会运动业类代表着一种社会变革偏好向集体行动转化的水平，一个社会运动业类越发达，意味着这种转化的水平越高。因此，考察社会运动业类的规模和变化，有助于了解一个运动的强弱和兴衰。这里的一个问题是，如何界定社会运动业类的边界？比如，20世纪六七十年代美国的反越战运动组织，既可以将其单独界定为一个反越战运动业类，也可以将其与黑人民权运动组织和学生运动组织放在一起，界定为民主运动业类。究竟如何界定，在很大程度上取决于研究者本人的研究目的，但要明白的是，这个概念的实质是用社会运动组织的数量和规模去测量一种社会运动的强弱和兴衰。

社会运动部门（social movements sector，简称SMS）。一个社会中全部社会运动业类（不管它们的具体主张如何）的集合，构成社会运动部门。社会运动部门显然是相对于非社会运动部门而言的。

不难看出，在社会运动市场的构成及其运作这个问题上，资源动员论的想象具有浓厚的经济学色彩。它实际上是把社会运动想象成经济学中的产品，把社会运动组织想象成经济学中的厂商，把社会运动业类想象成经济学中的行业，把社会运动部门想象成经济学中的部门，然后借用经济学的思维去分析不同社会运动之间的竞争关系及其成败。

资源动员论从理论上建构这么一个社会运动市场的目的，是为它后面刻画社会运动之间的资源竞争关系做准备。在它看来，一种社会运动想要成功，即一种社会变革偏好想要转变为现实，会面临一系列竞争：首先是具有相同偏好的、同一社会运动业类内部其他社会运动组织的竞争；其次是社会运动部门内部具有不同偏好的其他社会运动业类之间的竞争；最后是整个社会运动部门与非社会运动部门之间的竞争。这就如同经济领域中的竞争一样，一个产品要在市场上站住脚，首先会面临生产同样或同类产品的厂商之间的竞争，其次会面临不同行业的竞争，最后会面临不同部门之间的竞争。

三、运动资源的分类与性质

既然在社会运动市场上，社会运动的生死存亡归根结底取决于资源的竞争，那么，社会运动到底需要什么资源？令人吃惊的是，尽管"资源"这个概念在资源动员文献中俯拾皆是，其含义却一直没有一个明确的界定（有关批评可见 Cress and Snow 1996：1090；Jenkins 1983：533；McCarthy and Zald 2002：544-545），在使用上有很大的随意性。

关于社会运动所需要的资源，有关论著中最常见的表述方式是简单罗列。即使在 1977 年发表的那篇开创性论文中，麦卡锡和左尔德也没有对资源进行严格的界定和分类，有时仅指人力和金钱，有时又包含设施和合法性。梯利在其影响巨大的《从动员到革命》一书中，也只是简单地套用经济学分类，把资源分为土地、人力、资本和技术性技能（technical expertise）等四类（Tilly 1978：69）。如果把不同学者所说的资源集合到一起，就可以发现，资源几乎可以用来指代社会运动为了实现目标而需要动用的一切手段。甚至可以说，只要解释社会运动需要什么，资源就可以用来指代什么。结果，资源成了一个无所不包的、随时可以用来"填补理论空白"的概念。资源概念的"机动性"和模糊性使很多基于资源动员论框架的研究不无循环论证之嫌。甘姆森（Gamson 1987：1）早就发现，这一点已经成为资源动员模型的"软肋"。

尽管如此，一直都有学者在做运动资源分类的工作，希望为分析资源与运动之间的关系提供一个更加清晰的概念框架。弗里曼（Freeman 1978：170-174）是最早从事这项工作的学者之一。他首先把运动资源分为有形资源（tangible resources）和无形资源（intangible resources）。有形资源包括金钱、空间以及对运动进行宣传的手段（即媒体）。无形资源主要指人力，又可以分为两类：专有性资源（specialized resources）和非专有性资源（unspecialized resources）。专有性资源指少数人所独有的资源，包括技能、关系渠道和接近决策者的渠道；非专有性资源指人人都可以占有的资源，包括时间和奉献精神。

1996年，克雷斯和斯诺（Cress and Snow 1996：1094）在一项经验研究中把运动资源分为四种：道德资源、物质资源、信息资源和人力资源；但对分类的理论依据语焉不详。2004年，爱德华兹和麦卡锡（Edwards and McCarthy 2004：125-128）在综合前人，特别是吸收克雷斯和斯诺的研究成果的基础上，把运动资源分为五种，分别是：（1）道义资源，指外界对运动的声援，具体形式包括合法性、团结性支持、同情性支持和赞誉。其中，合法性指外界对运动的正义性的认可，团结性支持指外界以直接参与的形式对运动表示支持，同情性支持指外界以声明等口头的形式表示支持。（2）文化资源，指已经得到广泛传播的一些文化技能、文化产品、概念工具和专门知识，比如怎样举办一场新闻发布会、怎样创建一个组织、怎样召集一次会议，等等。（3）社会组织资源，包括出于运动的目的而有意识创建的组织，以及不是为了运动的目的但可以为运动所用的组织。社会组织资源有三种基本形式，即基础设施、社会关系网络和组织。其中的基础设施指邮局、医院、道路等提供公共服务的设施。（4）人力资源，包括人力、经验、技术技能和领导力。（5）物质资源，指经济学意义上的资金和物质资本。尽管这已经是目前为止最新的研究成果，但对分类的依据或维度仍然缺乏清晰的阐述。很显然，就社会运动的兴衰和成败而言，不同资源所起的作用是不一样的，因此，只有进行合理的分类，才能更加清晰地刻画资源动员的过程、策略及其效能。但到目前为止，这方面研究仍然进展不大。

除了资源的类别，资源的性质也是一个值得研究的问题。在这方面，已有学者注意到资源的可变换性和私有性问题（参见 Edwards and McCarthy 2004：128-129）。所谓"可变换性"（fungibility），指一种资源转变为另一种资源的能力。不同形态的资源具有不同程度的可变换性。不难想见，运动资源的可变换性越高，意味着运动所受的限制越少，选择的余地越大。举例言之。一个运动如果获捐一笔金钱，它可以用来购买几乎一切物品；而如果获捐一笔等值的家具，它却很难将之兑换成其他物品。由是观之，尽管都是资源，但由于可变换性的不同，家具比金钱对运动的意义要小。

其次是私有性（proprietary），即资源在多大程度上为占有者私有。不同形态的资源在私有性上也存在差异。金钱和人力资源的私有性相对较高，对金钱和人力资源的使用在很大程度上属于私人事务，社会运动对这些资源的获取会受到很多限制；而文化资源（比如一个民族的神话、符号等）的私有性则较弱，基本上谁都可以用。与可变换性一样，资源的私有性越低，社会运动在资源动员过程中面临的障碍就越小，反之越大。

四、资源的配置与社会运动

从理论上讲，任何社会资源都可以为社会运动所用，社会的每个角落、任何个人和组织都可以构成社会运动的资源来源。但在现实生活中，社会并不是一个完全开放的、资源完全自由流动的、社会运动之间充分竞争的"完全市场"。社会资源配置总是受到种种社会壁垒的分割，从而使资源分布存在着空间、时间和社会的差异（参见 Edwards and McCarthy 2004）。

首先是空间差异。任何国家和地区的发展在空间上都是不平衡的，差别只在于空间差异的大小。一般来说，中心地区比边缘地区所拥有的资源更多、更为密集，获取更为方便，从而更有利于社会运动的兴起和维持。有研究显示，社会运动更多地发生在大都市，而不是农村；关于环境运动的研究也显示，环境运动更多地发生在发达国家，欠发达国家的环境运动往往是由发达国家输入，而不是内生的。这些都体现了资源分布的空间差异对社会运动的影响。不过，尽管学术界已经注意到这种影响，但到现在为止尚未形成一个清晰的理论模型。这里提供的"中心—边缘"二分法也不是普遍适用的。如果社会运动真是在"中心"地区兴起和维持的可能性更高，那就难以解释一个众所周知的事实：中国共产主义革命正是在将战略重心从城市转移到农村、改走"农村包围城市"的道路后才取得成功的。换句话说，关于资源分布的空间差异与社会运动兴衰之间的关系，在理论上还需要进一步澄清。

其次是时间差异。社会运动所依赖的绝大多数资源——技术、基础设施、人力、社会组织格局、合法性等，都是随着时间的变化而变化的。比如，电话、电视的出现大大地方便了社会运动的动员和传播，"串联"这样一种中国人耳熟能详的动员手段也是随着铁路的出现而出现的，"后物质主义价值观"的出现为新社会运动的兴起提供了合法性支持（Inglehart 1990；Nevitte et al. 1989），如此等等。

最后是社会差异。不同人口、阶级、阶层、社会群体和组织在资源占有上存在不平等，这已经是一个常识，不赘述。

其实，指出社会运动的资源分布存在空间、时间和社会差异并不是什么洞见，更重要的是要回答：这些差异是怎样交织在一起，从而作为一种结构促进或限制社会运动之资源动员的？对这个问题，资源动员论一直缺乏应有的关注。事实上，囿于"运动市场论"的理论想象，它也不可能进行深入的研究。因为在资源动员论看来，运动所需要的社会资源虽然是稀缺的，其配置却是完全开放的，即任何社会运动都可以凭自己的能力竞争所需要的资源。在这里，起决定作用的是社会运动的竞争力，而不是社会结构对资源配置的分割。资源配置的分割性，意味着运动所能动员的资源并不完全取决于自身的能力，而在很大程度上取决于既有的机会结构。正如后面所要看到的，这恰恰是政治过程论所关注的核心问题。但在资源动员论中，这个问题被其"运动市场论"的理论想象遮蔽了。

在西方社会运动研究史上，由资源动员论挑起的一个重要学术争论是：运动资源主要来自内部还是外部？早先的集体行为论虽然很少专门讨论这个问题，但其暗含的观点是：来自内部。资源动员论则认为，虽然发起社会运动的群体本身可以为社会运动提供资源，但总体而言，资源主要来自外部。因为某群体为寻求社会变革而不得不发起社会运动这个事实本身已经表明，该群体在当前体制中已经处于边缘位置，资源自然是十分有限的，因此，社会运动必须到本群体以外的其他社会群体中去"动员"资源，才能发展和壮大。为了区分不同社会群体对于资源动员的意义，资源动员论区分了以下六种社会人群（参见 McCarthy and Zald 1977：1221－1222）：（1）公众（public），指社会运动发起人（或积极分子、活动家、创业家）之外的其他所有社会成员；（2）拥护者（adherents），公众中那些信仰社会运动所倡导的目标，但不一定提供实际支持的所有个人和组织；（3）支持者（constituents），"拥护者"如果不但信仰社会运动所倡导的目标，而且向社会运动提供实际的资源支持，则成为"支持者"；（4）旁观者（bystanders），公众如果既不信仰社会运动所倡导的目标，也不向社会运动提供实际支持，则属于"旁观者"。（5）反对者（opponents），那些对社会运动所倡导的目标持敌视态度，甚至会动员有关资源对社会运动实施打击的公众;(6)受益人(beneficiary),即一旦社会运动取得成功,会直接从中受益的人。

资源动员论做上述概念区分的目的,首先,是想破除集体行为论长期以来宣扬的一个观点,即社会运动总是那些潜在受益人发起并支持的。事实上,潜在受益人并不一定是社会运动的支持者和拥护者;而很多真正拥护和支持社会运动的人并不企图从社会运动中受益。大量参与社会运动的个人或组织都是些没有什么利益企图的良心拥护者(conscience adherents)和良心支持者(conscience constituents)。不问可知,基于其核心理论观念,资源动员论特别强调良心支持者和良心拥护者对运动进程的重要性。其次,借助对社会人群的上述区分,资源动员论可以对资源动员过程做更精细的描述。在资源动员论看来,资源动员最重要的任务之一,就是要把反对者转变成旁观者,把旁观者转变成拥护者,把拥护者转变成支持者。

那么,一个社会的资源配置与其社会运动体系之间存在什么关系呢?资源动员论认为,首先,一般来说,随着一个社会中可支配资源总量的增长,社会运动部门能够取得的资源的绝对数量和相对数量也会增加。所谓"可支配资源",是指时间和金钱等易于二次分配的资源。在任何社会中,社会运动部门都必须与非社会运动部门竞争资源。对绝大多数人来说,食品和住房在资源配置过程中总是处于优先地位。但是,随着社会财富总量的增长,哪怕是相对其他部门的相对数量没有增长,流入社会运动部门的总量也会增长。其次,流入社会运动部门的资源越多,为了争夺这些资源而出现新的社会运动业类和社会运动组织的可能性就越大。这两个命题意味着,一个社会越是发达,流入社会运动部门的资源会越多,相应地,社会运动就越发达。这与很多人关于社会越发达、社会运动就越少的想象正好相反。当然,这个命题的成立也不是无条件的。比如,一个社会的通信、交通等基础设施以及政治、经济等方面的制度安排,都会影响社会资源向社会运动部门的流动。

资源动员论企图借助上述两个命题来解释近代以来,特别是第二次世界大战以来社会运动的整体扩张趋势。不过,需要注意的是,首先,这两个命题忽略了社会变革偏好随时间而可能发生的变化。如果追求社会变革的倾向越来越微弱,那么,即使整个社会的财富增长,流入社会运动部门的财富也不会增长,相应地,出现新的社会运动业类和组织的可能性也就不大。其次,这两个命题还忽略了社会运动部门内部各个运动业类之间以及各个运动组织之间的相互关系。在某些社会条件下,可能会出现某个社会运动业类或某个社会运动组织"独大"的情况。这样,即使流入社会运动部门的财富总量上升了,也不会现出多个社会运动业类、多种社会运动组织"百花齐放"的景象。

资源动员论还认为,无论潜在受益人手中掌握着多少资源,良心支持者手中掌握的资源越多,社会运动组织和社会运动业类就越发达。这实际上是说,随着社会的发展,将会出现越来越多的良心支持者,他们在满足生活需要之后,愿意把手中的可支配资源用于支持那些与自己没有直接利益关系的团体或运动。这个命题确实在很大程度上反映了第二次世界大战以来的社会发展趋势,但良心支持者对社会运动的支持力度和方式会受到很多因素的影响,因此,一个社会中良心支持者队伍的壮大与社会运动的趋势之间存在着什么关系,是需要进一步研究的问题。

总而言之,资源动员过程就是一个市场性的资源竞争过程,是资源动员论的一个基本理论想象。这样一种想象从根本上影响着资源动员论的研究议程设置和理论建构方向。接下来分别讨论资源动员论的三个基本议题:社会运动组织、社会运动参与,以及运动组织之间、运动与运动之间的竞争。

第三节 社会运动组织

在资源动员论中,关于社会运动组织的研究一直占据着核心位置(Clemens and Minkoff 2004:155-156)。这是由资源动员论的核心假设所决定的:"关于资源汇聚的研究是理解社会运动活动的关键。……资源汇聚要求某种形式的最低限度的组织,因此,我们或明或暗地直接把焦点放在社会运动组织上,而不是传统视角所做的那些工作上。"(McCarthy and Zald 1977:1216)事实上,早在资源运动论正式诞生前,关于社会运动组织的研究就已经比较发达了(比如,McCarthy and Zald 1973;Zald and Ash 1966)。可以说,正是关于社会运动组织的大量研究催生了资源动员论。

资源动员论关于社会运动组织的研究,主要包括以下四个方面:一是社会运动组织的基本类型;二是不同类型的社会运动组织在资源动员效能上的差异;三是社会运动组织的领导和领袖;四是社会运动组织的演变。下面分别讨论。

一、社会运动组织的类型

在现实生活中,社会运动组织的形态非常复杂。作为研究的基础,首先需要对社会运动组织进行分类。截至目前,大致有四种分类方式,分别以组织的资源来源、运作方式、抗争方式和在社会运动过程中所履行的职能作为分类标准。其中,以前两种分类方式最为流行。

(一)基于组织资源的分类

首先,根据资源来源,可以把社会运动组织分为"专业社会运动组织"和"草根社会运动组织"。

"专业社会运动组织"(professional SMO)最初是由麦卡锡和左尔德发现并引入社会运动研究的。1973年,麦卡锡和左尔德在其合著的《美国社会运动的趋势:专业化与资源动员》(McCarthy and Zald 1973)一书中首次提出"专业社会运动组织"的概念。根据他们的阐述,"专业社会运动组织"是指具有以下特征的社会运动组织(McCarthy and Zald 1987/1973:375):"(1)有一个将全部时间投入运动的领导班子,大量资源来自运动宣称所代表的受压迫群体之外;(2)成员数量很少,甚至根本没有,或者只有一些纸面成员(即几乎只在花名册上挂个名的成员);(3)企图传达一种'为支持者说话'的形象;(4)企图影响针对上述支持者的政策。"

麦卡锡和左尔德(McCarthy and Zald 1987/1973:375)认为,专业社会运动组织并不是当代社会才有的新现象。当代社会和社会运动如果说有什么新颖之处的话,这个新颖之处就体现在"专业社会运动组织"逐渐取代"经典社会运动组织"(classic SMO)成为社会运动的主流。正是基于这样一种观念,资源动员论曾长期忽视社会运动组织的多样性,"社会运动组织"一词也仅指"专业社会运动组织",这一点在麦卡锡和左尔德1977年的那篇开创性论文中体现得非常清楚。后来,随着经验研究的丰富,特别是莫里斯(Morris 1981,1984)和麦克亚当(McAdam 1982)等人关于美国民权运动的研究,草根社会运动组织逐渐引起研究者的重视,他们认识到即使是在今天,草根社会运动组织仍然是与专业社会运动组织同样重要的"动员结构",于是,草根社会运动组织逐渐成为社会运动研究的一个重要议程。

"草根社会运动组织"（grassroots SMO）一词最早出现于何时已难确考。事实上，所谓"草根社会运动组织"就是麦卡锡和左尔德在《美国社会运动的趋势：专业化与资源动员》一书中所说的"经典社会运动组织"。只是囿于理论偏见，他们未对这种运动组织形态展开论述。根据他们的论述，所谓"经典社会运动组织"是指那些完全依靠运动所代表的人群（即潜在受益人）来运作的社会运动组织，组织所需要的一切资源，包括物资、金钱、时间（人力）、领袖等，均来自运动所代表的人群。

专业社会运动组织和草根社会运动组织的区别可以概括为表3—2：专业社会运动组织所需要的资源主要来自运动外部的良心支持者；整个组织由专业化的、以领导社会运动为职业的运动创业家（entrepreneur）来运作，受雇的、领薪的专业领袖和专业职员是组织运动的主要参与者；整个组织的维系主要依靠良心支持者捐助的金钱和物资，以及运动创业家和职员的专业技能。与此相反，草根社会运动组织所需要的资源主要来自内部，即那些运动所代表的在当前体制下感到憋屈的、能够从参与社会运动中直接获益的潜在受益人；他们直接参与（至少理论上）组织的运作，他们对运动的情感认同和人力形式的直接投入是组织得以维系的主要力量。由于是普通群众自发组织、参与和运作，草根社会运动组织往往结构比较松散，但正因为如此，群众基础比较好，参与性较强。专业社会运动组织则反之，组织结构比较严密，运作比较规范，但和群众比较疏远，参与性较差。

表3—2　　专业社会运动组织与草根社会运动组织的区别

组织类型	资源来源	领袖	主要参与者	维系力量
专业社会运动组织	运动外部，即作为非潜在受益人的良心支持者	专业的社会运动创业家	受雇而且领薪的专业领袖和专业职员	来自外部的金钱、物资，以及运动创业家和职员的专业技能
草根社会运动组织	运动内部，即作为潜在受益人的运动所代表的人群	来自运动内部的草根领袖	运动所代表的人群，即潜在受益人	运动所代表的人群的情感认同，以及人力形式的直接投入

(二) 基于组织结构的分类

其次，根据运作方式即结构化程度，可以把社会运动组织分为"正式社会运动组织"和"非正式社会运动组织"（Staggenborg 1988：589-590）。正式社会运动组织有科层化的决策程序，有比较发达的劳动分工以满足不同的功能需要，有比较明确的成员资格和管理下属单位的规则。与此相反，非正式社会运动组织则几乎没有确定的程序；成员资格要求比较模糊；只有最低限度的劳动分工；决策往往是即兴的、临场性的，而不是常规化的；人员的分配和程序的设立往往是为了满足一时一地的需要，而不是长期的；由于没有固定的程序，领袖可以对组织的运作施加很大的影响，组织结构和活动会随着领袖的变动而变动；如果有下属单位的话，也都是相对独立的，相互之间的联系非常松散。

很显然，正式社会运动组织与专业社会运动组织之间具有很强的相关性。因为社会运动组织一旦正式化，仅仅依靠运动所代表的人群所贡献的资源已经不敷应用，需要从运动外部动员大量资源；同时，组织本身的程序化、规范化运作也会产生一批以领导和管理该组织为职业的专业人群。这样，社会运动组织的专业化往往导致组织的正式化。反过来，组织的正式化也必然提出专业化的要求，从而推动组织的专业化。同样的道理，社会运动组织的草根性与非正式性也有很强的相关性。

上述两种分类方法尽管非常流行，但比起现实生活中丰富多彩的社会运动组织形态来说仍然不够全面，仍然难以深入地描述和解释社会运动组织在社会运动兴发过程中所扮演的角色。为了克服这一缺陷，近年来，越来越多的学者开始尝试对社会运动组织进行更精细的分类（比如，Burstein 1997；Edwards 1994；Jordan and Maloney 1997；Kriesi 1996；McCarthy 2005；Rao et al. 2000）。其中，尤以迪阿尼和多拉提的分类（Diani and Donati 1999）以及克里希的分类（Kriesi 1996）最为简洁而富有启发性。

(三) 基于组织行动的分类

迪阿尼和多拉提（Diani and Donati 1999：13-17）认为，可以用资源动员的策略和实现政治效能的行动策略这两个维度的交叉组合对社会运动组织进行分类。

第一个维度是资源动员的策略。迪阿尼和多拉提认为，时间（即人力）和金钱是任何社会运动都需要的最基本的资源。由于两种资源的性质不同，为了最大限度地动员这两种资源，社会运动必须分别采取参与性策略和专业性策略。为了吸引尽可能多的人直接参与社会运动，运动组织必须在结构上保持开放，以便与公众"打成一片"，同时要通过大量参与性活动激发参与者对运动的情感和价值认同。为了凝聚人心和提振士气，与社会运动有关的论述通常要非常鲜明和尖锐，以便与其他社会运动区隔。参与性策略有利于对人员的动员，却不适用于对金钱的动员。因为金钱动员的对象往往是少数拥有大量可支配资源的精英人士或组织，对他们的动员更需要的是专业技能，而不是激情。为了提高金钱动员的效率，社会运动组织必须保持运作的专业性，而不是参与性。这两种动员策略往往是相互排斥的：参与性策略因其非专业性，加上鲜明的价值和认同论述而使一些潜在支持者敬而远之，造成金钱动员的效率不彰；专业性策略虽然有助于对金钱的动员，但组织运作的严密性往往会拒群众于千里之外，从而在人员动员上效果不佳。正是基于这样一种互斥性，迪阿尼和多拉提把参与性还是专业性作为社会运动组织分类的第一个维度。

第二个维度是实现政治效能的行动策略。政治效能是指社会运动实现其目标的程度。为了实现自己的目标，社会运动有两种基本的行动方式可以选择：一是采取影响选举、听证、院外活动、法律诉讼等体制内的常规性（conventional）手段，二是采取静坐、示威、罢工、罢市、抵制等体制外的破坏性（disruptive）手段。

把上述两个维度进行组合，得到四种组织形态，如图3—2所示。首先是公益性游说集团（public interest lobby）。这类组织通常由专业职员进行管理，倾向于采用常规性的政治压力手段，群众参与性较差，与传统的利益集团最为接近。

其次是参与性抗争组织（participatory protest organization）。这类组织强调运动参与的广泛性和平等性，对科层制组织形式持强烈反对态度；在行动策略上，倾向于采取破坏性的、体制外抗议的方式。草根社会运动组织常常属于这一类。

再次是专业性抗争组织（professional protest organization）。与公益性游说集团一样，专业性抗争组织非常注重财政资源的动员和专业化管理，但另一方面，它又采取体制外抗争的斗争方式。世界著名的绿色和平组织就属于这样一种组织。

最后是参与性压力集团（participatory pressure group）。与参与性抗争组织一样，参与性压力集团也比较重视参与的人数和规模，但不同的是，其活动集中于常规的院外游说，而不是街头抗争。这种组织形态在西方环境中也比较少见。如果可以类比的话，那么，中国的集体上访可以划入这一类。

	行动方式	
	常规性	破坏性
动员策略 专业性	公益性游说集团	专业性抗争组织
动员策略 参与性	参与性压力集团	参与性抗争组织

图 3—2 基于行动的社会运动组织分类

不难看出，迪阿尼和多拉提实际上是根据行动策略对社会运动组织进行分类的。

（四）基于组织功能的分类

迪阿尼和多拉提的分类只适用于那些以挑战权威为目的的、政治性较强的社会运动组织。事实上，现实生活中还有一些社会运动组织是服务性的、支持性的，而不是挑战性的。如果考虑到这些组织，关于社会运动组织的分类就需要进一步扩展。在这方面，克里希（Kriesi 1996：152－154）提供了一个很有参考价值的分类框架。

克里希也是用两个维度的交叉组合把社会运动组织划分为四种类型。不过，与迪阿尼和多拉提不同，他使用的两个维度一个是组织的参与性，另一个是组织的政治性。参与性考察运动支持者卷入社会运动组织活动的程度，可以分为两种形态：一种是运动支持者直接参与，另一种是不直接参与。政治性考察社会运动组织卷入政治斗争的程度，也可以分为两种形态：一种政治性很强，以挑战权威为目的；另一种则政治性很弱，以为运动的支持者或运动以外的其他社会成员（"顾客"）提供服务为目标。将这两个维度交叉，得到社会运动组织的四种形态，如图 3—3 所示：

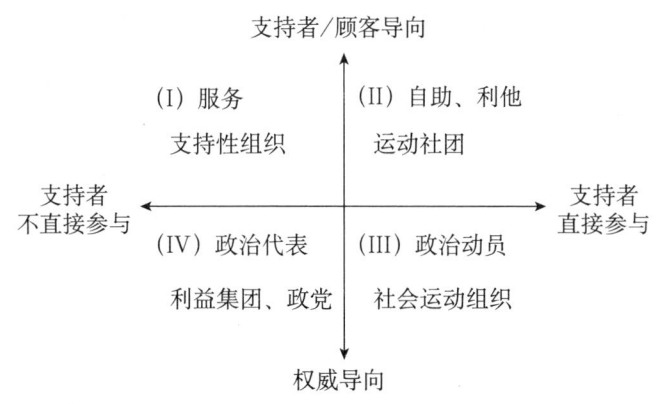

图 3—3 基于功能的社会运动组织分类

第一类是"支持性组织"（supportive organizations），比如对社会运动态度友好或中立的媒体、教会、饭店、教育机构等。这类组织的基本特征是，第一，其组织取向是顾客导向的，没有特别的政治色彩。因此，它不排斥为社会运动提供服务，但社会运动只是其诸多服务对象中的一个而已。第二，社会运动的支持者不直接参与该组织的运作，对于社会运动来说，此类组织的基本功能是服务。

第二类是"运动社团"（movement associations）。这是由社会运动的支持者经营，以满足社会运动的需要为重要目标，同时为运动以外的其他顾客提供服务的组织。这类组织有利于凝聚运动内部的人心和士气，加强运动内部的认同和团结，但不直接参与社会运动的行动。比如，在学生运动中，一些学生开办了酒吧、俱乐部，以便为参加运动的学生提供一个聚会和议事的场所，同时也对外提供服务。中国共产党在革命过程中也经常创办一些旅社、茶馆、商铺，作为革命者们接头、议事、休息的场所，这些也属于这里所说的"运动社团"。对社会运动来说，这类组织的主要功能是自助。

第三类是"社会运动组织"，其基本功能是政治动员。一方面它以挑战权威为直接目标，另一方面支持者也直接卷入组织的运作。这种组织是典型的社会运动组织。社会运动研究讲"社会运动组织"，通常只指这一类组织。

第四类是"政党和利益集团"。与第三类"社会运动组织"一样，这类"社会运动组织"也以挑战权威为目标，但它通常由高居于支持者之上的精英运作,只是偶尔发动群众参与。对社会运动来说,此类组织的基本功能是政治代表。比如,在德国,代表环境运动的绿党就属于这类组织。

克里希的分类框架之所以重要,在于它有利于拓展关于社会运动组织的研究视野,即它不再像以前那样,只关注那些奋战在一线的社会运动组织(即这里讲的第三类组织),而是把社会运动组织看作一种生态,注意到在典型的社会运动组织之外,还有对社会运动的兴衰成败同样重要但通常受到忽视的其他类型的组织。如果以克里希的分类框架来看,就很容易发现关于中国共产主义革命的研究中存在的一个重大疏失:只注意到在前线奋战的党和军队,而忽视了同样为革命做出了重大贡献的、以各种合法经营形式做掩护的地下交通站等组织。

二、社会运动组织的效能

在资源动员论的理论框架中,社会运动组织被赋予了非常关键的角色。那么,社会运动组织在资源动员过程中发挥着什么作用,又是怎样发挥作用的?资源动员论关于这个问题的研究大致可以分为两个阶段:在20世纪80年代初以前,有关研究几乎全部集中在专业社会运动组织及主要领袖(资源动员论称之为"运动创业家")上,资源动员论甚至因此而被称为"组织—创业家方法"(organizational-entrepreneurial approach);此后,草根社会运动组织进入资源动员论的研究视野,关于草根社会运动组织的动员效能及其与专业社会运动组织之间的比较研究逐渐多起来。

资源动员论早期的一系列论述(比如 McCarthy and Zald 1973,1977)都在或明或暗地揭示这样一个观点:组织在资源动员过程中发挥着关键作用,因此,运动的组织化(同时意味着专业化)程度越高,资源动员的效率就越高。麦卡锡和左尔德(McCarthy and Zald 1977:1228-1231)指出,社会运动组织的结构主要有两种:一种是把支持者组织到一个一个单元中,再把这些单元组织成科层体系,这是联体结构(federated structure);另一种是支持者处于分散状态,运动不是通过分支机构层层动员,而是通过邮件或派出职员直接与支持者打交道,这是分散结构(i-solated structure)。显然,联体结构比分散结构组织更为良好。他们认为,"一个社会运动组织越是依赖于分散的支持者,其资源流就越是不稳定",因为社会运动组织与这些支持者之间不存在稳定的、常规化的互动。同时,为了保持对分散性支持者的吸引力,社会运动组织必须花大量费用去推广自己的形象和主张，于是，"一个社会运动组织越是依赖于分散的支持者，它所获取的资源中用于广告的支出就越大"，为适应支持者的支出结构和习惯而采取的策略变化就越多。这样，在同等条件下，分散结构比联体结构的资源动员效率要低。

一些经验研究确实证明了这一观点。美国社会学家甘姆森（Gamson 1975）曾经搜集了1800年至1945年间美国出现的500多家"挑战性团体"（challenging groups）的数据，考察其成功程度与抗争策略的关系。最后他发现，如果以"接受"（即在多大程度上被对手承认为特定利益的代表）和"得利"（即在多大程度上从对手那里取得新的实质性利益）来衡量成功程度，那么，那些组织结构良好，即采用科层制、权力集中、没有派系斗争的团体，是最容易取得成功的，而那些组织结构松散、内部斗争严重的团体则是最不容易成功的。

研究还发现，专业社会运动组织因其组织结构良好，更容易在一个运动内部或运动之间的竞争中存活下来（McCarthy and Zald 1977; Staggenborg 1988）。主要原因在于：第一，专业社会运动组织的工作人员训练有素，关于资源动员的知识更丰富、经验更老道；第二，一般来说，资助者更倾向于那些人员较为专业、运作更为规范的社会运动组织（Jenkins and Eckert 1986）；第三，专业社会运动组织工作人员稳定、分工较为合理，有利于与资助者保持长期的、常规的联系，从而使资源流更加稳定。社会运动组织的专业化不仅有利于组织本身的维持，而且有利于整个运动的维持。因为任何运动都有高潮和低潮，在整个运动陷入低潮时，社会运动组织本身的维持不但有利于保存运动的火种，而且有利于捕捉时机，推动整个运动东山再起。梅提格等人关于美国环境运动的研究（Mertig et al. 2002）、斯泰根伯格关于美国堕胎权运动的研究（Staggenborg 1988）、泰勒关于美国妇女运动的研究（Taylor 1989）都证明了这一点。

总之，"正式运动组织比非正式运动组织更能维持自己，这不仅是因为它有赖于领薪的职员完成组织任务，而且是因为一个正式的结构能够在领袖和环境发生变化时仍然保持连续性。因此，一个企图保持个人控制而阻止组织正式化的运动创业家最终会导致组织的消亡。一个完全由非正式运动组织构成的运动，可能会比那些包含正式运动组织的运动更短命。类似地，一个由非正式运动组织组成的联合体比那些由正式组织组成的联合体生存机会更小"(Staggenborg 1988：603-604)。

然而，专业社会运动组织在资源动员上并不是无往而不利的，也不是组织化程度越高越好。首先，社会运动同时需要多种资源，资源的性质不同，对动员技术的要求也就不同，从而对组织模式的要求也就不同；有利于动员一种资源的组织形式，不一定有利于动员另一种资源，甚至效果完全相反。换句话说，专业组织并不是普遍适用的组织形式。这一点在动员人和动员钱的问题上表现尤其鲜明。人力和金钱是所有社会运动都需要的资源。但研究发现，两种资源所需要的动员技术及相应的组织形式存在冲突(Oliver and Marwell 1992)。一般来说，动员金钱需要采取专业化策略，社会运动组织为此要求更加专业化和正式化；而动员人力需要采取参与性策略，社会运动组织为此要加强参与性和草根性。但正如前面所指出的，这两种组织策略在大多时候是不兼容的。所以，专业社会运动组织迟早会面临怎样动员足够人力的问题(della Porta and Diani 2007：141-142、146；Diani and Donati 1999；Donati 1996)。麦卡锡和左尔德也承认，一个社会运动组织越是企图通过一个科层制的联体结构把作为金钱主要来源的良心支持者与作为主要人力来源的受益支持者联系到一起，"其组织内部的紧张和冲突就越多"(McCarthy and Zald 1977：1231)。

其次，专业社会运动组织对外部资源的高度依赖，会使整个组织的运作深受支持者的牵制，甚至丧失独立性。麦卡锡和左尔德(McCarthy and Zald 1987/1973：371)早就发现，如果一个社会运动组织正式的目标是帮助某个人群，而其资金主要来自另外一个人群，那么，该组织的发展和维持最终会依赖后者而不是前者。简金斯等人(Jenkins and Eckert 1986)发现，外界的赞助会加强专业职员在社会运动组织内部的地位和催生新的社会运动组织，从而促使整个运动更加专业化，但这样做的结果，不是推动整个运动更加发展，而是会加速运动的衰亡。换句话说，来自外界的赞助是一柄双刃剑，它在为社会运动组织提供资源的同时，也会限制组织的行动自由，使社会运动组织在不同程度上偏离运动的初衷。

最后，正如后面马上就要谈到的，社会运动组织的专业化有可能导致"寡头化"，使之在行动上趋于保守，从而降低成功的可能性。皮文和克劳沃德在研究了美国的四个"穷人运动"后断言(Piven and Cloward 1977：36)："下层阶级团体对美国政治的哪怕一丁点影响都不是组织的结果，而是来自群众抗争以及这些抗争的破坏性后果"；群众抗争一旦组织化，就会产生官僚体系，从而限制抗争的破坏力；组织领袖容易被收买，不但对群众抗争无所助益，反而会协助政府招安造反群体。总之，穷人赖以抗争的唯一资源是"同仇敌忾"，但运动的组织化和专业化恰恰削弱了这一资源。其他研究（比如 Jenkins and Eckert 1986；Staggenborg 1988）也发现，正式化会导致集体行动的制度化。专业社会运动组织很少像草根社会运动组织那样采取破坏性策略，而更倾向于温和的策略。不过，这一点在克雷斯和斯诺（Cress and Snow 1996）关于美国流浪者运动的研究中没有得到证实。他们发现，来自外部的赞助非但未使运动更加温和，反而更加激进。原因在于，支持者本身也可能是激进的，以前把支持者都视为精英，并认为精英都很温和的观点是不对的。这一研究恰恰和皮文等人关于穷人运动的研究相映成趣。

总的来说，对于社会运动组织与资源动员效能之间的关系，到目前为止，有关研究呈现给读者的是仍然一幅多重的、相互矛盾的景象。要厘清两者之间的关系，还需要进一步研究，包括理论研究和经验研究。

三、社会运动组织的领导和领袖

社会运动组织自然涉及领导和领袖问题，毕竟，社会运动组织是要靠领袖的领导来运作的，领袖之于社会运动组织就如企业家之于企业。按照一般的理解，资源动员论对社会运动组织的强调必然导致对运动领导和领袖的深入研究；但事实恰恰相反，运动领导和领袖在资源动员论的研究乃至整个社会运动研究中长期受到忽视。2002年，即资源动员论宣告诞生25年后，麦卡锡和左尔德（McCarthy and Zald 2002：543）承认，他们"对于（社会运动组织中的）战略决策问题几乎未置一词，至少在理论上是如此"。这里所谓"战略决策问题"，也就是领导问题。

造成这种情况的根源在于资源动员论深信不疑并以之为基础建构整个理论大厦的"理性选择"假设。"理性选择"假设看似高扬人的理性，其实恰恰对理性本身不做任何分析。因为在该假设中，所谓"理性"，就是简单的功利性算计。在这种"理性"支配下，每个人都像一台已经设定好程序的计算机，只要输入一个条件，马上就能输出一个结果。由于每个人的"计算程序"都是一样的，因此，对结果的分析，实际上就意味着对条件的分析。这样，关于"理性选择"的分析就被转化为对所谓"约束条件"即特定社会结构的分析。结果，决策过程（即"计算程序"）本身反而被忘记了。不研究决策过程,自然就不会去研究领袖。资源动员论正是按照这样一种逻辑发展的。它花费大量精力去分析社会运动部门、业类和组织的结构,却很少研究组织内的领袖;尽管很多时候它也提到"运动创业家"的作用,但在实际操作中往往把对领袖的分析与对组织结构的分析混为一谈,用组织结构分析取代对领袖的分析。好在这个问题已经引起重视,相关研究(可参见 Morris and Staggenborg 2004)开始多起来。

社会运动组织的领导需要领袖,那么,一个社会运动的参与者很多,到底哪些人算是领袖?怎么定义"运动领袖"呢?这个问题虽然很重要,专门的讨论却很少。绝大多数研究都把什么是"领袖"视为一种不言自明的常识,然后在此基础上把运动参与者简单地分为"领袖—追随者"(leader vs. followers)或"领袖—成员"(leader vs. member)两个群体(比如 Gusfield 1966;Marullo 1988;Nelson 1971;Schindler 1999)。麦卡锡和左尔德、斯泰根伯格算是例外,他们对运动参与人员做了更为详细的分类。

麦卡锡和左尔德把社会运动组织(他们指的是专业社会运动组织)中的人员划分为三种(McCarthy and Zald 1977:1226-1227):首先是"干部"(cadre),即那些参与组织决策的人。"干部"中那些将全部时间投入社会运动,并从运动中领取补偿的人,称为"专业干部"(professional cadre)。其次是"专业职员"(professional staff),即那些将全部时间投入社会运动,但不参与组织决策的人。最后是那些只是断断续续投入社会运动组织的工作,但不参与决策的人,称为"工作者"(workers)。麦卡锡和左尔德没有使用"领袖"这个术语,但按照常理,他们所说的"干部"(包括"专业干部")应该就是运动领袖。

斯泰根伯格(Staggenborg 1988)不但使用了"领袖"这个概念,并且明确地把领袖划分为三种类型。她认为,运动领袖是指那些参与社会运动组织决策的人,具体包括:"专业管理人"(professional managers),指那些从社会运动组织中领薪,并以管理社会运动组织为职业的人。"专业管理人"在一生中可能从一个社会运动组织流向另一个社会运动组织,就像经济市场中的职业经理人一样。与"专业管理人"相对的是"非专业领袖"(nonprofessional leaders),指那些参与社会运动组织的决策,但并不以此为业的人。"非专业领袖"又分为两种:志愿性领袖(volunteer leaders)和非专业职员领袖(nonprofessional staff leaders)。前者是不领薪的，后者虽然从社会运动组织领薪，但不是终身以此为业，而是短期加入社会运动组织。这些领袖都属于社会运动的"活跃分子"（activist）。所谓"活跃分子"，是相对于那些只在社会运动组织的花名册上挂个名的纸面成员（paper member）而言的，即他们确实在从事运动活动，并非只是挂名应卯而已。

上述关于社会运动组织人员的分类，可以概括为表3—3。从他们的论述中不难发现，麦卡锡和左尔德的分类用了三个标准：是否全职、是否领薪、是否参与组织决策。斯泰根伯格在这三个标准之外，又增加了第四个标准：是否以此作为自己的职业生涯。根据这些标准，运动组织中的人员被划分为不同的类别。

表3—3　麦卡锡—左尔德和斯泰根伯格关于社会运动组织人员的分类

	人员分类	全职	领薪	参与决策	职业生涯
麦卡锡—左尔德	干部	—	—	√	
	专业干部	√	√	√	
	专业职员	√	√	×	
	工作者	×	—	×	
斯泰根伯格	专业管理人	√	√	√	√
	志愿性领袖	√	×	√	×
	非专业职员领袖	√	√	√	×

注："√"表示"是"，"×"表示"否"，"—"表示"不一定"。阴影表示此标准不涉及。

运动领袖是如何产生的？在麦卡锡和左尔德（McCarthy and Zald 1977）看来，运动领袖是"社会运动市场"发展壮大的必然结果。他们认为，随着社会的发展，可支配资源越来越多，流入社会运动部门和业类的资源也会越来越多，社会运动部门和业类随之扩大。社会运动部门和业类的扩大必然发展出自己的职业生涯，即一个与社会运动活动有关的、人们可以之为终身职业的职位序列和体系。随着运动生涯的出现，就会不断有人出来创立一个社会运动或一个社会运动组织，就像随着市场经济的发展，会不断有人出来创办企业一样；与此同时，社会运动组织的干部和职员队伍越来越专业化，群体的规模也越来越大。随着专业队伍的壮大，社会运动部门内部会发展出职业流动，包括社会运动组织之间、社会运动之间、社会运动业类之间的水平流动，以及从普通参与者，到活动分子，到普通职员，再到运动领袖的垂直流动。运动领袖就是这样不断从运动创业家和专业社会运动人员中产生出来的。

麦卡锡和左尔德的上述观点可以简单地概括为：一个社会运动生涯的诞生及其内部的职业流动，是运动领袖产生的内在机制；就像商业活动的专业化必然产生商业领袖一样，社会运动的专业化也必然产生运动领袖。麦卡锡和左尔德的观点得到一些经验研究的证实。比如，迈耶和威提尔的研究（Meyer and Whittier 1994）发现，美国妇女运动对和平运动有深刻的影响，和平运动的很多领袖都是从妇女运动中转移过去的。关于美国环境运动的研究也发现这种运动领袖和专业人员在运动之间流动的现象。这说明，社会运动部门确实可以形成一个职业生涯，职业生涯的内部流动确实可以产生运动领袖。

也有一些研究对这种观点提出了挑战。斯泰根伯格（Staggenborg 1988）关于美国堕胎权运动的研究发现：第一，在该运动早期阶段活跃的组织都是非正式社会运动组织，而创立这些组织的都是不以社会运动为职业的"志愿性领袖"；第二，虽然也有专业运动人员创办社会运动组织，即扮演"运动创业家"角色，但比非专业人员担当创业家的可能性要小；第三，运动创业家很少为了寻找一个更合适的位置而在运动之间或组织之间流动，流动较多的是那些"专业管理人"，他们确实把从事运动活动当作一项职业；第四，"专业管理人"不可能成为社会运动的发起人，他们往往是在运动组织已经成型或成型过程中加入的，目的是为了谋生。显然，这一发现在一定程度上印证了麦卡锡和左尔德的观点，即确实存在着一个运动职业生涯；但在更大程度上是证伪了他们的观点，即运动领袖不是专业化的产物，而是倒过来——必须先有运动领袖开创运动及其组织，然后才谈得上专业化问题。

另有一些研究（McAdam 1999：132 - 136；Morris 1984）发现，运动领袖是从一些以前已存在的非社会运动组织中"移植"过来的，即一些社会组织在社会运动或运动组织产生之前即已存在，这些组织的部分或全部成员在加入某个运动或运动组织时，在原组织中形成的领袖也被拥戴为运动的领袖。

社会运动组织领导和领袖涉及的第二个问题，是领袖所扮演的角色。根据资源动员论的设想，运动领袖应该扮演的是"创业家"的角色：他们不但创办和运作社会运动组织，而且能够制造悲情、制造议题（Imig and

Berry 1996；McCarthy and Zald 1973，1977；Nownes and Neeley 1996）。但另有一些研究发现，领导内部存在着角色分化。大多数研究都认为，领袖的功能就是决策，但有研究（Robnett 1996；Sacks 1988）发现，与日常生活中的其他组织一样，社会运动组织也是一个"性别化的组织"，女性由于性别的关系，往往只能担任"非正式领袖"，即发挥着领袖的功能，却没有领袖的地位和名分。研究还发现，不同的运动领袖之间、同一个领袖所扮演的不同角色之间，以及领袖和成员之间经常发生变化和冲突（Gusfield 1966；Marullo 1988；Nelson 1984；Roche and Sachs 1955；Schindler 1999；Staggenborg 1988）。

社会运动组织领导和领袖涉及的第三个问题，是领袖权威的来源。所谓"权威"，就是合法性认同问题。所以很自然地，马克斯·韦伯所提出的魅力型权威和法理型权威的问题就成为这里反复辩论的议题。有学者（Platt and Lilley 1994）认为，正是追随者的追捧赋予了领袖特殊的魅力；但也有学者（Melucci 1996a）认为，这种观点忽视了领袖与追随者之间的关系是一种社会性关系，社会建构过程特别是媒体的建构对于魅力型领袖的产生发挥了重要作用。有的时候，如果运动本身没有明确的领导人，媒体甚至会为它"指定"一个，因为运动只有拥有一个明确的领导人，才符合新闻报道关于五个"W"（who、when、where、why、how）的要求。

社会运动组织领导和领袖涉及的第四个问题，是领袖权威与组织结构之间的关系。其中一种观点遵循韦伯的经典理论，认为运动领导的常规化是一个不可避免的过程，组织的非结构化往往会导致领袖的专制和暴政（Freeman 1970；Staggenborg 1988）；另一种观点则认为，"魅力"并不意味着对实际利益的绝对排斥，魅力型权威对实际利益的肯定和追求，使魅力型权威和法理型权威有可能同时存在于一个社会运动组织之中，但两者之间的紧张关系又使社会运动组织的运作很不稳定（Andreas 2007；武丽丽、赵鼎新 2007）。

四、社会运动组织的演变

与普通的社会组织一样，社会运动组织在其生命历程中的形态是不断变化的。社会运动研究者一直在探索社会运动组织变迁的模式和规律。但到现在为止，有关研究呈现给我们的还是一幅混沌的图像：社会运动组织

"既可能变得温和,也可能更加极端;既可能更加正式化,也可能日趋瓦解;既可能与外界联系越来越紧密,也可能向内'紧缩',宗派色彩越来越浓"(della Porta and Diani 2007:151)。

在关于社会运动组织演变的研究中,一个长盛不衰的议题是所谓"寡头铁律"(iron law of oligarchy)。众所周知,经典社会学家马克斯·韦伯曾经论述过权威的三种类型:传统型权威、魅力型权威和法理型权威。其中,魅力型权威是"人群对于异常事态的集体兴奋,以及对于英雄性(不问其内容为何)的信奉而形成的"(韦伯 2004:280);随着异常事态的消退,魅力型权威会逐渐被科层制取代,这就是所谓的"制度化"(institutionalization)或"常规化"(routinization)过程。后来,另一位社会学家米歇尔斯(Michels et al. 1959)进一步发挥韦伯的观点,认为任何组织,不管其初衷、公开宣称的意识形态和正式的制度安排如何,最终都会走上寡头化的道路,即组织权力为少数几个领导人(即"寡头")所把持。为了保护个人的既得利益,寡头会倾向于让组织维持(organizational maintenance)取代其他任何目标成为组织的最高目标;与此同时,组织行为会趋于保守,尽量避免与所在的环境发生冲突。这就是"寡头铁律"。1977 年,简金斯(Jenkins 1977)把"寡头铁律"的内涵分解为两个方面:一是权力结构的集中化,即少数领袖依靠一帮官僚对普通成员实施统治;二是组织目标和策略的保守化,即只致力于那些可操作的、不会给自己带来危险的目标,在目标实施过程中尽量避免冲突。多年来,关于社会运动组织演变的研究都围绕着这个"韦伯—米歇尔斯命题"展开。

左尔德和阿希于 1966 年发表的《社会运动组织:发展、衰败与变迁》(Zald and Ash 1966)一文是关于社会运动组织的开创性研究,该研究即以挑战"韦伯—米歇尔斯命题"为中心内容。他们在该文中指出,寡头化并不是组织变迁的唯一方向,除了这个趋势之外,运动组织还有联合、合并、分裂、消亡、激进化等其他演变趋势,到底走上哪条道路,同时取决于组织环境和组织内部结构。比如,他们指出,"一个运动组织的意识形态越是导致对其权威的质疑,就越是容易内讧和分裂"(命题 12),"克里斯玛的常规化可能使运动组织的统治核心趋于保守,也可能使组织分裂成若干更加激进的小团体"(命题 14)。

以此为开端,关于"寡头铁律"的讨论越来越激烈。从截至目前的研究来看,对"韦伯—米歇尔斯命题"支持的少,修正的多。皮文和克劳沃德是极少数完全支持"寡头铁律"的学者，如前所述，他们在关于美国穷人运动的研究（Piven and Cloward 1977）中证明了这一点。与之不同，更多的研究是像左尔德和阿希那样，从不同的角度对"韦伯—米歇尔斯命题"做出修正。比如，斯泰根伯格（Staggenborg 1988）发现，确实如韦伯—米歇尔斯模型所预测的，专业管理人员倾向于将他们领导的运动组织正式化，以便保持财务上的稳定性和发挥他们的组织技能，但正式化并不一定导致寡头化。相反，正是由于制度化的结构制约，运动领袖才不至于发展成为所欲为的寡头，制度化反而能够制约寡头化。还有一些学者认为，组织的目标与手段之间不存在必然的联系（Gillespie 1983；Zald and Ash 1966；Zurcher and Curtis 1973），有时社会运动组织可能会用激进的手段去追求一个保守的目标，甚至整个组织发生根本转向，从保守变得激进。比奇（Beach 1977）关于北爱尔兰人民党的研究发现，外部镇压的加剧、支持者对激进意识形态和策略的态度变化、激进意识形态的章程化、谈判可能性的降低、对组织成员控制力的削弱和个别激进领导人的出现，都有可能导致整个运动组织的激进化。简金斯（Jenkins 1977）关于美国全国教堂理事会（NCC）以及沃斯等人（Voss and Sherman 2000）关于美国劳工运动的研究还发现，政治危机的加剧和领导集团人员构成的改变也会使运动组织的方向发生逆转，从保守变得激进。

对"韦伯—米歇尔斯模型"最严峻的挑战来自资源动员论之外。与资源动员论从运动组织内部寻找组织变迁的动因及其机制不同，政治过程论倾向于从组织外部，特别是从政治环境中寻找社会运动组织演变的模式和规律（比如 McAdam 1983；Tilly 1995）。如果社会运动组织演变的决定性因素来自外部，"韦伯—米歇尔斯命题"自然就不存在了。另一种观点（Clemens and Minkoff 2004）则认为，在以往围绕"韦伯—米歇尔斯命题"展开的学术争论中，正反两方都有一个共同的假设，即科层制组织是唯一的或最有效率的组织形式，所有社会组织都会朝着科层制组织的方向发展；大家所争辩的只是朝科层制组织演变的模式。而事实上，不管是在整个社会中还是在社会运动中，科层制组织都不是唯一的组织形式；生活世界向人们提供了"多种组织模式，以及谁为了什么目的可以采用什么组织模式的一套模板"，相应地，要理解社会运动组织的演变，"必须放弃以往在阐述社会运动与政治制度的关系时流行的那些关于一元线性发展和制度同质性的假设"（Clemens 1993：791）。为此，克莱门斯（Clemens

1993）提出了"组织戏码"（organizational repertoire）的概念。所谓"组织戏码"，是指在一定文化模式下产生的、可供人们选择的所有组织模式的总和。一个个组织模式就像一个个节目，在一定文化模式下人们能够想象到的所有组织模式的总和就构成一个"组织戏码"。"组织戏码"并不是可以任意构造的，因为人们关于组织模式的想象力总是受到文化限制的。在韦伯—米歇尔斯模型中，利益算计是决定组织制度变迁最重要的变量；而在这里，文化作为一个重要变量被引入分析模型中。

关于社会运动组织的研究，除了上述主要议题之外，还有关于社会运动组织的形成（McCammon 2001；Minkoff 1999），以及社会运动组织的死亡率和生存力（Cress and Snow 1996；Edwards and Marullo 1995）等方面的研究，限于篇幅，不再详述。

第四节 社会运动参与及招纳

社会运动作为一种集体行动，总是需要人的参与。如前所述，在资源动员论之前盛行的集体行为论认为，参与社会运动的人都是那些被社会疏离的边缘人，他们参与社会运动是为了消除某种心理上的紧张和压力。在这样一种观念主导下，社会运动参与被当作一种不言而喻的行为选择，在研究中自然会受到严重忽视。与此不同，资源动员论认为，社会运动参与是一个理性选择过程，人们在决定是否以及怎样参与的过程中会仔细权衡收益和成本，社会运动必须经过一番艰苦的动员，才能招纳足够多的参与者。于是，招纳（recruitment）和参与（participation）就成为资源动员论的一个重要研究主题。

一、社会运动参与的类型

显然，面对可能和正在发生的社会运动，人们的行为选择是有差异的，那么，具有哪些特征的行为才能算作"社会运动参与"？或者说，什么是"社会运动参与"？更进一步说，社会运动参与可以分为哪些类型？不同类型的参与对社会运动本身的意义是不同的，动员的难度和方式也是有差异的，这都是资源动员论应该关注的核心问题。然而，长期以来，这个问题并未引起资源动员论的足够重视,相关研究非常薄弱。

上面已经提到,根据对社会运动的态度不同,麦卡锡和左尔德(参见 McCarthy and Zald 1977:1221-1222)区分出六种社会人群:公众、拥护者、支持者、旁观者、反对者和受益人。其中,所谓"支持者",即不但信奉社会运动所倡导的目标,而且向社会运动提供某种资源支持的人,其行为铁定属于社会运动参与;而旁观者和反对者的行为则铁定不属于社会运动参与;至于公众、拥护者(即公众中那些信奉社会运动所倡导的目标,但不一定提供实际支持的个人或组织)和受益人的行为,则难以断定。从这个意义上讲,对这六种人群的区别在一定程度上有助于理解什么是社会运动参与,但显然不够周延和清晰。

首先是不够周延。如果是一定要信奉社会运动所倡导的目标并且提供了某种资源支持才叫社会运动参与,那么,那些提供了某种资源支持,却不一定信奉社会运动所倡导的目标的行为算不算"社会运动参与"?事实上,在实际生活中,确有人是因为某些偶然因素甚至被胁迫而加入社会运动的,他们对该运动的目标谈不上信奉,甚至是反对,其行为算不算"社会运动参与"?不管主观动机如何,在客观上,其行为都为社会运动提供了某种资源,如果不算"社会运动参与",显然有悖于资源动员论的基本假设。

其次是不够清晰。如果只要提供了某种资源支持就算社会运动参与,那么,要提供什么样的资源才算?当游行队伍过来时,一个正在马路上行走的人主动为之让道,算不算?或者在路边鼓掌为之加油,算不算?这实际上涉及资源动员论的一个更根本的问题,即到底什么是"资源"?如果"资源"的概念不界定清楚,那么,什么叫"提供资源支持"就界定不清楚,从而以是否提供资源支持来定义的"社会运动参与"也就界定不清楚。而正如本章第二节已经指出的,恰恰是在这个问题上,资源动员论一直没有一个明确的说法。

此外,如表3—3所示,麦卡锡和左尔德以及斯泰根伯格根据不同标准,对活动于社会运动组织中的人员做了分类。这些分类在一定程度上有助于理解社会运动参与的类型,因为不同类型的人员实际上可以看作不同类型的社会运动参与。但这个分类仍然是不周延的,因为有大量提供了实际支持的人并未参与社会运动组织的运作,并且这些人在数量上比那些运作社会运动组织的人要多得多。

克兰德曼斯（Klandermans 2004：360）曾经从参与成本的角度区分了一些社会运动参与类型：一是一次性的、付出和风险很小的参与，比如捐款、签名或参加和平示威等；二是时间较短但付出和风险相对较大的参与，比如静坐、占领、罢工等；三是时间不确定但要求很少的参与，比如向社会运动组织交纳会费、每月两次应召参与活动；四是持续时间长并且很费力的参与，比如到社会运动组织担当志愿者，甚至领导社会运动组织，等等。从成本的角度区分社会运动参与类型的思路很有启发性，但还不够清晰。

总而言之，从资源动员论视角来说，社会运动参与的分类是一个非常重要的问题，因为不同的参与方式成本不同、影响不同、动员的难度和策略也不同。但到目前为止，对这个问题的研究还非常初步，需要进一步拓展。

二、社会运动参与：回应"奥尔森命题"

一个显而易见的事实是，尽管社会运动的组织者们总是竭力动员更多的人参与其行动，但对于任何社会运动，并不是所有人都会参与，人们对不同社会运动的参与情况是千差万别的。并且，社会运动参与不是一个点，而是一个过程：有的人开始未参与，后来却参与了；有的人开始参与，后来却退出了，如此等等。那么，为什么有的人参与，有的不参与？为什么有的全程参与，有的中途退出？要回答这些问题，资源动员论绕不开奥尔森的理论挑战——如本章第一节所述，基于"理性人"假设，奥尔森认为，每个人在集体行动中都有"搭便车"的欲望，从而导致像社会运动这样的大型集体行动难以形成。这听上去不无道理。但另一方面，现实生活中社会运动又在大量地发生。那么，这又当作何解释？

在这个问题上，第一种回应是从经验角度对"奥尔森命题"进行检验。其中，马威尔等人（Alfano and Marwell 1980；Marwell and Ames 1979，1980）通过一个严格设计的社会实验发现，集体行动中存在的"搭便车"效应比奥尔森设想的要小得多，群体规模对集体行动的形成没有显著影响。并且，与奥尔森的理论预测相反，一种公共物品的可分割性越差，人们为提供该物品而形成集体行动的可能性反而越高。沃什等人（Walsh and Warland 1983）关于美国三哩岛核事故中集体行动的研究则发现，"搭便车"效应既不像马威尔等人说的那么微不足道，也不像奥尔森等人说的那么严重，除了基于利益而理性选择外，意识形态、团结感和不满情绪也对社会运动参与发挥着促进作用。

第二种回应是从理论角度批判"奥尔森命题"中的若干潜在假设。这又分为三种观点，分别指向"奥尔森命题"的"完全独立假设"、"内生性假设"和"零和博弈假设"。首先，"奥尔森命题"中隐含着一个"完全独立假设"，即人与人的行为选择相互间是完全独立的；而事实上，它们是相互依赖的，即人与人的行为选择会相互影响。据此，格拉诺维特（Granovetter 1978）指出，集体行动的形成过程中存在一个所谓的"阈限模型"（threshold model），即一旦参与的人数达到某个临界点，参与集体行动的边际成本会递减，边际收益会上升，从而吸引更多的人加入，最终引发大规模的集体行动。马威尔和奥立弗等人（Marwell et al. 1988；Oliver and Marwell 1988；Oliver et al. 1985）则进一步指出，任何一个集体行动在酝酿之初都存在一个所谓"关键群众"（critical mass）。"关键群众"对整个集体行动的形成和走势影响甚大。因为他们虽然人数很少，但很有奉献精神：有时愿意无偿为他人提供一定水平的公共物品，有时则愿意承担集体行动的"启动成本"（start-up costs）。"关键群众"的奉献会极大地削减其他人参加集体行动的边际成本，或增加其参加集体行动的边际收益，从而引起大规模集体行动。在奥立弗看来，"关键群众"的存在是一个已经得到证明的社会事实（Oliver 1984），因此可以作为理论批判和建构的出发点。

其次，"奥尔森命题"中隐含着一个"内生性假设"，即集体行动所需要的资源完全来自群体内部，集体行动完全是内生的。而事实上，正如资源动员论一再强调的，很多集体行动所需要的资源来自群体外部，而不是内部。不难料想，外部资源的输入，会改变一个集体行动的成本和收益，从而即使不能彻底避免，至少也可以在一定程度上消除人们在集体行动时为个人利益而钩心斗角的局面。确实，在现实生活中可以发现很多群体在外来资源的帮助下更容易组织起来的情况。但另一方面，外来资源也可能使群体内部的钩心斗角更加厉害，从而更难以形成集体行动，能"共苦"却不能"同甘"说的就是这种情况。这一点是奥尔森的批评者没有注意到的。

对"奥尔森命题"的最后一个批评（Marwell and Oliver 1993）是针

对其中的"零和博弈假设"的,即奥尔森潜在地认为,所有对于公共物品的享受都是零和性的,一些人享受得多一点,就会导致另一些人享受得少一点。而事实上,一些公共物品的享受非但不是零和性的,反而是正和性的,一些人的享受不但不会导致另一些人的享受减少,反而会导致另一些人的享受增加。比如,民主作为一种公共物品,只有大家一起来"享受",它才能够正常运转。

尽管有学者认为,上面针对奥尔森的大多数批评是用一个经验理论去批判一个形式理论,是文不对题地"放乱炮"(赵鼎新 2006:163),但从社会运动理论发展的角度来说仍然是有益的。因为尽管奥尔森本人并没有宣称他的理论可以解释一切集体行动现象,但确实有人将他的理论奉为圭臬,拿去解释一切。对于奥尔森命题的上述批评,第一,至少可以在一定程度上廓清奥尔森理论的适用边界,避免误用和乱用;第二,即使从建构形式社会学理论的角度来说,对于奥尔森理论中隐含的三个假设,即"完全独立假设"、"内生性假设"和"零和博弈假设"的批判也是不无裨益的。

三、社会运动参与作为一个过程

上面围绕"奥尔森命题"而发生的争论,还只是在回答一个**是否**参与的问题。但社会运动参与并不是只有一个是否的问题,而是还有一个逐步深入或逐步淡出的过程问题。也就是说,人们对于社会运动的行为选择并不是只有"参与"和"不参与"两种状态,而是一个以"参与"和"不参与"为端点的连续统,在两个端点状态之间还有很多中间状态。两位社会运动研究者克兰德曼斯和奥格玛(Klandermans and Oegema 1987)曾经对发生在荷兰的一次反核武器和平示威进行跟踪调查,得到的运动参与情况如图3—4所示:初次调查时样本中有74%的人表示赞成运动的目标,但经过一步步衰减,最后实际参加示威者只有样本人数的4%,流失率是相当高的。他们在另一个类似的关于签名示威的调查(Oegema and Klandermans 1994)中发现,在第一次调查时,总共有154人表示要去签名;但半年后进行第二次调查时,已经只有132人仍然表示要去,而最终实际去签名的只有108人。如果以第一次调查时表示将去签名者为基数,实际参与者只有70%。那么,社会运动参与到底是一个什么样的过程?塑造这一过程的动力机制是什么?

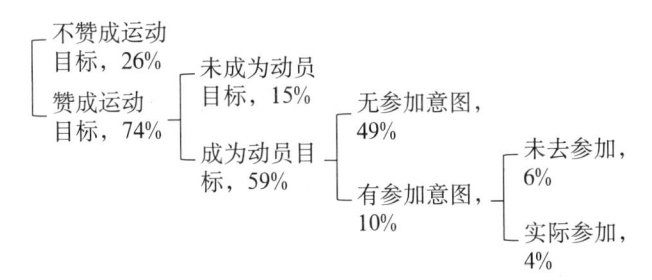

```
                  ┌─ 不赞成运动
                  │  目标，26%
                  │              ┌─ 未成为动员
                  │  赞成运动     │  目标，15%                ┌─ 无参加意图，
                  └─ 目标，74% ───┤                          │  49%
                                 │              ┌─ 成为动员  │              ┌─ 未去参加，
                                 └─ 目标，59% ──┤            │  6%
                                                │  有参加意图,─┤
                                                   10%        └─ 实际参加，
                                                                 4%
```

图3—4　1983年荷兰反核武器和平示威的参与情况

克兰德曼斯（Klandermans 1984）认为，任何社会运动参与都需要两个动员过程：一是共识动员（consensus mobilization），二是行动动员（action mobilization）。前者意在凝聚共识，让外界接受和支持运动所持的观点；后者意在形成行动，即推动人们实际参与。关于共识动员，继资源动员论之后产生的框架建构论将有详细讨论，为免重复，这里主要介绍关于行动动员的有关研究。这个问题仍以克兰德曼斯等人的研究最有影响。他认为，行动动员一般要经过以下四个步骤（Klandermans 2004: 369 - 371）：首先是识别（distinguish），即从普通公众中识别出对运动抱有同情的同情者（sympathizer）；其次是瞄定（target），即锁定同情者中的一部分作为下一步动员的对象；再次是激发（motivate），即利用种种手段推动同情者实际参与运动；最后才是参与（participate），即经过上述过程后，同情者实际参与到社会运动之中。显然，由于动员者主观的原因或超出其控制的客观因素的影响，并不是所有同情者都会被识别出来，不是所有同情者都被会被瞄定或激发，也不是所有瞄定和激发都会成功，因此，上面每一个步骤都可能有人员流失。

从普通公众即被动员对象的角度来说，社会运动参与一般有三个步骤（Klandermans and Oegema 1987）：第一步是"一般行动待发状态"（generalized action readiness），即对社会运动有着一般性的兴趣，表示一旦发生社会运动就有可能参与；第二步是"特殊行动待发状态"（specific action readiness），即一个社会运动正在动员过程中或者已经发生之后，对该运动显示出兴趣，表示有可能参与；第三步才是实际的参与。在这个演变过程中，每前进一步都会有人掉队。有些对运动参与有着一般兴趣的人，一旦真实的社会运动出现在眼前，就发现该运动的某些方面（比如目标、策略、口号等）非其所愿，于是打消了参与的念头。剩下的那些对某个具体的运动仍然保持参与兴趣的人，仍要突破诸多障碍，比如，可能遭到镇压的风险，来自家人和朋友的压力，时间、精力或金钱的付出，等等，才能实际参与该运动。他们在盘算参与该运动可能带来的收益或付出的代价之后有可能兴趣消失，或者尽管仍有兴趣，但不敢付诸实际行动。所有对社会运动参与保持"一般行动待发状态"和"特殊行动待发状态"的人被称为"动员潜势"（mobilization potential）。显然，一个社会中，既不是所有人都会实际参与社会运动，也不是所有人都对参与社会运动感兴趣。但可以肯定的是，一个人要实际参与社会运动，首先必须从心理上对参与该运动感兴趣；那些对运动参与感兴趣的人，实际参与的可能性比那些不感兴趣的人要高得多。因此，从社会运动的角度来说，动员过程的第一步是要博取人们的同情，把普通公众变成运动的"动员潜势"；而从社会控制的角度来说，则要通过种种策略和技术打消人们对社会运动的兴趣，甚至树立起反对社会运动的兴趣，从而消除他们卷入社会运动的风险。

根据上述理论模型，我们可以对运动参与的进程以及该进程中人群的分化做一个完整的描述，如图3—5所示：位于最前端的是"日常生活状态"。在该状态下，人们都只是对社会运动没有明确态度和意识的"普通公众"。经过一番动员，处于"日常生活状态"的普通公众中有一部分会进入一般的和特殊的"行动待发状态"，这便是"动员潜势"——从社会控制的角度来说便是"风险人群"。在去除参与过程中的障碍之后，"动员潜势"（"风险人群"）会转变为"参与者"。这样一个参与进程，反过来要求运动动员必须完成以下四种任务：一是塑造"动员潜势"，二是形成和激活招纳的网络，三是激发动员，四是去除参与的障碍。

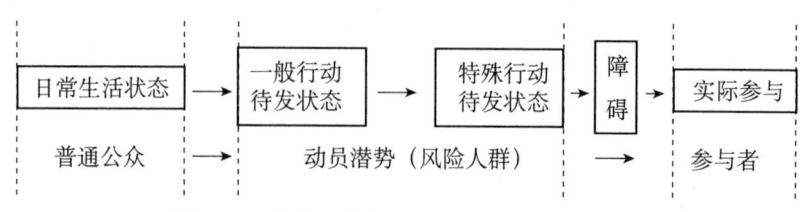

图3—5 社会运动参与的一般进程及人群分化

通过上述分析不难看出，从有意参与到实际参与有很长的路要走，其进程中总是伴随着人员流失。流失的原因有两种（Oegema and Klandermans

1994）：一是流蚀（erosion），即运动未能成功地维系同情者，使一部分同情者变得冷漠甚至反对；二是滞结（nonconversion），即未能成功地将同情者转变为参与者。从运动动员的角度来说，减少流蚀或滞结都可以提高运动的参与水平。

那么，在理论上，应该怎样来刻画社会运动参与的过程呢？克兰德曼斯曾经提出了一个"供给—需求模型"（Klandermans 2004）。根据该模型，社会运动参与作为一个过程由以下三个方面构成：首先是民众对运动参与的"需求"，这要求研究一个社会的社会化过程、不满情绪的形成、问题归因的方式、集体认同的形成，等等。显然，在不同的社会化过程作用下，在不同的民怨状态、归因逻辑和集体认同下，民众对于是否以及怎样通过运动来表达自己的诉求的意愿是不一样的，从而对运动参与的"需求"也不一样。其次是运动组织者所提供的"供给"，这要求研究运动组织者所提供的行动手段、运动的意识形态和话语框架、给运动支持者的回报，以及运动的有效性等，符合动员对象的胃口。上述方面的差异意味着民众能够取得的运动参与的机会不同。第三是"动员"，即运动参与的"需求"和"供给"两个方面的连接，这要求研究运动所在领域的市场机制、运动宣传的效率和效果、社会关系网络的影响等，能够满足动员的需要。在克兰德曼斯看来，一个真实的运动参与过程应该是上述三方面过程耦合的结果。相应地，对一个运动参与过程的分析也应该从上述三个方面着手。应该说，这一理论构想很有启发性，但过于宏大，宏大到几乎囊括了社会运动研究的所有领域和视角，从而使对于运动参与的研究失去清晰性和可操作性。

社会运动研究还感兴趣的一个问题是，为什么不同社会运动的参与水平存在差异？怎样进行比较研究？这个问题很重要，但以往涉及很少。克兰德曼斯（Klandermans 1993）曾经提出，可以从"动员潜势"的规模、"多运动场域"的构成、运动的组织特征和运动的行动取向等四个维度进行比较。这四个维度中，"动员潜势"的含义已如前述，对一个运动来说，"动员潜势"的规模越大，意味着可供动员的同情者越多；一个社会中，往往多个运动同时存在，它们之间在资源上存在竞争关系，因此，"多运动场域"的构成影响着竞争对手的数量和性质；如本章第三节所述，运动的组织特征决定着组织拥有的动员能力；运动的行动取向决定着运动动员指向的人群以及对公众的吸引力。运动与运动之间在参与水平上的差异是上述四种因素共同作用的结果。克兰德曼斯提出的这个问题很重要，但理论模型则失之过简。

四、关系网络与社会运动参与

尽管克兰德曼斯等人关于社会运动参与的研究在业内影响很大，但其关注的焦点是从态度到行为的转变过程，具有浓厚的社会心理学色彩，并不属于资源动员论的"正宗"，而只是资源动员论的扩展。基于"理性人"假设，"正宗"的资源动员论是拒绝讨论心理问题的。在它看来，运动参与就是人们追求自身效用最大化的一个理性选择，所谓心理问题，就这么简单，没有什么好讨论的。因此，研究的重点不应该是心理过程，而应该是"动员结构"（mobilizing structures）。所谓"动员结构"，是指"人们赖以发动和加入集体行动的集体性载体，包括正式的和非正式的"（McAdam et al. 1996a：3）。也就是说，集体行动的心理条件是一直都具备的，问题的关键只在于能否找一个"动员结构"把人们发动起来、组织起来。长期以来，资源动员论关注的"动员结构"主要有两种：一是非正式的社会关系网络，即所谓"social ties"或"social networks"，二是正式的社会运动组织。关于社会运动组织，本章第三节已有讨论，这里重点讨论社会关系网络。

资源动员论对社会关系网络的关注在很大程度上是受集体行为论影响的结果。如第二章所言，集体行为论的一个基本观点是，集体行为的参与者都是那些社会联系较差、社会融入不良的人。这一观点后来成为资源动员论批判集体行为论的突破口之一。大量对集体行为论范式心怀不满的研究者纷纷通过经验研究去检验社会关系网络与社会运动参与之间的关系，于是形成现在所见的这样一个研究议程。在此过程中，欧伯箫发挥着独特的开创性作用。他的《社会冲突与社会运动》一书可能是社会运动研究中最早从集体行为论中概括出上述命题并进行反证（参见 Oberschall 1973：第四章）的成果。在该书中，欧伯箫提出一个观点：一个社会纵向整合越差，横向整合越好，就越容易发生社会运动。所谓"纵向整合"，就是普通民众与权力结构之间的整合，"横向整合"则是普通民众内部的整合。纵向整合越差，越容易导致民怨累积；横向整合越好，则越有利于运动组织招纳民众加入联合行动。在极端情况下，甚至会发生"整群招纳"（bloc recruitment）的现象，即某个社会关系网络中的所有人被整体揽入一个社会运动中（Oberschall 1973：125）。欧伯箫对集体行为论的批驳引起研究者的极大兴趣，社会关系网络与社会运动参与遂成为热门话题，产生了大量作品（其中影响较大的有 Gould 1991；McAdam 1986；Morris 1984；Snow et al. 1980 等）。但在相当长的时间内，研究者都只是从不同角度揭示这样一个事实，即，一个人所拥有的社会关系网络对其参与社会运动具有推动作用，社会关系网络越丰富，被社会运动招纳的机会越大，对社会关系网络促进社会运动参与的机制却不甚了了。期间也有曾有学者试图从理论上阐明这一问题（比如 McAdam and Paulsen 1993），但收效不大。直到 2001 年，帕希的一篇论文（Passy 2001）才对这个问题给出较为满意的回答。

帕希认为，综合来看，以往的研究总共揭示了社会关系网络对社会运动参与的三种影响，也就是三种功能：一是社会化功能（socialization function），即社会运动参与被认为是一个展现自我认同的过程，人们参与特定社会运动，是因为他们认同该运动所体现的价值和规范。而认同总是在社会关系和交往中形成的，因此，社会关系网络对于促进社会运动参与具有重要意义。比如莫里斯（Morris 1984）就指出，美国黑人教堂在塑造黑人的政治意识方面发挥了重要作用，从而推动了民权运动的兴起。也就是说，社会关系网络是作为一种社会化机制，通过塑造特定人群的价值认同，进而影响其社会运动参与的。

二是结构连接功能（structual-connection function），即把社会关系网络视为一种连接个人与社会运动的桥梁。一个人的社会关系网络越丰富，他通过该网络而主动加入或被卷入社会运动的可能性越大。大量研究发现，一个人如果已有朋友、邻居或熟人卷入某个社会运动，那么，他卷入该运动的可能性会增大（Gould 1993，1995；McAdam 1986，1988；Snow et al. 1980）。在这种情况下，社会关系网络发挥的是桥梁作用，通过这个桥梁，一个人有更多接触和参与社会运动的机会，或是更容易被社会运动组织者找到，从而更容易卷入社会运动。

三是决策塑造功能（decision-shaping function），即人总是嵌于特定社会网络之中的，特定社会网络里的互动会对一个人在短期内的看法和决定造成重大影响，比如看到周围的人都参加了社会运动，他会觉得参与的风险大大减小，成功的机会大大增加，从而做出参加社会运动的决定。也就是说，社会关系网络中的互动会影响一个人关于集体行动的成本和收益的判断，从而影响其是否参与集体行动的决定。本节第二部分提到的格拉诺维特、马威尔和奥立弗等人的研究就试图阐明这样一种观点，他们对奥尔森的批评也是从这个角度出发的。

应该说，帕希的理论梳理相当清晰，非常有助于理解社会关系网络与社会运动参与之间的关系。但同时要指出，她的概括仍然是不完备的，因为社会关系网络对社会运动参与还有第四种影响，这种影响可以称为"遵从压力功能"（conforming pressure function），即特定关系网络作为一种社会群体形式，会对群体成员的行为构成一种压力，迫使他们遵从群体内大多数人的行为模式。

这里需要注意区分第三、第四两种功能。这两种功能虽然都涉及社会关系网络对运动参与决策的影响，但前者是从"机会"的角度谈关系网络对运动参与的诱导功能，而后者是从"威胁"的角度谈关系网络对运动参与的胁迫功能。诱导和胁迫显然不是一回事。

自资源动员论兴起以来，社会关系网络是促进而非阻碍社会运动参与的观点，似已成为不可争辩的不二之论。不过，在千士诺诺之中，也有学者对这一"铁论"提出质疑。首先，社会关系网络的动员效应会不会随着运动类型而发生变异？赵鼎新（2006：93）就认为，丰富的社会关系网络只是有利于改良性、中小型社会运动的动员，而不利于革命性、大型社会运动的动员。也就是说，社会关系网络对集体行动的影响并不是单一的、一致的，而是有可能随行动类型的不同而发生变异的，即对中小型社会运动发挥的是促进作用，对大型革命运动则发挥着阻碍作用。那么，社会关系网络的动员效应到底会不会发生变异？如果会，又会怎样变异？这确实是一个值得深入思考的问题。迄今为止，这个方面的研究几乎为零。

其次，社会关系网络除了具有动员功能，还具有疏通功能。因此，从理论上说，一个社会关系网络丰富而企图有所行动的人，既可以利用关系资源去组织体制外的集体行动，也可能利用关系资源去体制内打点、疏通，照样可以解决问题。如果走后一种途径，社会关系网络就不再是促进而是阻碍社会运动了。在现实生活中，尤其是中国，这样的例子很常见。关于中国农村纠纷解决方式的研究（Michelson 2007）就发现，越有关系的家庭越倾向于通过体制内的行政或司法渠道解决问题，没有关系的家庭则更倾向于选择其他途径，包括集体上访等。关于中国城镇居民集体抗争倾向的研究（Su and Feng 2013）也发现，关系越多的人确实越愿意"找关系"而不是去参加集体抗争。那么，人们是更愿意把关系资源用于体制内疏通，还是用于体制外抗争？其影响因素非常复杂，需要进一步研究。

再次，一个人的社会关系网络在行动取向上并不是完全一致的，而是存在着内在紧张。比如一个人，他的父亲很支持他搞运动，他的母亲和孩子却很反对。关系网络内部的张力对社会运动参与有何影响，在以往的研究中涉及很少。

最后，丰富的社会关系网络既可能是搞社会运动的优势，但也可能构成弱点。在现实生活中，一些个人或组织经常利用社会关系网络对社会运动进行控制，一个人的社会关系网络越大，联系越紧密，意味着被控制的可能性越高。比如在中国，政府在处理群体性事件的过程中经常采取"谁家的孩子谁抱走"的策略，即让单位领导或亲戚来做当事人的工作，让其不再参与群体性事件。这个时候，社会关系网络对集体行动来说，所发挥的就不再是动员功能，而是反动员功能了。

总而言之，社会关系网络与社会动员之间到底是什么关系，是一个非常复杂的问题。现在资源动员论视角主导下的相关研究看似繁荣，实际上还有很多问题没有解决。今后的研究需要从以下两个方面拓展：首先要破除"社会运动市场"的理论想象，在相关研究中引入政治体制变量。显然，在不同的政治体制下，社会运动的运作空间是不一样的，因此，社会关系网络被用于动员、疏通、反动员以及其他用途的可能性是不一样的。如果撇开政治体制变量，很多问题是说不清楚的。其次，社会关系网络具有非常复杂的性质，这些性质都会对社会运动参与产生重要影响。但到目前为止，相关研究对社会关系网络基本还停留在"点数"的阶段，即单纯统计一个人所拥有的关系（ties）的数量。事实上，除了量，一个人的关系还有方向、结构、疏密等性质，只从量上统计，是很难厘清社会关系网络与社会运动参与之间的关系的。

五、运动参与研究中的其他问题

在集体行为论中，关于社会运动参与的研究比较关注个体问题，特别是个体心理问题。随着资源动员论的兴起，研究的重点转移到动员结构上。不过，仍有一些关注个体问题的研究在该领域有广泛影响。最值得一提的是麦克亚当关于人生经历对社会运动参与的影响的研究。麦克亚当（McAdam 1986）注意到，对处于不同人生阶段和状态的人来说，参与社会运动所付出的代价和取得的收益是不同的，从而参与社会运动的可能性和积极性是不一样的。因此，一个全职工作、已婚和家庭负担较重的人，很可能比那些没有工作、未婚和家庭责任较轻的人更不愿意参与社会运动，或者更容易流失。他把这种现象称为"人生可用性"（biographical availability）。会推高运动参与成本和风险的个人羁绊越少，"人生可用性"就越高，反之则越低。对社会运动参与来说，人生不同阶段和状态的"可用性"是有差别的。

麦克亚当等人（McAdam 1986，1989；van Dyke et al. 2000）还发现，运动参与经历具有持久的影响。那些有过运动参与经历的人，后来更容易参加社会运动。不仅如此，运动参与还持久地影响个人生活。比如，那些运动积极分子更容易离婚、更容易丢工作、收入水平普遍较低，等等。不过，这种人生影响存在着性别差异。从对新左派运动的研究来看，该运动对男性的影响比对女性更大。另有研究发现（Beyerlein and Hipp 2006），"人生可用性"对运动参与的影响只发生在社会运动参与的某些阶段，而不是全部过程中：个人羁绊会显著降低参与抗争的意愿，但不会显著影响抗争意愿向实际参与的转化。

此外，赵鼎新等人的研究发现（Zhao 1998，2001：239-266），空间环境也会对社会运动的动员和参与产生深刻影响，并且社会组织越是不发达，空间环境的影响越大。从这个意义上讲，空间环境也是一种独立于社会关系网络和组织的"动员结构"，而这个问题以往并未引起资源动员论的足够重视。

第五节　社会运动业类与部门

根据资源动员论的理论想象，一个社会中的社会运动不是作为一个事件或组织而孤立存在的，而是作为一个"市场"体系存在的。在这个"市场"体系中，存在着多个社会运动组织、多个社会运动业类，并且组织与组织之间、业类与业类之间、运动与运动之间，以及整个社会运动部门与其他社会部门之间在资源获取上存在着竞争、合作、冲突等多种关系。因此，关于社会运动的研究，除了分析单个社会运动组织的形态及其资源动员活动之外，还应该分析社会运动组织之间、业类之间、运动之间以及运动与社会之间的关系。在这些主题中，研究得最早和最多的还是社会运动组织之间的关系。根据资源动员论的概念体系，社会运动业类就是诉求相同或相近的多个社会运动组织的集合，社会运动部门则是所有社会运动业类构成的集合。因此，关于社会运动组织间关系的研究在很大程度上可以算是对社会运动业类的研究，部分地也是对社会运动部门的研究，但总的来看，关于社会运动业类和部门的研究还严重不足。

一、组织间关系与"多组织场域"

关于社会运动组织之间的关系，在资源动员论尚未诞生之前即已经引起研究者的兴趣。早在1966年，左尔德和阿希所发表的《社会运动组织：发展、衰败与变迁》（Zald and Ash 1966）一文就曾论及社会运动组织之间以及运动之间的关系，并提出以下命题：

> 运动组织在目标和战术上的转变直接依赖于一个社会运动内部民意的涨落。运动组织间对社会支持的竞争会导致运动组织在目标和战术上的转变。（命题3）
> 开放性运动组织比封闭性运动组织更倾向于与其他运动组织结盟或合并。（命题9）
> 如果结盟有利于运动目标的实现或取得更大的资源基础，并且接近成功或胜券在握时，结盟更有可能发生。（命题10）

上述命题体现了左尔德和阿希的一个重要思想：对一个社会运动及组织来说，其他社会运动组织的存在与整个社会一样，都会作为一种"环境"影响着该运动及组织的运作和发展。换言之，一个社会运动组织的"内政"和"外交"是相互影响的——社会运动组织本身的特性（开放还是封闭）和进程（达到目标的前景）会影响到组织间的关系（结盟或合并），而社会运动组织之间的竞争会影响到社会运动组织的目标和战术。后来，祖克尔和科提斯（Zurcher and Curtis 1973：180-181、186）曾用经验研究对这一组命题进行检验，发现封闭性组织确实比开放性组织更不容易与其他组织合并或结盟，即命题9是成立的，但其他两个命题则难以证实。

资源动员论坚持认为，社会运动的本质是关于社会变革的一种偏好，一种偏好会演变为多个而不是单个社会运动组织，具有相同偏好的多个社会运动组织构成一个社会运动业类。那么，就一个社会运动业类而言，其内部的多个组织之间是一种什么关系？格拉克（Gerlach 1971）最早研究这个问题，并给出了一个分类。他认为，当时有一种偏见：似乎一个社会运动只有形成统一的科层制组织才最有战斗力、最有可能成功。事实上，同属一个社会运动的多个组织之间有三种可能的结构：一是割据性的（segmentary），即一个运动中包含着多个组织，但各自为政；二是多头性的（polycephalous），即一个运动表面上有统一的领导，但没有一个中枢性的命令和决策机构，整个运动以及其中各个组织内部都存在着领袖与领袖的斗争；三是网络性的（reticulate），即运动内部各个组织之间没有一个成型的、正式的组织，而是通过各种横向的联系纽带，比如成员的交叉、共同举办的活动、共享的目标和共同的敌人等，形成一个网络。这三种结构都有其独特的成因和功能，对社会运动的成功各有其优势和弱点，因而都是社会运动所需要的。尽管格拉克并未使用"社会运动业类"这个概念，因为当时这个概念尚未出现，但他实际上研究的是一个社会运动业类的内部结构。

在关于社会运动业类和部门的研究中，科提斯和祖克尔（Curtis and Zurcher 1973，1974）提出的"多组织场域"（multi-organizational field）概念具有重要意义。所谓"多组织场域"，广义地说，是指"一个焦点组织（focal organization）**可能**发生关联的所有组织的总和"；狭义地说，是指焦点组织**实际**发生联系的组织的总和（Curtis and Zurcher 1973：53）。需要注意的是，这里与社会运动组织发生关系的"组织"不一定只是社会运动组织，也可能是普通社会组织。因此，关于"多组织场域"的研究不只是关于同一社会运动业类内部不同社会组织之间关系的研究，而是有可能涉及不同社会运动业类之间的组织关系以及运动部门与非运动部门之间的组织关系。

科提斯和祖克尔关于美国两个反色情运动组织的研究发现，两个组织都卷入了"多组织场域"，只是程度和方式有所不同。社会运动组织卷入"多组织场域"的方式有两种：一种是组织层面的，即通过共同的积极分子、职员、理事会、资源等网络建立起联系；另一种是个人层面的，即一个人可能同时隶属于多个社会运动组织，组织通过这种多重隶属关系而发生关系。结论是，那些通过组织层面与场域发生关系的社会运动组织，比那些通过个人层面发生关系的社会运动组织，与外在环境的互动更有序，动员更有力，资源更稳定。在另一篇文章中，科提斯和祖克尔（Curtis and Zurcher 1974）试图进一步阐述"多组织场域"的内在逻辑和运作机制。他们把社会运动组织按"目标取向"区分为表达型、工具型、混合型三种，再按"成员资格"区分为开放型、封闭型和混合型三种，相互组合形成九种类型，然后分析不同类型的运动组织与"场域"之间的关系。这个模型由于过于复杂，且不无含混之处，所以最终流传下来的只有"多组织场域"这个概念。

二、关于社会运动组织间关系的若干命题

如前所述，社会运动组织之间的关系虽然很早就引起研究者的注意。但一直到1977年资源动员论正式诞生后，社会运动研究才开始使用"社会运动业类"和"社会运动部门"等概念来描述这种关系。利用这两个概念，资源运动论对社会运动组织间的关系做了更为系统和精练的论述。

在1977年发表的《资源动员与社会运动：一个不完全理论》一文中，麦卡锡和左尔德首次明确界定了"社会运动"、"社会运动组织"、"社会运动业类"、"社会运动部门"等概念及其相互关系，为分析社会运动内部和外部的复杂关系奠定了良好的基础。不过，该文并未对社会运动组织间关系展开深入论述，在总共11个假设中，只有"假设7"谈到社会运动组织间的关系：

> 一个社会运动业类的竞争性越强，即已经建立的社会运动组织的数量和规模越大，一个新的社会运动组织就越倾向于提出更小的目标和战略。

意思是说，"社会运动市场"上的竞争必然导致专业分工；为了竞争有限的资源，新成立的社会运动组织必须实行"差异化经营"，才能引起潜在支持者的兴趣，以保持自己的竞争力。显然，这一假设与"运动市场"想象是一脉相承的。

第一次从资源动员论视角对社会运动组织间关系进行系统论述的是他们于1980年发表的《社会运动业类：运动组织间的竞争与合作》（Zald and McCarthy 1980）一文。在该文中，关于社会运动组织间的关系，他

们一共提出了 14 个假设，涉及社会运动组织间的充分与非充分竞争、意识形态与冲突、合作性关系和派系斗争等四个方面。

(一) 充分竞争与非充分竞争

首先，资源是社会运动组织赖以生存和发展的关键，而资源总是有限的，于是有：

> 在边际资源（marginal resources）之可获得性下降的条件下，目标相近的社会运动组织之间的直接竞争和冲突会趋于激烈。（假设 1）

除此之外，竞争的激烈程度与组织本身的特征有关：

> 在开放性组织（即对大多数成员要求很低的组织）中相近组织间对资源的竞争，比封闭性组织（即要求成员身心高度投入的组织）中相近组织间对资源竞争要缓和。（假设 2）

因为开放性组织相互之间有共同的成员，利益自然也有重叠的地方，因此，开放性组织之间的竞争不像封闭性组织之间的竞争那样是零和博弈，竞争形势自然比较缓和。

由于社会运动及其组织所需要的资源来自潜在的支持者，支持者所具有的结构特征自然会影响到运动的诉求和组织形态，这就像一个经济市场上投资者的结构会影响股份公司的经营项目和组织结构一样。于是有：

> 诉求的范围和组织的种类在一定程度上与潜在支持者中既有的异质性是相关的。（假设 3）

上述三个假设关注的都是社会运动组织对来自个体支持者的资源的竞争。除来自个人的资源外，一些社会机构也会向社会运动组织提供支持。左尔德和麦卡锡认为，获取个人性支持和机构性支持的过程具有根本性差异：前者需要的是公关技巧，后者需要的是项目开发的技巧。于是，他们假设：

机构性资助如果知晓的范围很广，会导致较为开放的组织之间的冲突增加。（假设4）

至于这个假设是否适用于那些封闭性组织，左尔德和麦卡锡表示暂时还不清楚。

(二) 意识形态与冲突

假设5：如果社会运动组织争夺的是相近的听众，那么，一个运动业类内部各运动组织关于社会变革的程度及其所要求的策略的观念差异越大，敌意性冲突越严重。

也就是说，社会运动组织间的冲突越是涉及意识形态，冲突就越激烈。

假设6：那些对成员资格有排他性要求的社会运动组织所竞争的潜在成员越是有限，发生冲突的可能性越高。

道理很简单，封闭性组织对成员的要求是排他性的，相互之间对成员的竞争是一个你有我无的零和博弈，很自然地，潜在成员的数量越有限，发生冲突的可能性越高。

(三) 合作：交换、分工与领地共识（domain consensus）

每个社会运动组织都倾向于拥有自己的独特活动范围，即领地（domain）。如果各个社会运动组织能够就彼此的活动范围达成协议，显然有利于合作，而领地协议（domain agreements）在那些有差异但不对立的社会运动组织之间更容易达成：

那些任务分工不同但不对立的社会运动组织之间，比那些采取近似的战术方案追求目标的社会运动组织之间更容易达成有利于广泛合作的领地协议。（假设7）

社会运动组织之间的合作与所受的外部威胁有关:

  当社会控制威胁到许多社会运动组织的生存时,社会控制会促进这些社会运动组织之间的合作。(假设 8)

社会运动组织之间的合作还与支持者的结构有关,如果组织间的支持者存在一定程度的重叠,那么,

  相互关联越紧密,运动组织间的合作越紧密。(假设 9)
  一个社会运动组织与其他运动组织重叠的支持者越多,它就越是被迫迈向合作。(假设 10)

即那些同时赞助多个社会运动组织的"重叠支持者"(overlapping constituencies)会施加压力,推动社会运动组织之间的合作。

运动之外的精英和第三方的行动也会影响运动组织之间的合作与斗争:

  资助机构如果从不同社会运动组织的多个项目建议中挑选一个,就会挑起冲突;如果采取联合资助方式,就会促进合作。(假设 11)

那些意识形态相容的社会运动组织在特殊情况下可能联合甚至合并开展一系列活动。在此过程中,那些在一个运动中处于领导或主导地位的组织将承担起意识形态领导和为整个运动提供公共产品的重任。因此有:

  在一个运动中处于领导或主导地位的组织在为了实现特定目标而开展的大型活动中所做的贡献,比它在资源分配比例中所占的分量要大。(假设 12)

运动组织的联合或结盟也与作为对立面的对立运动的活动状况有关:

  对立运动越是清晰和活跃,发起组织一个联盟越是容易。(假设 13)

(四) 派系斗争

一个社会运动难免发生分裂和斗争，在分裂过程中，一些新的社会运动组织会从原社会运动组织中脱生而出。不过，在不同的社会运动中，新生的社会运动组织在分裂后的境遇是不同的。有些社会运动在发生分裂后，新生的社会运动组织与父代组织（parent organization）仍然关系良好，冲突不明显，在这种情况下，新生组织在对成员的要求上会开放性比较好，与其他非社会运动组织之间的交往也比较融洽。一个社会运动分裂后，如果父代组织与新生组织之间的冲突非常严重，那么新生组织将因此而变成一个封闭性组织。于是有：

> 当发生派系斗争并从中脱生出新的社会运动组织时，新运动组织成员资格的封闭性程度和融入更广泛的非社会运动组织的程度，都与分裂后的冲突程度有关。（假设14）

应该说，左尔德和麦卡锡的阐述是非常系统而清晰的。他们从资源动员论的角度出发，给出了研究运动间包括社会运动组织间关系时应有的理论关切和可供检验的理论假设。不过需要指出的是，这些假设在很大程度上忽视了政治环境的影响。在不同的政治环境下，社会运动组织之间的关系会有很大差异。显然，这样一种"忽视"也与资源动员论关于"社会运动市场"的理论想象直接相关。

三、社会运动组织间的结盟

从理论上说，社会运动组织间有竞争、合作和冲突等多种关系（Rucht 2004），但社会运动研究关注最多的还是社会运动组织之间的联盟（coalition）。联盟是社会运动过程中常见的现象；但对社会运动组织来说，结盟是一件利弊参半的事情："一方面，合作可以使事业更强大；但另一方面，合作会使单个组织不再独特，潜在的后果是不再引人注目，这意味着割让自己的形象和政见。"（Meyer 2007: 77）因此，结盟并不是一件简单的事情。那么，运动联盟是怎么形成的？其动因和机制是什么？

社会运动研究中关于运动组织结盟的研究起步很晚。斯泰根伯格于1986年发表的《堕胎权运动中的联盟工作：组织中与环境中的机会和障碍》（Staggenborg 1986）很可能是这方面最早的一篇论文。在该文中，她提出了"联盟工作"（coalition work）的概念。所谓"联盟工作"，是指联盟的缔造、后续的维持以及联盟形成后所开展的所有活动。她的研究发现，一些社会运动组织尽管有共同的目标，但由于独特的意识形态立场和各自的组织需要，联盟往往难以形成和维持。环境条件对联盟的形成具有很大的影响，当胜利指日可待或威胁迫在眉睫时，联盟更容易形成；联盟形成后，社会运动组织间关于意识形态和资源的竞争会导致相互冲突，并有导致联盟解散的危险。但是，如果（1）联盟不采取正式组织的形式，而是允许成员组织保持自己的资源和项目，或者联盟给成员组织提供资源上的激励，（2）成员组织中处于主导地位的组织能够提供内部支持或组织上的便利，以促进成员组织之间的互动，（3）单独完成某项特殊任务的成本太高或者资源丰富的组织愿意承担完成该任务的所有成本，那么联盟更容易维持。不难发现，这项研究证实了左尔德和麦卡锡在 1980 年以及左尔德和阿希在 1966 年提出的一些命题。

斯泰根伯格的观点得到其他研究一定程度的证实。麦卡门和坎贝尔（McCammon and Campbell 2004）发现，环境对运动目标所造成的威胁能够促进不同运动组织间的结盟，但组织所拥有的资源和意识形态也会对联盟的形成构成影响。不过，与斯泰根伯格的发现不同，她们发现"政治机会"，即可能赢得的胜利和获得的资源对结盟没有产生影响。而迈耶等人（Meyer and Corrigall-Brown 2005）关于美国反对伊拉克战争运动的研究发现，外部环境或政治机会对运动组织的结盟倾向具有关键性影响。随着政治形势的改变，运动组织加入联盟的成本和收益会不断变化，正是成本和收益的变化决定着运动联盟的分分合合。他们还呼吁，不应把社会运动视为单个组织，而应该视为一个联盟来研究，并且应该把联盟视为一个动态过程，而不是采取"结盟/不结盟"的二分法，把联盟视为一种静止状态。迈耶等人还认为，运动组织加入联盟与个人加入运动组织的过程和机制极为相似，都涉及对成本和收益的评估以及自身的认同。这样一种理论倾向意味着把运动组织视为一个意志和行动统一的单体，因而在分析结盟过程时，不必再像斯泰根伯格、麦卡门和坎贝尔那样去分析运动组织的内部过程。

上面分析的都是同一个运动内部的结盟过程，那么，不同运动之间的结盟过程又是怎样的？它与同一运动内部的结盟过程又有什么不同？万德克（van Dyke 2003）分析 1930 年至 1990 年间美国大学校园里发生的 2 644

个左翼抗争事件后发现，丰富的资源对于一个运动内部的结盟非常重要，但对跨运动结盟没有影响；局部性威胁会促进同一个运动内部的结盟，跨运动结盟则主要是由更大范围内的威胁和更强大的敌人促成的。多议题组织（multi-issue organization）承担着大部分结盟工作，无论是对运动内部还是对运动之间的结盟都发挥着举足轻重的作用。与麦卡门和坎贝尔一样，万德克强调是政治威胁而不是政治机会推动了运动组织的结盟；多议题组织在运动结盟过程中所发挥的领导作用，证实了左尔德和麦卡锡（Zald and McCarthy 1980）在1980年所做的理论预测中的假设12，即那些拥有领导或主导地位的组织如果愿意提供社会运动组织间合作所需要的公共产品，就能够推动组织合作。万德克的研究是关于跨运动结盟的最早的研究之一。

特别值得一提的是，为了刻画社会运动过程中社会运动组织间的相互协调，包括"联盟工作"，格哈茨和鲁切特（Gerhards and Rucht 1992）提出了一个比"联盟工作"更为概括和精练的概念——"中观动员"（mesomobilization）。他们认为，社会运动的动员过程可以分为两个层面，一个是组织内部的微观动员（micromobilization），另一个就是组织之间的中观动员。微观动员的对象是个人，中观动员的对象则是组织或群体。这两个层面是互相补充的。微观动员为中观动员提供"动员潜势"，而中观动员则为微观的个体和宏观的集体行动之间的联系提供桥梁。"中观动员"概念的长处在于，它能够很好地把联盟这样一种社会运动现象与既有的概念和理论联结起来，如果把"联盟工作"视为一种特殊的中观动员过程来研究，就可以更好地延续以往的研究思路，从而提高理论分析的连续性和严整性。不过，这个概念在社会运动研究中好像没有引起足够的重视。

四、从资源动员论到政治过程论

仔细观察就会发现，在资源动员论设想的诸多研究内容中，关于社会运动组织和社会运动参与的研究最发达，关于社会运动组织间关系的研究次之，关于社会运动业类间关系以及社会运动部门与非社会运动部门之间关系的研究又次之。造成这种情况的原因，一方面出在技术上，即单是研究一个社会运动组织的运作已经非常复杂，分析运动间及其组织间的关系涉及的变量自然更多、更复杂，不仅经验资料难以获取，理论概括和阐发也非常困难（参见 della Porta and Diani 2007：第6章；Rucht 2004），但另一方面，同时也更重要的原因出在理论上。如本章第二节所述，资源动员论的一个基本理论想象，是把社会视为一个各种社会运动都可以平等、自由、充分竞争的"市场"。事实上，在现实生活中，没有任何一个社会是完全开放和自由的，人群与人群之间也不是完全平等的。因此，由不同人群发起和参与的社会运动之间除了存在平等的、市场性的资源竞争关系，也一定存在某种不平等的统治性关系，只是在不同社会中，这种统治性关系的性质和方式有所不同而已。这决定了在思考社会运动问题时，必须纳入政治过程，必须具有政治视野。而这一点正是资源动员论所缺乏的。这样一种宏观理论视野的缺乏，在资源动员论处理较为微观的问题，比如社会运动组织以及组织间关系等问题时，其缺陷尚不明显；而一旦涉及社会运动业类之间的关系，以及社会运动部门与整个社会之间的关系等宏观社会结构问题时，立刻显得力不从心。这正是造成资源动员论在这个方面的研究严重不足的根本原因。政治视野的缺乏对资源动员论相关研究的限制性影响，在关于社会运动部门的研究中有充分体现。塔罗（Tarrow 1988：431-433）对此有详细论述。

对于理论视野上的缺陷，资源动员论自己也有所反省。2002年，麦卡锡和左尔德在回顾资源动员论在过去二十多年中所走过的历程时，一方面坚称资源动员论仍有"持久的生命力"，另一方面也承认，资源动员论并不是普遍适用的，它只适用于满足以下四个条件的社会（McCarthy and Zald 2002：535）：(1) 有志愿结社传统，个人能够选择隶属或加入任何志愿社团，并且怎样把个人组织起来的知识普遍流行；(2) 言论和结社自由作为一种规范被接受，即使未被普遍使用；(3) 存在大众传媒，并且大众传媒对民怨和抗争的报道相当公开；(4) 选举系统是如此结构化，以至于小群体取得立法席位的机会甚微。他们并没有解释资源动员论为什么只能适用于满足这四个条件的社会，也没有阐述如何根据这四个条件对资源动员论有关理论观点进行修正。但不难发现，他们所列举的四个适用条件，除了第一个之外，其他三个都涉及政治体制。这表明，他们自己已经认识到，政治视野的缺位是资源动员论的一个严重缺陷。当然，仅仅从政治体制特征的角度去限制理论的使用范围并不足以从根本上补救资源动员论的偏差。现实生活中政治的无所不在，以及社会运动所具有的公开的或隐含的政治属性，都决定了社会运动研究必须对政治过程进行专门的、深入的分析。资源动员论的基本假设已经决定了它无法做到这一点，而这正是下一章所要讨论的政治过程论的核心任务。

第四章 政治过程论

政治过程论是西方社会运动研究中继集体行为论和资源动员论之后出现的第三个理论流派。一方面，与资源动员论一样，它也认为社会运动是一种理性行为，反对集体行为论把社会运动视为因社会整合失败而发生的非理性行为的观点；但另一方面，它也反对资源动员论所坚持的"社会运动市场"想象。在政治过程论看来，社会运动本质上是那些被主流政治设置排斥在外的群体为了捍卫自身利益而发起的政治斗争。因此，研究的焦点应该是社会运动与政治环境之间的关系，而不是社会运动之间的资源竞争以及相应而来的动员机制。要言之，政治过程论的核心观念是强调社会运动的政治属性，从而把社会运动作为一个政治性的斗争过程而不是作为一个市场性的竞争过程来研究。这一观念是政治过程论理论大厦的基石。

第一节 政治过程论的兴起与发展

政治过程论正式诞生的标志是麦克亚当于1982年

出版的《政治过程与1930—1970年黑人起义的发展》（McAdam 1982）一书，比资源动员论的诞生晚五年。但作为一种理论视角，它与资源动员论是在共同反对集体行为论的过程中同时成长起来的。在此过程中，有三位人物发挥了重要的推动作用：首先是艾辛杰，他提出了政治过程论的核心概念——"政治机会结构"；其次是梯利，他提出了政治过程论的理论雏形——"政治体模型"（polity model）；最后是麦克亚当，他最早明确提出"政治过程模型"（political process model）的概念，并做了系统的阐述。

一、政治过程论的诞生

应该说，社会运动的政治性是比其"市场性"更为明显从而更容易引起注意的一种属性，但政治过程论的诞生却晚于资源动员论，个中原因值得玩味。根据塔罗的分析（Tarrow 1988：425-426），这跟当时社会学家和政治学家所采用的研究方法有很大关系：20世纪五六十年代美国社会运动兴起之初，政治学家和社会学家都表现出浓厚的研究兴趣，但政治学家更多地采用调查研究方法（survey research），而社会学家更多地采用个案研究方法（case study）。政治学家虽然高度关注社会运动的政治性，但抽样调查方法却使他们局限于搜集社会个体的政治特征，比如一个人的政治地位、政治观点、政治态度，等等，对社会运动参与的实际行动过程，包括动员和抗争过程缺乏深入了解；至于社会学家，虽然个案研究方法使他们更真切地了解了社会运动的实际过程，但由于受奥尔森所提出的"搭便车"问题的吸引，他们把研究焦点放在那些"最不具有政治性和最成问题的要素，比如领袖的创业精神、专业运动组织的增长和外部赞助人的财力支持上"（Tarrow 1988：426）。也就是说，一个关注政治却不关注过程，一个关注过程却不关注政治，政治过程论的诞生因此而被耽误。

艾辛杰是当时为数不多的既关心政治又关心过程的社会运动研究者。1973年，在一篇题为《美国城市中抗争行为的条件》（Eisinger 1973）的论文中，他提出了"政治机会结构"的概念。在该文中，艾辛杰研究了20世纪60年代美国城市中抗争事件的发生与城市政治环境之间的关系。艾辛杰（Eisinger 1973：66-67）认为："政治系统中的个人或群体以何种方式行事，不单纯是他们所掌握的资源的结果，而是政治系统本身所具有的开放性、弱点、障碍和资源的产物。"在这个意义上，政治环境应该被理解为一种"政治机会结构";分析抗争事件与政治环境之间的关系,实际上是考察特定政治环境为抗争事件提供了多少"政治机会"。艾辛杰把政治环境划分为从开放到封闭的不同类型。结果发现,抗争事件的发生与政治环境之间呈曲线关系:在最开放和最封闭的政治体制下都不容易爆发抗争事件,最容易引发抗争事件的是那些正在从封闭走向开放的"混合"体制。艾辛杰解释说,这是因为在混合体制下,随着政治体制的开放,一些原本没有任何机会的人开始有机会获得自己想要的政治影响,但通过常规政治手段获得影响的过程通常较慢,于是一些人迫不及待地用抗争的方式来实现自己想要的影响。艾辛杰把政治环境理解为"政治机会结构"以及从政治开放性角度来考察集体抗争的思想,对政治过程论产生了深远的影响,特别是"政治机会结构"概念的地位如此显赫,以至于政治过程论常常被等同于对政治机会结构的分析。

进入70年代,开始有大量学者从政治角度对集体行动进行个案研究或定量研究,产生了许多有影响的作品。比如皮文等人(Piven and Cloward 1977)关于"穷人运动"的研究、甘姆森(Gamson 1975)关于抗争策略的研究、简金斯等人(Jenkins and Perrow 1977)关于农场工人运动的研究,都注意到政治体制特征对集体抗争策略、过程及后果的影响,在思想和概念上都具备了政治过程论的若干特征,但始终没有提出一个清晰的、有影响力的理论模型。一直到1978年梯利出版《从动员到革命》,才明确提出政治过程论的第一个理论模型——"政治体模型"(Tilly 1978:53)。

如图4—1所示,这个模型包含五个基本要素:人群(population)、管治机构(government)、斗争者(contender)、政治体(polity)和联盟(coalition)。"人群"可以是我们有研究兴趣的任意形式和规模的人的集合。"管治机构"指在一个人群中掌握着最重要的集中强制手段的组织。"斗争者"指企图运用手中的资源去影响管治机构的群体。斗争者又分为两种:一是成员(member),指那些能够通过常规渠道低成本地获取管治机构控制下的资源的斗争者;二是挑战者(challenger),指成员之外的所有斗争者。"政治体"是由管治机构和所有成员组成的政治实体。"联盟"指斗争者之间、管治机构之间,以及斗争者和管治机构之间协调集体行动的倾向和形式。

根据"政治体模型",一个人群中的所有人都在为自己的利益而斗争。为了保证自己的利益,他们必须与管治机构和其他斗争者争夺权力,

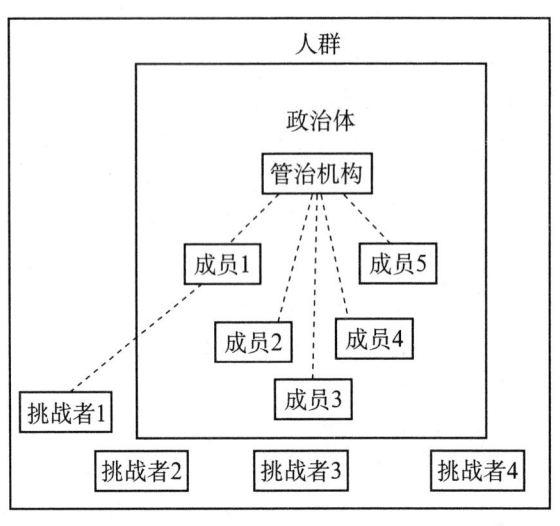

```
┌─────────────────────────────────────┐
│                人群                  │
│   ┌─────────────────────────────┐   │
│   │          政治体              │   │
│   │       ┌────────┐            │   │
│   │       │管治机构 │            │   │
│   │    ┌──┴──┐  ┌──┴──┐         │   │
│   │    │成员1│  │成员5│         │   │
│   │    └─────┘  └─────┘         │   │
│   │    ┌─────┐ ┌─────┐          │   │
│   │    │成员2│ │成员4│          │   │
│   │    └─────┘ └─────┘          │   │
│   │      ┌─────┐                │   │
│   │      │成员3│                │   │
│   │      └─────┘                │   │
│ ┌──────┐                         │   │
│ │挑战者1│                         │   │
│ └──────┘                         │   │
│   └─────────────────────────────┘   │
│  ┌──────┐  ┌──────┐   ┌──────┐      │
│  │挑战者2│  │挑战者3│   │挑战者4│     │
│  └──────┘  └──────┘   └──────┘      │
└─────────────────────────────────────┘
                             ----- 联盟
```

图 4—1　梯利的"政治体模型"

权力决定了自己的付出所能取得的回报。那些成员是既得利益者，他们拥有接近管治机构的常规渠道，能够以较低的代价取得较高的回报；挑战者则反之，他们接近管治机构的渠道非常有限，经常付出很大，得到的回报却很少。于是，挑战者拼命抗争，企图进入政治体，成为成员；成员则拼命抵抗，企图留在体制内。在权力斗争过程中，不管是成员还是挑战者，都会采取各种形式的联合行动，以便增强自己的实力，提高成功的机会，这就是集体行动（社会运动是集体行动的形式之一）。

如图 4—2 所示，梯利又把集体行动的发生过程划分为两个方面：一个是运动内部的"动员方面"，基本过程是从利益到组织，到动员，再到集体行动。亦即，具有特定利益倾向的斗争者建立自己的组织，动员所需要的资源，然后发起集体行动。另一个是运动外部的"机会方面"，基本过程是从压制（促进）到权力，到机会（威胁），再到集体行动。亦即，不同的政治结构对斗争者来说成本是不同的，有些政治结构会促进集体行动，有些则会压制集体行动。面对不同形势的政治结构，拥有特定力量的斗争者从中寻找机会，避开威胁，然后发起集体行动。只有内外两个方面的条件同时具备，集体行动才有可能。这就是梯利的"动员模型"（Tilly 1978：56）。

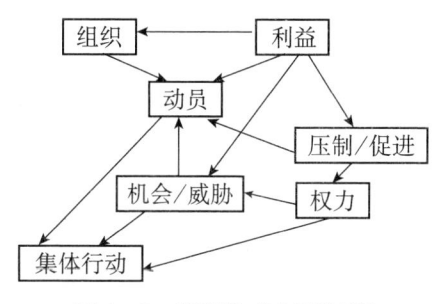

图 4—2 梯利的"动员模型"

在"政治体模型"中，梯利将社会运动描述为政治体外的挑战者与政治体内的管治机构及其成员之间的对垒；在"动员模型"中，梯利把集体行动（含社会运动）过程划分为动员和机会两个方面。这两个模型实际上已经奠定了政治过程论的基本框架（Tarrow 2011：27）。不过，尽管梯利的理论模型影响很大，但他似乎无意创辟一个新的理论流派。因此，他并未特意与当时流行的社会运动研究对话，特别是没有切割与资源动员论的关系。由于这个缘故，政治过程论在较长一段时间内都被认为只是资源动员论的一个分支，被称为"资源动员论 I"，上一章所讨论的资源动员论则被称为"资源动员论 II"（Perrow 1979：199-120）。

最先特意将政治过程论与资源动员论区分开来的是麦克亚当。他在1982年出版的《政治过程与1930—1970年黑人起义的发展》一书中，首次提出"政治过程模型"的概念，并专门讨论了它与集体行为论和资源动员论的区别，使政治过程论成为社会运动研究中继集体行为论和资源动员论之后的第三个理论视角的意图非常明显。麦克亚当的观点影响甚大。1996年，他与麦卡锡和左尔德共同主编的《社会运动研究的比较视角》（McAdam et al. 1996a）一书将社会运动研究视角划分为政治机会、动员结构与文化框构三种，政治过程论是一种独立的研究视角遂成为定论。应该说，麦克亚当为政治过程论的形成和独立立下了汗马功劳。

二、对集体行为论和资源动员论的批判

在确立政治过程论的过程中，麦克亚当对集体行为论和资源动员论分别进行了批判。这些批判集中在《政治过程与1930—1970年黑人起义的发展》一书的第一、二两章。了解这些批判，对于了解西方社会运动理论的

发展脉络、不同理论视角之间的关系，以及政治过程论本身的思路和逻辑，都很重要。

麦克亚当把本书所说的集体行为论称为"社会运动研究的经典模型"。麦克亚当对这些经典模型的批判在西方社会运动研究史上影响很大，已经成为社会运动研究中的经典。麦克亚当认为，各种经典模型虽然在具体细节上有所不同，但对社会运动发展的因果解释却是一致的，如图4—3所示，都是"先剖析一个社会存在的结构性缺陷，然后讨论这种结构性'紧张'给社会造成的破坏性心理效应，最后，这种破坏性心理累积到一定程度，就会产生社会运动"（McAdam 1982：7）。

结构性紧张 ⟶ 破坏性心理状态 ⟶ 社会运动

图 4—3　关于社会运动的经典模型

具体来说，经典模型理论具有以下三个共同观点：第一，认为社会运动是对社会系统之某种形式的崩溃性紧张的集体反应，社会系统各部分之间的紧张关系一旦达到"沸点"或某个限度，骚乱就会爆发；第二，尽管都强调社会系统的内部紧张对于社会运动的意义，但更关心的是这种系统层面上的紧张对于个体心理的影响，并把那些个体层面上的不良心理当作社会运动爆发的直接原因；第三，都认为人们参与社会运动的目的不是为了实现某个政治目标，而是为了舒缓紧张的社会形势给个人心理造成的不良影响。

麦克亚当认为，这三点都是站不住脚的。首先，社会运动与系统紧张之间并不存在一一对应关系，社会紧张顶多是社会运动的必要条件，而不是充分条件。认为社会运动是对系统崩溃的集体反应的观点，忽视了政治环境因素在社会运动爆发过程中所起的作用。宏观的政治经济环境不但塑造着社会运动赖以成功的客观条件，而且影响着人们对于运动前景的看法，前者作为成本推动着、后者作为需求拉动着集体行动，正是在"成本推动"和"需求拉动"的共同作用下，社会运动才得以爆发和维持。

其次，社会运动并不是异常心理在行为上的反应。研究发现，那些参与社会运动的人在心理上与那些不参与社会运动的人没有什么差异，甚至更好。所谓"异常心理"，其实都是经典理论家从若干客观条件中"推"出来的假想，他们从未直接测量运动参与者的心理，更谈不上将参与者与非参与者的心理状况进行比较，此其一。其二，即使如经典理论家所说，心理上的不满达到一定限度就会引发社会运动,也从来没有任何一位理论家明示这个"限度"在哪里,由于忽视这个问题,"社会运动因此而被视为一个突发性的、抱有不满情绪的个体的堆积"(McAdam 1982: 15)。

最后,社会运动并不是某种异常心理的宣泄,而是理性的政治行为。集体行为论在分析制度化政治时,一致认为那是对目标和手段的算度都很准确的理性行为,而轮到分析作为其对立面的社会运动时,却一概斥之为发泄异常心理的非理性行为,这显然是意识形态偏见。这种观点"非常难以解释社会运动在历史上所造成的巨大影响"。"如果运动参与者的动机只是想表达'正常情况下受到禁止的冲动',或是管理'焦虑和无聊的感觉',那么,我们就不能期待社会运动能够作为社会变迁的有效工具。事实上,运动现在是,并且一直是社会政治变迁的一个重要动力。"(McAdam 1982: 18)麦克亚当认为,集体行为论对社会运动的意识形态偏见是接受多元主义政治理论的结果。多元主义政治学家认为,美国政体是典型的多元主义政体,在这种体制下,所有社会群体都能够通过制度化手段施加政治影响;现在居然有人不采取制度化手段,而去搞社会运动,这自然是一种需要"特殊"解释的异常现象。

相较于对集体行为论的批判来说,麦克亚当对资源动员论的批判对于理解西方社会运动理论更有帮助,因为后者至今仍是西方社会运动研究中一个非常活跃的理论视角。麦克亚当充分肯定资源动员论对社会运动研究的贡献,认为社会运动研究本来在"经典模型"的主导下已经走进死胡同,幸亏资源动员论成功地转变了研究焦点,人们对这个领域的兴趣才被重新点燃。不过,麦克亚当也指出,资源动员论的一个根本缺陷,是它没有把那些由当权群体(established groups)发起的组织行动与那些由被排斥群体(excluded groups)发起的组织行动区分开来。事实上,两者是有根本区别的:正如梯利的政体模型所描述的,当权群体是"成员",他们有足够多的政治经济资源使自身利益在决策过程中处处受照顾;而被排斥群体是"挑战者",他们手中的筹码有限,总是被制度化政治有意识、有组织地排斥在外(organized out)。由于这个根本差别,两个群体在集体行动的目标、策略及其与精英的关系上都有本质的不同。但资源动员论却把这两种集体行动混为一谈,企图提供一个能够解释全部集体行动的理论模型。在麦克亚当看来,资源动员论更适用于那些与制度化政治有稳定和常规联系的公益性游说集团(public interests lobbies)和正式利益集团,而不是社会运动。

由于混淆上述两种有本质差异的集体行动，资源动员论存在四个不足（McAdam 1982：23-35）。这四个不足在很大程度上都与混淆两种有本质差异的集体行动这一根本缺陷有关。

一是误判精英与群众的关系，高估精英支持社会运动的意愿。资源动员论的基本假设是，资源决定着运动的兴衰。但对于运动所需要的资源所从何来，该理论却没有明确地回答，但其种种理论论述（比如对"良心支持者"的高度强调）暗示：资源主要来自精英。这种看法显然过于乐观。因为社会运动作为被主流政治体制排斥在外的社会群体所发起的集体行动，它总是对当前体制构成一定程度的威胁。而精英作为现体制的"成员"，赞助社会运动的可能性很小。即使在某种条件下他们被迫对社会运动予以一定形式的赞助，也总是有意无意地施加某种限制，其后果往往是促进社会运动的死亡而不是成功。总而言之，"运动组织需要稳定的资源流是没有疑义的。精英群体在极少数情况下也会成为这种支持的来源也是应该承认的。但与此同时，培养外部支持线也会带来巨大的风险。资源动员理论家似乎低估或忽视了这一点"（McAdam 1982：29）。

二是低估群众依靠自身资源发起社会运动的能力，"赋予精英机构以太高的重要性，而赋予被压迫人群以太低的重要性"（McAdam 1982：29）。这两方面是互为因果的。资源动员论低估被压迫群体有两个理由：一是他们缺乏发动和支撑社会运动所需要的组织资源；二是他们缺乏投票、竞选资金等常规政治资源，从而无法有效地与政治机构讨价还价。麦克亚当认为这两个理由都站不住脚：首先，关于政治筹码，被压迫群体虽然手中的筹码有限，但也不是全然无计可施。他们可以通过"负面刺激"（negative inducements）来迫使精英让步。被压迫群体虽然被剥夺得很厉害，但他们的存在和活动对精英赖以生存的政治结构的维持却是不可或缺的，被压迫群体可以撤回对特定结构的支持，对既有的政治结构造成破坏性影响，从而对精英施加压力。这就是所谓"负面刺激"。罢工、抵制、静坐等抗争方式即属此类。显然，负面刺激是即使受到最严重剥夺的群体都可以实施的。其次，关于组织资源，资源动员论总认为只有正式组织才是资源，事实上人际关系网络也是一种重要的组织资源。通过人际关系，可以传播信息，可以识别和推选领袖，可以交换思想，可以孕育运动所需要的意识形态，等等。受压迫再深的群体，其人际关系网络也是难以剥夺的。更何况，在现实生活中，沦落到只剩下负面刺激和人际关系网络可用的群体是很少的。

三是对"资源"概念缺乏明确定义。这是一个不争的事实。如第三章所述，到目前为止，资源动员论对什么是"资源"仍然缺乏明确的定义。在实际使用过程中，"资源"几乎用来指代任何有利于社会运动的因素和条件。"这样一种模棱两可的、无所不包的定义方式等于剥夺了该概念的大部分分析功能。"（McAdam 1982：32）由于未能对"资源"概念提供一个足够操作化的定义，资源动员论关于社会运动的解释变得不可检验。

四是把怨愤（grievances）视为一个对社会运动没有任何影响的常量，而事实上它对社会运动具有重要影响。资源动员论在拒绝集体行为论传统的同时，把后者视为关键变量的怨愤当作一个常量，在模型中不予讨论。麦克亚当认为，集体行为论肯定怨愤在社会运动过程中的作用是正确的，其错误只在于强调过度，并且往往用客观的结构条件去代替主观的心理状态。同样地，资源动员论完全抛弃怨愤变量也是不对的。

总而言之，"资源动员论为分析由当权的政体成员所发起的有组织的改革提供了一个有用的视角，但作为对社会运动的一种解释却不那么令人信服"（McAdam 1999：34）。基于这样一种认识，麦克亚当决定用政治过程论取代资源动员论。

三、麦克亚当的政治过程模型

"政治过程"一词出自鲁尔和梯利的一篇题为《革命法国的政治过程：1830—1832年》（Rule and Tilly 1975）的论文。麦克亚当借用该词来命名自己的理论模型，无非是要强调两点：第一，社会运动是一个政治现象而不是一个心理现象，那些用来解释"正常"政治现象的因素同样可以用来解释社会运动；第二，社会运动是一个连续的过程，而不是一个个离散的阶段或事件。

麦克亚当认为，无论其公开的面目如何，任何一种社会运动理论背后其实都隐含着一定的政治观念：集体行为论背后是多元主义政治观，即认为政治权力在社会中是平等分布的，每个人都有相同的政治影响力，因此撇开政治体制去搞社会运动属于偏离行为；资源动员论背后是精英主义政治观，即认为政治权力的分配是不平等的，权力主要集中在精英手中，大部分人都被排除在制度化政治之外,因此手握丰富资源的"良心支持者"的赞助对社会运动非常重要。政治过程论也持精英主义政治观,但与资源动员论有两点不同:一是不认为被排斥群体内部缺乏集体行动的潜能;二是不认为精英会乐意地,甚至主动地向被排斥群体提供资源。除此之外,政治过程论还从马克思主义中汲取营养。这体现在两个方面:首先,把权力理解为一种社会结构,而不是某个组织或个人单方面拥有的某种能力。权力作为一种结构,意味着结构中的任何一分子,不管其能力如何,都能对精英的权力提出挑战。权力的结构性正是被排斥群体具有集体行动潜能的来源。其次,权力的行使在很大程度上依赖于行动者对自身权力的主观看法。被排斥群体在政治上的渺小很多时候不是客观原因造成的,而是认为自己无力改变政治结构的主观看法造成的。正是基于马克思主义的观点,政治过程论高度重视被排斥群体的内在力量和政治意识。

政治过程模型的核心是关于"成员"和"挑战者"的区分。成员位于政治体内,挑战者则位于政治体外。成员在本性上是保守的,他们宁可被动地防范挑战者给自身的既得利益所造成的威胁,也不会主动利用机会扩大自己的收益。正是这样一种保守态度,迫使挑战者不得不通过集体行动来推进自己的利益。从这个意义上说,社会运动是"被排斥群体通过非制度化手段,动员足够多的政治筹码以推进集体利益的努力"(McAdam 1982:37)。

政治过程论还特别强调,社会运动是运动内部因素与外部(环境)因素交互作用的结果。由于各种因素及其组合因时而变,因此社会运动也是一个生生不息的过程。

基于上述观念,麦克亚当提出了两个模型:一个是关于运动发生的模型,如图4—4所示;另一个是关于运动发展和消亡的模型,如图4—5所示。首先来看关于运动发生的政治过程模型(McAdam 1982:51)。该模型指出了影响社会运动发生的三个关键因素:一是被压迫群体内部的组织化水平,二是被压迫群体关于运动成功前景的评估,三是外部政治环境中其他群体的政治站队情况。这三个因素在图中分别表示为"本土组织力量"(indigenous organizational level)、"认知解放"(cognitive liberation)和"不断扩大的政治机会"(expanding political opportunities)。与艾辛杰一样,麦克亚当也认为,任何社会运动的发动都是在一定的政治环境下发生的,在不同的政治环境下,社会运动发生的机会是不同的。当然,由于受工业化、城市化等宏观社会经济过程的影响，政治结构是不断变动的，社会运动面临的政治机会从而也是不断变动的：一是有可能缩小运动群体与其对手之间的力量（权力）差距，二是有可能显著增加精英群体镇压社会运动的成本。在这个问题上，麦克亚当还特别指出政治过程模型与"经典模型"之间的差异："经典模型"往往跳过"政治机会结构"这个中间环节，直接用宏观社会结构过程去解释社会运动；政治过程模型则认为"政治机会结构"这个环节对于理论解释是必不可少的。

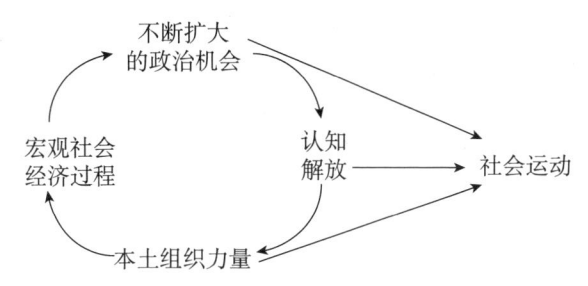

图 4—4 麦克亚当关于运动发生的政治过程模型

社会运动发生的第二个影响因素是被排斥群体内部的组织水平。被排斥群体内部的组织水平取决于四个因素：一是成员，即参与者的数量和结构；二是既有的团结性激励结构，这有助于克服奥尔森所说的"搭便车"问题；三是沟通网络，帮助运动互通信息，统一认识；四是领袖。

影响社会运动发生的第三个因素是认知解放。政治机会和内部组织水平只是社会运动发生的必要条件，而不是充分条件。要把这种客观的"结构潜能"转变为实际的集体行动，必须经过一个主观的"认知解放"过程，即被排斥群体开始把自己的遭遇归因于主流政治制度，"集体性地认定他们的处境是不公平的，是需要通过群体行动来改变的"（McAdam 1982：51）。只有经过这样一个过程，主流政治制度才会成为运动挑战的目标，但这一点在集体行为论和资源动员论中都被忽略了。

总之，在麦克亚当看来，社会运动发生是上述三个因素共同作用的结果。"不断扩大的政治机会"和"本土组织力量"共同构成了社会运动所必需的"结构潜能"。经过一个"认知解放"过程的转换，"结构潜能"变成实际的社会运动。对社会运动的发生来说，这三个条件都是必要条件，但都不是充分条件。只有三个因素共同作用，社会运动才会发生。

图 4—5 是麦克亚当提出的关于运动发展和消亡的政治过程模型

(McAdam 1982：52)。与图 4—4 中的运动发生模型相比，这个模型最为显著的变化是增加了两个因素：一个是社会运动本身的活动，即图中所示"社会运动水平"；二是社会控制，即图中所示"社会控制水平"。增加这两个因素是要表明，社会运动一旦发生，一个社会运动与其对立面的**互动过程**就会发生：当权的政治精英会千方百计施加社会控制，而社会运动作为一种已然崛起的力量，其活动水平会同时影响作为外部因素的政治机会结构和社会控制水平，以及作为内部因素的组织水平和集体归因，并反过来同时受这些因素的影响——所以图中的箭头都是双向的①。从运动组织内部来讲，客观层面的组织设施与主观层面的集体归因相互作用，这在一定程度上会影响运动组织的维持能力。总之，这个模型着力强调社会运动的发展和消亡是一个过程，其逻辑和机制与社会运动的发生是不同的。

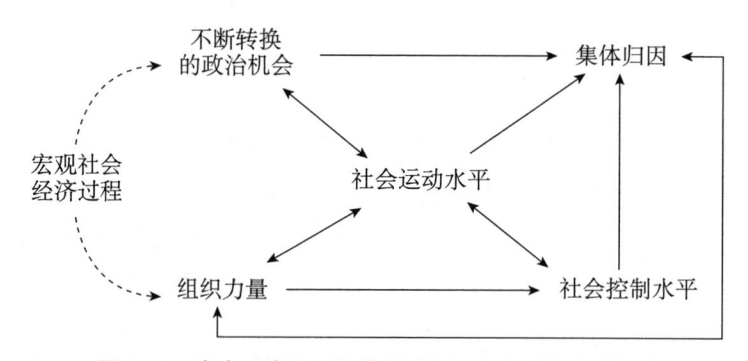

图 4—5　麦克亚当关于运动发展和消亡的政治过程模型

四、政治过程论：从模型到框架

麦克亚当试图用政治过程模型完全取代"经典模型"和资源运动视角。他说（McAdam 1982：58-59）："政治过程模型是一个替代经典视角和资源动员视角的方案。这个模型不是要么只关注运动的内部因素，要么只关注运动的外部因素，而是把运动描述为两种因素交互作用的产物。具体而言，它指出了塑造社会运动发生的三个系列因素：不断扩大的政治

---

① 图中"集体归因"与"社会运动水平"之间的箭头为单向，这很可能是印刷制版上的错误。因为不管是从麦克亚当关于该模型的论述，还是从前面的运动发生模型来看，"集体归因"都会影响"社会运动水平"，而不像该图所展示的那样，只是"社会运动水平"单向地影响"集体归因"。

机会、本土组织力量和少数族群内部某种共同认知的出现,正是这三个系列因素的汇合促成了运动的发生。从时间上看,这三个因素加上第四个因素,即其他群体不断变化的对运动控制的反应,继续塑造着运动的发展。"尽管麦克亚当雄心很大,但戏剧性的是,他的政治过程模型虽然在社会运动研究中声名远播,但实践中的政治过程论却与他最初的设想相去甚远——在他所着力强调的三个因素中,"集体归因"后来成为框架建构视角研究的主要内容,关于"本土组织力量"的研究则被资源动员视角吸纳,最后剩给政治过程视角的只有政治机会结构(包括社会控制)。

图4—6是克里希(Kriesi 2004:70)的概括。根据这个概括,政治过程论的实际研究内容主要包括三大块。首先是政治结构,核心内容是国家政治制度和政治文化,兼及国际背景(即世界体系的政治经济结构)和劈理结构(cleavage structure,即社会结构分化所形成的板块结构)对国家政治制度和文化的影响。其次是政治行动者的格局(configuration of political actors),即在特定政治结构的限制或推动下,在政治舞台上作为能动主体活动的个人或组织,它们因时因地结成联盟或相互冲突。从这个意义上说,政治活动者的格局就是活动中的政治结构。最后是不同政治行动者之间的互动,包括作为"成员"的公共机构或政策制定者和作为"挑战者"的集体行动者(社会运动)在政治斗争过程中采取的策略,以及作为两者之间互动中介的"政治机会"。

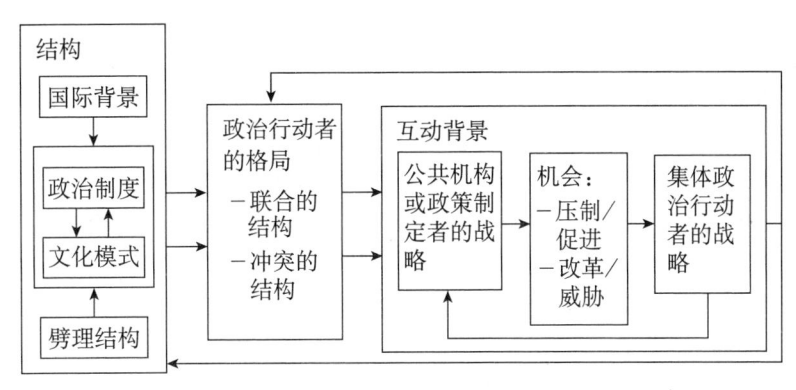

图4—6 政治过程视角的研究内容

这个内容框架实际是按宏观、中观和微观的尺度来划分的。一般来说,社会运动的产生和发展过程是按从宏观到中观再到微观的过程演变的，但同时存在从微观到中观再到宏观的反馈和直接从微观到宏观的反馈。宏观、中观和微观三个子系统内部也存在反馈。

克里希的框架清晰地概括了当前政治过程论的实际研究内容。麦克亚当用政治过程模型囊括整个社会运动研究的企图之所以失败，原因在于，现实生活中的社会运动极为复杂，企图用一个理论一网打尽是不现实的，更何况麦克亚当还把它概括为一个工业流程式的"模型"。后来的学术发展表明，社会运动发生、发展的影响因素及其作用机制比麦克亚当的政治过程模型所想象的要复杂得多。他以为该模型已经穷尽一切，但新问题总是在某些地方冒出来，让该模型难以容纳，于是只好转移给其他理论视角。因此，最好的办法是，如克里希（Kriesi 2004：69）所说，与其把政治过程论当作一个教战手册式的"模型"，不如把它视为一个轮廓性的"框架"（framework），其主要功能是启迪思维，指引方向，而不是提供一个具有操作性的研究流程。其实，对其他社会运动视角，亦应作如是观。

第二节　政治机会结构

政治过程论现在已经成为"社会运动研究中的霸权范式"，该视角"以其对概念景观、理论话语和研究议程的强大塑造力统治着该领域的研究，来自其他理论阵营的学者除了坐而观望，没有别的办法"（Goodwin et al. 1999：28）。然而，讽刺的是，该理论的"红火"恰恰来源于它的一个根本缺陷，即对"政治机会结构"这个核心概念缺乏清晰的界定。正是这一模糊性赋予了该理论广泛的"适用性"——任何政治环境因素都可以贴上"政治机会结构"的标签，结果，只要承认政治环境对社会运动有影响，几乎就可以说是"政治过程论"的研究。

一、概念界定和使用中的机会主义

按照麦克亚当最初的设想，政治过程论不仅要分析社会运动面临的外部环境，而且要分析内部的组织和动员过程；不仅要分析行动过程，而且要分析思想塑造即"认知解放"过程；不仅要分析特定的政治体制特征，而且要分析更为宏大的政治经济变迁过程。总而言之，凡是社会运动的兴亡可能涉及的因素，"政治过程模型"都涉及了。但大浪淘沙的最终结果是，"政治机会结构"逐渐成为政治过程论研究的核心内容；至于其他内容，则发展成为框架建构论，或者被纳入资源动员论和新社会运动论等既有理论视角的研究范围。这样一种转变是学术分工不断发展的必然结果。现实的社会运动现象如此复杂，必然导致研究工作的不断深化和分化，没有任何一个理论视角能够包打天下，遑论一个理论模型。而现在的问题是，尽管"政治机会结构"已经成为政治过程论的核心概念，但该概念一直没有得到清晰的界定。

"政治机会结构"概念最早是由艾辛杰提出来的。在艾辛杰那里，该概念与其说是一个非常重要的专业术语，不如说是为了经验研究的方便而信手拈来的一个普通名词。因此，他并没有郑重其事地对它进行严格的界定，而只是顺带一笔地说（Eisinger 1973：25）："我把它理解为各种团体有多大可能和多大能力获取权力并掌握政治系统的反映。"从其操作化研究来看，政治机会结构主要是指：（1）地方政府的正式结构，即市长的产生方式是选民直选还是由市议会任命。在前一种产生方式下，市长对选民要求的回应会更积极和主动，后者则相对较弱。（2）选举制度，即是采用选区制还是不分选区的通选制。前者更有利于在地理上集中居住的少数民族发挥政治影响力，后者使政治系统更容易被总人数占优的族群控制。（3）是否有正式的政党制度。在有正式政党制度的城市，民众有更多渠道表达诉求；没有该制度的城市，民众的渠道较少。他综合上述三个指标，将政治机会结构分成开放、封闭和混合三种类型，最后发现政治环境正处于从封闭走向开放过程中的城市最容易发生骚乱。不过，艾辛杰的"政治机会结构"概念也不无含混之处。在同一篇文章的另一些地方，他把所谓"社会技能和地位的分布"，比如一个城市中黑人的数量、黑人占总人口的比例等，也视为"政治机会结构"的一部分。这可能是因为，在他看来，这些指标会涉及黑人骚乱的动员潜能。但这样一来，"政治"的含义就被泛化了。因为如果连一个城市的人口数量和结构都可以被视为"政治环境"的话，那就没有什么事物不可以被视为政治环境了。

艾辛杰当初创造"政治机会结构"这个概念完全是为当下的经验研究服务的，并无在理论上另立门户的宏图大志。这个概念在后来的大红大紫也是他没有想到的。因此，他没有清晰地界定"政治机会结构"概念，完全可以理解。但麦克亚当也这样做就令人费解了。因为他不但自觉地把政治机会结构作为其理论模型的三大支柱之一，而且在批判资源动员论时还特别数落它对"资源"这个核心概念缺乏严格界定的"罪状"。没想到话音未落，他也犯了类似的错误：在其创立政治过程论的《政治过程与1930—1970年黑人起义的发展》一书中，麦克亚当同样未对"政治机会结构"进行严格界定，而只是简单地罗列。察其原书，在"政治机会结构"项下，他列举的内容包括美国南部棉花种植业的衰落、黑人从南部向北部城市的大规模迁移、北部政治家为争取黑人选票而改变对种族歧视政策的态度、二战后美国在外交上面临的意识形态压力、越来越有利于黑人的政府行动，等等。尽管这里列举的若干因素与通常意义上的"政治"离得很远，但似乎只要有利于解释黑人运动，不管是经济的、人口的、外交的、政策的，还是政治的，都被一揽子装进"政治机会结构"的箩筐里。以麦克亚当为始作俑者，这样一种机会主义的概念使用方式在政治过程论中一直盛行，这为研究的发展埋下了两个重大隐患。

一是概念的内涵越来越模糊，分析能力越来越差："许多学者都回避对[政治]机会做概念上的全称判断，而只是指出那些他们认为对手中的案例有意义的变量"，"关于[政治]机会的变量经常不是被推翻、提炼或者替代，而是简单地追加"（Meyer 2004：134、135）。于是，甘姆森和迈耶（Gamson and Meyer 1996：275）发现，被附加到"政治机会结构"概念名下的分析因素越来越多，概念的内容越押越大，以致"政治机会结构概念有变成海绵的麻烦和危险：它实际上吸收了社会运动环境的每一个方面——政治制度和文化、形形色色的危机、政治联盟、政策转变"，"它有可能变成一个无所不包的、被用来指代那些构成集体行动背景的所有条件和环境的搪塞性因素。它想解释的东西如此之多，但最终可能什么也没有解释"。

二是造成分析上的循环论证（Goodwin et al. 1999；Meyer 2004：135）。由于没有一个独立的、客观的测量"政治机会结构"的标准，每个研究者都会有意无意地根据所要研究的经验问题往后倒推，然后选择一组具有潜在解释力的变量，把它们说成"政治机会结构"，接着用这组变量去检验"政治机会结构"确实具有某种作用。这是典型的循环论证，因为结论早在选择变量时就已经预设好了，结论只是假设的同义反复。这样，正像麦克亚当对资源动员论的批判一样，"政治过程论"也变成不可证伪的了（赵鼎新 2005：186）。显然，这样的理论分析在科学上的意义不大。

甘姆森和迈耶（Gamson and Meyer 1996：277－281）曾经对社会运动研究中不同学者所描述的"政治机会结构"做过一个概括。如图4—7所示，他们用两个维度把相关研究划分为四个象限：一个是制度的（国家）/文化的（社会），另一个是稳定的/易变的。其中，"稳定的"是指变化比较缓慢或困难，"易变的"是指容易因事件、政策和政治行动者而发生改变。最终识别出的"政治机会"或"政治机会结构"竟有31类之多。

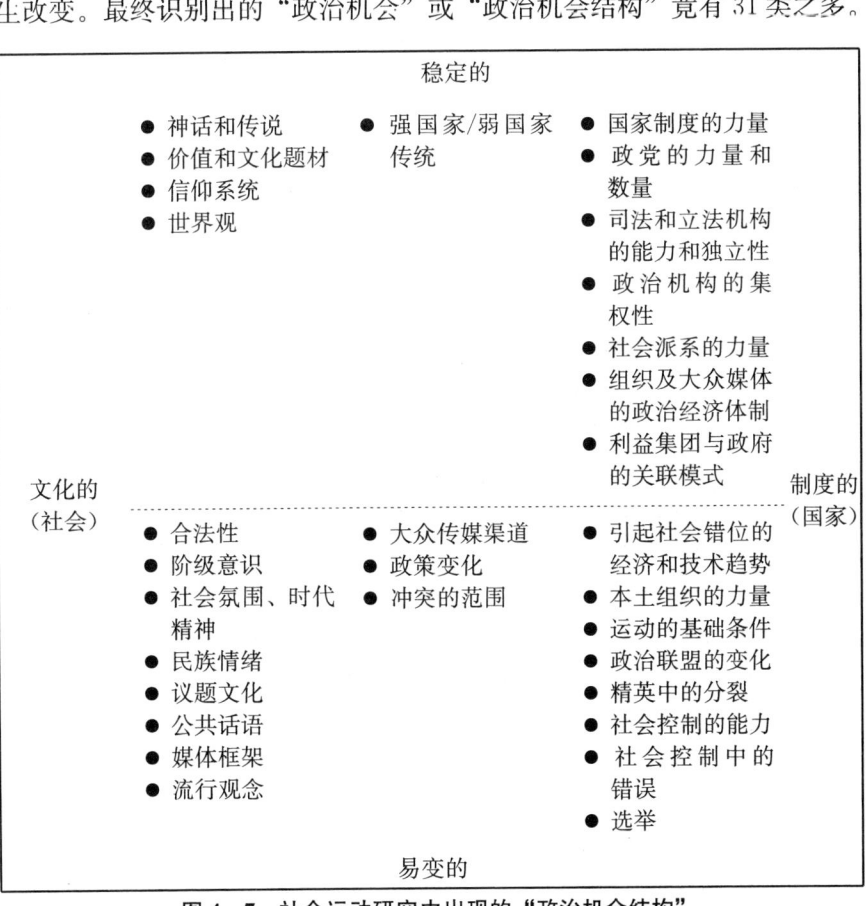

	稳定的	
文化的 （社会）	● 神话和传说 ● 价值和文化题材 ● 信仰系统 ● 世界观	● 强国家/弱国家传统	● 国家制度的力量 ● 政党的力量和数量 ● 司法和立法机构的能力和独立性 ● 政治机构的集权性 ● 社会派系的力量 ● 组织及大众媒体的政治经济体制 ● 利益集团与政府的关联模式	制度的 （国家）
	● 合法性 ● 阶级意识 ● 社会氛围、时代精神 ● 民族情绪 ● 议题文化 ● 公共话语 ● 媒体框架 ● 流行观念	● 大众传媒渠道 ● 政策变化 ● 冲突的范围	● 引起社会错位的经济和技术趋势 ● 本土组织的力量 ● 运动的基础条件 ● 政治联盟的变化 ● 精英中的分裂 ● 社会控制的能力 ● 社会控制中的错误 ● 选举	
	易变的	

图4—7 社会运动研究中出现的"政治机会结构"

2004年，迈耶（Meyer 2004：135）又概括了社会运动研究中通常用以测量"政治机会"的若干种变量，也达到9种之多：(1)以往社会运动所遗留的组织；(2)政党的开放性和意识形态立场；(3)公共政策的变化；(4) 国际联盟及其对国家政策的限制；(5) 国家的能力；(6) 政府管辖的地理范围及镇压能力；(7) 对立社会运动的活动；(8) 潜在积极分子对政治机会的看法；(9) 甚至还有学者用弗洛伊德的精神分析学观点，分析"情感关系和性关系"（effectual and sexual relationships），即所谓"力比多机会结构"（libidinal opportunity structure）对社会运动的影响（Goodwin 1997）。类别林立的"政治机会结构"生动地显示了该概念在界定和使用上盛行的机会主义作风。

二、政治机会还是政治威胁？

政治过程论在概念和理论上还有一个困境，即应该如何看待"政治威胁"对社会运动的影响？在政治过程论的理论框架中，"机会"和"威胁"是不区分的。在大多数人看来，"威胁"就是从相反的角度讲"机会"，如同一个人向东走了20米也可以说成向西走了-20米一样。所以在政治过程论的理论表述中，机会和威胁通常是以"机会/威胁"的方式同时出现的。但事实并非这么简单，因为研究发现，威胁和机会对社会运动的影响和作用机制是非常不同的。

早在1978年，梯利（Tilly 1978：134-138）就指出，人们对威胁的反应通常会比对机会的反应更为激烈，因为人们宁愿花更多精力去保持已经得到的东西，而不是去追求可能得到的东西。后来麦克亚当也明确继承这一观点，并把它作为政治过程模型的理论出发点之一，即正是由于精英们更愿意保持现状而不是主动变革，所以被排斥群体才不得不发动运动来推动社会变革（McAdam 1999：38-40）。然而，他们只注意到威胁对于精英政治行为的影响，却没有注意到它对社会运动的影响。囿于"理性人"假设，政治过程论潜在地认为，社会运动都是主动去追求"效用最大化"。事实上，很多社会运动都不是追求性的，而是反应性的，即运动的目的不是为了"效用最大化"，而是为了"风险最小化"。尽管从字面上说，规避风险也是在追求效用，但从实际的社会过程和意义来看，两者是有根本差别的："风险最小化"旨在保持既得利益，是保守性的；而"效用最大化"旨在获取期得利益，是进取性的。两者的活动方向正好相反。

还有一些场合，运动的目的甚至不是为了实现"风险最小化"，而是在走投无路之下期盼有奇迹出现的困兽之斗。爱因沃勒尔（Einwohner 2003）提供了这么一个案例。1943年，处于纳粹重重控制下的波兰华沙贫民区的犹太人发动了一次起义。促成这次起义的不是什么"政治机会",而恰恰是由于缺乏"政治机会"(不管是客观存在的,还是主观以为的)。正是由于清晰地意识到纳粹即将实施大屠杀,自己注定没有什么生还的希望,当地犹太人才积极行动起来,准备起义。他们不但做物质上的准备,而且营造出一个牺牲就是光荣的论述框架,对当地犹太人进行激励。显然,这次起义之所以发生,不是因为机会之门越开越大或是被压迫群体想把它开得更大,而恰恰是因为机会之门越关越严,被压迫群体除了暴动别无选择。这与追求"效用最大化"和"风险最小化"都没有什么关系。爱因沃勒尔指出,这个案例看似极端,但在非民主政体下并不少见。在理论上,这个案例对政治过程论提出了两个挑战:第一,怎样把威胁这个因素更好地纳入政治过程论的理论框架?第二,怎样把政治过程论扩展到非民主政体中?除爱因沃勒尔之外,另有一些学者也提出了类似的问题(Goldstone and Tilly 2001; Goldstone and Useem 1999; Goodwin 2001; Meyer 2002)。

三、概念和理论发展的方向

麦克亚当(McAdam 1996b)曾经试图对"政治机会结构"的概念界定以及由此而引起的理论混乱进行清理。他强调,首先,要把政治机会与其他促进性因素区分开来,不能把所有有利于社会运动的因素都说成"政治机会"。特别是,不能把"政治机会结构"与其背后宏大的社会经济过程混为一谈,不能把关于政治机会的主观看法与客观的政治[机会]结构混为一谈。其次,要细化政治机会的分析维度,他区分了四个维度:(1)制度化政治系统的相对封闭和开放程度;(2)一个政体赖以支撑的精英一致(elite alignments)的稳定程度;(3)运动从精英中取得盟友的可能性;(4)国家镇压的能力和倾向。这个区分后来在社会运动研究中比较流行。最后,要细分运动的形态。运动有很多种形式,一个运动也有很多环节。同一种政治结构对于不同的运动形式和环节来说,意义也许是不一样的:对这种运动形式或环节意味着机会的政治结构,对另一种形式或环节则未必。在另一处,麦克亚当(McAdam 1999: vii – xlii)又试图对他早年提出的政治过程模型进行改造,基本方向是将文化主义视角和资源动员视角的有关因素引入政治过程视角,以考察不同的文化背景和组织背景对人们理解和把握政治机会的影响。

沿着麦克亚当的方向，迈耶等人（Meyer 2004；Meyer and Minkoff 2004）进一步阐发说，今后对政治机会结构的研究和界定应该在三个方向上下工夫：第一，对谁的政治机会？同样一种政治结构，对这个人群可能是机会，对那个人群可能相反，对第三个人群可能没有任何意义。第二，对什么的政治机会？即要区分同一种政治结构对不同运动形式或环节的意义。比如，一种政治结构对大造舆论可能是个机会，对建立组织却未必是个机会。第三，政治机会是怎么发挥作用的？到现在为止，虽然大家都在谈"政治机会结构"对社会运动的推动或抑制作用，但到底是怎么推动或抑制，却不甚了了。迈耶主张，为了处理同一政治结构对不同的人群和运动形态具有不同的意义的问题，最好的办法是把社会运动作为一个"联盟过程"（coalition）来研究，这样就可以廓清在一种政治机会结构的作用下，不同人群是怎样不断地分化组合，这种分化组合又是如何推动或抑制社会运动的。

总之，政治过程论在成为社会运动研究中的"霸权范式"的同时，本身存在着这样那样的缺点。这一点在"政治机会结构"这个概念的界定和使用上表现得尤其明显。这让政治过程论在西方社会运动研究中的地位备受争议（参见 Goodwin et al. 1999；Jasper and Goodwin 1999；Koopmans 1999；Meyer 1999；Polletta 1999；Tarrow 1999；Tilly 1999b）。学术从来都是在反对主流范式中前进的，在当前，可以说，反思和批判政治过程论已经成为西方社会运动研究的学术增长点之一。

第三节　国家政治与社会运动

社会运动领域关于政治机会结构的研究有两种主要倾向（Tarrow 1996）：一种以国家为中心，比较不同国家的政体差异以及不同历史时期国家形态的变化对社会运动的影响；另一种以国内政治为中心，考察一国之内的各种政策和各个社会群体之间的关系对社会运动的影响。尽管后一个方面是当前西方社会运动研究的主流，但这里将以介绍前一个方面的研究为主。这是因为，首先，一般地说，在所有政治机会结构中，国家是最核心、最重要的一个；其次，从推动国内相关研究的角度来说，前者所具有的国际视野和历史视野更有启发性和借鉴意义。

一、重拾国家分析

前已述及，将社会人群分为政治体内的"成员"和政治体外的"挑战者"，并把社会运动看作"成员"与"挑战者"之间的政治斗争，是政治过程论的基本出发点。与此同时，西方还存在另外一个分析传统，即从国家与社会的关系来理解社会运动。从逻辑上说，这两个分析框架具有内在一致性。因为在现实生活中，覆盖最广、势力最强的"政治体"当数国家无疑，在这个意义上，"成员"与"挑战者"的关系就是"国家"与"社会"的关系。然而，奇怪的是，国家—社会关系（state-society relations）的分析传统却长期被排斥在社会运动研究之外，自然也被排斥在政治过程论之外。造成这种状况的原因在于，自托克维尔以来，"国家—社会"的分析传统关注的都是那些旨在颠覆整个政治体制的革命性运动，由此造成一种刻板印象，即"国家—社会"框架只适于分析那些大型的革命运动，而第二次世界大战以后，西方发生得最多的却是那些仅仅企图影响而不是颠覆国家的改良性运动。在刻板印象和现实政治的双重作用下，"国家—社会"的分析传统在社会运动研究中被边缘化了。

"国家—社会"的分析传统是由法国社会学家托克维尔开创的。托克维尔曾在《旧制度与大革命》（1992）、《论美国的民主》（1988）等著作中对英、美、法等国的民主化进程进行比较研究。他认为，革命的发生与国家的强弱有关。法国是一个中央高度集权的国家，国家的高度集权一方面严重压缩公民政治参与的渠道，使社会利益无法表达，另一方面严重破坏由志愿性社团为主要构成的公民社会，使社会缺乏组织性。这样一个受到严重剥夺而又缺乏组织性的社会，在面临危机时最容易爆发大规模的暴力革命。与法国相反，美国是一个权力较为分散的国家，公民的利益可以通过志愿性社团有序地表达，因此不容易发生革命。

第二次世界大战后兴起于美国的多元主义政治学继承了托克维尔的观点。通过多元主义政治学，托克维尔的观点对西方社会运动研究产生了一定影响。正如麦克亚当所指出的，正是基于多元主义政治学理论，诸种"经典模型"才把社会运动视为一种社会异态（McAdam 1999：18）。作为"经典模型"的批判者，政治过程论虽然不像多元主义者那样认为每个人都有相等的影响国家政治的机会，但也不认为国家体制作为一种深层结构从根本上规定着社会运动的形态。在政治过程论眼中，真正构成"政治机会"的是那些所谓"精英"的决策活动，而不是政治体制本身。在这样一种导向下，政治过程论关于国家层面的政治机会结构的分析往往是"政策中心论"的（policy-centered），而不是"国家中心论"的（state-centered）。因此，出现在理论模型中的分析变量往往是政策变动，而不是国家体制的差异。另一方面，政治过程论从经验研究中发现，在运动兴起之前即已存在的大量社会运动组织，即所谓"本土组织"（indigenous organizations）不是抑制了而是有利于运动的动员。这与托克维尔的发现刚好相反。于是，研究者又纷纷到社会群体之间的关系结构，即所谓"社会劈理结构"（social cleavage structure）中去寻找"政治机会"。这种倾向不妨称为"群体中心论"（group-centered）。不管是政策中心论，还是群体中心论，托克维尔及其国家中心论观点都被搁到了一边。

大约从20世纪90年代初开始，"国家"逐渐回到社会运动分析模型中。学术和现实这两个因素的共同作用造成了这一转变。首先是学术因素。70年代末，针对此前盛行的"社会中心论"，西方政治学界兴起一股以"重拾国家"（bring the state back in）为号召的"国家中心论"思潮（Evans et al. 1985）。第二次世界大战后，结构功能主义长期主导着西方社会科学研究。在结构功能主义的理解中，国家只是"社会系统"的一个子系统，相应地，其结构和行为完全决定于"社会"这个大系统。这就是所谓"社会中心论"。在社会中心论的支配下，即使国家对社会运动的影响被注意到，最后也总是被归结为比国家更根本的经济或社会因素。针对这一倾向，"国家中心论"提出，国家是"一个具有自主性的结构——该结构有自身的逻辑和利益，这些逻辑和利益并不必然等同于或融合于一个社会中统治阶级的利益或该政治体中全部成员的利益"（Skocpol 1979: 27）。这样一来，国家对社会运动（包括革命）的影响就不能被化约为国家之外的经济或社会因素的影响，国家本身就是一个影响社会运动的独立变量。斯考契波于1979年出版的《国家与社会革命：关于法国、俄国和中国的比较研究》（Skocpol 1979）一书集中体现了这一观点。该书出版后，在美国学界引起极大反响。加上戈德斯通（Goldstone 1991b, 2003b; Goldstone et al. 1991）和古德温（Goodwin 2001）等人的大力鼓吹，国家中心论也逐渐影响到社会运动研究。

其次是现实政治因素的影响。20世纪80年代末苏联和东欧剧变引发大量社会运动。这些社会运动极大地开阔了西方社会运动研究的视野,一些学者开始把研究兴趣从一个国家内部的改良性运动转移到革命性运动和跨国比较上来。这也使社会运动研究在一定程度上"重拾国家"。

近年来,社会运动研究越来越清楚地认识到,即使改良性的社会运动也与国家政治有着密切的联系,而且"革命"与"运动"之间并没有不可逾越的界限:"事实上,所有广义的社会运动、革命和类似现象,都根源于不那么起眼的体制内的斗争事件"(McAdam et al. 2001:7);并且,"在现代社会中,社会运动构成了常态政治的必要组成部分,在制度政治与非制度政治之间只有一个模糊的、并非不可逾越的界限"(Goldstone 2003b:2)。因此,一些学者开始尝试打破议会、政党、选举等"制度政治"与骚乱、运动、革命等"非制度政治"之间的界限,企图用一个统一的框架对之进行一体化研究。《社会抗争的政治学:国家与社会运动比较研究》(Jenkins and Klandermans 2004)、《国家、政党与社会运动》(Goldstone 2003b)、《斗争的动力学》(McAdam et al. 2001)都是这方面的重要著作。

二、国家的开放性与执行力

关于国家与社会运动之间的关系,传统的看法是,社会运动的发生、进程及形态在很大程度上取决于国家政治体制的开放性。这个观点始创于托克维尔,后来在艾辛杰(Eisinger 1973)、梯利(Tilly 1978)、麦克亚当(McAdam 1982)等对政治过程论有重大影响的学者那里再次得到强调。至于到底是一种什么关系,有很多种观点。有人认为是一种直线关系,即政治体制越封闭,社会运动的规模就越大,形式也越激进(比如Birnbaum 1988)。但更流行的观点是,两者是一种曲线关系,即极端封闭和极端开放的政治体制都不容易发生社会运动,倒是那些半开放、半封闭的政治体制最容易引发社会运动(比如 Eisinger 1973:25-27;Tilly 1978:100-115;Zhao 2001:26-27)。

国家体制的开放性决定社会运动形态,似乎已经成为西方社会运动研究中的共识,问题只在于用什么概念、从什么角度去刻画这种开放性。托克维尔倾向于用行政集权的程度把国家分为强、弱两种:集权程度越高,越是强国家,开放性越差;反之,越是弱国家,开放性越好。艾辛杰

(Eisinger 1973) 是用行政长官的产生方式、选举制度和政党制度来测量的。如此等等。1986 年，凯茨切尔特（Kitschelt 1986）提出，应该在开放性之外再加一个维度——国家的政策执行能力。他认为，政治决策过程可以分为"输入"、"输出"两端。而以往关于国家开放性的争论都只看到"输入"这一端，即公民的政治要求能在多大程度上得到国家的回应，却未看到"输出"那一端。所谓"输出"，即"政治体制将［公民的政治］需求转变为公共政策的能力"（Kitschelt 1986：62）。凯茨切尔特认为，"政治输入结构"的开放程度和"政治输出结构"的有力程度共同决定着国家对社会运动的反应方式，进而决定着社会运动的形态。

凯茨切尔特从四个方面来测量政治输入结构的开放程度：（1）能够在选举政治中有效代表不同要求的政党、派别和团体的数目，数目越大越开放；（2）立法机关在行政机关之外独立创制和控制政策的能力，独立性越强越开放，因为立法机关是民意机构，比行政机关更能响应民众呼声；（3）利益集团与行政机构之间的中介方式，中介方式越多、越灵活，意味着不同利益集团将声音传达进行政机构的渠道越多，自然意味着体制越开放。（4）倾听和集中民意的渠道越多，体制越开放。至于国家的政策执行能力，可以从三个方面来测量：（1）国家机器的集权程度越高，执行能力越强；（2）国家对市场的控制能力越强，执行能力越强；（3）司法机构相对于行政机关的独立性越弱，国家的政策执行能力越强。

凯茨切尔特把输入结构和输出结构都区分为两个层次，然后交叉组合，形成如图 4—8 所示的分析框架。利用这个框架，他分析了瑞典、法、德、美四国的反核运动。结果显示，四国反核运动所采取的策略、它对政治程序和结构的影响以及运动追求的实现程度，都深受国家体制特征的影响：在策略方面，瑞典和美国的政治体制较为开放，所以反核运动更多地采取同化策略（assimilative strategy），包括院外游说、向政府机构请愿、利用公民投票运动和选举过程中的党派斗争影响公共政策；法国和西德的政治体制较为封闭，导致反核运动更多地采取冲撞策略（confrontational strategy），包括游行示威、占领核电站，等等。反核运动所采取的策略也受国家执行能力的影响。由于美国和西德的政策执行能力比较弱，所以反核运动经常通过干涉许可证的核发或通过法院起诉等方式达到阻止核电项目或关闭核电站的目的；而法国和瑞典的政策执行能力比较强，反核运动因此而无从干涉许可证的核发，也无从发起听证活动。

		政治输入结构	
		开放	封闭
政治输出结构	强	瑞典 (1) 同化策略占主导 (2) 程序性收益显著 (3) 实质性收益显著 (4) 政治体制的结构性压力很小	法国 (1) 冲撞策略占主导 (2) 程序性影响很小 (3) 实质性影响中低 (4) 政治体制的结构性压力很大
	弱	美国 (1) 同化策略占主导 (2) 程序性收益显著 (3) 实质性影响中低，有陷入政策僵局的趋势 (4) 政治体制的结构性压力很小	西德 (1) 冲撞策略占主导 (2) 程序性影响很小 (3) 实质性影响很小，有陷入政策僵局的趋势 (4) 政治体制的结构性压力很大

图 4—8　政治体制对反核运动的影响

至于反核运动所能产生的影响，起决定性作用的仍然是国家的政治输入和输出结构，而不是运动本身所采取的策略。凯茨切尔特把社会运动的影响分为三个方面：一是程序性影响，即社会运动在多大程度上了影响了国家在该问题上的决策程序，比如是否进入了议会辩论、是否纳入了政府议程；二是实质性影响，即运动在多大程度上实现了所追求的最终目标；三是结构性影响，即运动在多大程度上改变了政治体制。对这些影响，图 4—8 中已经列出，不赘述。

三、国家的正式结构与非正式结构

库普曼斯和克里希（Koopmans and Kriesi 1995；Kriesi 1996，2004）不赞成凯茨切尔特把政治体制分成"输入结构"和"输出结构"的做法，认为"要把这两类结构清楚地劈开是不可能的"（Koopmans and Kriesi 1995：27）。作为替代方案，他们把一个国家的政治制度分为正式结构和非正式结构。所谓"正式结构"，是指国家在立法、行政和司法等方面的正式制度安排；"非正式结构"则是各种正式制度安排在实际运作过程中形成的"惯用策略"（prevailing strategy）或"主导策略"（dominant strategy），亦即各种国家机构和官员行使权威的基本方式。

正式结构考察的是国家政治的制度方面，非正式结构考察的则是文化方面。正式结构从根本上决定了一个国家的开放性和行动能力。根据正式结构，国家可以分为"强国家"和"弱国家"。前者不仅有较强的自主性，而且有较强的贯彻执行能力；后者则相对比较缺乏自主性和贯彻执行能力。国家力量的强弱可以从横向和纵向两个方面来考察。从横向来说，立法、行政和司法三个领域之间以及三个领域内部的分工越明确，相互独立性越强，国家的力量越弱；从纵向来说，集权程度越高，国家的力量越强，反之则弱。

而非正式结构或主导策略，可以分为包容性和排斥性两种。在排斥性的非正式结构中，国家对社会运动的主导策略是压制性的、冲突性的、势不两立的；在包容性的非正式结构中，国家对社会运动的主导策略是促进性的、合作性的和吸纳性的。作为政治文化的非正式结构是正式结构在长期运行过程中积累下来的一种传统，有其相对独立的运行逻辑，既不能完全化约为正式结构，也不是哪个组织或个人可以随意改变的。

显然，相对于凯茨切尔特只关注正式制度结构，库普曼斯和克里希的一个重要贡献在于，他们注意到了国家政治运作过程中的非正式层面并将其纳入分析框架。除此之外，他们关于正式制度结构的分析也比凯茨切尔特更为全面和丰富。凯茨切尔特虽然提出了衡量制度开放性的四条标准，但以西方三权分立的观念来看，这些标准都只涉及立法权力，而未涉及行政权力和司法权力。库普曼斯和克里希则不但涉及所有三种权力，而且对立法权做了更细致的阐述——他们认为，对于立法机关，除了考察政党的数目，还要考察议会的组成和政党的性质。议会如果是按比例代表制组成的，那么政党数目一般会比较多，政府也一般会是多党联合政府。因此，一些小党不管是在议会中还是政府中都有可能利用"关键少数"的地位获取远高于其席位的政治影响力。反之，如果议会是按多数代表制组成的，则政党数目较少，且往往由多数党一党组阁。这样，社会运动不但接近议会的"点"比实行比例代表制的议会要少得多，而且通过言论去影响政府的可能性也大为降低。从政党的性质来说，也存在纪律性强弱的差别。不言而喻，那些纪律性很强的政党比较不容易受社会运动的影响。如果议会实行多数代表制，政府由一党组阁，并且执政党的纪律性很强，那么国家的力量就会很强；反之，则国家的力量较弱。

在行政领域，国家的力量取决于所控制的资源的数量、内部协调性和专业化程度。如果政府控制的资源很充沛、内部高度一致、专业化程度很高，则国家的力量很强，不容易受社会运动影响。反之，社会运动则有可能从政府中找到盟友，从而促进运动的动员和扩张。

库普曼斯和克里希认为,除立法和行政领域外,对国家力量的衡量还有第三个领域——"直接民主领域"。西方一些国家有一些"直接民主"的制度设置,比如公民投票等。如果这些制度设施比较多,启动比较容易,那么,国家的力量就较弱,反之较强。

根据国家力量的强弱和非正式结构的包容程度,克里希(Kriesi 1996:160-162)区分了四种政治制度形态,如图4—9所示:第一种情况是强国家与排斥性主导策略组合而成的"选择性排斥"(selective exclusion)。这种情况下,社会运动既没有正式的,也没有非正式的进入政治系统的渠道。由于国家的力量很强,因此国家干脆对社会运动置若罔闻;即使有所反应,也多是强烈的镇压。同样是由于国家力量很强,社会运动很少能通过公民投票、法院起诉等方式对国家行使否决权。不过,随着政府构成的变化,政府也有可能对社会运动做出实质性让步。

正式制度结构

		弱国家	强国家
非正式制度结构(主导策略)	排斥性	形式主义包容 -有正式的,但没有非正式的接近条件;受镇压的风险很高 -有否决的可能性,但不可能获得实质性让步	选择性排斥 -既没有正式的也没有非正式的接近条件;受镇压的风险很高 -没有否决的可能性,随着国家权力分配的变化有可能获得实质性让步
	包容性	完全程序化整合 -既有正式的也有非正式的接近条件;受镇压的风险很低 -有否决的可能性,但不可能获得实质性让步	非正式吸纳 -没有正式的,但有非正式的接近渠道;受镇压的风险很低 -没有否决的可能性,但有可能获得实质性让步

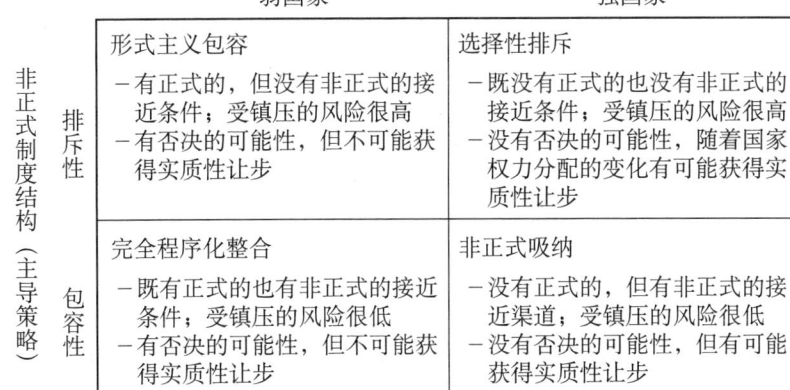

图4—9 国家的正式结构和非正式结构与社会运动

与"选择性排斥"完全相反的情况是"完全程序化整合"(full procedural integration)。这种情况是弱国家与包容性主导策略组合的结果。在这种情况下,国家实施镇压的可能性很小;社会运动不管是正式的,还是非正式的,都有很多进入国家内部的渠道。不过,由于国家很弱,社会运动也不可能从它那里得到什么实质性让步,但社会运动可以通过公民投票或法院阻止一些决策的通过。

第三种情况是由弱国家和排斥性主导策略组合而成的"形式主义包

容"(formalistic inclusion):运动有正式的,但没有非正式的进入国家的能力;有否决的可能性,但不可能获得实质性让步。德国就属于这种情况:一方面,联邦制的国家结构给予社会运动很多正式的进入渠道;另一方面,强大的、独立的司法机关也使社会运动可以通过法院等渠道对国家行使否决权。但是,德国长期以来的镇压传统也使社会运动一旦超出正式渠道允许的范围,就会有被镇压的风险。

最后一种情况是"非正式吸纳"(informal cooptation),由强国家和包容性主导策略组合而成。在这种情况下,社会运动没有太多正式的接近政府的渠道,但有非正式的渠道可以利用;国家很强,社会运动没有否决国家的可能性,但一旦通过非正式渠道取得国家的谅解和认可,就有可能取得国家的实质意义让步。

上述分析框架虽然是针对西方国家的情况而产生的,但对于理解中国的集体抗争不无启发意义:从正式结构上说,中国无疑是一个强国家,这不仅表现为立法、司法、行政机构之间以及上下级国家机构之间都高度一致,而且表现为公民政治参与的正式渠道相对较少;但从非正式结构即政治文化的角度来说,国家又表现出很强的父爱主义特征,一些明显违背正式规则的要求也可以协商,一些明显违背正式规则的行为也可以接受,显得包容性很强。正因为如此,国家对集体抗争采取的是"非正式吸纳"的策略。国家的这样一种策略,反过来在某种程度上影响了中国集体抗争的策略:一是民众倾向于绕过正式结构,以便通过更具有弹性的非正式结构表达自己的诉求。"信访不信法"就是一个典型的表现。"访"(即信访)虽然也是一种正式的制度安排,但它显然比"法"(即司法)具有更浓厚的政治文化色彩。因此,通过信访渠道比通过司法渠道更容易得到国家的包容。看准这一点,很多访民甚至通过"闹访"、"缠访"来解决问题。二是倾向于采用激烈的冲撞策略,以便突破正式结构的限制,迫使国家通过非正式结构与之沟通。这就是所谓"大闹大解决,小闹小解决"。

四、第三世界国家与革命

凯茨切尔特以及库普曼斯和克里希等人的研究都是以西方国家为对象的,古德温和斯考契波(Goodwin and Skocpol 1989)则试图提出一个关于第三世界国家革命的一般性理论。他们想回答的问题是:同为第三世界国家,为什么有些国家发生了革命,有些国家没有?为什么有些革命成功了，有些革命却不成功？也就是说，革命发生不发生、成功不成功的条件和机制是什么？关于这些问题，流行的解释主要有三种：一是强调社会下层（特别是农民）的赤贫为革命提供了社会经济基础；二是突出职业革命家的动员作用；三是从反面来看，认为一些国家之所以没有发生革命，是因为当地傀儡政权得到西方列强的支持。古德温和斯考契波认为这三种观点都不足以回答上述问题。从国家中心论立场出发，他们认为，革命发生不发生、成功不成功，关键不在于是否存在经济上的落后、职业革命家的鼓动或帝国主义的支持，而在于当事国的国家政权是否具有某种结构性上的脆弱性，从而为革命动员提供了政治空间。

　　古德温和斯考契波指出，第三世界的革命从来都不是以某一特定阶级为基础的，而是以跨阶级、跨地区、跨种族的大联合为基础的，联合的范围越广泛，革命发生和成功的可能性越高。因此，解释革命的关键是看国家政权结构是否、又是怎样造成和扩大这样一种"革命大联合"（revolutionary coalition）的。在他们看来，具有下述特征的政权最容易造成"革命大联合"：一是渗透力差，即国家对治域内的社会缺乏强而有力的控制；二是包容性差，即未能有效地收买或笼络社会精英和中产阶级；三是科层化程度差，即军队和行政未能实现职业化和专业化，运作没有规则，管理比较散漫。如图4—10所示，革命的发生和成功是这三个关键变量的函数，在三个变量上的得分低则"革命最有可能"，反之则"革命最不可能"。同样是基于国家中心论的立场，在这三个维度中，古德温和斯考契波又特别强调科层化的重要性，因为只有实现科层化，国家才能保持足够的社会渗透力；只有实现科层化，政权才能对精英和中产阶级保持一定的开放性——科层制意味着规范化的职业流动渠道，精英和中产阶级可以由之进入国家政权；也只有实现科层化，一旦发生革命，军队和行政机构才能有效地因应，不致在与革命的较量中败下阵来。

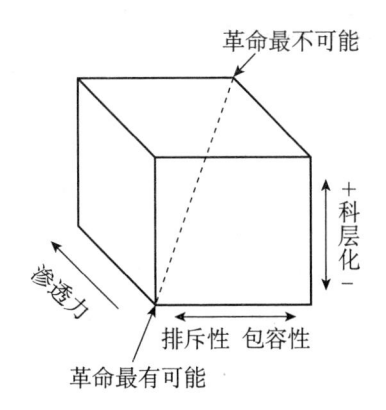

图4—10　政体特征与第三世界革命

　　具有上述三"差"特征的国家都是那些极端压制性和封闭性的政权，

这些政权的权力都掌握在少数独裁者手中，独裁者依靠少数亲信和人数极少的圈子进行统治，统治基础极其狭窄，与社会的联系极其薄弱。极端压制和封闭的结果就是"为渊驱鱼，为丛驱雀"，把一群又一群的人，包括那些政治态度最为温和的精英，都赶进了"革命大联合"，为自己制造掘墓人。在古德温和斯考契波看来，那些苏丹式的世袭政权和完全依靠帝国主义的殖民地傀儡政权是这种政权的典型。在第三世界中，同样是排斥性政体（exclusionary regime），那些"官僚威权政体"（bureaucratic-authoritarian regime）和不完全依靠帝国主义的殖民地政权，虽然国家的压制性同样比较强、对精英的开放程度也比较少，但相对来说渗透性、包容性和科层化情况要好得多，所以较不容易发生革命，即使发生也不容易成功。

不难看出，古德温和斯考契波的革命理论依然强调国家本身的特征和行为在革命发生和发展过程中的决定性作用，国家中心论色彩十分鲜明。这和多元主义政治学的国家观是截然对立的——在多元主义政治学中，国家只是各个利益集团竞逐权力的场所，本身没有自主性。但奇妙的是，在一些关键问题上，该理论与多元主义政治学却不无相通之处：一是都肯定保持社会多样性、避免社会形成一个统一的联盟对于社会和政治稳定的重要性，二是都强调中产阶级在保持社会和政治稳定过程中所发挥的至为关键的平衡作用。在多元主义政治学看来，庞大的中产阶级是多元主义政治的社会基础。古德温和斯考契波则从另一个角度强调了中产阶级的重要性。在他们看来，在第三世界国家，生活窘迫的工人和农民等社会底层产生革命企图是不可避免的，但革命发生和成功的关键却不在社会底层，而在中产阶级。可以说，谁赢得中产阶级，谁就赢得天下。一些国家之所以发生革命，正是由于统治者的极端排斥政策把中产阶级逼进了"革命大联合"。反之，统治者如果能够采取一些笼络中产阶级的包容性政策，即使这种包容是非常有限的，在促进社会和政治稳定方面也会收到非常显著的效果。

古德温和斯考契波的革命理论还对政治过程论中长期流行的一个观点提出了挑战。从梯利开始，政治过程论都认为，如果能够从"政治体"找到一些"盟友"，就会有利于社会运动的兴起和发展（McAdam 1996b, 27；Tarrow 1996，2011：166-167；Tilly 1978：213-214）。而古德温和斯考契波的理论则认为，政体成员和在野精英的结盟有利于推动政治改革和开放，从而有利于社会和政治稳定。从这个意义上说，它应该不利于社会运动。也许，事实的真相是：政体内的"成员"和政体外的"挑战者"之间的联合有利于改良性的中小型社会运动的动员，而不利大型革命性运动的发生和成功。但无论如何，"成员"和"挑战者"的联合到底具有什么政治效应，是一个值得进一步研究的问题。

随着研究的深入，古德温（Goodwin 1994，2001，2005）开始反思和修正上述理论模型。他认为（Goodwin 2001：55），国家中心论视角的一个根本缺陷是"未将那些非国家的和非政治的［革命］根源理论化"。这些根源包括：（1）社会联系的网络（associational networks），包括阶级和更一般意义上的"公民社会"的形成；（2）物质资源；（3）集体信念、观念、设想、情感、认同。也就是说，这些因素在革命形成和发展过程中发挥着重要作用，但以往的国家中心论模型却未能或不能解释这些因素所从何来。他自己给出的答案是，需要采取一种被称为"国家建构论"（state constructionism）的思路，即国家的结构和行为本身会创造出上述社会因素并塑造其形貌，结果在不期然中创造出一种异己的革命的力量。

与此类似，戈德斯通也号召抛弃此前流行的"第三代革命理论"（Goldstone 1980a），"迈向第四代革命理论"（Goldstone 2001）。相对于"第三代革命理论"，"第四代革命理论"有三大改进：首先，不仅能够解释少数巨型革命，比如1789年法国革命、1917年俄国十月革命、1949年中国解放战争，而且能够解释1959年古巴革命、1979年伊朗革命等相对较小的革命，包括最近发生的"阿拉伯之春"（Goldstone 2011）；其次，更加重视意识形态、性别、社会关系网络、领袖等因素的作用，这些因素在以往被严重地忽视了；最后，把革命的过程和结构视为多种行动者共同作用的结果，而不是完全取决于国家。

五、国家与社会的交会模型

凯茨切尔特、库普曼斯和克里希以及古德温和斯考契波的理论都是以国家为中心来解释社会运动的发生、发展和形态的，在基本思维上都属于国家中心论。赵鼎新（Zhao 2001）认为，这些理论都过分强调国家而忽视社会的作用，与其批判的社会中心论同样有失偏颇，只不过走向另一个极端而已。因此，他主张采取一个更有包容性的分析框架，即"国家—社会关系"。该框架的要旨是，用国家与社会的交会（intersection），而不是单纯用国家或社会去解释社会运动，从而"达到对政治过程的更为均衡的理解"（Zhao 2001：13）。也就是说，社会运动既非完全由国家的性质和特征决定，亦非完全由社会的性质和特征决定，而是由两者的交会情况决定。国家和社会的运作各有其自主性，二者在交会过程中，如果咬合得好，自然是波澜不惊；如果咬合得不好，就有可能发生社会运动或革命。两个国家，两个社会，即使它们的性质和特征完全相同，但如果交会的时机、位点和方式不同，在引发社会运动方面的后果也大不相同。因此，在研究过程中，既要分析国家的性质和特征，也要分析社会的性质和特征，但更重要的是，必须分析这两种具有不同性质和特征的结构的交会情况。既不是国家，也不是社会，而是两者之间的交会情况才是决定社会运动发生及发展进程的关键。相应地，整个分析工作可以分为三个部分：一是国家的性质和特征，二是社会的性质和特征，三是国家与社会之间关系的性质和特征。当然，前面两个工作主要是为第三个工作服务的。

对于国家性质，赵鼎新认为，可以从两个方面来考察：一是政治性质，即是民主的还是威权的；二是国家能力，即国家内部各机构能在多大程度上协调一致地行动。对于社会，主要是考察社会中层组织的发育情况。至于国家与社会的关系，则应同时考察经济、政治和心理联系。他特别强调，以往关于国家与社会运动的研究，对国家与社会之间的经济和政治联系考察比较多，对心理联系则较为忽视。所谓"心理联系"，即社会对国家合法性的认同方式。与政治、经济因素一样，合法性是一个可以用来解释社会运动现象的自变量，而不是其他因素与社会运动之间的"中介变量"。

基于上述观点，赵鼎新提出了一系列命题（Zhao 2001：25-31）：

  一个社会如果具有大量独立于国家之外的异质性中层组织，那么该社会一般是顺服的，一个中层组织发育不良的社会则容易走向极端。

所谓"顺服"，是指一个社会的主流是维护既有的政治秩序或仅仅追求改良式变革，激进观念和行为则被边缘化。所谓"极端"，是指在一个社会中，民众更倾向于支持反体制的观念，并参与旨在进行彻底变革甚至摧毁当前政治体制的社会运动。该命题实际上是说，在中层组织发育不良的国家更容易发生大规模社会运动和革命。

在一个极端的极权政体中，社会中层组织完全消失，国家彻底主宰社会。由于社会中不存在反对力量，自然不可能发生任何形式的社会运动。而在一个中层组织高度发达的社会里，由于中层组织的高度异质性造成不同人群在利益和认同感上的高度分化，因此，尽管局限于部分人群的社会运动在所难免，但席卷所有人群的革命性运动却难以发生，于是有命题：

> 一个国家在两个理想条件下可以达到政治上的稳定：存在有效的、异质性的中层组织，或是没有中层组织。在存在强大中层组织的情况下，政治稳定并不意味着社会运动不会发生，或者发生可能性更小，而是爆发革命性动乱的可能性降低。

由该命题可推，中层组织在刚刚兴起或衰落时分化不够、异质性不足，但又葆有一定的动员能力，所以最容易诱发革命性运动，于是有命题：

> 中层组织正在兴起或衰落时，最有可能爆发革命性动乱，但也不是不可以避免的。

在民主政体中，国家对社会组织持开放态度，允许依法建立并按照法律运作的社会组织存在和发展，因此社会与国家的关系比较和缓；而在威权政体中，国家倾向于严格压制社会组织，导致社会与国家的关系比较紧张，于是有：

> 在威权国家中，社会倾向于激进，而在民主国家中，社会则倾向于顺服。

并且：

> 一个社会的中层组织如果发育不良，社会运动的动员往往会带有很大的自发性，并且高度依赖于被动员群体的生活和工作环境。

这里所谓"自发性"，是指社会运动组织不能控制其参与者，运动中的大量活动都由少数并非运动领袖或组织者的人发起和主导。由于缺乏有目的、有计划的组织,整个运动自然容易受日常生活和工作环境的影响。从该命题也可以推出,在威权政体下爆发的社会运动,其动员过程具有较高的自发性。

应该说,用国家与社会之间的交会来解释社会运动的发生和进程,是一个很有创见的思想。确实,早前的社会中心论固然过于忽视国家的自主性,但后来的国家中心论也未免夸大了国家的自主性。事实上,不管是社会,还是国家,其自主性都不是绝对的,而是相对的,是所谓"受限自主性"(bounded autonomy)(Zhao and Hall 1994)。即使一些国家非常专制和强势,确实能够在很大程度上塑造社会的形貌,但社会一旦被塑造出来,就有了相对于国家的自主性,而不可能完全听命于或受制于国家。就这样,国家的自主性反过来就会被自己的创造物所限制,从而只拥有"受限自主性"。如同一对夫妇,尽管他们可以自主决定要不要以及什么时候要孩子,但孩子一旦生下来,就有了独立于父母的自主性,这对夫妇的自主性也就在一定程度上被自己生下来的孩子限制了。国家自主性所具有的这样一种辩证性质,是以往国家中心论者所忽视的,他们因此而夸大国家的自主性,把它强化为一种绝对的东西。同样,社会的自主性也具有这样一种辩证性质,即它既塑造国家,同时也被自己塑造出来的国家所限制。社会中心论者同样是因为忽视这一点而夸大社会的自主性的。简言之,国家与社会既是相互塑造的,同时也是相互限制的。因此,它们既各有其自主性,但又都只具有相对自主性。因此,用国家与社会之间的交会来解释社会运动的形成和进程,在基本思维上是完全正确的。至于不同的国家和社会之间会怎样交会,这些交会又会怎样影响社会运动的形成和进程,赵鼎新提供了一个很好的案例,但还需要更深入的研究,以便形成更具有一般性的理论。

上面概述了关于国家与社会运动的若干理论。不难看出,从国家政体的高度来理解社会运动,其优势在于能够抓住政治机会结构的核心,做到操之约而用之广。因此,一直有很多学者致力于发展国家政体与社会运动(包括革命)之间关系的一般理论(比如 Goldstone 2003a;Goodwin 2005;Tilly 2006)。不过,在此过程中也要注意(Tarrow 1988:436):"关于国家的种种理论蕴涵着一个风险,即,从如此高的角度来考察集体行动领域,以致看不到集体行动的关键过程和内部差异。比如,'强国家'

和'弱国家'的简单区分，可能会掩盖强国家中的薄弱部分，而这正可以被运动组织者利用。而且，只有当研究确实具有比较性时，用国家结构来解释社会运动之间的差异才是有效的；但很少有社会学家和政治学家拥有足够的一个以上国家的知识，使之能够有效地做到这一点。"

这里还需要讨论一下的是"国家—社会"这样一种二分法。有人（如Mitchell 1991）认为，国家与社会是相互渗透的，很难将其分开，或者将其分开是没有意义的。这种观点是错误的。事实上，社会科学研究中的任何分类都只具有认识论意义，而不具有本体论意义。也就是说，并不是客观世界本身有这么一些分类，分类只是人类为了认识客观世界而创造出来的分析工具。客观世界本身是普遍联系的，是无限且连续的。从这个意义上讲，作为本体的世界可以被任意分类。比如，一群人，既可以分为男性和女性两组，也可以分为大耳朵和小耳朵两组，还可以分为硬头发与软头发两组，如此等等。到底应该怎么分，不取决于人的客观性状，而取决于所欲解决的问题。以上面关于人的三种分类而论，第一种分类对市政部门来说是有意义的，因为它们要据此决定怎样修厕所，后面两种分类则没有意义。但后面两种分类对美容师来说是有意义的，因为他们要据此决定怎样美容。因此，脱离人类的目的去讨论分类的对错优劣是没有意义的。同样，"国家—社会"这样一个分类不存在对错的问题，关键在于你用它来解释什么问题——它在解释一些问题上有利于抓住问题的关键，给出有力而简洁的解释；而在解释另外一些问题上则可能过于粗放，不是抓住而遮蔽了问题的关键，给出的解释无力而苍白。也就是说，"国家—社会"这样一种分类法本身不存在对不对的问题，只有用得对不对的问题。它只是分析的一个工具而已。

第四节　社会运动作为政治过程

社会运动是一个斗争性的政治过程，是政治过程论的基本认知。社会运动作为一个政治过程有两层含义：首先，从整个人类历史的长河来说，社会运动是伴随现代民族国家建构而出现的一种新型集体行动，是一种历史现象；其次，从单个社会运动的角度来说，任何社会运动都是在与其他社会行动者（包括其他社会运动）的交锋和互动过程中生长和消亡的，是一个动态过程。

一、集体行动的戏码

社会运动作为一种集体行动形态是伴随现代化而来的新现象。要理解社会运动作为一种历史现象的属性，首先要理解"集体行动戏码"这个概念。

人类为了某种目的而采取集体行动古已有之，但集体行动的手法却是因时代和地区的不同而有差异的。为了描述这种情况，梯利（Tilly 1978：151-166，1979，2006）提出了"集体行动戏码"（repertoire of collective action）的概念。"戏码"（repertoire）一词出自法语，指一个艺人或艺术组织在一定时间内能够上演的全部节目。相应地，"集体行动戏码"就是指特定地区的人们在特定时期能够采取的所有集体行动手法的集合。在不同的历史时代和地区，集体行动戏码的构成和特征是不同的。通过"戏码"这个概念，梯利企图表明，特定人群的集体行动的"标准形式是习得的，在数量和范围上是有限的，是变化缓慢的，是适应于他们所处的特定环境的"（Tilly 1979：131）。也就是说，在何时何地采取何种集体行动方式并不是人们可以任意选择的；受多种因素的限制，特定地区、特定时代的人们能够上演的集体行动戏码总是有限的。这些限制因素包括：该人群中关于权利和正义的流行标准，他们的生活常规、内部组织状况、从以往集体行动中习得的经验，以及该人群所面对的镇压的模式，等等（Tilly 1978：156）。要言之，"集体行动戏码"是特定时期和地区的文化及资源状况在集体行动领域的体现。它既是一种社会结构，反映着特定时期和地区的资源分配状况；也是一种文化，反映着特定时期和地区的价值认同、认知方式和水平以及情感取向。这两个方面交相作用，一方面规定着人们能够想到、接受和采取的集体行动手段，另一方面也规定着外界对这些手段的期待和反应。当然，集体行动戏码对行动者的限制并不是完全没有弹性的，它也会给行动者"留下即兴表演、创新和发生意外后果的广阔空间"（Tilly 1984：307）。

既然"集体行动戏码"的形成受到历史条件的约束，那么一定会随历史条件的变化而变化。在梯利看来，社会运动就是伴随近代民族国家的形成而出现的一种新型集体行动戏码。那么，作为一种新型的集体行动戏码，社会运动相对于传统的集体行动戏码又有什么不同呢？有三个方面的不同（Tilly 2005：45-46）：首先，传统集体行动是社区性的（parochial），集体行动的兴趣和交锋基本上局限于单个社区；而社会运动是广覆性的（cosmopolitan），集体行动的兴趣和问题跨越许多地区或触及可以影响多个地方的权力中心。

其次，传统集体行动是分割性的（segmented），每个人群都只关注自己的局部利益，人群与人群之间之间缺乏整合和联合，"当涉及地方性问题和附近的目标时，他们采取十分直接的行动来达到目的；当问题和对象已经具有全国性时，他们还在反复念叨对当地庇主和权威的要求"；而社会运动是自立性的（autonomous），整个行动始于诉主自己的主动性，并力图在诉主与具有全国性影响的权力中心之间建立起直接联系。

最后，传统集体行动是特殊性的（particular），不同群体、不同问题、不同地方的集体行动手法差异很大，相互没有共通性；而社会运动是模块化的（modular），行动手法可以轻易从一个场合移用于另一个场合，从一个环境移用于另一个环境。

在梯利看来，社会运动作为一种戏码，始于以下三种要素的开创性结合（Tilly 2004：3-5）：首先是战斗（campaign），即通过持续而有组织的共同努力，向目标权威提出集体诉求；其次是采用新的行动手法，即组合使用建立专门社团或社团联合体、公开会议、隆重行进、守夜、集会、示威、请愿、通电、传单等手段；最后是"WUNC展示"，即整个行动极力展示以下四个方面——自己值得尊重（worthiness）、大家都很团结（unity）、具有人数优势（numbers）、具有某种担当（commitment）。从历史的角度来看，社会运动是"一种独特的追求公众政治的手段"，它"18世纪后期形成于西方国家，19世纪早期在西欧和北美得到广泛认可，到19世纪中期进一步巩固，成为融合多种因素的可持续的复合体，此后慢慢地改变和累积，并在西方世界广泛传播，逐渐被称为社会运动"（Tilly 2004：7）。

梯利在这里的核心思想是突出集体行动方式的历史性。就像一个剧院的剧目一样，人类集体行动的戏码从历史长河来看是不断变化的，但在一定时期内又是相对稳定的。"集体行动戏码"所具有的这样一种辩证性质，根源于人的学习能力和行为能力。从长远来说，人类的学习能力和行为能力是无限的，所以能够不断地创新集体行动方式。但在一定时期内，这种学习能力和行为又受到多种因素的限制，创新总是有限度的，所以"戏码"会保持相对稳定。近代以来的民族国家建构在相当大程度上更新了人类集体行动的戏码。社会运动就是新上榜的集体行动戏码之一。

"集体行动戏码"这个概念对于理解社会运动与人类其他政治形式之间的关系不仅具有非常重要的启发意义，而且是一个非常重要的分析工具。如果从"戏码"的角度来说，在通常看来与社会运动存在本质区别的政治形式，比如政党、利益集团、非政府组织等，都只是特定人群在特定条件约束下所采取的集体行动戏码之一，是整个"工具包"中的一件工具，相互之间并没有不可逾越的界限。随着条件的变化，原本倾向于采取政党、利益集团、非政府组织等行动方式的人，可能转而采取社会运动的行动方式；或者反之。因此，这里的关键在于揭示人们在不同集体行动戏码之间转换的约束条件和机制，而这个问题，目前仍然是社会运动研究中的薄弱环节。

二、民族国家建构与社会运动的兴起

社会运动作为一种集体行动戏码是如何兴起的？梯利的《社会运动，1768—2004》（Tilly 2004）一书对历史的细节有详细描述。而抛开历史的细节，从历史的逻辑来看，梯利（Tilly 1984）认为，社会运动不管是作为一种观念，还是作为一种事实，都是18、19世纪民族国家建构的产物。集体行动是人类社会古已有之的现象，但像社会运动这样以共享的认同、共同的信念和一定的组织形式为基础，通过持续不断地活动去追求共同目标的集体行动形式，却是在民族国家兴起过程中才出现的新现象。确切地说，它是全国性选举政治（national electoral politics）和创制性社团（created associations）的伴生物。在民族国家兴起以前，集体行动通常以日常生活中自然形成的群落或社区为基础。随着政治权力向国家的集中，人们在与权威的对抗过程中逐渐认识到，自发的、临时的集体行动已经不敷应用，"目标专一的社团的作用越来越重要"（Tilly 1984：309）。于是，围绕专一目标而创制的社团越来越多。创制性社团的发展使集体行动逐渐摆脱社区和初级群体的限制，为社会运动的发展提供了基础。与此同时，在全国性选举政治发展过程中出现的政党，也为社会运动的发展提供了一个可供参考和学习的模板。从集体行动手法的角度来看，政党与社会运动没有根本区别（Tilly 1984：305）："社会运动本质上是一个有着宏大的抱负和统一的信念体系的政党，而政党则是一个被驯化了的、国家化了的社会运动。"就这样，在创制性社团作为推力和政党作为拉力的共同作用下，终于出现了全国性社会运动（national social movements）。至于其他较低层次上的社会运动，则是在全国性社会运动的影响和示范下形成的。由是观之，社会运动不过是民族国家在其建构过程中不期然创造的一种集体行动形式；没有民族国家的形成，也就没有社会运动的出现。

与梯利着重从组织的角度来论述社会运动的形成不同，塔罗着重从政治机会的角度来理解民族国家建构对社会运动的影响：现代民族国家建构中一个非常重要的方面，就是把以前分散在辖下各族群、地区、领地、部门或地方组织手中的权力收归中央所有。为了推进和巩固中央集权，国家会进行大规模的基础设施建设，包括道路、邮政、通信、银行等物质方面，也包括行政、立法、司法、官僚、军队、财政、税收、教育等组织和制度方面（主要表现为科层化）。在此过程中，"国家获得了前所未有的塑造公民与公民、公民与国家之间关系的权力"（Tarrow 1996：48），从而从根本上塑造着整个社会运动的形貌。首先，这些设施的建设过程本身即是一个不断造成矛盾和冲突的过程。这些矛盾和冲突为社会运动的形成提供了根本动力。其次，各种物质、组织和制度设施固然是国家为巩固政权而建，但同样可以为社会运动所用。易言之，近代民族国家的集权过程同时是一个不断向社会运动提供条件和机会的过程。因此，塔罗主张采取一种"动态国家主义"（dynamic statism）的立场来研究国家与社会运动之间的关系，即不但要把国家作为政治机会结构的核心，而且要注意到国家形态本身亦是随历史而动态变化的，这个变化过程本身对社会运动形态有深刻的影响。

除物质、组织和制度方面以外，民族国家在建构过程中还会不断塑造整个社会的意识形态和认同感。意识形态和认同感，特别是其中与国家政权有关的合法性观念，同样对社会运动的形态有非常深刻的影响（Zhao 2001：209-238）。

概括起来，民族国家建构与社会运动兴起之间的关系其实可以从三个方面来理解：资源、暴力和认同。近代民族国家的形成本质上是一个人类社会不断走向集中化、一体化的过程。在民族国家形成之前，人类社会总体上是一种小国寡民的分散状态。即便是那些疆域广阔的大帝国，对域内各地区、各民族的实际控制力也是十分有限的。民族国家的建构正是要改变这样一种状态，它从三个方面强化了人类社会的集中：一是资源的集中，即通过建立健全财税体制、行政体制和其他基础设施，加强对整个社会资源的汲取和控制；二是暴力的集中，表现在建立常备军、警察、司法、监狱等国家机构，以保证对暴力的垄断；三是认同的集中，即通过民族主义、爱国主义教育集中和垄断整个社会的忠诚，同时打压那些与国家竞争社会信任和忠诚的信仰体系。民族国家在从这三个方面建构和巩固自己的同时，也从这三个方面建构和加强了社会运动。首先，这三个方面的集中过程同时也是一个不断制造社会矛盾和冲突，从而激起社会反抗的过程，为社会运动的兴起和壮大不断提供着政治机会和政治需求；其次，国家为集中资源而缔造的制度、组织和技术等方面的基础设施，同样可以为社会运动的资源动员提供方便或提供学习的模板；最后，国家在集中认同的过程中所创造的文化符号、话语体系和相应传播设施，同样可以被社会运动的思想动员使用和学习。当然，民族国家建构与社会运动兴起之间的关系是一个十分复杂的过程，其中有相互利用，也有相互对抗；有相互压制，也有相互促进；有相互妥协，也有相互学习；有些是不期然间造成的，有些则是有意识造成的。从理论上怎样更清晰地揭示两者之间的关系及其规律，是今后社会运动研究面临的一个重要问题。但不管怎么样，具有历史视野是非常重要的。大量以国家为中心的社会运动研究都缺乏历史观念，只做断面性的、没有时间维度的结构功能分析。即使声名显赫如斯考契波者，其影响巨大的《国家与社会革命》一书也常常倒置历史事实，"甚至会用清代的社会结构去分析中国共产党革命的成功，从而放弃了对整个历史过程的分析和考察"（赵鼎新 2006：121）。梯利和塔罗是西方社会运动研究中少数有历史感、并一直倡导从国家建构的历史过程去理解和分析社会运动的学者。

三、抗争的策略

从历史长河的角度来说，社会运动的崛起代表着一种新型集体行动戏码的诞生。那么，就某个具体的社会运动而言，抗争策略的使用又有何规律可循呢？要掌握政治过程论关于抗争策略的理论脉络，首先必须理解政治过程论关于社会运动和权力之本质的观念。

社会运动本质上是一场围绕权力分配而展开的政治斗争，这是政治过程论的基本认知，也是其整个理论大厦的逻辑出发点。更重要的是，政治过程论认为，权力本质上不是社会行动者拥有的某种能力，而是一种社会结构状态。"权力是一种社会结构"，这意味着：第一，权力不是来源于一个社会行动者的某种内在素质，而是来源于它与其他行动者之间的相对关系；第二，相应地，权力的产生和运作依赖于各方行动者之间的最低限度的合作，任何行动者都无法单方面形成和行使权力，而任意一方撤回或减少这种合作都会威胁到整个结构，从而威胁到该结构中其他各方的权力。在政治过程论看来，那些受尽排斥的弱势群体尽管手中掌握的资源有限，但正是权力所具有的这样一种结构性，使弱势群体天然地获得了一件抗争的武器，那就是，他们可以通过"不合作"，使精英赖以形成和行使其权力的结构无法有效运作，从而达到解除或削减其权力的目的——这正是麦克亚当的"负面刺激"概念所要表达的意思。基于这样一种结构主义的权力观，政治过程论于是形成这样一种基本认知，即，抗争策略的本质是要破坏某种权力赖以形成和运作的社会结构，策略的有效性就来自它对某种社会结构的破坏力。所以，麦克亚当（McAdam 1996a：341）说："社会运动作为社会变革之能动者的效力主要来自它扰乱公共秩序的能力。"塔罗（Tarrow 2011：101）也认为："斗争的核心是通过不断发明新的表现抗争的方法以形成破坏力。"

既然抗争策略的本质是追求破坏力，那么，破坏力形成和变化的规律就决定着社会运动对策略的创制和运用。首先，根据破坏力的大小，社会运动有三种基本抗争策略（Tarrow 2011：99-113）：暴力（violence）、破坏（disruption）和顺化的集体行动（contained collective action）。每种策略所蕴涵的挑战性、不确定性和团结力是不一样的。其中，暴力是对对立面实施直接的人身伤害或精神伤害，包括辱骂、殴打、杀害等。暴力对既有权力结构的挑战最大、造成的不确定性最高，因此破坏力最大，且行动的实施对社会团结的要求最低。破坏不涉及人身伤害，而只是采取某些非常规手段打乱、中断或改变社会结构的某些环节，给权力的运作造成某种不确定性。相对于暴力，它对权力结构的挑战较小，造成的不确定性亦次之，所以破坏力较小，但行动的实施对社会团结的要求更高。顺化的集体行动同样不涉及人身伤害，但它采取的是那些符合社会预想的甚至已经合法化的行动手段，比如依法罢工、游行、示威等。这种策略对权力结构的挑战最小，造成的不确定性最小，因此破坏力也最小，但对社会团结的要求最高。

上述三种策略都是社会运动戏码的组成部分，并会在特定条件下相互转化，社会运动组织可以根据需要而组合使用。不过，从历史的角度来看，三种策略在不同时代的集体行动戏码中所占的"戏份"是不一样的。一个基本的趋势是，在传统集体行动的戏码中，暴力是占主导地位的抗争策略；而在现代社会运动的戏码中，暴力的"戏份"已经大为减少，人们更多地采用破坏的策略和顺化集体行动的策略，不再寻求直接伤害对立面。从这个意义上说，传统集体行动戏码的实用性、工具性更强，而现代社会运动策略具有更强的表演性、展示性和仪式性，是间接而不是直接地达到自己的目的。并且，"随着大众传媒的发展，以及国家和第三方对抗争后果的决定性作用越来越大，政治斗争的表演变得越来越常规化和专业化"（Tarrow 2011：98）。

抗争策略的效力来自它给某种权力结构所造成的不确定性，相应地，抗争策略的一个基本要求就是创新（innovation），即不断创造新的、超出有关各方预想的行动戏法。即使是那些已经得到国家认可的集体行动，组织者也会想方设法制造一些意外或噱头。因为只有不断超出有关各方的预想，才会让有关方面措手不及，也才能造成不确定性。因此，在社会运动过程中，往往会观察到一个对垒双方不断斗法的过程：最初，抗争一方基于自己的相对弱势地位，不得不采用某种新战术，以图出奇制胜。但在交锋过程中，对手通过不断了解和学习，会逐渐适应这种战术，以致该战术失去出奇制胜的效果，于是抗争一方不得不另谋新的战术。创新—适应—创新，如此循环相推，抗争的策略在不断发展，同时推动着整个抗争运动不断发展。在这个意义上，能否在战术上"出奇"，是整个运动能否"制胜"的重要一环。麦克亚当关于1955年至1970年间美国黑人运动中战术创新与运动进程及结果之间关系的分析，为此提供了一个非常生动的案例（McAdam 1983）。

运动双方的对垒是造成抗争策略不断变化的一个重要动力，但不是唯一的动力。如前所述，集体行动戏码是特定社会的文化及资源状况的反映。因此，随着一个社会的结构和文化发生变化，集体行动的戏码也会发生变化。比如，随着20世纪初铁路和电报的引入，中国社会运动中出现了"串联"和"通电"等集体行动策略；随着中国越来越深地融入世界体系，一些始发于西方社会运动的抗争策略也开始在中国出现。与此同时，运动策略的创新并不是无限制的。在社会文化和资源状况的约束下，抗争策略的创新通常是一个缓慢的渐变过程，很少出现短期内幡然改变的"范式性变革"（paradigmatic change）的情况（Tarrow 2011：116－117）。

还有学者指出，现代社会运动的抗争策略实际上可以归纳为三种逻辑（della Porta and Diani 2007：170－178），每种逻辑都有其优势和劣势。首先是"数量逻辑"（the logic of numbers），即策略设计的基本方向是尽可能提高参与的人数。数量意味着能量。因为参与集体抗争的人数不仅直观地展示着社会支持的力度，会影响整个社会对有关权威的合法性认同，而且随着参与规模的扩大，社会常规和秩序会越来越难以维持，国家和有关权威都不得不考虑相关后果。游行、请愿、公决是几种展示数量逻辑的常见策略。不过，数量逻辑的效力也是有限度的。因为民意如流水，群众参与集体抗争的热情往往是不稳定的，随时可能流失，并且人数越多越不稳定，而要保持良好的士气，就必须加强组织和动员，但在数量逻辑的驱动下，集体抗争往往会强调参与性而忽视组织和动员的专业性。

其次是"损害逻辑"（the logic of damage），即策略设计的基本方向是直接或间接地给对方造成实质性损害，企图使对方因难以承受损失而让步，主要手段包括罢工、静坐、进占、围攻甚至暴力。虽然损害逻辑比数量逻辑更为直接，有时也更有效，但同样是有限度的。一是造成实质损害的行动可能导致对方的强烈反抗，反过来对运动参与者本身造成伤害。被伤害的风险会导致参与者和支持者对运动的疏远，从而削弱运动的力量。二是在现代社会普遍厌弃暴力的氛围下，实质损害行动所面临的道德风险会使运动在资源动员和群众发动方面面临较大的困难。三是在各个部门和群体相互之间高度依赖的现代社会中，运动的"敌人"和"盟友"往往难以有效区隔。对特定目标的打击往往会附带伤及其他群体，从而降低运动的社会支持度。

最后是"见证逻辑"（the logic of bearing witness）。在这种逻辑指导下，策略设计的基本方向是通过展示或制造某种证据，让外界见证自己体现或捍卫着社会普遍尊崇的某种价值，而这种价值却正在遭到践踏或者被忽视。这意味着，对该抗争的蔑视就是对大多数人的冒犯。显然很少有人愿意触犯众怒。见证逻辑要发挥作用，关键是要能够在足够大的范围内营造出足够强烈的悲情。为此，抗争的参与者们除了展示自己的无辜和无奈之外，有时还会刻意制造一些危险和牺牲（比如集体自杀），以便凸显抗争人群的无辜、无奈和高尚，同时反衬对方的无良、颟顸和野蛮。如果说数量逻辑借助的是政治压力，实质损害逻辑借助的是利益压力，那么，见证逻辑借助的就是道德压力。因此，见证逻辑行动具有"以小搏大"的优点，参与人数不一定多，实质性损害（不管是对自己还是对对方）也不一定发生，但往往会收到意想不到的效果。不过，"以小搏大"必须依靠某些支点而借力使力。因此，有无支点可资利用构成见证逻辑行动成败的关键。支点之一是整个社会的文化价值形势。如果社会运动所推崇的价值尚未成为社会的主流价值，那这种价值就不可能给对方造成道德困境。支点之二是媒体。只有通过媒体的传播，仅有少数几个人卷入的集体事件才能引起社会的关注，从而将自己的道德优势转化为实实在在的舆论压力。如果这些条件不具备，所谓"见证逻辑"就失效了。因此，见证逻辑的效力也是有限度的。

如果用这三个逻辑来观察，那么可以发现，随着人类政治的不断发展，总的来说，采用损害逻辑的抗争策略在不断减少，而采用数量逻辑和见证逻辑的抗争策略在不断增多。这与塔罗所发现的暴力策略在逐渐减少，破坏策略和顺化集体行动策略在不断增加的趋势在逻辑上是一致的。为什么会发生这样的趋势？德拉·波塔等人（della Porta and Diani 2007：171、172-173）注意到近代代议政治发展的影响，塔罗（Tarrow 2011：98）则注意到大众传媒和公共舆论的影响。但其实，最根本的影响因素还是民族国家的建构以及在该过程中形成的政治体制。如前所述，民族国家的形成过程就是一个暴力、资源和认同不断集中的过程。这三个方面的集中，使民间在很大程度上被剥夺了直接通过暴力或实质损害遂行诉求的能力和合法性。这是造成这两种策略从集体行动戏码中淡出的根本原因。代之而起的，是更容易被国家接受的破坏策略和顺化集体行动策略，以及与代议民主制更契合的数量逻辑和见证逻辑。

同理可推，如果一个民族国家在建构过程中实现了暴力、资源和认同的高度集中，与此同时形成的政治体制却是高度封闭的，那么，破坏策略和顺化集体行动策略，以及数量逻辑和见证逻辑就很难有生长和发育的空间；相应地，传统的暴力策略和损害逻辑在该体制下的集体行动中仍会承担很重要的"戏份"。

四、国家对社会运动的镇压与警治

从社会运动是一个政治斗争过程的基本观点出发，政治过程论自然十分关心国家对社会运动的反应。这便是关于国家镇压与社会运动警治的研究。尽管并不是所有社会运动都把矛头对准国家，更不是所有社会运动都志在夺取国家政权，但所有社会运动都或多或少地追求改变社会现状，而这对负有维护社会秩序之责的国家来说，仍然是一种挑战。因此，对任何社会运动，国家都会有所反应，只是反应的方式不同而已。在国家的诸种反应中，社会运动学者最感兴趣的是国家对社会运动的镇压（repression），而社会运动警治（social movement policing）则是其中近年来最热门的分支领域之一。

社会运动领域关于国家镇压的研究，归结起来有三个问题：一是怎么镇压，即对社会运动是选择镇压还是不镇压？如果是镇压，镇压行为随时间、地点、对象、环境等因素的不同而有何变异？换言之，镇压有哪些基本类型和特征？二是为什么镇压，即影响国家镇压选择的因素和逻辑：国家为什么选择镇压？为什么是这样而不是那样镇压？镇压行为发生变异的条件和机制是什么？三是镇压后果如何，即镇压对社会运动有什么影响？这些影响又包括对运动参与、运动领袖、运动组织、运动环境、运动的发展趋势、整个社会的集体抗争态势等不同的层面。前两个方面是把镇压作为因变量，分析其变异的模式以及形成这种模式的原因；后一个方面是把镇压作为自变量，分析其效果和后果。

首先是第一个问题。现在社会运动领域对"镇压"概念的界定并没有形成一个统一的、被广泛接受的看法（Earl 2011）。说到"镇压"，人们首先想到的是国家针对社会运动的暴力制止行为，特别是公开的暴力行为。但现实生活中的"镇压"比这复杂得多。首先，并不是所有镇压都是由国家发起和执行的。比如20世纪五六十年代美国黑人民权运动期间，很多针对民权运动的镇压就是由一些白人极端组织自发实施的，臭名昭著的KKK党就是其中之一。其次，并不是所有镇压都是公开的，有些是秘密进行的，比如暗杀。最后，并不是所有镇压都涉及暴力行为，监视、书报检查、安插线人也都是镇压的手段。更重要的是，在现实生活中，即使国家的镇压行为也比以前想象的要复杂得多。其中一个重要的转变是，国家已经将镇压的重点从事后的反应转向事前的预防。相应地，原先的镇压基本属于针对特定组织和个人的"政治控制",现在则开始与针对不特定人群的"社会控制"融为一体,或者说,现在政治控制也开始越来越多地采取社会控制的手法。这并不是只在所谓"威权国家"中才有的现象,事实上,在美国这样的"民主国家"同样同在。比如奥立弗等人(Oliver 2008)发现,在美国20世纪60年代末的黑人骚乱之后,尽管骚乱已经平息,但针对黑人的"大规模收监"(mass incarceration)却没有平息。实施同样的"犯罪行为",黑人比白人被收监的可能性要高得多,惩罚也要重得多,这种趋势在1980年之后甚至有升级的趋势。由此,她认为,"犯罪控制"实际上是美国镇压穷人中的异议分子的一种手段。有鉴于此,厄尔(Earl 2003,2006)主张放弃"镇压"而采用"抗争控制"(protest control)这个概念,因为相对于前者,后者不仅对研究内容的覆盖更全面,而且能够从逻辑上把相关研究内容更好地整合起来。

　　基于这一思想,厄尔曾经提出一个关于"抗争控制"的分类框架(Earl 2003:49,2006:131)。这个框架采用三个维度:一是镇压机构的身份,分为与国家政治精英关联紧密的国家力量(state agents)、与国家政治精英关联较松散的国家力量、非国家力量(private agents)三种;二是镇压行为的特征,分为强制和引导两种;三是镇压行为的可观察性,分为可见和隐蔽两种,交叉分类,如表4—1所示,得到12类抗争控制行为,每类行为都举例予以说明。厄尔这个分类可以让我们对抗争行为的多样性和复杂性有一个直观的认识,在理论上也有一定启发性,但既不完备也不周延。最容易引起争议的是,与"非国家力量"有关的那4种行为是否都属于"抗争控制",大有疑问。比如第9种和第10种。因为按照资源动员论的观点,社会运动之间的竞争,包括采用暴力和威胁手段进行竞争,是社会运动发展过程中的正常现象和必然现象;并且社会运动往往是成对出现的,一个运动通常会伴随着一个对立运动。这样一来,如果对立社会运动的暴力和威胁也属于"抗争控制"行为,那么可以说,任何一个社会运动都在"控制"别的运动,也同时被别的运动所"控制"。这样一来,"控制"一词的含义就未免过于宽泛而且自相矛盾:"抗争控制"中"控制"指的是维护现存的社会秩序,而一个运动对另一个运动的所谓"控制"只是"抑制"意思,而这种"抑制"并不一定是为了维护现存的社会秩序。恰恰相反,正如社会运动研究一再指出的,所有社会运动都是为了追求某种程度的社会变革。同样地,第11类和第12类也存在将"抑制"等同于"控制"的问题。

表4—1　　　　　　　　　　抗争控制的分类

	强制（coercion）		引导（channeling）	
	可见	隐蔽	可见	隐蔽
与国家政治精英关联紧密的国家力量	（1）针对抗争的军队行动	（2）美国联邦调查局的反谍活动	（3）切断流入社会运动团体的资金	（4）美国关于非营利组织的税务法律
与国家政治精英关联较松散的国家力量	（5）地方针对公众抗争事件的警治	（6）地方警察部门的反谍活动	（7）批准抗争事件的许可条件	（8）针对被判有罪的学生的财务资助限制
非国家力量	（9）对立社会运动的暴力	（10）对立社会运动的私下威胁	（11）精英赞助者对特定抗争或策略的限制	（12）组织内部的纪律条例、组织内部的申诉程序

另一方面，还有一种广泛存在的抗争控制手法却没有出现在厄尔的分类框架中，那就是国家通过培养积极分子而实施的内部控制。从组织上说，这些积极分子并不属于国家力量，但他们却基于利益需要或价值认同而主动配合国家的社会控制。对于这种形态的抗争控制，魏昂德（Walder 1983，1986）、陈佩华（Chan 1985）等人有过很好的描述。

厄尔的一个贡献在于，她认识到组织意义上的非国家力量也可以作为抗争控制的主体之一，摆脱了抗争控制完全由国家实施的传统观念，但她没有区分非国家力量关于"抗争控制"的客观后果和主观动机。那些客观上具有社会控制后果，但主观上对社会控制没有动机的行为应该不能算作"抗争控制"，否则"控制"概念的含义会过于宽泛，以致失去理论分析的意义。

第二个问题，即国家镇压行为及其变异的成因，政治学的智慧经历过从结构主义向理性选择理论的转变：最初认为国家是否镇压和怎样镇压取决于政治体制、经济条件或其他结构性因素，后来则认为取决于政治家或某个精英集团对自身利益的理性算计（Davenport 2007：2-3）。而在社会运动研究中，研究者更多地注意社会运动在组织上或策略上的弱点以及人员构成的差异与被镇压之间的关系（比如 Gamson 1975；White 1999）。另有一些研究则注意到运动本身的宣传会作为一种信息影响国家机构的认知和判断，从而招致镇压（Davenport and Eads 2001）。还有研究（Deng 1997）发现，有的时候，镇压只是运动与国家之间互动不畅而发生的非期然后果，既不是国家愿意看到的，更不是国家精心选择的。其内在逻辑是，社会运动与国家在交锋的过程中，双方都在根据对方的反应不断调整自己的策略；但由于存在"信息落差"（information gap），一方并不能完全掌握另一方的反应及其调整，以致双方在互动过程中不断误判对方，最终因互动破局而导致镇压的发生。赵鼎新也注意到这种现象，但他强调的不是"信息落差"，而是国家和社会基于不同的合法性观念而导致的彼此误读（Zhao 2001：6）。

至于第三个问题，即国家镇压所引起的后果，现在只得到一些相互矛盾的结论（可参见 Earl 2011：267-268）。不过一个值得一提的观点是：社会运动研究一般认为，国家对社会的渗透能力或控制能力越强，那么发生集体行动的可能性越低。但有研究（Zhao 2001：101-122、239-266；Zhou 1993）发现，有时正好相反——国家对社会的高度控制和渗透，固然可以造成社会的非组织化，使之难以和国家进行有效的对抗，但另一方面又会不期然地为社会运动提供方便：首先，国家对公共领域的全面垄断，使国家政治与个人生活的联系非常直接而清晰；其次，国家控制的一体性造成怨愤的趋同性，即全社会往往在大致相同的时间里形成大致相同的话题和悲愤情绪。在这种情况下，国家一旦因决策失误或内讧而导致严重的社会问题，社会中蕴藏的不满情绪就会如山洪般爆发，并且不约而同地、明确而集中地指向国家，无需特别的组织和动员。也就是说，国家平时用以控制整个社会的某些结构在特定情况下反而成为可被社会运动利用的一种"动员结构"。

社会运动警治或曰抗争警治，是 20 世纪 90 年代末在社会运动研究中兴起的一个热门研究领域。该领域的主要兴趣是分析与社会抗争相关的警察行为随时间、场合、对象和体制等因素而发生的变异，以及这些变异的原因和后果。但到目前为止，研究范围还基本限于西方（参见 della Porta and Reiter 1998）。有研究（McPhail et al. 1998）认为，如果以美国宪法第一修正案中所规定的权利得到保障的程度、警察对破坏的容忍程度、警察与抗争方的沟通情况、逮捕的人数和方式，以及武力使用的程度和方式等五个标准来衡量，那么，大致以 20 世纪 70 年代中期为界，美国的抗争警治模式有一个从"武力对抗"（escalated force）模式向"协商管理"（negotiated management）模式的转变。在其他西方国家也有类似的发现。不过，后来一些研究认为，这一论断可能站不住脚（有关研究可参见 Earl 2011：268 - 271）。

五、运动之间的相互影响与抗争的周期

大量研究发现，历史上的社会运动往往是成群发生的，很少单独发生，即在一定时期内，"集体行动迅速从动员较好的部门向动员较差的部门扩散，斗争的形式不断翻新，集体行动的框架不断创革，有组织的参与和无组织的参与相互结合，高强度的信息流动以及挑战者与当权者之间的互动连续不断，从而使一个社会系统中的冲突达到一个高点"（Tarrow 2011：199）。这样一个时期，就是一个"抗争周期"（cycle of protest）。在国家的镇压和吸纳、运动能量自身的衰竭等多种因素的作用下，抗争周期在持续一段时间后会逐渐平息，于是一个抗争周期结束，然后在条件合适时又会迎来第二个周期。历史上的集体抗争就是这样周期性向前推进的。

早在 1975 年，梯利等人（Tilly et al. 1975）就已经注意到"抗争周期"现象并提出了这个概念，但由于长期以来，学者们都只注重研究单个社会运动、单个社会运动组织甚至单个事件，所以关于抗争周期的研究非常不充分（有少数例外，如 McAdam 1995；Minkoff 1997），关于抗争周期形成、发展和消退的机理尚有许多模糊之处。现在可以肯定的是，抗争周期的形成与多个运动之间的相互影响有关。那些在一个抗争周期中最早出现的社会运动被称为"先驱运动"（early riser）。先驱运动的出现可以改变人们对社会现状的认知，让人们觉得有机可乘；可以改变人们对社会运动的观念，为其他社会运动创造动员潜势和合法性；可以改变组织制度设施，为其他社会运动的资源动员提供便利；可以改变运动积极分子本身的心态，让他们觉得抗争是有效的、成功是可能的；后起的社会运动还可以吸取先驱运动的经验和教训，甚至寻求它们的支持和帮助。这样的相互模仿、相互影响、相互借鉴、相互帮助，最终衍生出一大批社会运动，创造出一个社会运动高潮（参见 Tarrow 2011：201 - 203）。

当然，社会运动间的相互影响并不是都是互惠性的，有时也是敌对性的。这主要体现在一个社会运动的发展可能激发出自己的对立运动。因为

任何社会运动都追求一定程度的社会变革，而这种变革对另一个群体来说可能是有害的，为了抵制这种可能发生的有害性影响，他们也可能组织起来发动社会运动，这样就形成了运动与对立运动之间的对垒。很显然，一个运动越强大，从而改变社会的可能性越大，那些可能受到这一改变影响的人群发起对立运动的可能性也就越大（Meyer and Staggenborg 1996；Zald and Useem 1987）。

关于社会运动之间相互影响的模式，威提尔等人（Meyer and Whittier 1994；Whittier 2004：533）将其概括为两种效应：一是繁殖效应（generative effects），即一个运动可以催生新的运动、改变一个社会中抗争的总体水平、塑造该社会中社会运动的后续趋势；二是外溢效应（spillover effects），即一个运动可以改变其他既有运动的形态，包括解释框架、集体认同、组织结构及其与权威之间的关系。

社会运动的周期性意味着运动的低潮迟早会到来。随着低潮的到来，许多社会运动消失了，但也有一些社会运动组织和积极分子将活动从前台转向后台，不再大张旗鼓地活动，而是以各种形式潜伏下来，尽力保存运动此前所创造的议题、意识形态、解释框架和组织机构，培养积极分子，维持情感认同，伺机东山再起。这样一些转入地下活动的组织和积极分子被称为一个运动的"沉潜结构"（abeyance structure）。显然，"沉潜结构"保证了社会运动的连续性（Mooney and Hunt 1996；Sawyers and Meyer 1999；Taylor 1989）。

第五节　社会运动的结局及后果

尽管所有理论流派都认为社会运动是一种追求社会变革的集体行动，但社会运动研究却长期集中在运动的发生、运作和参与等问题上，至于社会运动是否造成了社会变革，又是怎样造成社会变革的，有关研究却一直很薄弱（参见 Amenta et al. 2010；Giugni 1998）。相对而言，在诸种社会运动理论中，政治过程论最强调社会运动追求社会变革的斗争性和正义性，因此对社会运动在多大程度上促进了社会变革最为好奇，从而最重视考察社会运动的结局及后果。

一、运动的结局及后果：测量与评价

西方社会运动研究通常把运动行动所造成的效果（effect）区分为两个方面：一是社会运动本身的结局（outcome），二是由社会运动引起的后果（consequence）。作为志在促成某种社会变革、有许多人参与并持续一定时间的集体行动，社会运动的结局和所造成的后果是十分复杂的。相应地，怎样对这些结局和后果进行测量和评价也是一件非常复杂的事。在西方社会运动研究史上，甘姆森于1975年出版的《社会抗争的策略》（Gamson 1975，1990）一书可能是最早对社会运动的效果进行系统研究的著作。在该书中，甘姆森的主要兴趣是研究一个社会运动是否取得成功，以及运动的成败与该运动所采取的策略之间存在什么关系。该书的研究成果成为后来展开相关学术讨论的一个重要起点。

要测量和评价社会运动的结局和后果，首先一个问题是，到底应该把哪些效应纳入测量和评价的范围。在《社会抗争的策略》一书中，甘姆森是用一个运动的结局，即它在多大程度上实现了自己的诉求为标准去衡量其成败。他认为，一个社会运动是否成功，表现在两个维度上：一个是"接受"，即社会运动被其对立面承认为特定利益的合法代言人；另一个是"得利"，即运动给其目标受益人带来实质性好处。这两个维度交叉组合，就得到四种可能的结局：一是获得全面回应（full response），即运动在上述两个方面都取得了成功；二是抢得先机（preemption），即虽然没有被接受，但捞到了实质性好处；三是获得增选（co-optation），即得到接纳，进入体制，但没有得到实质性好处；四是溃败（collapse），即既没有得到好处，也没有得到接纳。在这四种结局中，除了溃败，其他三种都可以算成功，只是程度有差异，最好的当然是获得全面回应。

甘姆森的探索开创了研究社会运动成败的先河，但引起很大的争议。争议的关键在于，很多学者认为，仅仅用运动诉求的实现程度去衡量其成败，范围过于狭窄了。因为社会运动除了实现自己的诉求之外，通常都会发生诉求之外的影响，单纯用实现自身诉求的程度是无法全面评价运动的成败的。有些社会运动虽然未能实现其诉求，但从整个社会或更长远的角度来看，却是成功的。因此，评价一个运动的成败不能只围绕运动本身的诉求，而应该拓宽视野，考察它可能造成的更广泛的影响。

怎么拓宽呢？有学者（Rochon and Mazmanian 1993）认为，可以从

三个方面来界定社会运动的后果：一是看运动所追求的实质性诉求在多大程度上得到了满足。比如，一个以提高工资待遇为诉求的劳工运动，最后是不是确实增加了工资。二是看运动在多大程度上改变了决策程序或过程。仍以劳工运动为例，即使它增加工资的实质性诉求没有得到满足，但资方同意，今后工人的工资以集体谈判的方式确定，工人可以组成工会与资方进行谈判。三是看运动在多大程度上改变了整个社会的文化和价值观。比如劳工运动，在前两个方面一无所获，但引起了整个社会对劳工问题的关注，认识到劳工待遇是一个迫切需要解决的社会问题，这也算一种成功。另有学者（Heijden 1999）将社会运动的后果概括为四个方面，认为评价社会运动的成败应该从这四个方面入手：一是"程序性影响"，即一个运动在进入有关当局的决策过程方面所取得的成就；二是"结构性影响"，即一个运动在改变有关当局的政治、法律或其他制度方面所取得的成就；三是"敏感度影响"，即一个运动在改变有关当局和民众的价值、认知及态度，从而提高他们对该运动所关注的问题的敏感度方面所造成的影响；四是"实质性影响"，即该运动在达到其具体目标和要求方面所取得的成绩。除此之外，关于社会运动的后果还有很多种界定方式和分类方法（可参见 Giugni 1998：383-384）。

由此可见，社会运动的后果非常广泛和复杂，仅仅考察一个社会运动的结局是远远不够的。但在相当长的时间内，相关研究却都聚焦于评估社会运动的结局，而对社会运动的后果研究较少。这样一种偏向一方面体现了甘姆森的影响，另一方面也体现了这方面研究所面临的方法难题。正如居里（Giugni 1998：383）所指出的：首先，社会运动直接或间接涉及的人群非常广泛，不同人群对运动的评价自然是不一样的。不用说运动内部与外部的评价不一样，即使是同一个运动内部的人，由于客观受益和主观认识的差异，对运动诉求在多大程度上得到了实现，他们的看法也是有落差的。因此，对于运动结局和后果的评价，到底应该以谁的意见为准？其次，研究者对"成功"的评价标准也是不一样的。采用不同的标准，得到的结果可能大相径庭。事实上，有学者根据新的"成功"标准对甘姆森《社会抗争的策略》一书中的数据重新进行分析，确实得到了非常不同的结果，并引起一段学术争论（见Gamson 1980；Goldstone 1980b）。除此之外，如何剥离运动后果与非运动后果，如何选择参照组，等等，都是问题。显然，尽量缩小研究的焦点，可以尽量避免上述方法论争议。而在社会运动所造成的诸种后果中，其预期的实现程度是容易评估和最不容易引起争议的，因此长期受到研究者的偏爱。

以往相关研究的另一个偏向是,长期聚焦于社会运动对国家政治和公共政策的影响(Amenta et al. 2010)。这同样与甘姆森开启的研究路径有关,更重要的是因为社会运动本身确实具有强烈的政治性,并且这一些属性远比其他属性(比如文化性)对社会的影响更为直接,从而更容易引起注意。但事实上,社会运动对整个社会的文化、价值乃至个人的生命历程和生活方式等方面的影响也是非常深远的。1964年,美国曾经发生过一场名为"自由之夏"的社会运动,运动的形式是招募大学生志愿者到南方进行解救黑人的行动。二十年后,社会学家麦克亚当(McAdam 1989)回访了当年的330名应募者,其中有212名全程参与了该运动,有118名申请已经获得批准却在出发前退出。对比研究发现:那212名全程参与者比那118名退出者在政治态度上始终更激进、更容易离婚、更容易丢工作,所以单身的比较多,收入水平也比较低。

二、策略运用与运动结局

甘姆森在《社会抗争的策略》一书中的主要兴趣是考察一个社会运动的策略运用与其结局之间的关系。他的发现是:议题和要求比较单一的运动团体比那些议题和要求比较多的运动团体更容易成功,采用科层化、集中性和选择性激励的社会运动团体更容易成功,越是采用破坏性和暴力性手段的运动团体越容易成功。这样一种研究兴趣及其发现深深地影响了后续研究。在甘姆森之后,有关研究在相当长的时间里一直围绕两条轴线展开(Giugni 1998:374-379):一是考察社会运动的组织形态对运动结局的影响,讨论的核心是:采用科层化、集权化、理性化的组织形式是不是确实更有利于运动目标的实现?二是考察破坏性战术的效果,争论的焦点是:破坏性战术真的比温和的战术更有效吗?

第一个争论虽然是由甘姆森开启的,但其持续不衰显然与资源动员论有很大关系。资源动员论认为,社会运动成败取决于能够动员到的资源的性质和数量,而组织则是最为重要的一种"动员结构"。越是理性化和专业化的组织,资源动员的效率就越高。这显然与甘姆森的发现是一致的。不过,经验研究证明,事实并不尽然。最有力的反证是皮文和克劳沃德(Piven and Cloward 1977)关于"穷人运动"的研究。他们的结论是,对穷人运动来说,制胜的法宝是同仇敌忾的士气,而不是组织;组织化必然导致官僚化和寡头化,这些官僚和寡头在运动过程中一心谋取自己的利益而不是运动的利益,非但不能提高运动的胜率,反而会使运动走向衰败。更有意思的是戈德斯通的研究(Goldstone 1980b)。他用甘姆森附于《社会抗争的策略》一书之后的数据重新演算了一遍,发现对运动的成败起决定作用的不是组织的力量,而是运动发生的时机及其当时面临的政治环境。不过,总的来看,大多数研究似乎都支持甘姆森的结论。

第二个争论的始作俑者虽然也是甘姆森,但背后更深的支撑力量是第二次世界大战后围绕美国政治现实而展开的一场学术争论。以米尔斯(Mills 1956)为代表的一批学者认为,美国政治本质上是精英主义的,整个社会的权力集中在少数政治、军事和经济精英手中;而以达尔(Dahl 1961)为代表的一批学者则认为,美国政治本质上是多元主义的,有不平等但很公平,每个阶层、每个族群都有相等的摄取权力和政策的机会,美国的不平等是分散性而非累积性的不平等。这样一种争论同样延伸到社会运动研究领域。如前所述,麦克亚当就批评传统的集体行为论在政治立场上是多元主义的,而政治过程论的政治立场则与米尔斯一样,是精英主义的。显然,如果美国政治真的是多元主义的,那么,采取激进的破坏性手段来表达自己的利益不但是没有必要的,而且是应该被厌弃的。这样一种争论反过来使社会运动研究者很有兴趣检验一下:在现实生活中,破坏性手段是不是真的没有必要?在这一兴趣的支配下,甘姆森的研究发现,破坏性手段对于运动的成功是有效的,当然也是必要的。同样是在这一兴趣的支配和甘姆森的影响下,20 世纪六七十年代有大量学者都致力于检验破坏性手段在西方历史上的罢工和当时美国城市骚乱过程中的有效性,但最后得到是一堆相互矛盾的结论(Giugni 1998:376-379)。也就是说,一些研究支持了甘姆森的观点,另外一些研究却证明甘姆森的观点不成立。上面提到的戈德斯通的研究也证明,甘姆森的观点是不成立的。

除了组织形式和破坏性战术,随着研究的发展,还有一些研究检验了框架建构等其他运动策略对运动结局的影响,得到的结论仍然是相互矛盾的(Amenta et al. 2010)。一些学者(Amenta et al. 2010;Giugni 1998)相信,造成这种状况的原因在于,策略对运动结局的影响并不完全取决于一个运动怎样使用这些策略,而是同时取决于运动所处的社会和政治环境。当遭遇不同的社会和政治环境时,同样一种策略对运动结局的影响是会发生差异的。因此,在考察策略运用与运动结局之间的关系时,必须分析社会政治环境在其中发挥的调节作用。

三、社会政治环境与运动结局

一个社会运动的结局，不只是与其对立面双方互动的结果，而且是多方互动的产物。因此，在研究社会运动的结局和后果时，要充分考虑社会运动之外的环境因素的影响。基于这一考虑，如图4—11所示，梯利（Tilly 1999a：269）曾经把社会运动的结果划分为四种类型：（A）直接反映运动诉求并通过运动行动取得的效果；（B）反映运动诉求，但是是在运动行动和外部因素的共同作用下发生的效果；（C）反映运动诉求，但不是通过运动行动，而是在外部因素的影响下发生的效果；（D）在运动的行动和外部因素的共同作用下发生的，但并不反映运动诉求的效果。

如果用这个分类来看，以往关于社会运动结果的研究基本集中在A类，即直接反映运动诉求并通过运动行动取得的效果；关于其他三类的研究明显不足，最不足的是D类，即并不反映运动诉求的非期然后果（unintended consequences）。显然，要加强对B、C、D三类的研究，就必须重视"外部事件和行动的效果"，亦即必须重视社会和政治环境因素对运动结局的影响。

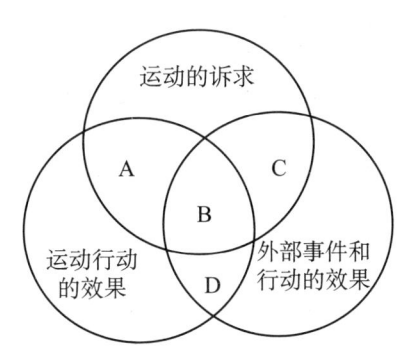

图4—11 梯利关于社会运动结果的分类

对于影响社会运动结局的社会和政治环境因素，社会运动学界长期以来关注最多的是两个方面：一个是公共舆论，另一个是政治机会结构（Giugni 1998：379）。因为这两个方面是社会运动在运作过程中最先碰到的、对运动成败的影响最为直观的因素。近年来，受到研究者关注的环境因素越来越多，但这些因素与运动结局之间的因果机制还有待厘清（Amenta et al. 2010）。

第五章　框架建构论

框架建构论诞生于 1986 年。此后二十年中，关于社会运动之框架建构过程的研究发展迅速，现在，框架建构论已经成为社会运动研究中与资源动员论和政治过程论鼎足而三的理论支柱（Benford and Snow 2000：612）。框架建构论的基本观点是，思想动员与资源动员及政治机会一样，也是影响社会运动进程和后果最重要的因素之一。基于这一观点，框架建构论着力研究观念塑造与社会运动之间的关系。在此之前，资源动员论和政治过程论虽然各有侧重，但都只关注社会运动过程的客观层面，框架建构论则把注意力投向社会运动过程的主观层面。框架建构论对社会运动研究最重要的贡献在于，它把被资源动员论和政治过程论抛弃了的观念因素又拾了回来。

第一节　框架建构论的兴起：议程与背景

"社会运动学者对框架建构过程的兴趣始于一个直

到 20 世纪 80 年代中期仍然被广泛忽视的问题——意义工作（meaning work），即在观念和意义的动员及反动员上的斗争。"（Benford and Snow 2000：613）1986 年，斯诺等人发表《框架规整过程、微观动员与运动参与》（Snow et al. 1986）一文，标志着框架建构论的诞生，斯诺也因此而成为框架建构论的领军人物和最勤奋、最有成就的论述者。

一、基本概念：框架与集体行动框架

框架建构论中的"框架建构"（framing）一词系"框架"（frame）一词的动名词，表示用一个概念框架去塑造和建构人们对社会现实的解读这样一种行为和过程。"框架"这个概念来自美国社会心理学家戈夫曼于 1974 年出版的《框架分析》（Goffman 1974）一书，指"使个体能够定位、感知、识别和标记在生活空间和更广泛的世界中所发生的事件的理解图式"，它"赋予事件和事情以意义，从而发挥着将体验组织化并引领行动的功能"（Benford and Snow 2000：614）。具体地说，框架对于人类的认知和行动具有三个功能：聚焦、连接和转变（Snow 2004a：384-385）。所谓"聚焦"（focusing），是指在框架的作用下，人们会注意某些事件和情节而忽略另一些事件和情节，突出某些事件和情节的意义而忽略另一些事件和情节的意义。就像照相机上的取景框一样，人们在照相时总是用这个框把那些被认为有意义的景物"框进来"，而把那些被认为没有意义的景物"框出去"。

框架的第二个功能是"连接"（articulation）。人们对于外界事物的感知在时间和空间上都是离散的。在现实生活中，人们必须把这些片断的感知连接起来，以便对外部世界形成一个整体的、系统的认知。连接的方式不同，人们对外部世界的感知和认识就不同，外部世界在人们头脑中所呈现的"意义"（meaning）也就不同，而框架就在很大程度上规定着人们连接感觉和认知片断的方式。

第三个功能是"转变"（transformation），即框架可以转移人们的注意力，从原来关注甲事物转向关注乙事物；也可以改变特定事物对人的意义，可以使人们认为原先与自己有关系的事物变得与自己没有关系，有价值的变得没有价值；还可以改变人们将零散的经验和感觉组织起来的方式，即个人的经验和感觉原先是按甲种模式组织成一个整体的，在框架的作用下有可能重新按乙种模式组织起来，从而使这些经验和感觉呈现出另一种整体意义。

简单地说,"框架"这个概念旨在揭示这样一个认知心理学的事实,即一个人不管多么力求客观,他对于外部世界的感觉和认知总是带着一定的"框框",这个"框框"在很大程度上决定着其注意力的投向、经验片断的连接方式以及客观事物在其头脑中所呈现的意义。框架建构论把"框架"这个概念引入社会运动研究也是为了突出这样一个事实,即,第一,人们对外部事物的认知方式在很大程度上决定着人们在行动上的反应方式,当然也包括对社会运动的反应方式。第二,现实世界在人们头脑中所呈现的意义不是自然附着于人们所遭遇的物体、事件或经验之上,然后自动"反映"或"复制"到人们头脑中的,而是经过一个互动性的解读过程而被赋予到头脑中的。因此,社会运动组织者和活动家总会主动运用某种框架去塑造人们对现实世界的感知,从而塑造他们对特定社会运动的反应,包括支持、反对或中立,是否加入,何时何地以何种方式加入,如此等等。这就是所谓的"框架建构"。框架建构是社会运动动员中非常重要的一环,框架建构的成效如何关系着一个社会运动的兴衰成败。

"集体行动框架"(collective action frame)是社会运动实施框架建构工作的结果。需要注意的是,集体行动框架除了具有框架所具有的一般特征之外,还有三个独有的特征(Snow 2004a:385;Snow et al. 1986:466-467):一是使动性(agentic),二是斗争性(contentious),三是动态性(dynamic)。所谓"使动性"是指,与普通的认知框架只是简单地聚焦、连接和转变人们的感觉和认知不同,集体行动框架是行动导向的(Benford and Snow 2000:614),也就是要"让拥护者更加活跃,让旁观者变成支持者,让运动对象做出让步,让反对者溃不成军"(Snow 2004a:385),方向是非常明确的。所谓"斗争性"是指,塑造集体行动框架的目的不只是要改变对于现状的认知,其最终的目的是要通过改变人们的认知去挑战那些被认为应该对现状负责的权威。为了达到这个目的,特定的集体行动框架总是与那些不利于自身的认知框架进行着或明或暗的斗争,从而具有浓厚的对抗色彩。使动性和斗争性决定了集体行动框架具有动态性,即在整个社会运动过程中是不断变化的,运动组织必须根据对手和听众的情况对框架进行调整,确保在对抗中不落下风。

简单地说,框架建构论的核心思想可以概括为三点:第一,社会运动过程同时是一个框架建构过程;第二,与资源动员和政治机会结构一样,框架建构是决定社会运动发生和进程的一个重要环节;第三,框架建构是一个行动导向的、斗争性的动态过程。

二、框架建构论与其他理论视角的比较

在框架建构论之前，我们已经阐述了社会运动研究中的其他三种理论视角：集体行为论、资源动员论和政治过程论。那么，框架建构论与这三种理论视角的观点有何异同呢？这可以从价值观、本体论和认识论等三个方面来分析，如表5—1所示。

表5—1　框架建构论与集体行为论、资源动员论和政治过程论的异同

	集体行为论	资源动员论	政治过程论	框架建构论
价值观	基本从负面立场看待社会运动过程中的心理因素	正面地，至少是中立地看待社会运动过程中的心理因素		
本体论	心理活动是对社会结构的简单反应和条件反射，随社会结构而有差异	心理活动是一个理性选择过程，无个体和群体的差异		心理活动是一个主观解读和建构过程，随个体和群体的不同而有差异
认识论	虽然高度重视心理因素，但基于其本体论观念，社会结构成为实际上的分析焦点	"理性选择"假设实际上把心理因素摒斥于理论分析之外，实际的分析焦点是社会运动组织和领袖及其动员策略	"理性选择"假设实际上把心理因素摒斥于理论分析之外，实际的分析焦点是政治机会结构	把心理因素作为理论分析的中心，分析焦点是不同人群对社会现实的解读和建构过程

（1）在价值观上，四种视角基本上分成两派：一派是框架建构论、资源动员论和政治过程论，都是从正面立场，至少是中立地看待社会运动过程中的心理因素；另一派是集体行为论，基本上对心理因素持负面态度。

（2）在本体论上，四种视角分成三派：第一派是集体行为论，把心理活动视为对社会结构的简单反应和条件反射，随着社会结构而有差异；第二派是资源动员论和政治过程论，都把心理活动视为一个无个体和群体差异的理性选择过程；第三派是框架建构论，认为心理是一个主观性的解读和建构过程，随着个体和群体（注意，不是随着某种分析性的社会结构）的不同而有差异。

（3）在认识论上，分化更为复杂。集体行为论虽然和框架建构论一样高度重视心理因素，但由于本体论立场不同，前者的最终分析焦点是社会结构，后者的分析焦点却放在了不同人群对社会现实的解读和建构过程上。资源动员论和政治过程论都把心理因素摒斥于理论分析之外，但由于对社会运动本身的基本看法不同，前者把社会运动组织和领袖及其动员策略作为分析焦点，后者则把政治机会结构作为分析焦点。

为了更深入地理解上述四种理论视角之间的差异，我们不妨从社会运动参与的角度把社会运动过程分解为三个环节：刺激、解读和反应。这里刺激包括机会和条件，反应则是对特定社会运动的态度和行为。外部的政治机会和资源条件，一定要经过头脑中的某种解读之后才会转变成针对特定运动的反应。框架建构论关注的焦点就是横亘在刺激和反应之间的这个中间环节——解读。框架建构论对解读过程有自己独特的理解。首先，解读并不是一个随意而为的过程，而是在一定框架支配下进行的。其次，解读不是一个消极被动的过程，而是一个积极主动的过程，即人们不是"顺其自然"地把所有经验都纳入解读的过程，而是整个过程都充满选择性——选择性地关注或遗忘某些事实，选择性地突出或遮蔽某些事实，选择性地这样连接而不是那样连接某些事实。造成这种选择性的根源就是框架。再次，解读的过程在人与人之间是有差异的，即使面对同样一组事实，不同人解读的结果也可能不同。最后，解读虽然是一个运作于个人头脑中的主观过程，但仍然是可以操纵的，即他人可以通过话语和言说影响一个人头脑中的认知框架，从而从根本上影响他对外部刺激的解读。框架建构论研究的主要内容就是看社会运动组织或积极分子是怎样通过操纵他人的解读过程而进行运动动员的。

那么，集体行为论、资源动员论、政治过程论与框架建构论的区别表现在什么地方呢？首先来看集体行为论。如果用"刺激—解读—反应"框架作为参照，那么，集体行为论与框架建构论的区别恰恰就表现在前者省略了刺激与反应之间的那个解读过程，把"刺激—解读—反应"变成了"刺激—反应"。在这里，"刺激"就是社会结构崩溃或紧张，"反应"就是社会运动参与。反应与刺激之间是简单的对应关系，这种对应关系不会因参与者的个体或群体特征，也不会因为运动的动员和操作而有差异，似乎所有心理都是对外部刺激的条件反射或简单摹写。就这样，社会运动参与中的"解读"过程被集体行为论完全忽略了。

如果说集体行为论的不足在于忽略了"刺激—解读—反应"过程中的"解读",那么,资源动员论和政治过程论的不足就在于,虽然找回了"刺激—解读—反应"过程中的"解读",但把它视为一个常量而不是变量。为了纠正集体行为论视运动参与为异常行为的偏见,资源动员论和政治过程论异口同声地假设运动参与者都是精于算计的"理性人",强调运动参与者在参与之前或参与过程中会不断权衡参与社会运动的成本和收益。表面上看,这个假设找回了社会运动活动中的"解读"过程,而实际上,资源动员论和政治过程论把"理性"简单地理解为追求效用最大化的工具理性,且不会因文化、族群等因素而发生变异,这样,"解读"就变成了一个常量而不是变量。由于放弃了对"解读"过程的分析,资源动员论和政治过程论的"刺激—解读—反应"模型实际上与集体行为论的"刺激—反应"模型没有本质差异,只不过这里"刺激"的内容由社会结构紧张变成了资源和政治机会结构而已。

总之一句话,框架建构论认为,以往关于社会运动的所有研究,不管是集体行为论,还是资源动员论或政治过程论都没有注意到:对于林林总总的社会现实,人们总是有一个解读过程;即便是同样一种遭遇,人们在不同框架的作用下也可能有不同的解读,而解读的过程和结果会在很大程度上决定着人们对特定社会运动过程的反应(Snow et al. 1986:464 - 466)。然而,集体行为论基于"刺激—反应"的理念假设,把运动参与行为看作社会结构条件的条件反射或简单摹写,从而彻底忽略了这个解读过程;资源动员论和政治过程论在批判集体行为论的过程中找回了解读过程,却把解读视为一个常量而不是变量,从而事实上放弃了对解读过程的分析;最后,框架建构论更进一步,不但在社会运动分析中找回了解读过程,而且把分析解读过程的变异(variation)作为理论分析的中心。

三、意义与社会运动

相对于其他理论视角,框架建构论的特色在于在社会运动研究中"重拾观念"(bringing ideas back in),即强调意义在社会运动过程和活动中的地位(Oliver and Johnston 2000:37)。虽然框架建构论迟至1986年才提出来,但这种思想对社会运动研究来说并不是什么新鲜事物。斯诺等人既不是最早关注社会运动中的"意义"的人,也不是最早把"框架"概念引入社会运动分析的人。

对思想、观念和意义的关注,在社会运动研究中可谓源远流长(参见 Oliver and Johnston 2000;Snow 2004a:381－383;Zald 1996:262－264):至迟在 1797 年特拉西提出"意识形态"这一概念时,思想和观念动员问题就已经进入社会运动研究的视野。不过,在此后相当长的时间内,关于意识形态与社会运动关系的研究都停留在一些宏观问题上。比如,意识形态是如何产生的?是物质条件发展到一定阶段后阶级意识的自然流露,还是需要革命政党和积极分子有意识地激发、培养甚至塑造?意识形态的性质是什么?是对现实世界的真实反映还是虚幻的乌托邦?意识形态在革命斗争中起着什么样的作用?是遮蔽事实真相还是矫正人们对现实的错误看法?并且,与后来的集体行为论一样,研究者大多对意识形态在社会运动中的作用持负面看法。

第二次世界大战以后,观念和思想动员问题在社会运动研究中仍然受到重视,不过研究的兴趣已经从争辩意识形态本身的起源、特征和性质,转向分析意识形态的受众一面,即哪些人在什么条件下最容易受到特定意识形态的"蛊惑"而参加社会运动。这构成了集体行为论传统的主要研究内容之一。如前所述,集体行为论由于把社会运动视为异常心理的表现而受到资源动员论和政治过程论的强烈批判。随着这一批判,心理因素也从社会运动研究中被彻底地清除了出去。

相对于上述研究,框架建构论的重大理论修正主要有两个:一是扭转关于心理因素的负面印象,强调要从正面或中立的立场来看待;二是强调社会运动中的心理不是对意识形态宣传或结构性刺激的消极反应,而是一个能动性的解读和建构过程。不过,即使是这两点,在社会运动研究史上也是早就有迹可寻的。关于第一点,以布鲁默为代表的符号互动论从一开始就认为,社会运动固然是社会结构崩溃后的失范行为,但同时也是一个重建社会秩序的过程,由于价值和意义是社会秩序的核心,重建社会秩序也就是重建社会价值和意义。从这个意义上说,布鲁默对社会运动中的心理活动至少是部分正面看待的。这一点在第二章第二节中已经指出。

关于第二点,早在 20 世纪六七十年代,就有一些学者(Piven and Cloward 1977;Turner 1969:391)认识到,社会运动的力量在很大程度上取决于人们关于当前社会现实的"定义",即在多大程度上把自己当前的处境界定为"不公平",并且认为必须加以改变。在资源动员论和政治过程论诞生后,也早有一些学者(Jenkins 1983:527、549;Klandermans 1984;Useem 1980)指出它们忽视"意义"的理论缺陷,并试图加以弥补,或者在经验研究中证明了道德和意义等心理因素在社会运动过程中的作用(Walsh and Warland 1983;Wood and Hughes 1984)。甚至麦克亚当本人在提出政治过程论时也认识到解读过程的重要性,并把"认知解放"作为其理论模型最基本的变量之一(McAdam 1999:48、51)。

至于"框架"概念在社会运动研究中的应用,早在1982年,甘姆森等人(Gamson et al. 1982)就用模拟实验的方式考察了人们在面对"不公正权威"时,如何通过谈话、交流等过程形成一个"不公正框架"(unjust frame)。

然而,直到1986年斯诺等人明确提出"框架规整"(frame alignment)和"框架建构"等概念之前,关于社会运动中"意义"和"解读"的研究都一直停留在一盘散沙的状态,未能形成一个统一的、可与资源动员论和政治过程论争锋的理论流派。究其原因,是以往的所有研究要么只是简单地宣示"解读"和"意义"在社会运动过程中发挥着重要作用这一事实,要么只注意到"解读"和"意义"活动的部分特征,始终未能提出一个能够抓住本质而又足够精练的核心概念。由于缺乏这样一个核心概念作为"抓手"(Snow 2004a:383),因此相关理论和经验研究的"芝麻之门"始终未能打开。

本书在导论中曾经指出,一个好的理论概念应该同时满足三条标准:事实概括的完备性、逻辑的简洁性和分析的扩展性。斯诺等人提出的"框架规整"、"框架建构"等概念基本上做到了这一点:第一,这些概念不但指出了"意义"在社会运动过程中的地位和作用,而且全面、简洁地刻画了社会运动中的"意义工作"(meaning work)所具有的使动性、斗争性和动态性等本质特征,对事实的概括切中要害;第二,在逻辑上,这些概念清晰地界定了自身与集体行为论、资源动员论、政治过程论的区别和联系,有利于形成明确而合理的学术分工;第三,从分析的扩展性来讲,这些概念不但能够很好地与既有的社会运动研究连接起来,而且能够很好地与作为社会学理论传统之一的符号互动论(戈夫曼的框架分析理论是符号互动论的一个分支)连接起来,有利于扩展社会运动研究的视野和概念工具。这些优势都是其他研究和概念所不及的。如果用框架建构论自己的语言来说,那么可以说,该理论所提供的概念很好地发挥了聚焦、连接和转变的功能。所谓聚焦，指它将学术研究的注意力有效地吸引到以往理论范式所忽视的"意义工作"和"解读工作"上；所谓"连接"，指它提供了一个很好的接口和连接方式，成功地将关于解读过程的研究与社会运动领域内外已有的研究连成一体；所谓"转变"，指它彻底扭转了集体行为论、资源动员论和政治过程论对社会运动过程中心理因素的处理方式，刷新了社会运动研究的思维方式，开阔了社会运动研究的理论视野。可以说，正是由于框架建构论卓有成效地为社会运动研究建构了一个全新而又扩展性很好的概念框架，所以才能与资源动员论和政治过程论鼎足而三，成为当代西方社会运动研究最重要的理论支柱之一。

框架建构论的诞生是西方社会运动研究中的又一个里程碑（Benford 1997：410-411）："它重新点燃了分析集体行动中观念、解读、建构和文化方面的热情。它使该领域超越了资源动员和政治机会模型的结构决定论，远离了不无疑点的理性选择心理学的种种思路。"确实，自诞生以来，框架建构论在社会运动研究中一直很受欢迎。据《美国社会学评论》（American Sociological Review）2005 年的统计（Jacobs 2005），在该刊自 1936 年成为美国社会学学会官方刊物以来所发表的所有论文中，累计只有 18 篇被引用超过 500 次，而标志着框架建构论诞生的《框架规整过程、微观动员与运动参与》一文以 525 次的引用率排在第 16 位，年均引用 27.6 次，排在第 5 位。这是社会运动研究领域唯一上榜的论文，框架建构论在社会运动研究和社会学中的影响由此可见一斑。不过，尽管框架建构论对社会运动研究贡献良多，但正如本章最后将要指出的，它也存在一些问题，有些还是非常严重的问题。更有意思的是，框架建构论的走红在很大程度上正是"得益于"这些问题。

第二节　框架建构的过程

对社会运动中心理活动的不同处理手法构成了框架建构论与集体行为论、资源动员论以及政治过程论等其他三个理论视角的根本差异，即，它不仅把被其他理论视角抛弃了的心理活动重新拾了回来（Oliver and Johnston 2000：37），而且把心理活动视为一个使动性、斗争性和动态性的过程,而不是一个僵硬的、无变异的**常量**。对于这样一个过程,框架建构论从框架建构的核心任务、框架谋划、框架竞争、框架言说、框架扩散等五个方面做了论述。

一、框架建构的核心任务

根据威尔逊(Wilson 1973)把意识形态分解为诊断(事情是怎样发展成现在这个局面的)、预后(应该怎么做、做了会产生什么结果)和推理(谁去做、为什么这么做)三种构成的观点,框架建构论的旗手斯诺和本福特把框架建构的核心任务分为三个方面(Snow and Benford 1988: 199-204):社会问题的诊断、社会问题的预后和运动参与动机的激发。

在斯诺和本福特之前,克兰德曼斯(Klandermans 1984)曾把社会运动的动员任务概括为两个方面:首先是"共识动员"(consensus mobilization),即说服人们支持该运动的立场和观点;其次是"行动动员"(action mobilization),即说服那些支持该运动立场和观点的人加入到运动中来,而不是停留在心头或口头拥护上。斯诺和本福特(Snow and Benford 1988)认为,克兰德曼斯很好地概括了框架建构的任务内容,但没有突出框架建构作为一个过程的互动性和动态性。以威尔逊的思想为基础,结合克兰德曼斯的观点,他们把社会运动的框架建构工作划分为三个步骤,同时也是框架建构的三个核心任务。第一步是问题的识别和归因,即界定社会运动需要解决的问题是什么、这些问题是怎么造成的、谁应该为这些问题负责。只有明确了这些问题,社会运动才有对象或靶子。第二步是炮制一个问题解决方案,即那些被运动指认出来的问题应该怎么解决,社会运动组织者必须提供一个解决方案。这个方案或深刻或浅陋,或宏观或微观,但总归得有一个蓝图,社会运动才有努力的方向和目标。最后,第三步,是说服人们采取实际行动,也就是参与社会运动。如果用克兰德曼斯的话来说,那么,前两步属于"共识动员",第三步则是"行动动员"。斯诺和本福特(Snow and Benford 1988: 199-204)把这三个步骤分别命名为诊断性框架(diagnostic framing)、预后性框架(prognostic framing)和促动性框架(motivational framing)。[①]

[①] 为表达简洁起见,下文有时会根据情况把"框架建构"简称为"框构"。

诊断性框构

任何社会运动都是为了改变某种被认为有"问题"的社会现状。因此,"问题"的界定和建构是任何社会运动的动员都必须开展的第一项工作。这就是所谓"诊断性框构"。具体而言,诊断性框构主要包括三个方面的内容:一是确认问题的存在,即确定发生了什么事、出了什么问题;二是指认"加害者",即是谁造成了这个问题;三是明确代言人,即谁有资格作为这个问题的代言人。这三项工作的实施都是一个对抗性的、互动性的过程。

诊断性框构的第一步是确认问题的存在。为此,需要把某种社会现状"问题化",即把某种社会现状"说"成一个需要特别关注的"问题"。人们对社会现实的认知总是有差异的。同样一种社会现状,有人认为是"问题",需要加以改变,有人则认为不是"问题",无需采取任何行动。为了提高动员水平,社会运动必须改变人们的"问题意识",把那些社会运动所关心的事物和现实变成人们意识中的"问题",而把那些社会运动不关心的事物和现实从人们的关切中抹掉。很显然,这个过程不是一个单纯的"诊断"过程,而是一个对抗性、互动性、选择性的建构过程。从这个意义上说,把框架建构的第一步命名为"诊断性框构"是不确切的。因为"诊断"意味着已经有一个实实在在的问题摆在那里,社会运动只是客观地把它反映出来。而事实上,社会问题往往是主观和客观因素相互作用的结果,不存在主观单纯反映客观的问题。不过,总的来看,关于"问题意识"建构的研究在框架建构论中尚未引起足够重视,相关研究还非常少(Klandermans 1992:77 - 78)。

在确认"问题"确实存在之后,第二步是指认加害者,即确认谁应该为发生的"问题"承担责任。对问题有无的共识并不等于对问题性质的共识。因为对同样一个问题,不同群体归因的方向和逻辑有可能是不同的,归因取向上的差异常常是造成一个社会运动内部不同组织之间以及不同社会运动之间相互对立的根源。比如,有研究(Benford 1993a)发现,和平运动对核威胁的归因至少有四种取向:技术的、政治的、经济的和道德的,不同的归因取向造成了和平运动内部的争执和分裂。

在确认问题和加害者之后,社会运动还必须论证自己有资格代表那些"受害者"说话。"这一直是一个高度对抗性的过程。许多社会行动者(国家机构、政党、利益相互对立的团体、媒体运营机构)都力图证明自己对特定问题的控制权,都力图把自己对这些问题的理解强加给别人,以破坏社会运动所主张的代表权。"(della Porta and Diani 2007:75)因此,社会运动在框架建构中必须论述自己有插手有关问题的资格和合法性,必须争夺处理有关问题的"所有权"(Gusfield 1989; Shemtov 1999)。

预后性框架

除了指出已经存在的"问题"并追究其原因外,社会运动还需要针对该问题提出一个面向未来的构想,对解决该问题的办法、所要达到的目标及其实现途径、本运动发展的战略和战术等问题做出自己的说明。这是预后性框架所应完成的内容。一般而言,预后性框架与诊断性框架具有逻辑上的一致性,即做出什么诊断就会开出什么药方。也就是说,诊断性框架会在很大程度上对后续的预后性框架产生限制作用。但也要注意到,预后性框架与诊断性框架并不存在一一对应的关系,即使在诊断性框架的限制下,预后性框架仍然有很大的发挥空间。因此,相同的诊断性框架并不必然导致相同的预后性框架。斯诺和本福特(Snow and Benford 1988:201)发现,在美国和平运动中,尽管都把核威胁的根源归结为技术原因,但不同运动组织开出的药方却是不一样的:代表一个极端的运动组织呼吁完全抛弃包括核技术在内的任何现代技术,退回到自然田园生活中去;而代表另一个极端的运动组织则只是呼吁停止利用核技术制造危险的核武器,并不反对核技术本身,更不反对其他科学技术。这好比同样诊断为感冒,不同的大夫却开出不同的感冒药一样。

促动性框架

社会运动进行框架建构工作的最终目的是要让人们加入社会运动,诊断性框架和预后性框架均不足以实现这个目的,因为接受某种信仰与愿意为这个信仰而采取实际行动,是既相联系但又不完全等同的两件事——这正是奥尔森的"搭便车"理论,以及资源动员论和政治过程论反复强调的观点。因此,社会运动必须在诊断性框架和预后性框架之外提供一个促动性框架,让人们听了这套框架的说辞之后,能够产生参加集体行动的动机。本福特(Benford 1993b)发现,为了说服人们采取实际行动,社会运动往往会从四个方面对诊断出的问题进行进一步阐述:一是问题的严重性(severity);二是采取行动的紧迫性(urgency);三是采取行动的有效性（efficacy），即让人相信只要按照运动的要求采取行动就一定能够达到目的；四是行动在道德上的适当性（propriety），即鼓吹采取运动所要求的行动是每个人的道德义务。不过，这四个方面在动员效果上并不总是一致的，而是存在着这样那样的矛盾：对严重性的渲染可能会妨碍人们的信心，使之对采取行动的有效性将信将疑；同样，对紧迫性的过分强调也可能使人产生宿命感，觉得局面已经糟糕到难以挽回的程度而无心采取行动；对有效性的强调也有风险，越是自信心高涨，运动参与者对困难越是估计不足，一旦失败，信心就会受到严重挫伤，一旦成功又觉得问题没有想象的那么严重，形势没有想象的那么急迫；对道德义务的鼓吹会一方面会使参与者精神压力过大，容易精疲力竭，对运动的支持不可持续，另一方面也会容易导致过激行为，甚至超出运动本身的道德底线，使运动失去控制。总之，运动组织者只有在严重性、紧迫性、有效性和适当性之间保持完美的平衡，促动性框架才能取得最佳效果，但这个平衡显然是很难达到的。

在本福特的这个研究之前，已经有一些学者对促动性框架所涉及的"行动动员"做过一些研究。比如，甘姆森在其《说政治》（Gamson 1992b）一书中把集体行动框架的内容区分为三种成分：不平感（injustice）、主体感（agency）、认同感（identity）。其中"主体感"是指这样一种集体感觉，即相信可以通过行动改变当前所遭受的不公待遇。克兰德曼斯和奥格玛（Klandermans and Oegema 1987）曾经把社会运动的参与过程划分为四个步骤，其中第三步和第四步分别是"产生参与的动机"和"克服参与的障碍"。很显然，这些方面都属于这里所说的促动性框架的内容，但他们都没有像本福特那样进一步挖掘。从本福特的分解来看，运动参与动机中所蕴涵的问题比以前想象的要复杂得多。

最后需要指出的是，社会运动研究长期以来都认为框架建构过程（包括上面所说的所有三个环节）一定是对抗性的，即总是把作为对立面的组织、机构或个人描述为"凶手"，而自己则受到了"不公正"待遇（比如 Benford 1993a；Capek 1993；Ellingson 1995），目的是在人群中树立起一种"对立意识"（Morris 1992）。甘姆森断言，所有集体行动框架都是"不公正框架"（injustice frame），至少含有抱怨不公正的成分；运动动员的关键之一就是要把人们的意识从认为自己遭遇了"不幸"转变成认为自己遭受了"不公"（Gamson 1992a，1992b：68，1995；Gamson et al. 1982）。

不过，有研究（Benford and Snow 2000：615-616）发现，事实并不尽然，一些宗教运动、自助运动的框架中就没有抱怨不公平的成分。另有研究（Pellow 1999）发现，即使是在一些政治性很强的社会运动中，框架建构也不一定是敌对性的，有时也是合作性的。这一发现对框架建构论提出了严峻挑战，因为强调集体行动框架的对抗性一直是框架建构论的核心观点之一。

上面把框架建构过程划分为诊断性、预后性和促动性框构等三个过程，是从整个社会运动的高度来说的。那么，具体到某个集体行动框架，它又是如何被创造、发展和更新的呢？本福特和斯诺（Benford and Snow 2000：623-627）认为，具体运动框架的创造、发展和更新过程可以区分为三组相互交织的过程，分别是：言说过程（discursive process）、谋划过程（strategic process）和竞争过程（contested process）。在这三个过程中，谋划过程是研究最早、也研究最多的部分，竞争过程次之，言说过程研究最少。这样一种先后顺序实际上体现了框架建构论所隐含的意志决定论特征和研究转向：谋划过程最能表现意志的能动性，所以受到最早、最多的关注；在意志决定论受到批判之后，竞争过程和言说过程才逐渐引起重视。下面就按研究的先后顺序来阐述框架建构过程。

二、框架谋划

首先是框架谋划（strategic framing）。所谓框架谋划，是指社会运动组织为了招纳更多参与者、动员更多支持者和吸引更多资源而有意识地、策略性地、针对性地发展或采用某些框架的过程。谋划的目的就是让社会运动自己的框架与潜在参与者、支持者或拥护者的兴趣很好地接合起来。因此，"谋划过程"最初叫"框架规整过程"（frame alignment process）[①]。"框架规整"是框架建构论关注最早和最多的过程。框架建构论就是以论述框架规整过程起家的。斯诺等人于1986年发表的那篇标志着框架建构论正式诞生的论文，题目就叫《框架规整过程、微观动员与运动参与》（Snow et

---

① 在这里，"规整"在英语中的对应词是"alignment"。"alignment"的本义是看齐、对齐、对成一条直线。如果从字面上解释，"frame alignment"的意思是社会运动采取种种策略，让他人，特别是运动的潜在参与者向运动所需要的框架"看齐"，与运动保持"一条直线"，即保持一致或结成联盟。据此，这里把"alignment"意译为"规整"。

al. 1986)，整篇文章的重点就是论述"框架规整"的四个具体过程：框架桥接（frame bridging）、框架渲染（frame amplification）、框架扩展（frame extension）和框架转变（frame transformation）。

框架桥接

框架桥接是指把两个或多个在意识形态上相互吻合但在结构上又互不关联的框架连接到一起（Benford and Snow 2000：624；Snow et al. 1986：467）。这种架接既可以出现在社会运动与个人之间、运动组织与运动组织之间，也可以出现在社会运动与社会运动之间。社会运动的目的是追求社会变革。在一个社会中，具有相同或相近思想倾向的个人、组织或其他社会运动一定存在，但可能因为制度、组织或技术原因而彼此隔离，互不知晓。那么，对运动动员来说，一个重要任务就是要找到一种合适的制度、组织或技术架构，把本运动与那些拥有相亲相近思想倾向的个人、组织或其他运动连接起来。这个过程就是所谓"框架桥接"。邮政、电报、电话、电视、电脑等现代通信技术的发展为框架桥接提供了很大的方便。一些组织或网络的发展也有利于框架的桥接。1987年美国总统对西德的访问和1988年国际货币基金组织在柏林召开的年会曾经引起大规模抗议，和平、生态、妇女、邻里、工会等方面的运动组织都卷入了这次抗议活动。格哈茨和鲁切特的研究（Gerhards and Ruchr 1992）发现，这些平时相互很少交往的运动组织之所以能够在短时间内走到一起，很重要的一个原因在于那些起中间协调作用的组织发挥了很好的框架桥接功能，成功地把每个运动的特殊关切（即框架）与整个运动的主轴框架——反对帝国主义霸权关联到一起。尽管斯诺等认为框架桥接可能是社会运动中最流行的框架建构策略，却一直缺乏系统的研究（Benford and Snow 2000）。造成这种状况的根源在于，所谓"框架桥接"更像是资源动员论的议题，而不是框架建构论的议题，因为它关注的真正焦点是在框架之间起桥接作用的组织或技术机制，对在该过程中框架是如何被建构的这个框架建构论的核心议题反而不置一词。

框架渲染

框架渲染是对既有价值和信念的美化、润饰、显化和激发（Benford and Snow 2000：624；Snow et al. 1986：469）。能在多大程度上与当前社会中流行的既有价值和信念对接，是影响框架共鸣度的一个重要因素（详见本章第四节）。因此，作为社会运动来说，一个自然的策略当然是"重新发现"和激活既有的文化价值和信念，对其加以美化、润饰和显化，让其为我所用。框架渲染又分为"价值渲染"（value amplification）和"信念渲染"（belief amplification）（Snow et al. 1986：469-472）。所谓"价值"，是指一个人群中被认为值得保存和提倡的行为模式和生存状况。这些价值或许已经萎缩，或许遭到滥用和压制，或许缺乏组织表达渠道，或许已经成为陈词滥调，只要被社会运动认为有利于动员潜在的参加者，都可能被突出出来，并加以美化或吹捧。这就是"价值渲染"。而"信念"，是指关于两个或多个事物之间，或其特征之间的一种假想性的关系。从历史上看，社会运动动员所涉及的信念主要有五种，分别涉及：（1）问题、议题和压迫的严重性；（2）问题的根源和应该被谴责的对象；（3）对对立面或运动对象的刻板印象；（4）变革的可能性和集体行动的有效性；（5）行动起来的必要性及其在道德上的正义性。研究（Benford and Snow 2000：624-625；Berbrier 1998；Paulsen and Glumm 1995）还发现，尽管利用既有的价值和信念是社会运动中广泛使用的策略，但那些主要依靠良心支持者的运动以及因其价值和信仰与主流文化相矛盾而被妖魔化的运动对这种策略更加依赖。

框架扩展

除了有意识地渲染本运动与动员目标人群的价值和信念之间的联系，以加深感情、消除疑虑之外，社会运动有时还会实施"框架扩展"策略（Benford and Snow 2000：625；Snow et al. 1986：472），即扩展自己的框架，以便容纳更多人群的框架。这些被扩展进来的框架与该运动的首要框架关联不大，但为了动员更多的参与者，社会运动组织不得不显得对这些框架很感兴趣。那些自身的价值和框架与动员的目标人群的价值和框架实在没有太多关联，从而难以使用框架渲染策略的社会运动，经常采用这种策略。比如，研究（Snow et al. 1986：472）发现，美国和平运动最初的口号是"解除核武器、停止军事干涉、把军事开支用到最需要的地方"，结果动员到的参加者主要是第二次世界大战后在"婴儿潮"中出生的白人中产阶级；为了动员有色人种和少数族群，它把口号改成"和平与公正"，效果仍然不佳，于是又进一步把口号改成"和平反对种族主义、性别歧视和其他一切形式的歧视和压迫，推动社会正义"。为了吸引更多的人，和平运动在动员中还使用了摇滚乐和崩克乐团。不过，也有研究（Benford 1993a；Cornfield and Fletcher 1998）发现，框架扩展由于引入了一些与运动本身的核心价值和兴趣不太相关的框架或要素，有可能引起运动内部关于意识形态纯洁性等的争议，从而导致运动的不稳定。

框架转变

框架转变的本义是一个社会运动改变人们原来对社会现实或本运动的某种理解，并创建和代之以新的理解和意义系统（Benford and Snow 2000：625；Snow et al. 1986：473）。但随着研究的发展，框架转变的含义逐渐发生了变化：即本来是要刻画社会运动组织如何有预谋地改变目标人群的框架，使之符合自己的需要，后来却变成了运动参与者在经历一系列社会运动事件之后，其观念是如何发生改变的。前一种意义上的"框架转变"是框架规整策略的一部分，后一种意义上的"框架转变"却不是，因为它不是运动组织者有意识操作的结果，而是参与者在阅历增长之后自然发生的观念改变（Snow 2004a：393）。

社会运动追求的是某种社会改变，其中包括改变人的观念。按理说，社会运动领域关于框架转变的研究应该很多，但相关研究恰恰很少（Snow 2004a：625）。造成这种状况的根源在于框架建构论对社会结构的忽视。因为相对于框架规整的其他三个过程，框架转变对框架的塑造是最深刻的，从而是最有可能涉及社会结构因素的。框架建构论既然忽视社会结构因素，自然无法对框架转变过程做深入论述。为了扭转这一状况，斯诺对框架转变做了进一步阐述。

早在1986年，斯诺等人（Snow et al. 1986：473-476）就把框架转变划分为两种形式：局域性框架转变（transformations of domain-specific frames）和整体性框架转变（transformations of global frames）。在此基础上，2004年，斯诺（Snow 2004a：393-395）又按照运动框架所追求的改变的层次和范围，把框架转变划分为四种形式，如图5—1所示：首先是方格A和B，框架转变的对象都是个人，如果这种转变只限于特殊领域，比如健康、教育等，那么，转变的结果会使人皈依某种自助运动（self-help movements）或宗教运动，比如素食运动、邻里互助运动等。反过来说，这种框架转变是一些自助运动和宗教运动的基础。如果这种转变超出特殊领域，追求一般性的认知转变，那么，就会导致个人皈依某种宏大的宗教运动或政治运动，比如法西斯运动、马丁·路德的宗教改革运动等。

改变的范围 \ 改变的层次	局域性的 (domain-specific)	广域性的 (generalized)
个人 (individual)	A 皈依某种自助或宗教运动	B 皈依某种宗教或政治运动
团体/集体 (group/collective)	C 重新界定某个社会人群或地位团体在特定领域的状况	D 关于某个人群的一般观念的改变

图 5—1　框架转变的类型

再看方格 C 和 D。这两种形式的框架转变的对象都是社会群体。如果转变的内容只限于特定领域，那么只会导致人们重新思考、评估某个社会人群或地位团体在特定领域的状况，因此而导致的社会运动有反歧视艾滋病患者运动、反虐待儿童运动等。如果转变的内容超出特定领域，框架转变则要求针对某种社会人群的一般观念的改变，黑人民权运动、妇女解放运动、民权运动就属于以此类框架转变为基础的社会运动。

斯诺对框架转变进行分类是想展示和澄清框架转变的复杂性，但显然，这个分类仍然是描述性的，而不是分析性的，对于理解社会运动发展的逻辑和机制似乎没有太大帮助，在社会运动学界引起的反响也很冷淡。

三、框架竞争

正如资源动员论所揭示的，社会运动之间存在着广泛的资源竞争。如果对"资源"概念做宽泛的理解，框架建构也可以说是一场关于资源的竞争，只不过这里的"资源"不是时间、金钱和物资，而是注意力和合法性。很显然，一个社会中的注意力和合法性也是稀缺"资源"（Cress and Snow 1996；Edwards and McCarthy 2004：125－126）。因此，社会运动的框架建构过程也是一个竞争过程（Benford and Snow 2000：625－627；Zald 1996：269－270）。框架竞争（contested framing）过程可以分为两个方面：一个发生于社会运动外部，即一个社会运动与对手之间关于框架建构与反框架建构的斗争；另一个发生于社会运动内部，即同一阵营内不同派别或组织之间的框架争议。

框构与反框构

社会运动代表着某种社会变革倾向，社会运动的存在本身就意味着不同人群在某个问题上的观念差异和冲突。因此，社会运动在努力建构自己的框架以博取外界对运动主张的关注和支持时，难免有持不同看法的个人、组织或机构对其框架建构进行反击，尽管这种反击并不一定采取集体行动的方式。针对一个社会运动的框架建构活动所进行的反击，被称为"反框构"（counterframing）。关于框构与反框构的斗争，目前还没有很好的研究。大多数研究都只是同义反复地证明，某些框架之所以能够在竞争中胜出，是因为它的建构更为成功，引起了更多人的共鸣，但并未揭示到底是哪些因素导致框架建构取得了这样的效果（Benford and Snow 2000：626）。在已有的研究中，有这么几点值得注意：第一，框构与反框构并不是只有正反两方的斗争，而是会卷入多方行动者，比如中立方、媒体、旁观者及一般听众。这些行动者从属于不同的组织和制度领域，因此需要把框架建构放在多组织或多制度场域下来研究（Evans 1997；Klandermans 1992；McAdam 1996a；Meyer 1995）。

第二，框构与反框构是一个互动性过程，不管多么强势的运动行动者，其框架建构过程及效果都受到另一方框架建构的制约，从而不得不对反框构做出反应，对自己的框架进行重新建构（reframing），以消减和控制反框构所造成的损害（Coles 1998；Neuman 1998）。

第三，对框构和反框构斗争的研究不能只研究一个社会运动的"正式的意识形态表述"，"如果不仔细考察一个运动所采取的策略和行动，就不可能对它的'意义赋予工作'（signifying work）有全面的理解"（McAdam 1996a：354）。因为一个社会运动的框架并不总是或完全表现为演讲、声明、口号、著作等文字性作品，它所采用的行动和策略实际上也是特定观念和思想的表达。因此，研究者需要用类似加芬克尔的"本土方法论"所指示的方法去解读一个社会运动的框架。在这一思想指导下，一些学者对以行动形式进行的框架竞争进行了初步研究（McAdam 1996a；Zuo and Benford 1995：146-149）。

此外，还有一些研究注意到，框构和反框构斗争的正反双方都非常注重借用既有的"文化资源",其效果也依赖于所建框架与既有文化背景的共鸣程度(Davies 1999;della Porta and Diani 2007:81-85;Neuman 1998;Williams 1995)。这一点将在本章第三节详细讨论。还有学者分析了反框构的策略。在这个问题上,麦克弗雷和科斯(McCaffrey and Keys 2000)区分了三种策略:一是"极化—诬蔑",即极力使本运动与敌对运动的对立尖锐化、两极化,并极力对对方进行诋毁,这是社会运动框架竞争中最常使用的策略;二是"框架揭露"(frame debunking),即在抬高本运动框架的同时,对对方的框架进行揭露、嘲讽和挖苦;三是"框架拯救"(frame saving),即力图维护和恢复遭到对方打击和诋毁的框架。本福特和汉特(Benford and Hunt 1992)分析了社会运动框架建构中的"拟剧技术"(dramatic techniques),认为社会运动的能量在一定程度上依赖于组织者对这些技术的运用和管理。

运动内部的框架争议

本福特最早注意到一个社会运动内部不同组织在运动框架问题上的争议。在关于美国反核运动的经验研究(Benford 1993a)中,他区分了三种框架争议:(1)诊断性框架争议,即关于社会问题诊断的争议;(2)预后性框架争议,即关于问题解决方案的争议;(3)框架共鸣度争议,即关于到底怎样表述运动的框架才能从目标人群中获得最佳共鸣效果的争议。他发现,框架争议是社会运动过程中普遍存在的现象;意识形态倾向越极端的运动组织,越容易与其他组织发生争议;框架争议对整个社会运动来说是利弊共生的:(1)在导致一些运动组织溃散的同时使另一些组织更加强大;(2)在浪费一些运动资源的同时使资源更加集中,从而提高整个运动的动员效率;(3)在导致分裂的同时也提高了运动的整合性;(4)在促进运动组织在框架建构上的分工的同时,也让一些框架建构工作付诸东流。这部分地印证了以往研究中关于社会运动内部的分裂和斗争可以在一定程度上增强运动的适应能力的发现(Frey et al.1992;Gamson 1990;Gerlach 1971)。

与本福特不同,克罗托和赫克斯(Croteau and Hicks 2003)研究的是社会运动在结盟条件下的框架争议过程。他们发现,社会运动联盟为了避免消耗性的框架争议,倾向于发展出一个把个人、组织和联盟三个层面上的框架建构统一起来的"协调性框架金字塔"(consonant frame pyramid)。

这样一个"协调性框架金字塔"能否建构成功，取决于三个因素：联盟的权力大小、联盟内部不同运动组织的组织结构差异，以及运动组织的框架与当前政治机会结构的适应程度。事实上，此前格哈茨和鲁切特关于"中观动员"的研究（Gerhards and Rucht 1992）已经涉及这里所说的"协调性框架金字塔"现象，只是他们没有使用这样一个概念。

除上述研究外，克洛格曼（Krogman 1996）和克莱门斯（Clemens 1996）亦曾分别研究过美国环境运动和劳工运动内部关于框架问题的争议。不过，总的来看，当前社会运动领域关于社会运动内部组织分裂的研究比较多，关于意识形态或框架争议的研究还很少。

四、框架言说

如果说框架谋划和竞争过程是一个目的性很强的、充满权谋和算计的过程，那么言说过程则是一个日常性的，从而更接近生活状态的说话、交流和沟通过程。所谓框架言说（discursive framing），是指"主要发生于运动活动的背景之下的或与运动活动相关的运动成员者之间的谈吐行为（包括说话和交谈）和书面沟通"（Benford and Snow 2000：623）。社会运动过程中意义的解读和赋予是框架建构论关注的焦点，但由于过分关注框架建构的对抗性，再加上意志决定论观念的影响，以往框架建构论的研究有三个偏向：一是对从精英（传播者）角度出发的赋予过程关注比较多，而对从普通听众（接受者）角度出发的解读过程关注比较少，这与框架建构论的精英主义（详见本章第四节本福特的有关批评）立场有关。二是即使对意义的赋予，也是从策略的角度理解比较多，从认知的角度理解比较少。这从框架规整在框架建构论中的核心地位可以反映出来。三是即使从认知的角度考察框架建构过程，也基本限于考察运动组织者如何根据自己的意图缔造一个新的结构或图式（schema），以便将已经存在但很零散的意义元素"组装"起来，或者把已经组织化但不符合自己意图的"框架"打破之后重新"组装"。至于那些意义元素和新的组装模式是怎样在人们心目中生成所需要的意义的，框架建构论则很少顾及。而对很多关注言说过程的学者来说，这个意义生成的过程才是研究的中心。简单地说，框架建构论者只关心"框"本身——是个什么"框"、是怎么造出来的，至于人们怎么解读这个"框"和"框"里的内容，则在它的视野之外。要言之，基于精英主义倾向，框架建构论基本上把框架建构过程看成一个单向的传播过程，而不是一个双向的反馈过程。因此，它只看到运动组织者单方面把自己研制出来的框架应用到运动实践中去，而未注意框架运用的结果会反过来影响运动组织者的框架论述。

为了弥补框架建构论的上述缺陷，近年来，一些学者开始关注框架建构过程中意义生成的具体过程。可以这么说，前面讲的框架谋划和框架竞争基本上是把框架建构看作一个政治学意义上的谋略过程，而这里讲的框架言说则是把框架建构看作一个心理学意义上的认知过程。那些重视框架言说过程的学者实际上是试图找回被框架建构论忽视已久的框架建构作为认知活动的一面。艾林森（Ellingson 1995）最早指出，框架建构实际上是一个循环互构的辩证过程。即，一方面，框架建构作为一种文化力量会改变运动事件发生的轨迹和方式；另一方面，运动事件发生的轨迹和方式会为框架建构提供新的机会和题材，从而导致有关各方重新评估和改变既有的框架建构。就是在这样一种"事件与文化事物的纠结"中，意义才被不断地创造和再创造。此外，研究（Coy and Woehrle 1996；Evans 1997；McAdam 1996a）还发现，社会运动会根据听众——既包括卷入运动的有关各方，也包括未卷入运动的旁观者或运动企图影响的"参照性公众"（reference publics）——的反应时时修改自己的框架。这虽然只是一个浅显的事实，但框架建构论由于理论视角和研究方法的局限，一直没有对此给予足够重视，更不用说充分研究。

至于对框架言说进行操作性研究的方法，斯泰因伯格（Steinberg 1993，1994，1998，1999）主张"语言学转向"（linguistic turn），引入巴赫金的话语分析理论，通过分析运动过程中有关各方众声喧哗（multivoices）的对话过程来把握意义的生成，以及话语力量的生成过程。也有学者（Fiss and Hirsch 2005）主张引入"意义生成心理学"（sensemaking psychology）的理论以弥补框架建构论的不足。不过，这些主张离社会学越来越远，在社会运动研究中并未引起太大反响。

框架建构论的主要阐述者本福特和斯诺也在努力拓展框架言说方面的研究。他们把框架言说过程分为框架连接和框架渲染两个过程（Benford and Snow 2000：623）。框架连接（frame articulation）是指把有关事件和经验按照某种逻辑汇编、捆绑在一起，使之显得统一、连贯、有说服力。一般来说，最终形成的运动框架让人耳目一新的地方不在于其中的要素多么新颖或多么有创意，而在于这些要素之间的连接方式在多大程度上提供了新的观点和看问题的角度。框架渲染是指对某些议题、事件或信念的特别强调,使之比别的议题、事件或信念更加突出。那些经过特别渲染的议题、事件或信念往往可以作为一个浓缩的象征,发挥代表整个运动框架和形象的功能。不过,这两个概念仍然是从运动组织者的角度,而不是从精英和"听众"双向互动的角度来考察框架言说过程的,精英主义的单边色彩仍然十分浓厚。

总的来看,框架言说虽然是以往框架建构论所忽视的地方,但对该过程的考察必然导致社会运动研究向更为微观的话语分析和心理分析方向发展,这既非作为社会运动研究主要力量的社会学家所擅长,亦非他们的兴趣。因此,框架建构论在这个方向的发展远不如另一个方向,即向社会结构方向的发展。

五、框架扩散与主框架

各个社会运动或社会运动组织的框架建构活动不是相互隔绝的,而是彼此互动的。这种互动也不是只有对立和竞争,而是同时存在合作、借鉴和吸收。这就是所谓的"框架扩散"(frame diffusion)过程。框架扩散主要三种表现形式:一是在一个运动周期内,由先驱运动所创造的主框架会对后续社会运动的框架建构产生强烈影响;二是在同一时期并存的多个运动有可能相互合作或影响,形成一个共享的主框架;三是同一时期并存的多个运动即使未形成一个共享的主框架,也会吸收其他框架的思想和元素,融入自己的框架。

首先来看与主框架有关的框架扩散。"主框架"(master frame)是斯诺和本福特(Snow and Benford 1992)提出的一个概念,最初的目的是为了解释"运动周期"现象。正如第四章所指出的,社会运动往往不是零散发生的,而是"扎堆儿"在一段时间里集中发生,然后平静一段时间,再集中发生。如此反复,呈现出可辨别的周期性。对于运动周期的形成,有多种可能的原因,比如社会整体的变迁、政治机会结构的改变,等等。主框架理论则是多种解释中的一种。这种理论认为,一个社会运动周期的出现,固然与整个社会和政治机会结构的变迁有关,但也与集体行动框架的变化有关。在一个社会运动周期的初期发生的那些先驱社会运动如果缔造的集体行动框架足够好,就有可能被后续的社会运动以不同的形式采纳,从而成为主导整个运动周期的主框架,"作为一种主要算法(master algorithm)影响和限制着其他运动的取向和活动"(Benford and Snow

2000：618)。在社会运动史上，有影响的主框架曾经多次出现。比如，美国民权运动创造的"权利框架"，后来就被妇女、老年人、残疾人、印第安人等社会群体发起的社会运动所采用（Snow and Benford 1992：148），大家纷纷在"维护公民权利"这个大框架下建构符合本运动的框架。

主框架对后续社会运动的影响有多种方式。一是为后续社会运动创造一套"解读戏码"（repertoire of interpretations），即创造一套现成的解读社会现实的模式，借助这套模式所提供的观点、概念、命题和语言等，后续的社会运动可以较为便利地对社会现实进行解读，从而更快更好地构建出符合本运动的框架，不必一切从头开始。并且，这样一种"解读戏码"是可以超越运动周期的，从而使一个主框架的影响能够延续到运动周期之外（Mooney and Hunt 1996）。类似地，威廉姆斯（Williams 1995）认为，一种社会运动意识形态可以为多个社会运动提供"修辞框架"（rhetoric frame）。

二是先驱社会运动并不直接为后续社会运动提供框架或意义元素，而是以自己的框架建构为其他社会运动的框架建构开创一个政治机会空间，使它们能够发生和存在。比如努南（Noonan 1995）发现，"左派"运动框架虽然与女权主义框架并不相容，但它有利于推动智利的民主化，而民主化进程则为女权主义提供了生存和发展的空间。

主框架的概念在使用过程中逐渐发生了变化：它本是指已经存在，然后同时对多个运动的框架建构产生影响的社会运动框架；后来，它又被用来指本来并不存在，而是多个运动通过合作和互动而建构出来的共同框架。在前一种意义上，主框架在前，多个社会运动的框架建构在后；在后一种意义上，多个社会运动的框架建构在前，主框架在后。第二种意义上的主框架的形成也是框架扩散的体现。有研究（Carroll and Ratner 1996；Swart 1995）发现，同时并存的多个社会运动或多个运动组织为了提高动员效能，往往会主动进行"主框架建构"（master framing）或"主框架规整"（master frame alignment）。这是社会运动过程"中观动员"（Gerhards and Rucht 1992）的一部分。

社会运动的框架建构除了通过主框架的传播和建构而相互影响之外，还有一种情况是，不通过主框架而是直接借鉴和吸引彼此框架中的有用成分。比如，研究（Meyer and Whittier 1994：287）发现，在美国和平（核冻结）运动中，一些运动组织为了动员女性参加，在框架建构时就吸收了妇女运动框架的部分论述：核武器是男人主导国家机器的必然结果，女人比男人对生命抱有更深切的关怀，要反对男权主义和反对戕害生命，就必须反对核武器。

框架扩散不一定都采取继承和合作的方式，而是也可能以"辩证"的方式进行，即既有继承又有批判和创新。社会运动的框架、文化和意识形态正是通过这样一种"辩证"方式向前发展的（参见 Valocchi 1999，2001）。

上面只是分析了框架扩散的形式（即是通过主框架还是不通过主框架）、内容（是提供意义元素还是政治机会）和性质（是纵向还是横向，是合作、继承还是辩证批判），而没有分析一个框架到底是通过什么机制从一个运动扩散到另一个运动的。这在社会运动研究中还是一个比较薄弱的方面。在这个问题上，麦克亚当和鲁切特（McAdam and Rucht 1993）认为，主要有两种机制，一种是关系性的，即通过直接的人际接触传播；另一种是非关系性的，即通过大众传媒、传单等非人际渠道传播。而斯诺和本福特（Snow and Benford 1999）认为，以往关于包括框架扩散在内的运动扩散的研究都忽视了传播方和采纳方在扩散过程中所采取的态度。他们把这种态度分为主动和被动两种，然后把运动扩散（包括框架扩散）分为四种机制：互馈（主动传播＋主动采纳）、接纳（主动传播＋被动采纳）、适应（被动传播＋主动采纳）、感染（被动传播＋被动采纳）。就基本理论取向而论，对框架扩散的解释可以概括为两种：一种是结构主义的，认为框架是通过社会结构层面的便利条件传播的。这些便利条件包括大众传媒（Myers 2000）、个人或组织层次上的关系网络（Reimann 2001）、组织（Morris 1981）、空间格局（Myers 1997；Soule 1997；Zhao 1998），等等。另一种是制度主义的，认为框架是通过社会制度所造成的相近的文化价值观和认知方式传播的（Soule 1997；Strang and Soule 1998），只有通过制度化过程所造成的"文化连接"，一种框架才可能被识别和接受（Strang and Meyer 1993）。

第三节　框架建构的场域

任何框架建构都是在一定的政治、经济、文化和社会背景下发生的。这些独立于框架建构者的主观意志之外的结构性因素，就构成框架建构的场域。场域的存在或者限制着、或者有利于框架建构，但无论如何，它的存在意味着，框架建构的过程和效果都会受到外在条件的制约，并不是当事人可以任意而为的。正如本章第四节所要指出的，在相当长的时间内，框架建构论具有强烈的意志论色彩，即夸大框架建构主体的主观能动性，同时忽视社会结构因素的制约作用。近年来，这个问题开始引起重视。下面从意识形态、文化、政治结构和媒体等方面来讨论场域对框架建构的影响。

一、意识形态

关于框架建构与意识形态之间的关系，在奥立弗和约翰斯顿（Oliver and Johnston 2000）于 2000 年提出该问题之前，并没有引起框架建构论和整个社会运动学界太多的重视。1988 年，斯诺和本福特曾发表过一篇题为《意识形态、框架共鸣度和参与动员》（Snow and Benford 1988）的论文，但在该文中，他们并没有厘清框架、框架建构与意识形态之间的关系，反而有把意识形态与框架等同起来的意思。

尽管此前对框架建构论已有一些批评，但都没有触及框架建构论存在的两个核心问题（Oliver and Johnston 2000：38）：首先，尽管斯诺等人一直把框架和意识形态当作两个截然不同的概念来使用，并认为框架建构思想受到早期关于意识形态研究的启发，但"他们既没有提供放弃意识形态概念并在相同背景下代之以框架概念的正当理由，也没有解释框架与意识形态之间的关系"；于是，第二个问题接踵而至，"后来的学者倾向于把斯诺和本福特的文章及其关于框架建构的语言当作原创作品引用，并把框架和意识形态当作两个可以互换的概念来使用"。

奥立弗和约翰斯顿（Oliver and Johnston 2000）认为，意识形态和框架是两个不同的概念，各有其理论分析功能，都是社会运动研究所需要的。但是，如果"用'框架'概念去干其他概念的活儿，框架建构理论的力量就丧失了"（Oliver and Johnston 2000：38）。因此，当务之急是澄清框架和意识形态这两个概念的区别和联系。他们指出，从学术史看，"框架"概念来源于关于互动过程的语言学研究，着重关注一组共享的假设和意义是如何塑造人们关于事件的理解的；而意识形态概念根源于政治和政治研究，它是一个精致的、具有良好逻辑结构的信念系统，为人们提供了一整套关于社会的理论，其中隐含着是否和怎样用社会运动去推动或阻止社会变革的价值和规范。从两个概念的关系来说，第一，意识形态更具有根本性，它构成人们日常行动的"幕布"（backdrop），具有相对稳定性；而框架只是意识形态在特定情境下的"快照"（snapshot），即人们对意识形态的瞬时或短时应用。从这个意义上说，意识形态可以被建构为框架，但并不是所有框架都是意识形态。

第二，意识形态概念更关注观念的实质内容，包括它的根源是什么，它与其他观念的关系是什么，它的道德的、经济的、政治的含义什么，人们面对新的社会环境是如何创造新的观念的，等等；而框架概念更关注观念的认知过程，即人们对社会现实是如何解读的，这个解读过程又是如何被操纵的。也就是说，意识形态概念更关注观念本身的内容和逻辑结构，而框架概念更关注观念如何被展开和使用，更像是一种"算法"（algorithm），而不是计算的内容本身。

第三，由于上述两个差别，框架可以临时创设，并用近似于商业推销的方式去引起他人的共鸣，意识形态则非要长期的社会化和学习不可。

第四，意识形态概念具有浓厚的政治含义，框架概念则具有浓厚的社会心理学色彩。

在奥立弗和约翰斯顿看来，在框架建构论诞生以后，意识形态概念之所以在社会运动研究中被边缘化，原因主要有两个：一是学术上的，即以往关于意识形态的研究一心关注一个观念系统的产生、内容和逻辑结构，确实忽略了观念系统在现实生活中有一个活生生的解读和展开过程；二是政治上的，即在学术研究中，意识形态概念长期被赋予"虚假意识"（false consciousness）等负面印象，以致与20世纪60年代以来西方学术研究的非政治化浪潮格格不入，自然乏人问津。他们认为，基于这两个原因而在社会运动研究中抛弃意识形态概念是不明智的。因为，第一，意识形态概念固然有上述理论缺陷，但框架概念也太肤浅，"难以把握社会运动在观念上的复杂性"；"意识形态确实是社会建构的，它们的社会建构确实包含框架建构过程，但是，试图把意识形态建构简化为一系列个体层面上的框架建构过程或组织层面上的框架规整过程，会丧失其社会和政治内容"（Oliver and Johnston 2000：38、51）。

第二，关于意识形态概念的政治性，奥立弗和约翰斯顿（Oliver and Johnston 2000：51）批评道，确实，"与框架理论不同，意识形态理论总是抓住人们的物质条件或对物质条件的体验与其意识形态之间的关系不放。意识形态理论家一直暗示阶级或其他物质利益可能是信念系统的基础。正是这些意识形态理论家时刻准备讨论信念系统的政治含义。简言之，把意识形态当成意识形态来理解实际上是要说，政治问题是重要的"。不过，框架理论本身也不是完全非政治化的，而是也具有潜在的政治含义："排他性地强调框架，暗示着政治是不重要的，或者可以被简化为单纯的意见分歧。暗示政治是不重要的、暗示每个人的意见在结构上都等价的，这本身就是政治。"

基于上述分析，奥立弗和约翰斯顿呼吁社会运动研究重新重视意识形态概念，一方面要抛弃以往研究中赋予该概念的负面含义，另一方面，要把框架建构论从社会心理学角度出发进行的分析与意识形态概念所代表的政治社会学传统很好地结合起来，而不是以一个概念掩盖另一个概念。

针对奥立弗和约翰斯顿的批评，斯诺等人（Snow and Benford 2000）做了回应。首先，他们承认框架建构论确实未对框架和意识形态这两个概念的内涵和关系做清晰的论述；其次，他们同意奥立弗和约翰斯顿的观点，即两个概念各有其分析功能，在社会运动研究中应该同时保留，并进一步厘清二者的关系。但他们同时认为，奥立弗和约翰斯顿对框架建构论存在"六大误解"，他们的很多批评是不成立的。这里需要指出的，如果单纯以斯诺等人关于框架建构论的理论论述为依据，那么，奥立弗和约翰斯顿的很多批评确实是"误解"，是不成立的；但问题是，斯诺等人的很多理论观点在该视角的研究实践中并未得到很好的贯彻，如果以研究实践为基础，那么奥立弗和约翰斯顿的批评是成立的，至少没有什么大的"误解"。

为了厘清框架和意识形态的区别，同时证明框架建构论有独立存在的价值，斯诺还进一步指出了意识形态概念及其使用过程中存在的四大问题（Snow 2004a：396-399）：第一，过分强调一般意识形态与特定社会运动的具体意识形态之间的内在一致性和整体性，而忽视同一意识形态阵营的不同社会运动在意识形态上的差异和冲突；第二，与此相类似，过分强调同一社会运动内部不同参与者之间在意识形态上的一致性和整体性；第三，假设作为一种态度的意识形态与作为一种行为的运动参与之间具有很强的对应性，但这常常不是事实；第四，认为特定社会运动的框架建构活动一定是某种意识形态的派生物，但经验发现，一些社会运动的框架并没有意识形态含义或者超越了意识形态限制。斯诺等人（Snow and Byrd

2007；Snow et al. 2007）还通过经验研究进一步证明，运动框架与意识形态之间并不存在必然的对应关系，并且对社会运动进程影响更为显著的是框架建构而不是意识形态。

上面奥立弗等人与斯诺等人之间的辩论至少表明，意识形态和运动框架是两种既相联系又相区别的事物。一个社会运动的框架建构，不管是过程还是效果都会受特定意识形态背景的制约。但在以往，"框架分析者倾向于把框架描述为——如果不是理论上，至少也是实践上——一种相对稳定的意义系统。就这样，框架被描述为某种像文本或地图的东西，有着精心构造的论证逻辑和结构。……要不然，就是把框架完全理解为战略或战术的翻版或衍生物，同时掺有一些集体行动者的代表性言论或主张"（Steinberg 1998：848）。这样，框架建构与意识形态之间存在的共生互构关系就在无形之中被阉割了。

那么，意识形态背景到底是怎样制约框架建构的？这是一个亟待澄清的问题。有研究发现，社会运动在框架建构过程中会采用特定意识形态的词汇或逻辑作为合法的政治外衣（Williams and Alexander 1994），甚至认为框架建构只不过是意识形态在特定条件下的派生物（Westby 2002）。但也有相反的发现，即意识形态有时也会妨碍社会运动的框架建构。比如，1966年至1975年间的美国女权运动围绕意识形态纯洁性的争论造成妇女团体之间的分裂和对立，致使框架建构失败（Ryan 1989）。从理论上说，有学者认为，意识形态最好被理解为一种组织生态（ecology of organizations），这意味着社会运动组织在意识形态问题上既相互依赖又相互竞争。有研究（Barnett and Woywode 2004）发现，具有邻近意识形态的社会运动组织之间的竞争是最为激烈的。这是因为，它们的意识形态近到它们所能获取的社会支持具有高度相近性，使它们不得不为了竞争有限的资源而大打出手。相应地，作为一种策略，一些运动组织不得不采取一种极端的、不兼容的意识形态立场，以便与其他运动组织拉开距离。当然，这种策略能否成功，在很大程度上取决于政治机会环境。

目前，关于意识形态与框架建构之间的关系在社会运动研究中已经引起一定程度的重视，并已有一些经验研究成果（比如 Coclanis and Bruchey 1999）发表。但总的来看，相关研究还相当薄弱，特别是理论阐述还相当缺乏。

二、文化

框架建构论的大量研究都涉及框架建构与文化之间的关系。它们发现，社会运动在框架建构过程中总是会因地制宜地撷取文化背景中的某些要素，比如词汇、人物、故事、规范或价值，并为我所用地将其组织成一个逻辑严密而且富有鼓动性的"框架"。至于社会运动怎样撷取并组织各种文化要素，框架建构论讲了很多的故事和逻辑，这在本章第二节中已经讲到。但受其意志论倾向的影响，这些论述的背后都蕴涵着一种共同倾向，即撷取并组织相关文化要素的过程和逻辑取决于运动组织者的战略和战术，舍此再无其他重要的影响因素。这显然是偏颇的。

首先，文化并不是一个任人打扮的小姑娘，作为一个意义系统和符号系统，它有其自成一体的结构和逻辑。这些结构和逻辑决定了社会运动对其中任何一些要素的撷取和使用都是有限制的，并不是可以任意而为的。毫无疑问，以往框架建构论的有关论述夸大了文化的可塑性，忽视了文化的结构性以及相应而来的约束性。

其次，一个社会的文化总是具有多样性的，并且多种文化之间并不总是和谐共存的，相反，它们之间存在多种形式、多种层次的冲突。文化冲突会造成不同文化之间在社会地位上的分化，其中一些成为占统治地位的主文化，而另一些则成为居于从属地位的亚文化。社会运动作为一种挑战社会主流的政治斗争，它所论述和宣扬的"框架"在一个社会中无疑属于地位相对弱势的亚文化，受到主文化的歧视和压制是不可避免的。但在以往框架建构论的有关论述中，文化冲突的问题也被严重地忽视了。

鉴于这两点，在讨论社会运动的框架建构问题时，应当注意并揭示文化作为一种场域的限制性。约翰斯顿和斯诺（Johnston and Snow 1998）曾经专门讨论过"运动亚文化"（movement subculture）在与主文化的斗争中崛起的过程和机制。他们首先根据一种文化与处于统治地位的文化在价值和行为上的吻合程度区分出关于亚文化的四种理想类型，如图5—2所示：首先是在价值和行为这两个层面上都基本符合主文化的亚文化。这是以往学术研究中关注得最多的一种亚文化类型。其次是在价值上认同主文化，而只是在行为上略为偏离的亚文化。这种亚文化实际上只是主文化在特定领域的分身和影子，因此被称作"影子亚文化"（shadow subculture）。再次是"寄居性亚文化"（accommodative subculture），指在行为上遵从主文化，但内心并不认同主文化价值的亚文化。这种亚文化实际上是因形势所迫而不得不寄居在主文化之下的，故称"寄居性亚文化"。最后是在行为和价值上都与主文化相对立的"对立性亚文化"（oppositional subculture）。从对主文化的挑战来说，从类型Ⅰ到类型Ⅳ，强度在不断增大。根据挑战的强度，第一、二两种通常不属于运动亚文化，第三、四两种才属于运动亚文化。如果用这样一个分类框架来思考，那么，社会运动的框架建构的任务，首先是把寄居性亚文化转变为对立性亚文化，然后再把对立由一种文化转变为行动。

		价值吻合	行为吻合
类型Ⅰ	传统所认可的亚文化	±	±
类型Ⅱ	影子亚文化	+	−
类型Ⅲ	寄居性亚文化	−	+
类型Ⅳ	对立性亚文化	−	−

图 5—2　亚文化的理想类型

利用上述分类框架，约翰斯顿和斯诺对这个过程做了论述，并提出了一些可供参考的理论命题。他们认为，在那些社会控制比较严厉的社会中，寄居性和对立性亚文化的发育会受到严重阻碍。因为人与人之间的交往受到监控，人与人之间的信任受到破坏。不过，再专制和独裁的社会控制也会在不经意间为亚文化创造生存和发展的空间，首先发展起来的就是那些相对比较温和的寄居性亚文化。由于公共空间受到国家的控制，寄居性亚文化一般只存在于比较隐秘的私人空间，因此，在空间上会比较分散，并且会非常倚重当前政体之前的旧政体中的许多物质文化和精神文化要素。国家通常会对寄居性亚文化和对立性亚文化进行压制，但这种压制客观上会把这些亚文化联系起来。一旦国家的压制有所松弛时，寄居性亚文化之间的联系纽带就会得到强化，并成为对立性亚文化赖以建构的基础。通过一些具有掩盖性的两面组织和一些小的、非正式的、秘密的团体，寄居性亚文化会试探着走向公共空间，从而转变为公开的对立性亚文化。由于缺乏政治机会，同时由于缺乏组织和抗争经验，从寄居性亚文化向对立性亚文化转变的过程通常会采取一些比较微妙的、彼此心照不宣的文化形式，比如音乐、诗歌、卡通、笑话等。当政治机会扩大时，这些形式比较微妙的运动亚文化就会发展一个论述相对比较严整的框架，对政治体制进行公开的批评。并且，这个过程会由于国家对一些激进分子的镇压而加快。由此，框架建构的第一步，即把寄居性亚文化转变为对立性亚文化宣告完成。第二步是进一步把对立由一种文化转变为一种实际行动。对于这一过程，他们发现，社会运动开始总是比较小心，会先选择一些比较外围的"掩盖性议题"（cover issues）入手进行象征性挑战，伺机再进入更直接和广泛的政治议题。相应地，运动组织的政治倾向开始也比较复杂和分散，只有出现一个大的组织将它们整合起来，才有可能进行大规模的群众动员。

约翰斯顿和斯诺虽然对主文化约束下框架建构的演变进程做了详细的论述，但文化形塑框架建构过程的内在机理仍然"妾身未分明"。在这个问题上，斯威德勒（Swidler 1986，1995）关于"行动中的文化"（culture in action）的研究不无启发意义。在她看来，对人类的行动来说，文化有两种基本功能：一是作为一个信仰系统，规定着行动的路线，包括对目标和手段的选择；二是作为一种资源，影响着行动的策略。在后一种意义上，文化只是一种充塞着各种符号、故事和道理的"工具箱"（tool kit），人们可以选择性地使用其中的材料，"在不同的情境下用它来承载不同的行动风格和习惯"（Swidler 1986：280）。

利用斯威德勒的论述，就可以发现，文化对框架建构过程的限制至少有两个方面：首先是作为一种价值信仰，制约着框架建构的方向和策略。显然，一个社会运动的参与和组织者无论多么渴望打破旧文化、创造新世界，都不可能完全超越历史的局限，都会在一定程度上受着既有文化价值的限制。彻底打破旧文化的束缚，就像拔着头发想把自己提起来一样不可能。其次，文化作为一种资源即"工具箱"，其中能够利用的"工具"在总量上总是有限的，在分布上总是不均匀的，是有结构的，因此，处于特定地位的人群对特定文化的运用总是有限制的。比如，中国人搞运动，最擅长的文化资源自然是中国文化，对英国文化、法国文化的利用就会比较差，这说明，一个人群能够利用的文化资源在总量上是有限度的。而即使是中国文化，它作为资源在各个阶层、各个地区的分布也是不均匀的，比如教授阶层长于理论知识而实践经验相对欠缺，工人阶层则实践经验丰富而理论能力欠缺，那么，他们在搞社会运动时，框架建构一定会有不同的特色。这体现了文化资源的结构对框架建构的影响。从以往框架建构论涉及文化的论述来看，它一方面忽视了文化作为信仰系统对框架建构的影响，另一方面也忽视了文化资源的结构对框架建构的影响。

三、社会政治结构

框架建构的过程和效果会受特定时期和地区的社会政治结构的影响，似乎是一个不言而喻的事实。麦克亚当等人（McAdam et al. 1996b）很早就呼吁社会运动研究要把政治机会、动员结构和框架建构这三个变量有机地结合起来，但至今进展甚微，尽管有一些研究，但质量都不算高。

麦克维等人（McVeigh et al. 2004）曾经就框架建构与社会政治结构之间的关系提出一个具有一定参考价值的分析框架。他认为，框架建构的基本任务就是要在特定人群中建立"我们"和"他们"之间的界限，即哪些是需要团结的自己人，哪些则是要反对和斗争的敌人。在此过程中，框架建构面临一个两难选择，即怎样在塑造内部团结和拉拢外部人群之间保持平衡。为了塑造和巩固内部团结，一个集体行动框架应当尽量根据核心支持者的特征而量身定制。换句话说，框架与核心支持者的结构性特征（比如他们的人口构成和兴趣等）应该很好地对应起来。但这样一来，框架的边界就可能因为过于清晰而具有排他性甚至敌对性，结果导致核心支持者以外的人群对运动的支持度降低，甚至反对。为了扩大外界的支持，减少外界的反对，框架的边界就要尽量模糊一点，也就是要尽量提高与其他认同之间的重合程度。但这样做，又会降低核心支持者对运动的认同，他们会觉得这不是"自己的"的运动，参与的积极性不高。在两难之下，框架建构就有四种可能的后果，如图5—3所示。

	认同重合度 低：会导致外界的政治反对	认同重合度 高：会提高外界的政治支持
结构吻合度 低：成员参与度低	受阻	同情
结构吻合度 强：成员参与度高	对抗	顺利

图5—3　社会政治结构与框架建构

如果运动框架与核心支持者的结构性特征比较一致,使他们对运动的参与度比较高,与此同时框架的包容性比较强,与其他族群的认同重合程度比较高,那么,该框架的动员效果是最好的,对运动的促进作用是最大的。如果框架与核心支持者的结构性特征的对应程度比较低,导致他们对运动的参与程度比较低,与此同时框架与其他认同的重合度比较低,招致外界的强烈反对,则运动的动员会受阻。如果框架与核心支持者的特征吻合度比较高,同时与其他认同的重合度低,则该框架会引起运动与其他人群的强烈对抗,也不利于运动的发展。在剩下的第四种情况下,运动成员的参与度比较低,但能够较好地赢得外界同情,在动员效果上处于中间水平。

一个运动所能动员的资源也会影响其框架建构的过程和效果。瓦洛奇(Valocchi 1996)的研究就发现,在美国黑人民权运动中,"民权"最终从多种运动框架的竞争中脱颖而出,成为引领整个运动的主导框架,主要不是因为这个框架更符合第二次世界大战后美国的政治文化,而是框架建构、资源动员和政治机会等多种因素共同塑造的结果:20世纪二三十年代之交的大萧条,使美国种族不平等问题更加凸显,各种解决方案竞相提出,但最终脱颖而出的是所谓"整合主义框架"(integrationist frame),即强调黑人也是美国公民的一部分,联邦政府应该像保护其他公民一样,一视同仁地保护他们的人身自由、政治自由和社会自由,最终把美国建设成一个整合的、没有种族隔离的社会。而这样一个框架的胜出,最初起源于美国黑人运动组织全国有色人种协进会(NAACP)的内部斗争。在斗争过程中,那些持整合主义框架的保守派受到持其他框架的激进派的猛烈攻击。为了巩固自己的地位和权威,保守派最终选择加入罗斯福政府的"黑人内阁"。这样,他们就比其他黑人组织获得了更多的政治和财政支持。正是这些政治和财政支持,帮助"整合主义框架"战胜其他框架,从而成为整个黑人运动的主导框架。由此可见,框架之间的竞争,不仅是吸引力和说服力的竞争,同时也是资源动员和政治机会的竞争。一个框架所遭逢的政治机会和所获得的资源支持对其成功的概率影响甚大。

除此之外,还有学者(Stanbridge 2002)研究了主导一个抗争周期的主框架的形成和衰落与政治机会结构之间的关系,有学者(Gotham 1999)研究了政治机会、动员结构与框架建构过程之间的循环互动影响,但总的来说,理论上都乏善可陈。将政治机会、动员结构和框架建构结合起来研究之所以显得特别困难,主要原因在于此类题目所涉及的经验现象的时空范围过大，不仅理论建构的难度很大，而且经验数据的收集也是一个严峻的挑战。

四、媒体

在现代社会中，媒体是框架建构最重要的工具之一，每个社会运动都试图影响媒体，但并不能左右媒体的报道。相反，媒体的报道却在很大程度上左右着公众对一个社会运动的认知，从而影响着该运动存在和发展的环境，迫使该运动为了适应被媒体改变的社会环境而不断调整自己的框架建构。在这个意义上，媒体也是影响社会运动之框架建构的最重要的场域之一。吉特林（Gitlin 1980）的研究就发现，在关于20世纪60年代美国新左派运动的报道中，媒体倾向于从运动的参与者和组织者中挑选那些比较招摇和上镜的人作为整个运动的象征和"领袖"。事实上，很多时候这些人并不是该运动真正的领袖，也缺乏领导运动的能力。但在媒体的强力曝光之下，这些人确实在很大程度上获得了代表该运动发言的权力，对内对于整个运动的框架、对外对于整个运动的形象都具有强大的塑造能力。

媒体强大的社会影响力（Gamson et al. 1992；Gamson and Modigliani 1989）让任何一个社会运动都不敢掉以轻心；与此同时，媒体也需要新闻，特别是像社会运动这样非常规的、体制外的集体行动，无疑是很有新闻价值的。从这个意义上讲，媒体和社会运动是相互依赖的。然而，媒体和社会运动各自都是一个复杂的行动系统，各有其需要和运作规则，一方不可能完全服从另一方的需要和规则。因此，需要把运动与媒体看作一个互动系统，考察它们互动的模式，以及这些模式的原因和后果。在这个问题上，甘姆森和其同事（Gamson and Wolfsfeld 1993）做了富有启发性的研究。

甘姆森等人认为，从运动的角度来说，它对媒体的需要表现在三个方面：一是动员，即通过广泛的媒体报道让运动能够知达更广泛的支持者；二是确证，即通过广泛的媒体报道来显示自己在政治上的重要性；三是扩大冲突范围，即通过媒体报道将第三方卷入冲突，从而使力量的平衡发生有利于自己的转变。而对于运动的这些需要，媒体则有三种可能的回应：一是保持（standing），即通过一定数量的报道使运动清楚地保持在公众的关注之下；二是偏向性框构（preferred framing），即对运动的框架做出符合运动需要的正面报道；三是同情（sympathy），即向有利于引起公众同情的方向对运动进行报道。

首先要明白的是，运动与媒体之间的相互依赖是一种非对称依赖，即

"运动需要媒体远甚于媒体需要运动,这一事实使媒体能够在交易中获得更大的权力"(Gamson and Wolfsfeld 1993:117)。这一基本格局在很大程度上决定了双方互动的模式和效果:(1)一个运动所拥有的资源越多,组织化、专业化和战略规划越好,在媒体报道中获得保持和偏向性框构的可能性越高;(2)运动的不同行动者之间分工的互补性越强,获得保持和偏向性框构的能力越强;(3)运动所提要求的范围越窄,它越能获得同情性报道;(4)媒体读者的精英性越强,运动的框架建构策略的影响就越大;(5)媒体越是强调娱乐价值甚于新闻价值,它越有可能影响运动对领袖的选择和行动策略;(6)媒体越是强调新闻产品的可视性,运动行动者的行动策略就越是追求场面、戏剧性和对抗性。

媒体对运动的报道总是选择性的,并不总是符合运动的期待和客观事实,甚至常常扭曲运动的社会形象(Carroll and Ratner 1999;Smith et al.2001)。那么,媒体对运动的选择性报道又有什么规律呢?有研究(McCarthy et al.1996:480-481)认为,造成媒体选择性报道的机制主要有三个:一是"新闻价值",对"新闻价值"的追求使媒体倾向于报道那些事主比较有名、社会影响很大、比较怪异和在文化上容易引起读者共鸣的事件或现象;二是"公司霸权",在西方,媒体多是市场化经营的,广告是其收入的重要来源,因此,那些广告赞助商就对媒体拥有了某种霸权,媒体万万不敢报道那些可能开罪广告赞助商的抗争事件;三是"媒体的议题注意力周期",媒体对议题的注意力是周期性变化的,在关注一个议题之初,报道会很频繁,随着媒体兴趣和注意力的转移,对一个议题的报道会逐渐减少,直到从媒体中消失。

这些概括虽然不无道理,但还应该有更广阔的视野。具体来说,决定一个媒体之新闻报道内容和方式的因素,至少有以下三个方面:一是媒体的专业属性。所谓专业属性,是指新闻作为一个专业,在人才的培养、聘用和晋升方面都有自己的一套专业标准,媒体就是在这套专业标准的指导和驱动下运作的,其运作是独立于外在因素,包括商业因素、政治因素或其他因素的压力的。二是媒体作为一个组织的运作规则。现在任何一个媒体都是组织化经营的。媒体作为一个组织,自有其独立于新闻专业标准的需要和运作逻辑。上面提到的广告赞助商对于媒体报道的影响,就是媒体作为一个组织的属性的表现。除此之外,一个媒体内部的权力结构(比如审稿制度),以及采写、编辑、印制、发行等业务流程,都会影响到媒体的新闻报道内容和方式。三是媒体作为一种政治工具的运作规则。媒体所能造成的广泛社会影响，决定了在任何社会中，媒体都是一支各方竞相争夺的重要政治力量。任何媒体无论如何标榜中立，都不可能摆脱政治因素的影响，也不可能没有任何政治倾向。各种政治因素的影响和自身的政治倾向自然会影响媒体的新闻报道内容和方式，特别是对社会运动这样一种本身政治性就很强的社会现象的报道，更不可能是完全中立的。

关于社会运动与媒体之间关系的研究还发现，发达国家的媒体一般都比较顺从，即更倾向于采信政府的消息，更倾向于站在政府一边而对社会运动持漠视甚至批评的立场；而发展中国家的媒体一般都比较激进，更愿意站在社会运动一边对政府进行批评和指责（参见 Zhao 2001：297 - 330）。对于这种现象，一个可能的解释是，在发展中国家，政府更加专制，对媒体的控制也更加严厉，这一方面使政府不值得信任，另一方面也使媒体与政府之间的关系比较紧张，所以一有机会，媒体就会站到政府的对立面；而在发达国家，开放的政治体制和较少的新闻控制使政府不但更能代表社会的主流价值观，而且能够赢得包括媒体在内的社会公众的信任，因此媒体没有可能，也没有必要处心积虑地与政府作对。这种解释虽然听上去很合理，但并不完全符合事实。首先，媒体并不天然就是"社会的良心"。因此，它们不管是选择与政府作对也好，还是选择与政府合作也好，并不必然代表社会的主流价值和民心的向背。很多时候，媒体的政治立场不是由社会的主流价值所决定的，而是由特定记者、特定媒体的局部利益和褊狭认识决定的。这一点，即使在西方国家也不例外（参见 Gamson et al. 1992）。其次，从历史上看，发达国家的媒体并非一开始就很顺从，发展中国家的媒体也非一开始就很反骨。媒体与政府之间关系的变化，同时取决于国家的变化、社会的变化，尤其是国家与社会之间关系的变化，而并不是由国家体制单方面决定的（Zhao 2001：321 - 330）。

第四节　框架建构的效果及影响

上面用大量篇幅讨论了意识形态、文化、社会政治结构和媒体等因素对社会运动框架建构过程的影响。在框架建构的过程之外，框架建构的效果及影响也是框架建构论关心的问题。在这个问题上,框架建构论研究中存在着比较严重的循环论证倾向,即用框架建构的有效性来论证社会运动的成功,同时用社会运动的成功来论证框架建构的有效性。因此,对于框架建构的效果及影响,框架建构论并没有发展出太有洞察力的分析性命题。为了改变这种状况,近年来,框架建构论的旗手斯诺和本福特等人提出了一些重要的概念和方向,值得进一步研究和思考。

一、集体行动框架的变量特征

要考察框架建构的效果及影响,就必须把集体行动框架作为自变量或因变量来思考,这不可避免地涉及集体行动框架的变量特征。那么,集体行动框架有哪些变量特征呢?本福特和斯诺(Benford and Snow 2000:618-620)概括了四个方面。其中,前三个方面是集体行动框架作为自变量的特征,第四个方面则是作为因变量的特征。

首先是问题的识别以及归因的方向或落点,即框架关心的问题是什么、把问题的责任归于谁的头上。据本福特的总结,框架建构论在其发展过程中识别出的集体行动框架超过100种,尽管这些框架基本上都是针对具体个案而提出的,缺乏理论建构所需要的概括性,但这至少表明一个事实,即集体行动框架所识别的问题以及归因的方向和落点是随运动的不同而有变化的。不仅如此,即使是同一个运动,其论述过程也是一个往复调整的辩证过程(Ellingson 1995),因此在不同阶段所识别的问题及其归因也是变化的。尽管框架建构论注意到上述事实,但它对问题识别,以及归因方向和落点的变化对框架建构的效果会产生什么影响,却一直缺乏清晰的阐述。格哈茨和鲁切特(Gerhards and Rucht 1992:580)曾经基于个案研究提出一个假设:"一个框架覆盖的问题范围越广,框架能够涉及的社会群体的范围越广,该框架的动员能力越强。"但这个命题尚未得到充分验证。

其次是框架的弹性和刚性,以及包容性和排他性。框架的弹性和包容性越好,就越有可以成为适用于同一时期多个社会运动的或主导一个社会运动周期的主框架。

再次是解读的范围和潜在影响力。这是就一个框架的兴趣而言的。如果一个框架感兴趣的或所涉及的问题与多个社会群体有关,那么,它的潜在影响力就比较大,会被多个社会运动采纳或吸收,从而成为主框架的可能性也就比较大。

最后是共鸣度，即在多大程度上能够引起所欲动员的人群的共鸣，打动他们，使之参加自己所倡导的社会运动。共鸣度度量的是框架建构在动员上的有效性（effectiveness）。在框架建构论看来，集体行动框架的动员效力就体现在共鸣度上，共鸣度就是动员效力，动员效力就是共鸣度。共鸣度是框架建构效果的集中体现，甚至是唯一体现。因此，在集体行动框架的四个变量特征中，框架建构论对共鸣度的阐述最为详尽。

在斯诺和本福特所揭示的上述变量特征中，"弹性—刚性"和"包容性—排他性"虽然是一个很有分析潜力的变量特征，但本福特和斯诺并没有给出清晰的阐述。他们似乎想用这两对概念来刻画一个框架进行自我调整的能力。如果自我调整能力比较强，则弹性（刚性）和包容性（排他性）比较好，反之则比较差。这里不妨在他们的研究基础上做发展，即将"弹性—刚性"和"包容性—排他性"所指涉的框架特征区分开来：用前者去描述框架适应现实而变化的能力，用后者去描述框架兼容其他框架的能力；前者是就框架与社会现实的关系而言的，后者是就框架与框架之间的关系而言的。一个框架总是在特定背景下针对特定的社会现实而提出的，但社会现实总是不断发展变化。随着现实情况的变化，有的框架的自我更新能力比较差，对解释新的社会事实显得无能为力或捉襟见肘，这就属于"弹性"比较差。反之，那些发展能力比较好，能够与时俱进的框架则属于"弹性"比较好。另一方面，面对相同或类似的社会现实，不同框架的解释能力也是不同的。有的框架解释层次比较高，逻辑更为完善，从而能够包容其他框架；或者扩展性很好，经过一定程度的自我更新就能兼容其他框架。这类框架就属于"包容性"比较好，反之，则属于"排他性"很强。基于这种理解，笔者认为应该把"弹性—刚性"和"包容性—排他性"视为两个不同的特征，而不应该放在一起。

二、集体行动框架的共鸣度

早在1988年，斯诺和本福特就曾对对框架共鸣度的影响因素进行过阐述（Snow and Benford 1988：205－211），2000年又做了修正和补充（Benford and Snow 2000：619－622）。表5—2列出了这两次阐述的要点，便于大家了解其观点的演变。最初，他们把影响因素分为两类：基础结构限制（infrastructural constraints）和现象学限制（phenomenological constraints)。所谓"基础结构限制",即运动框架在结构上与动员对象的信仰系统的对应方式。不同的结构对应方式所引起的共鸣度是不同的,故称为"基础结构限制"。所谓"现象学限制",则是运动框架在动员对象心目中的显现——即现象学所说的"现象"。显现方式不同,运动框架的共鸣程度也就不同,故称为"现象学限制"。具有同样基础结构的框架在动员对象心目中的显现也可能是不同的,所以不能将"现象学限制"与"基础结构限制"等同。2000年,他们放弃了这种分类法,改而分为可信度(credibility)和关联显著度(relative salience)两类,但没有说明理由。两次分类所包含的具体内容大体相同,但第二次放弃了第一次分类中的"范围"和"关联度",而增加了"框架一致性"和"阐述人和主诉人的可信度"。不难看出,在2000年的分类框架中,"可信度"是从运动框架单方面的特征来说的,而"关联显著度"是从运动框架与其动员对象之间的关系来说的。所谓"关联显著度",是指运动框架所呈现的文化元素在动员对象的信仰系统中所占据的位置是不是足够显著。

由于分类的标准不同,两次分类的具体内容难以简单对应。总的来看,经过两次阐述,框架建构论一共罗列了8个影响共鸣度的要素。为了让读者全面了解框架建构论的关于共鸣度的观点,这里拟对这8个要素一一进行解释,包括后来被放弃了的"范围"和"关联度"两个因素。这两个因素虽然是被原作者放弃的,但并不表明它对理论分析一定没有价值。

表 5—2　　　　　　　　影响集体行动框架共鸣度的因素

1988年	基础结构限制	● 中心度 ● 范围 ● 关联度
	现象学限制	● 经验可信度 ● 感受通约度 ● 叙述逼真度
2000年	可信度	● 框架一致性 ● 经验可信度 ● 阐述人和主诉人的可信度
	关联显著度	● 中心度 ● 感受通约度 ● 叙述逼真度

中心度（centrality）指一个运动框架所阐述的价值和信念在多大程度上接近动员对象的价值和信仰系统中最重要的部分。越是接近这个部分，中心度就越高，动员效力也越大。这一命题赖以建立的理论基础在于，人的价值和信仰系统是一个级序系统，其中包含着多种价值和信念，但不同价值和信念在其中所处的位置是不一样的，有的处于中心位置，有的处于边缘位置。这里所谓"中心位置"，有两种情况，一种是某个价值或信念在整个价值和信仰体系中的基础程度，越是整个体系的基础，就越处于中心位置；另一种是某个价值或信念虽然处于整个体系的基础位置，但当前人们对它的关切并不是那么强烈，这个时候处于"中心位置"的应该是人们关注最强烈的那些部分，而不是最基础的部分（Benford and Snow 2000：621；Snow and Benford 1988：205-206）。

范围（range）指一个运动框架所包含的价值和信念元素的多寡。一个框架如果范围过窄，一旦核心论述受到攻击，则崩溃的风险比较高。为了提高"抗打击能力"，也为了使框架的适用对象更广，社会运动倾向于包容更多的价值和信念元素（可简称"意义元素"）。但这样做，也面临"过度扩展"（overextension）的风险，即降低了框架内部各意义元素之间的**关联度**（interrelatedness），使框架显得零乱而松散，缺乏逻辑，从而难以引起共鸣（Snow and Benford 1988：206-207）。

经验可信度（empirical credibility）是指运动框架与现实生活中的事实的吻合程度，即运动框架所倡议的价值和信念，以及赖以支撑其框架的事实在多大程度上是可以通过人们亲身体验的事实来检验的？是符合人们的观察的？越是可以通过亲身经历来检验，框架引起共鸣的可能性越高。需要注意的是，这里并不是说框架所涉及的价值、信念和事实一定是真实可靠的，而只是说它具有"可证伪性"，即它说的事离人们的感觉有多远。离人们的感觉越远、越抽象、越难以捉摸，就越容易引起狐疑，越不容易引起共鸣（Benford and Snow 2000：620；Snow and Benford 1988：208）。

感受通约度（experiential commensurability），即运动框架在多大程度上符合人们的个体体验，让人们觉得这个框架说到自己的"心坎儿"里去了。这就像数学上的约分一样，运动框架与人们的日常感觉在多大程度上可以"通约"，"公约数"越大，框架引起的共鸣度越高（Benford and Snow 2000：621；Snow and Benford 1988）。这里需要注意"经验可信度"与"感受通约度"之间的差别。如果说得简单一点，可以说，"经验可信度"指的是运动框架与动员对象在**认知**心理上的吻合程度，而"感受通约度"则指的是双方在**价值**心理上的吻合程度。

叙述逼真度（narrative fidelity），即运动框架的表述在多大程度上接近动员对象的文化遗产中的语言、比喻、故事、传说、神话等。这些文化要素往往集中承载着一个文化的价值、信仰、推理和智慧，运动框架的表述如果善用这些文化要素，就能事半功倍地赢得该文化体系中成员的好感和理解（Benford and Snow 2000：621；Snow and Benford 1988：210-211）。

框架一致性（frame consistency）包括两个方面：一是框架内部各文化要素在逻辑上的一致性，逻辑上的自洽程度越高，框架的可信度越高；二是表述中的框架与行动中的框架的一致性，即框架的倡言人本身是否言行一致。不难想象，一个框架的主诉人自己都不能践行这个框架，它还能有什么说服力（Benford and Snow 2000：619-620）?！在其他条件相同的情况下，框架一致性越高，共鸣度就越高，这是很浅显的道理。

最后是**阐述人和主诉人的可信度**（credibility of articulators and claims-makers）。代表某个框架发言的人或者主张这个框架的人社会声誉越好，声望越高，这个框架就越容易赢得社会信任，越容易引起社会共鸣，这也是不言而喻的事实（Benford and Snow 2000：620-621）。

在上面，框架建构论不厌其烦地列举了影响运动框架共鸣度，也就是框架建构效果的因素。这些因素单独来看都很有道理，但作为一个理论来说还是很不够的。首先是不够简洁。框架建构论穷尽了所有可能影响共鸣度的因素，却缺乏一个足够清晰和简洁的分类框架，以致让人不胜其烦。任何理论解释都必须保持解释力和简洁性的平衡，就像一个线性回归模型必须保持 R^2 和自由度（df）两个统计量的平衡一样。从理论上说，只要不断枚举可能的影响因素，它解释力一定会不断增强。但理论之为理论，不但在于它能够解释某个现象，而且在于它能够比较**简洁地**解释某个现象，简单的列举不是理论发展的佳径。但正如后面即将指出的，枚举法一直是框架建构论发展其理论的主要武器。长期使用这一武器，使它造了大量铜钱，却一直缺乏把这些铜钱串起来的绳子。

其次是前后脱节。从框架建构论的核心理论关切出发，它最应该回答的是：前面所说的框架建构，包括谋划、竞争、言说、扩散等过程，最终对共鸣度有什么影响？又是怎样影响的？然而，对这样一个核心问题，框架建构论却自始至终未置一词，不但没有提出一个强而有力的概念和命题，甚至都没有使该问题进入其理论视野。如果把社会动员过程看作一个系统，那么框架建构就是这个系统的输入端，共鸣度这是这个系统的输出端，框架建构论现在的状况就好比给我们分别描述了输入端和输出端的情况，却没有分析两者的关联情况。进一步用数学语言来描述。任何理论建构的目标就是要构造一组函数 $Y_i = F(X_j)$，其中的关键是找到自变量 X_j 与因变量 Y_i 之间的关联法则 F。现在框架建构论关于共鸣度的分析等于为我们描述了因变量 Y_i 的一组取值，前面关于框架建构过程的分析等于为我们描述了自变量 X_j 的一组取值，却偏偏忘了给出最关键的一部分——两组取值之间的映射法则 F。这对框架建构论来讲是一个很严重的问题。框架建构论今后如果不能在这个问题上有所进步，而是仍然停留在枚举法上，其发展前途将是非常黯淡的。

不仅框架共鸣度与框架建构过程脱节，就是这里所描述的 8 个影响共鸣度的因素与前面所描述的运动框架的三个自变量特征（即问题识别及归因的方向、弹性或包容性、解释的范围与潜在影响力）之间的关系也缺乏清晰的解释。比如，框架的解释范围是不是会影响框架的一致性，从而影响共鸣度？框架的包容性会不会影响框架阐述人或主诉人的可信度？显然，一个企图包容更多框架的人可能会显得过于圆滑而让人不太信任，如此等等。此外，一些关联性很强的变量却没有适当整合，以致叠床架屋，单子越开越长。总而言之，关于共鸣度的研究进一步表明，框架建构论的理论建构缺乏系统性和严整性。

三、框架建构的失败

不用说，社会运动的框架建构工作不是总会成功的。那么，框架建构的失败有哪些表现？为什么会失败？失败对运动进程会产生哪些影响？这个问题到现在仍未引起足够重视。其中一个重要原因可能在于，历史总是成功者的历史。随着框架建构的失败，一个社会运动也很有可能归于失败。一个失败了的运动是很难进入研究者的视野的：一方面，随着运动的失败，相关资料和当事人湮没无闻，研究起来很困难；另一方面，框架建构论中已经预埋了一个价值假设，即框架建构对社会运动是有促进作用的，这使研究者有意无意地总把目标聚焦在那些框架建构成功的社会运动身上。这就好比我们总结长寿秘诀时，总是去找那些仍然健在的长寿者，而不会去找那些"长寿失败"的早夭者一样。

关于框架建构的失败，到现在为止，只有斯诺和他的学生卡里哥尔-布朗（Snow and Corrigall-Brown 2004）研究过框架建构中的诸多过程之一——框架规整的失败，即使这方面的研究迄今为止也只有一例。至于框架竞争或框架言说的失败，更是无人问津。在其研究中，斯诺和卡里哥尔-布朗总结了框架规整失败的四种情况。

首先是规整不佳（problem of misalignment），即运动所提供的框架与目标人群的兴趣不匹配或对应程度差。最常见的情况是，在一个以不公正论述为基础的框架建构中会同时涉及两种人：一个是受害者，一个是肇事者。如果把对肇事者的谴责置于框架论述的中心，虽然能够引起社会公愤，获得良心支持者的支持，却不一定能够有效地动员运动的受益人，即受害者群体本身；如果把展示受害者的痛苦置于框架论述的中心，虽然能够激发社会的同情，让受害者得到帮助，但也可能让受害者顾影自怜，而不是参加针对肇事者的运动；如果把启发受害者的觉悟置于框架论述的中心，虽能够有效地动员受害者，却不能有效动员受益人（即受害者）之外的良心支持者。一个运动框架往往难以同时处理好这三个论述中心之间的关系，结果导致规整不佳。

其次是框架的范围过宽或过窄的问题（problem of scope）。一个社会运动的框架必须保持一定的弹性，以应对不断变化的政治或文化潮流。但由此可能造成一个问题，如果框架过宽，针对性就变得很差；如果框架过窄，又会造成打击面过小。两种情况都会影响框架的动员效果。

再次是框架的耗竭问题（problem of exhaustion）。社会运动在框架建构过程中有一种天然的倾向，即喜欢用老的框架，特别是那些以前被证明比较成功的框架去论述新发生的事件或现象。这样做有一个危险，那就是框架因过度使用而变成老生常谈，失去新鲜感，再也引不起人们的兴趣。

最后是切合度问题（problem of relevance）。框架的共鸣度在很大程度上受受众的文化背景和当时政治环境的影响，如果框架未能很好地切合受众的文化背景和当时的政治环境，共鸣度就会比较差。

四、存在的问题与研究转向

在上面的讨论中，我们曾反复提到框架建构论的一个根本性的缺陷：严重偏于描述性，而缺乏科学解释所必需的分析性。在理论建构上的这样一种缺陷来源于框架建构论在本体论和研究实践中存在的两个主要问题：一是，夸大框架建构过程中运动组织者的主观能动性，忽视政治、文化、组织等社会结构因素在框架建构过程中所起的促进或限制作用；二是，即使不考虑忽视社会结构因素的缺陷，该视角最初的理论设想，即框架建构是一个动态性、互动性、对抗性的过程这一点，在研究实践中也未能得到很好的体现。

首先来看第二个问题。本福特是对框架建构论用力最多、贡献最大的学者之一。框架建构论中的绝大多数原创性概念、思想和研究议题都是他和斯诺一起提出来的。1997年，本福特（Benford 1997）以一个"局内人"的身份对框架建构论自创立以来的研究做了回顾和反思，系统地总结了该视角在研究实践中存在的七个问题。

第一，忽视系统的经验研究（neglect of systematic empirical studies）。忽视系统的经验研究不是说该视角不做经验研究，恰恰相反，该视角从一开始就立足于经验研究。现在的问题是，这些经验研究基本上都是个案研究，缺乏个案研究之间、运动之间和运动的不同时段之间的比较研究。造成这种情况的主要原因在于：（1）从戈夫曼开始，"框架"这个概念在使用上就有一种误导，即它倾向于只关注人们对现实怎么解读，而不关注人们在什么样的背景下对现实做什么样的解读；也就是说，只关注框架建构的过程和结果，而不关注导致这种过程和结果的动因。（2）概念界定不够严密和清晰，即使一些核心概念，比如"框架"和"主框架"等，也存在这个问题，结果导致概念使用上存在严重的机会主义行为。对同一个概念，大家都各取所需，自说自话，自然谈不上比较研究。（3）研究方法的发展严重不足。框架建构的基本思想和有关概念固然很有启发性，但应该用什么方法、有关概念应该怎么操作化，基本上都是一片空白。缺乏比较研究的结果，是造成框架建构研究中普遍流行的循环论证，即用框架建构的有效性来证明社会运动的成功，又用社会运动的成功反过来论证框架建构的有效性。

第二，描述性偏向（descriptive bias）。即绝大多数研究都只是简单地描述某个框架是怎样对某个集体行动发挥推动作用的，几乎每研究一种运动，都会识别出一个具体的"集体行动框架"。这些框架都不具备普遍性，只适用于特定的一种或几种社会运动，结果识别出来的集体行动框架竟逾100种之多。名单越来越长，对理论发展的贡献却非常有限。描述性偏向显然与第一个问题，即缺乏比较研究是联系在一起的。

第三，静态化倾向（static tendencies）。即研究关注的焦点"是框架而不是框架建构"（Benford 1997：415）。这一倾向与上面说的"描述性偏向"是一致的：正是由于研究者都把主要精力放在识别形形色色的框架上，才导致对框架建构的动态过程关注甚少。

第四，具象化问题（reification problem）。即把框架看成一个个具体的"事物"（things），比如文本、语词、活动，而不是一个建构性的、解读性的过程；只有经过一个建构性的、解读性的过程，上述"事物"才会产生和存在，才会对集体行动发挥作用。结果，活生生的框架建构活动被忽略了；相应地，情感等影响人类行为的因素也被忽略了。这里需要注意静态化倾向和具象化问题的区别，前者指的是一种认识论倾向，后者指的是一种本体论倾向。

第五，还原论（reductionism）。即总是从个体心理活动的层面去理解框架建构过程，而未注意到框架建构本质上是一个由来自不同社会背景的个人、群体和组织共同参与的集体活动。既然是集体活动，其中必然卷入大量社会因素，需要用社会学的理论和方法去研究，但还原论把框架建构从社会性的活动简化为心理性的活动，把集体性的活动简化为个体性的活动。

第六，精英偏向（elite bias）。即只注重社会运动组织者等精英分子的框架建构活动及其对社会运动的影响，而忽视普通民众的作用。事实上，框架建构是一个互动性过程，普通民众虽然不会有意识地进行社会运动的框架建构，但他们对一个运动框架的理解方式和结果同样会对社会运动产生重要影响。这种状况是由两个方面原因造成的：一是斯诺等开创者从一开始就并且长期把框架建构视为一个充满权谋和算计的"谋划过程"（strategic process），当然会把焦点对准那些工于算计的精英；二是从实地研究过程来看，在一个社会运动过程中，精英分子在明处，普通民众在暗处，前者自然更容易成为研究的对象，而且他们作为组织者，对运动框架的阐述更为系统和有逻辑性，从他们那里获取的资料在研究过程中更容易处理。

第七，单质化倾向（monolithic tendencies）。即把一个社会运动的框架看成一个高度统一、高度单纯的实体，把框架建构过程看成一个高度一致、高度协调的过程，而未注意到即使是一个社会运动，其内部框架也存在多个层次，这些层次并不总是统一的，框架建构过程同样充满纠纷和矛盾。

作为"局内人"，本福特的批判自然是入木三分。本福特的批评，总结起来其实就是一句话：分析性不足。确实，与资源动员论和政治过程论比起来，甚至与集体行为论比起来，框架建构论的分析性要落后很多。科学的中心任务是揭示事物的变异，包括变异得以发生和产生影响的条件和机制。为此，科学研究必须把分析不同事物——在理论上表现为不同变量——之间的关系作为中心。一个理论必须揭示足够多的变量之间的关系。如果能够揭示的变量关系越丰富，同时模型越简洁，那么，该理论的分析性越强。为了提高分析性，一个理论必须提供足够丰富和系统的命题，对变量之间的关系做出种种解释性或预测性判断。与分析性相对的是描述性。所谓描述性，就是只对事物进行分类，然后用不同的概念标示出类别（即事物之间的差异），而不对事物之间的关系进行分析。因此，在一个纯粹描述性的理论中，我们看到的都是用以标示事物差异的概念，而没有用以分析事物差异之间关系的命题。如果把描述性和分析性看作一个连续统的两个端点，那么，框架建构论严重偏向于描述性一端，资源动员论、政治过程论和集体行为论则比较偏向于分析性一端。正如大家所看到的，框架建构论充斥着一个个琐细而孤立的概念，却几乎看不到什么命题。这正是框架建构论缺乏分析性的表现。这是框架建构论存在的第一个问题。

框架建构论存在的第二个问题是忽视社会结构。框架建构论反对资源动员和政治过程视角的结构决定论思维，无疑是合理的，但它走向了另一个极端——意志决定论。框架建构论似乎认为——至少是其研究实践予人这么一种印象——运动组织者具有无限强的主观能动性，他们可以根据自己的意志任意创设运动框架（至于能否实现初衷是另一个问题），而不受政治、文化、组织等社会结构的限制。

框架建构论的上述两个问题实际上是相互联系的。它在分析性上的不足正是忽视社会结构的必然结果。因为从哲学上说，事物都是因条件而变异的。在这里，引起框架建构变异的条件是社会结构，而忽视社会结构等于抽掉了框架建构变异的条件。所以，人们在框架建构论中看到的都是不会发生变异的静态的实体，而不是会以条件为转移的动态的过程。由于框架建构不会发生变异，自然只要"贴标签"就可以了，而不必分析它与其他变量之间的关系。

讽刺的是，正是这样一种严重缺陷造就了框架建构论的极度繁荣。因为一个个脱离命题而存在的、孤零零的概念就如同给了研究者一大把标签，可以随意贴到研究对象身上，而无需论证这么贴的理由，同时逃避了接受严格的科学检验的风险。简单地"贴标签"无疑比分析多个变量之间的关系要省力得多，研究者自然乐此不疲。框架建构论者识别出来的集体行动框架竟逾100种之多，这生动地体现了"贴标签"之风在框架建构论中是多么盛行。只是这种机会主义行为对学术积累的贡献实在有限，这也是框架建构论最遭诟病的地方。好在面对外界的批评，框架建构论研究已经开始从最初单纯注意"框架规整"过程向两个方面转移：一是向更为微观的方向转移，研究框架建构过程中的"对话过程"（Steinberg 1998）或意义生成过程；二是向更为宏观的方向转移，研究意识形态、文化、政治机会结构和媒体等结构性因素与框架建构之间的关系。但最终能够产生什么成果，还要拭目以待。

第六章 新社会运动论

　　以上各章所讲的社会运动理论，包括集体行为论、资源动员论、政治过程论和框架建构论，都属于西方社会运动研究中的"美国传统"。除美国传统之外，西方社会运动研究中还有另一个传统，即"西欧传统"。相对于美国传统，西欧传统的最大特点在于，它倾向于从西方资本主义的历史进程的高度对社会运动的变迁做整体性考察。如果说美国传统的社会运动研究主要关注社会运动兴灭的具体机制——包括心理的、组织的、政治的和文化的，那么，西欧传统则主要关注社会运动在西方资本主义历史背景下的变迁。由此产生的一个观点是，第二次世界大战以后，随着西方社会进入一个新的历史阶段，此前作为社会运动之主角的工人运动逐渐式微，以新的价值和认同为基础的"新社会运动"开始登上历史舞台。这就是所谓"新社会运动论"。新社会运动论为社会运动研究提供了美国传统所没有的宏观历史视野。

第一节 马克思主义的阶级革命理论

新社会运动论被认为是对所谓"正统"马克思主义理论的反思、批判和修正。要理解新社会运动论的理论议程和观点,首先必须了解马克思主义的革命理论。在某些西方学者(Tarrow 1998:10-13,2011:16-20)看来,迄今为止,马克思主义革命理论的发展主要有三代。其中,第一代以马克思本人为代表。这一代理论具有强烈的结构主义色彩,认为资产阶级的残酷剥削和压迫所造成的阶级仇恨为无产阶级革命创造了必要而充分的条件,无产阶级革命必然爆发。其思维方式相当于美国的集体行为论。第二代以列宁为代表,强调无产阶级革命不可能自动发生,而必须经过无产阶级政党的领导和动员。其思维方式相当于美国的资源动员论。第三代以葛兰西为代表,强调无产阶级革命的关键是设法打破资产阶级的文化霸权,使无产阶级摆脱虚假阶级意识的束缚。其思维方式相当于美国的框架建构论和正在兴起的集体认同理论。尽管这种观点对马克思主义革命理论的概括并不全面,特别是其将马克思主义革命理论与美国社会运动理论一一对应的观点颇有削足适履之嫌,但其认为马克思主义革命理论一共有三代的判断则是基本正确的。

一、马克思的无产阶级革命理论

首先来看马克思的无产阶级革命理论。马克思的无产阶级革命理论主要有三个观点:第一,资本主义体制存在不可克服的内在矛盾,使之必然被社会主义取代,这是不可逆转的历史规律;第二,工人阶级作为先进生产力的代表,是这一革命过程的历史承担者;第三,只有通过工人阶级领导的暴力革命,才能彻底推翻资本主义,实现社会主义。

众所周知,马克思认为,人类社会发展的本质是生产方式的不断革新。而生产方式是一个由生产力和生产关系构成的矛盾体,生产力与生产关系之间的矛盾是推动生产方式不断向前发展的永恒动力。生产力是人类征服和利用自然的能力,生产关系则是人类为了征服和利用自然而结成的人与人之间的关系。在人类围绕征服和利用自然而结成的诸种关系中,最核心的是生产资料所有制，即谁占有生产资料，谁又只能按照占有者的需要去使用生产资料。所有制决定着一个社会对剩余产品的占有、支配和消费。依据控制剩余产品的方式和多寡，一个社会中的人口会分化成不同的阶级。那些占有生产资料的人是统治阶级，那些只能按照统治阶级的要求去使用生产资料的人是被统治阶级。在任何一种生产方式下，总是有两个相互对立的主要阶级。这两个阶级之间的关系体现了一个社会中最基本的生产关系，它们之间的矛盾是所有社会矛盾中的主要矛盾；其他社会矛盾，包括其他阶级之间的矛盾，都是从属于这个主要矛盾的。

在任何一种生产方式中都存在着阶级斗争。在两个主要阶级中，实际使用生产资料的被统治阶级才是生产力的真正创造者。他们的劳动推动着生产力不断向前发展，也就是剩余产品越来越丰富。生产力的发展使被统治阶级要求调整生产关系，以便获得更多的剩余产品。但为了维护自己的利益，统治阶级并不会主动调整生产关系，这将使统治阶级与被统治阶级的矛盾越来越尖锐，阶级斗争因此而不可避免。当阶级斗争尖锐到一定程度，便会发生革命。所谓革命，就是打破旧的生产关系，建立新的生产关系。新的生产关系通过重新确定整个社会的剩余产品的分配方式，保护和促进了生产积极性，从而保护和促进了生产力的发展。这样，生产关系与生产力之间的关系就达到一个新的均衡。然而，生产力的不断发展会不断打破这个均衡，使阶级矛盾不断尖锐，直到发生革命，建立下一个均衡。

马克思就是在这样一种社会发展观的指导下来思考无产阶级革命问题的。在他看来，资本主义制度打破了封建主义生产关系的桎梏，极大地解放了生产力。但另一方面，资本主义内部也存在着一个生产力与生产关系之间的深刻矛盾，即社会化大生产与生产资料私有制之间的矛盾。资本主义生产的一个基本特征，是它极大地打破了以往基于等级、地域等因素而来的多种限制，通过把一切因素商品化，使整个社会以交换价值为基础而前所未有地整合起来，资源、技术、人力等各种生产要素通过越来越激烈的竞争，在越来越大的社会范围内进行优化配置，从而极大地促进了生产力的发展。然而，与此同时，资本主义制度仍然实行生产资料的私人所有制，在人口数量上居于少数的资产阶级占有了绝大部分生产资料，为了追求利润，他们依靠对生产资料的占有而疯狂地剥削和压迫工人阶级，榨取剩余价值，于是导致资产阶级与工人阶级之间的尖锐对立。

资本主义制度的内在矛盾使之无法摆脱周期性的经济危机。原因在于，资本主义社会化大生产与生产资料私有制之间的矛盾将导致另外两个次要矛盾：一是企业生产的有序性与整个社会生产的无序性的矛盾，二是生产的无限扩大与劳动者的有效需求相对缩小的矛盾。首先，为了实现尽可能多的利润，每个资本家都会竭力提高企业的生产效率，为此而精心利用每种生产要素，精心组织每个生产环节，企业生产因此而高度有序；然而，从整个社会范围来说，资本家之间的竞争却是高度激烈而无序的。这会造成大量产品超出或不符合社会需要。其次，资产主义生产的根本目的不是为了资产阶级自己消费，而是为了把产品卖出去获取利润，因此它需要尽可能广阔的市场。然而，同样是为了追求利润，它会尽量压低工人的工资，从而使本应成为消费主力的劳动者缺乏购买力。在上述两个矛盾的共同作用下，资本主义会表现出周期性的"生产过剩"，即大量产品卖不出去。"生产过剩"会使单个资本家的大量投资无法收回，再生产难以为继；从整个社会范围内来说，则会造成生产力的极大浪费和破坏。这就是资本主义的"经济危机"。由于经济危机根源于资本主义的内在矛盾，是资本主义凭自身力量难以克服的，因此会不断地、周期性地爆发。不断爆发的经济危机使工人阶级的工作和生活处境越来越艰难，与资产阶级的矛盾也越来越尖锐，无产阶级革命因此而不可避免。

资本主义的发展不但创造了对无产阶级革命的客观需要，而且为无产阶级革命创造了主观条件。这个条件就在于，它创造了一个具有彻底革命性的无产阶级。首先，资本主义造成以机器化大生产为特征的工业迅速发展，并取代农业成为主导产业。工业的迅速发展，使越来越多的人口被迫脱离原来的产业和生活，背井离乡进入资本主义企业，成为依靠出卖劳动力为生的工人阶级。工人阶级同时也是除了劳动力以外一无所有的无产阶级。马克思预测，在资本主义社会化大生产和平均利润规律的作用下，整个社会将日益分裂为两大相互直接对立的阶级：一边是人口上处于少数的资产阶级，另一边是人口上处于多数的无产阶级（即工人阶级）。那些处于这两大主要阶级之间的中产阶级在资本主义发展过程中会不断分化，少部分上升为资产阶级，大部分则下降为无产阶级。

无产阶级是先进生产力的代表。他们不但要求推翻资本主义制度，而且富于革命的彻底性和优越性。首先，他们除了劳动力以外一无所有，因此，"无产者在这个革命中失去的只是锁链。他们获得的将是整个世界"（马克思、恩格斯 1995：307）。其次，资本主义企业所具有的良好的组织性，客观上也培养了无产阶级良好的组织性、纪律性和团结性。最后，资本主义所创造的高度发达的生产力，也为无产阶级革命的动员提供了方便（马克思、恩格斯 1995：281）："中世纪的市民靠乡间小道需要几百年才能达到的联合，现代的无产者利用铁路只要几年就可以达到了。"在这个意义上，资产阶级为自己创造了掘墓人。

总而言之，马克思从历史发展的高度，同时从客观和主观两个方面论述了无产阶级革命发生的必然性和可能性。正是在这个意义上，马克思将自己的革命理论称为"科学社会主义"。因为相对于此前形形色色的空想社会主义思潮空把社会主义视为一种理想，他的理论科学地揭示了无产阶级革命形成和发展的历史规律。

在西方社会运动研究中，马克思的革命理论一直饱受"结构决定论"和"经济决定论"的指责，即认为他的理论单纯强调生产方式、阶级对立等结构性因素，在诸种结构性因素中又特别强调社会经济地位的决定性作用，而忽视了组织和动员等能动性因素的影响。事实上，马克思并非没有注意到无产阶级自身因素对革命进程和结果的影响。在《共产党宣言》中，马克思（1995：281）就发现："无产者组织成为阶级，从而组织成为政党这件事，不断地由于工人的自相竞争而受到破坏。"更著名的是，他区分了"自在阶级"和"自为阶级"（1995：193）。前者是一个具有相同的社会经济地位但集体意识尚未觉醒的阶级，后者是集体意识已经觉醒的阶级。这说明，马克思已经意识到阶级意识的觉醒对于无产阶级革命的重要性。1852 年，马克思（1995：677-678）在评论路易·波拿巴的雾月政变时曾说："小农人数众多，他们的生活条件相同，但是彼此间并没有发生多种多样的关系。他们的生产方式不是使他们互相交往，而是使他们互相隔离。……这样，法国国民的广大群众，便是由一些同名数简单相加形成的，好像一袋马铃薯是由袋中的一个个马铃薯所集成的那样。数百万家庭的经济生活条件使他们的生活方式、利益和教育程度与其他阶级的生活方式、利益和教育程度各不相同并互相敌对，就这一点而言，他们是一个阶级。而各个小农彼此间只存在地域的联系，他们利益的同一性并不使他们彼此间形成共同关系，形成全国性的联系，形成政治组织，就这一点而言，他们又不是一个阶级。因此，他们不能以自己的名义来保护自己的阶级利益，无论是通过议会或通过国民公会。"这样一种缺乏阶级意识的、"一袋马铃薯"似的阶级状况，使小农无法代表自己的利益，而需要一个

"高高站在他们上面的权威"。结果,他们竟然成了复辟专制的雾月政变的拥护者!

上述种种迹象表明,马克思并非像西方社会运动研究所形容的那样僵化。他在高度重视结构性因素的同时,也是非常重视主体性因素的。然而,不管马克思的主观意向如何,从最终呈现给大家的理论文本来看,其理论确实具有浓厚的结构主义色彩。从这个意义上讲,西方学者的批评也是有一定道理的。至于将马克思革命理论与集体行为论进行类比,则只注意到它们都重视结构性因素,而没有注意到马克思的"结构主义"比集体行为论的"结构主义"要恢宏得多。就理论抱负和深刻程度而言,集体行为论与马克思革命理论不可同日而语。

二、列宁对无产阶级革命理论的发展

列宁对无产阶级革命理论的发展,主要体现在三个方面:一是帝国主义理论,二是无产阶级先锋队理论,三是无产阶级专政理论。

马克思和恩格斯(1995:241)曾经明确否认无产阶级革命能够在一个国家单独发生。他们认为,在社会化大生产和平均利润规律的作用下,所有资本家实际上都参与了对所有工人的剥削。换言之,资本主义剥削是作为一个阶级的资本家对作为一个阶级的工人的剥削,而不是单个资本家对单个工人的剥削。而"不断扩大产品销路的需要,驱使资产阶级奔走于全球各地……到处落户,到处开发,到处建立联系"(马克思、恩格斯 1995:276),使整个世界的生产和消费融为一体,形成一个统一的世界市场。这样,资产阶级就不是在一国之内,而在世界范围内获得了统治地位;资产阶级就不是在一国之内,而是在世界范围内联合起来。相应地,"共产主义革命将不是仅仅一个国家的革命,而是将在一切文明国家里,至少在英国、美国、法国、德国同时发生的革命"(马克思、恩格斯 1995:241);"共产主义只有作为占统治地位的各民族'一下子'同时发生的行动,在经验上才是可能的"(马克思、恩格斯 1995:86)。也就是说,无产阶级革命也必须在世界范围内大致同时进行,先是发达国家首先同时进行无产阶级革命,然后其他相对落后的国家群起响应;单独一个国家的无产阶级革命不可能取得胜利。正在是在这个意义上,马克思在《共产党宣言》的最后,号召"全世界无产者,联合起来"。就这是著名的"同时胜利论"。

列宁的帝国主义理论的一个重要贡献，就是突破马克思的上述观点，提出"经济和政治发展的不平衡是资本主义的绝对规律。……社会主义可能首先在少数甚至在单独一个资本主义国家内获得胜利"（列宁 1995：554）。列宁认为，19世纪末20世纪初，世界资本主义已经发展到一个新的阶段，即帝国主义阶段。帝国主义的基本特征是垄断，即不仅生产资料更加集中到少数资本家手中，而且这些资本家还在很大程度上控制了国家政权。垄断使资本主义的政治和经济发展更加不平衡：在国内，资产阶级内部斗争更加激烈；在世界上，则为了争夺势力范围而大打出手，不时发生战争，甚至掀起世界大战。上述种种矛盾的发展，使资产阶级内部以及帝国主义国家之间的联合开始松动，露出可为无产阶级革命所利用的薄弱环节。无产阶级革命就可以在帝国主义链条中最薄弱的环节首先发生并取得胜利。列宁认为，当时的沙俄就是这样一个最薄弱的环节。正是基于这样一个判断，他积极推动无产阶级革命并取得了胜利。列宁的理论及其在实践中取得的胜利，极大地鼓舞了其他殖民地和半殖民地民族。继俄国十月革命之后，又陆续有中国、朝鲜等国家取得了无产阶级革命的胜利。

列宁对无产阶级革命理论的第二个发展，就是强调无产阶级革命必须经由无产阶级政党的领导。列宁认为，无产阶级革命不可能自动发生，群众的自发斗争也只能产生目光短浅的经济斗争和工联主义，而只有在无产阶级政党的领导下，无产阶级革命才有可能取得成功。无产阶级政党是由无产阶级中的先锋分子组成的先进部队。之所以需要无产阶级政党的领导，是因为，"资产阶级思想体系的渊源比社会主义思想体系久远得多，它经过了更加全面的加工，它拥有的传播工具也多得不能相比"（列宁 2009：87），一般群众很容易受到资产阶级思想的蛊惑而无法认清自己的真正利益。因此，必须由一个代表整个阶级的最高觉悟水平的政党把无产阶级意识从外部灌输到群众头脑中去。列宁（1986：246）还认为，党的阶级成分并不是党的阶级性质的最终决定因素："确定一个党是不是真正工人的政党，不仅要看它是不是由工人组成的，而且要看它是由什么人领导以及它的行动和政治策略的内容如何。只有根据后者，才能确定这个党是不是真正无产阶级的政党。"也就是说，一个党只要坚持工人阶级的立场，并且拿出真正符合工人阶级利益的纲领和路线，即使党内的工人成分不占多数，也是无产阶级性质的政党。这用西方社会运动理论的概念来说，就是无产阶级政党并不一定是一个由潜在受益人建立和参与的"草根性组织",也可以是一个由潜在受益人之外的良心支持者建立和运作的"专业性组织"。

列宁对无产阶级革命理论的第三个发展,是强调革命的中心任务是夺取国家政权,建立无产阶级专政。这是针对当时国际共产主义运动中盛行的修正主义思潮而提出的。以伯恩斯坦为代表的修正主义理论认为,资本主义社会的发展并未呈现出马克思所预言的两极分化趋势,相反,中产阶级在不断扩大。由此可见,资本主义制度并非想象的那么不可救药。因此,无产阶级革命似不必通过暴力途径,而是可以利用资本主义国家的政治设施进行体制内斗争,让资本主义"和平长入"社会主义。针对这种观点,列宁反复重申马克思的国家理论,即国家是阶级统治的工具,是一个阶级镇压另一个阶级的暴力机器。因此,资产阶级断不可能与无产阶级共享国家机器。同样,无产阶级革命必须夺取国家政权,建立无产阶级专政,才能保护无产阶级革命的胜利果实。

不难看出,相对于马克思,列宁的革命理论更加强调无产阶级作为革命主体的作用,相应地,整个理论的结构主义色彩也淡化了许多。首先,它并不认为资产阶级的统治是铁板一块,而是有漏洞可抓的。因此,列宁非常重视革命策略的运用,以便抓住一切可以利用的机会。其次,他并不认为无产阶级是天然革命的,相反,他认为无产阶级是天然容易受蒙骗而趋向资本主义的。因此,他强调要通过无产阶级政党对无产阶级进行阶级意识的启发和灌输。最后,他对夺取国家政权、建立无产阶级专政的强调更是鲜明地体现了对革命主动性的肯定和崇尚。

如本节开头所述,在西方学者看来,列宁的革命理论相当于西方社会运动理论中的资源动员论。从其强调无产阶级政党的动员和组织作用来看,这一判断是成立的。事实上,除了堪比资源动员论之外,列宁的理论,主要是其帝国主义理论,还有强调利用政治机会的一面。在这个意义上,他的理论还有强烈的政治过程论色彩。不过,这些类比都只抓住了列宁理论的部分特征。列宁的理论所具有的历史高度以及内容上的深度和广度,都是资源动员论和政治过程论无法比拟的。

三、葛兰西的文化霸权理论

葛兰西是意大利共产党领导人,后被捕入狱。他关于无产阶级革命的思想主要体现在《狱中札记》(Gramsci 1972;葛兰西 2000)一书中。葛兰西的思想，概括起来，就是一句话：无产阶级革命的关键不是夺取国家政权，而是夺取文化霸权，攻克和占领"市民社会"。这一理论将无产阶级革命的重点从政治革命转向文化革命，从暴力革命转向和平革命，与马克思和列宁的观点迥然不同，在西方学者看来，属于马克思主义革命理论的第三代。

　　葛兰西的理论出发点是他关于国家的理解。与马克思和列宁一样，葛兰西也认为，国家是阶级统治的工具。不过，他认为，国家的统治有两种方式，一种是依靠"政治社会"，即军队、警察、监狱、法庭、政府等强制性机构进行的暴力统治；另一种是依靠"市民社会"，即教会、社团、学校、新闻、文化等意识形态机构进行的非暴力统治。现实中的国家就是"政治社会"与"市民社会"的结合体。"政治社会"和"市民社会"既是国家的两种统治方式，也是这两种统治方式的表现和产物。从外表上说，"政治社会"表现为种种国家机关，以及立法、行政、司法等制度安排；而"市民社会"则表现为盘踞于民众头脑之中的意识形态观念和行为方式。

　　可以发现，与马克思和列宁相比，葛兰西扩大了国家的外延。在马克思和列宁那里，国家完全是一种暴力机器，相当于葛兰西所说的"政治社会"；至于葛兰西所说的"市民社会"，在马克思和列宁看来，则仅仅是对暴力机器即所谓"政治社会"的掩护和伪装，是"政治社会"的派生物，根本不具有独立意义。但葛兰西不仅认为"市民社会"有相对于"政治社会"的独立性，而且认为"市民社会"比"政治社会"更为根本。因为任何国家的统治都必须取得民众对其合法性的认同，没有这种认同，单纯依靠暴力，维持统治是不可能的；而对统治合法性的认同，正是通过"市民社会"来提供和维持的。因此，一个国家要维持自己的统治，除了依靠暴力机器，更重要的是掌握"文化霸权"，即获得通过教会、社团、学校、新闻、文化等手段养成一个认可和支持自身统治的"市民社会"的能力。

　　尽管"市民社会"具有维持阶级统治的意义，但葛兰西并不认为它可以通过简单的强制和压迫而形成。相反，任何"市民社会"的形成和存在都必须以被统治者某种程度的接受和赞同为前提，因此统治阶级不能把自己的意志强加于被统治阶级，而必须通过与被统治阶级长期互动而慢慢养成。显然，这是一个复杂的、艰难的、不可能一蹴而就的过程，其中有斗争，但也有沟通、对话和妥协。通过这样一个过程而养成的"市民社会"，虽然仍旧主要地体现着统治阶级的意志，但已经在一定程度上吸纳了被统治阶级的意愿和要求。由此可见，"市民社会"不管是在形成过程上，还是在性质上都具有相对于"政治社会"的独立性。正是在这个意义上，葛兰西认为，"市民社会"不能简单地化约为"政治社会"。也正是在这个意义上，国家养成和塑造"市民社会"的能力，其实不是一种以强制能力为基础的"霸权"，而是一种以说服能力为基础的"领导权"。

葛兰西还认为，在国家统治的不同阶段，"市民社会"与"政治社会"的强弱和相对关系是不同的。一个政权在建立之初，"政治社会"很强，而"市民社会"尚未发育，所以国家不得不更多地依靠暴力进行统治。经过一段时间的发展，"市民社会"羽翼丰满，并与"政治社会"相辅相成地维持着国家的统治。到该政权的最后阶段，"政治社会"已然衰败，"市民社会"却逐渐显露出来，仍可在一定程度上维持国家的统治。

正是在这样一种国家理论指导下，葛兰西提出了他的无产阶级革命策略。他认为，东、西方的国家形态各不相同。在东方国家，基本上只有"政治社会"，没有什么"市民社会"。因此，官僚机构和暴力机器一旦被捣毁，国家立刻土崩瓦解，无产阶级立刻可以成为统治阶级并获得领导权。因此，革命可以采取"运动战"的方式，速战速决。而西方国家则不同。这里具有非常发达的"市民社会"，即统治阶级已经非常成功地将自己的意识形态扩散到种种社会组织和人们的生活方式之中，这使得资产阶级的统治非常稳固。因为资产阶级的国家机器可以在一夕之间摧毁，但存在于民众头脑中的意识形态和日常生活中的行为方式却难以在短期内清除干净。因此，在西方国家，无产阶级革命必须采取步步为营、稳扎稳打的"阵地战"方式。怎么进行"阵地战"呢？基本策略是无产阶级必须培养自己的知识分子，以便卓有成效地与资产阶级争夺"文化霸权"，在无产阶级内部建立一个符合革命需要并得到广泛认同的世界观。

不难发现，葛兰西比列宁更加重视阶级意识的培养。在列宁那里，思想革命是辅助性的，暴力革命才是根本性的，甚至阶级意识的培养也可以采取"灌输"的方式；到了葛兰西那里，两者的关系则被颠倒过来，思想革命成了最重要的任务，暴力革命被认为只有从属的意义，单纯依靠暴力，革命既不可能成功，更不可能巩固。同时不难发现，从马克思到列宁，再到葛兰西，一个比一个重视无产阶级在革命过程中的主体作用：在马克思那里，资本主义制度为无产阶级革命提供的结构性动力是理论的主题，阶级组织和阶级意识问题只是偶尔露面；到了列宁，阶级组织和阶级意识问题则已经上升为理论的主题，但资本主义制度的结构性问题仍然占有非常重要的分量；但到葛兰西这里，阶级意识问题则几乎成了唯一的主题，不仅资本主义制度的结构性问题，而且无产阶级革命组织的问题都已经谈得比较少了。

从与西方社会运动理论的比较来看，葛兰西的文化霸权理论与框架建构论及集体认同理论都非常重视思想动员在社会运动中的作用，二者确实有相似之处。但区别也是非常明显的：首先，葛兰西是从国家构成及演变的高度来讨论观念的作用以及与此相应的革命工作的，这样一种结构主义和历史主义的视野是框架建构论和集体认同理论所没有的；其次，相应地，葛兰西的理论没有框架建构论和集体认同理论那么鲜明的意志论色彩，不那么突出运动组织者和积极分子的动员功能。在突出运动组织者和积极分子的动员功能这个问题上，倒是列宁的理论与框架建构论和集体认同理论离得更近。

葛兰西的理论在西方的影响非常深远。后面将会看到，新社会运动论对所谓正统马克思主义的批判都直接或间接地吸收了葛兰西的理论观点。

第二节　新社会运动论的兴起与理论议程

讨论新社会运动论的历史和观点是一件非常困难的事情。此前所揭示的美国传统的社会运动理论都有核心假设、主要议程、诞生标志和领袖人物，作为一个流派的特征非常明显。相比较而言，新社会运动论作为一个流派则显得非常松散。除了一个大致相同的理论倾向，即都对"经典的"马克思主义的革命理论表示质疑并希望开发新的理论之外，不仅没有什么共同标识，而且内部还有非常激烈的争论。这就给把握新社会运动论的观点及其演变造成很大的困难。

一、新社会运动论的产生及其背景

在英语世界中，"新社会运动"作为一个学术概念首见于梅鲁奇于1980年在《社会科学通讯》上发表的《新社会运动：一个理论思路》

(Melucci 1980)一文。但真正让这个概念在西方社会运动研究中引起广泛注意的，则是《社会研究》（*Social Research*）杂志于 1985 年在第 52 卷第 4 期上推出的一个关于"新社会运动"的研究专辑。从此以后，"新社会运动"概念遂在西方社会运动研究中流行开来。

"新社会运动"概念的产生与西方社会在 20 世纪 60 年代以来所经历的变迁息息相关。与美国一样，西欧在 60 年代也进入了一个动荡的时代，形形色色的社会运动，比如学生运动、和平运动、反核运动、环境运动、妇女运动、同性恋运动、社区自治运动等，汹涌澎湃，此伏彼起。在西方学者看来，这些运动呈现出许多马克思主义理论难以解释的"新"特征。比如，这些运动的主要诉求不是增加物质利益或扩大政治权利，至少不是那么明显，这与马克思主义的"唯物主义"解释相左；不是以夺取国家政权为目的，甚至完全没有什么政治目的，这与马克思主义关于革命的核心任务是夺取国家政权的判断不符；其主要参与者不是传统的工人阶级而是中产阶级，有些运动的阶级界限甚至非常模糊，如此等等。这些都予人一种直观的印象，即当前的社会运动与长期在西欧历史舞台上扮演主角的工人运动有很大区别，是一种"新"社会运动。特别是 1968 年爆发于法国巴黎的学生起义，让这种印象更为深刻。怎样理解这次学生运动，让西方学界长期争论不已。正是此类争论的不断发酵，让关于"新"社会运动的研究逐渐热络，为新社会运动论的形成奠定了坚实的基础。事实上，在梅鲁奇于 1980 年用英语发表《新社会运动：一个理论思路》一文之前，关于"新社会运动"的理论成果在法国、德国和意大利等受马克思主义传统影响更深的非英语国家已经发表了不少；即使梅鲁奇本人，在发表此文之前，也已经用意大利文撰写了不少关于"新社会运动"的论文。但由于受英语"文化霸权"的限制，这些成果基本上都没有产生超出本国的影响。直到后来这些研究者开始用英语发表作品，他们的非英语作品也开始在英语世界中被转述和引用，这些早期研究成果才逐渐产生世界性影响。

十分有趣的是，在 20 世纪六七十年代，大西洋两岸差不多在同一时间经历了同样性质的社会运动，但在社会运动研究领域，在美国引发的是从集体行为论向资源动员论的范式转变，而在欧洲引发的是从马克思主义革命理论向新社会运动论的转变。差异如此之大，让人简直怀疑它们是否属于同一个"西方"。这也让常常把"西方"视为一个内部无差异的实体的中国人大跌眼镜。事实上，不仅大西洋两岸的理论差异是如此之大，就是同属于西欧的英国与德、法、意等非英语国家在理论发展路径上也是分道扬镳的。后面我们将会看到,新社会运动论的代表人物都来自非英语国家,不但没有美国人,也没有英国人。造成这种状况的原因主要有两个。

首先,在西方内部,美国和西欧的地位其实并不平等,美国处于主导地位,西欧则处于附属地位。这一差异导致两地的社会运动同中有异。从同的方面来说,两地都发生过大规模的学生运动,以及妇女运动、环境运动、同性恋运动等非物质主义追求的运动。这种相似性是由两地的社会经济发展水平和所处的历史阶段大体相同所决定的。但另一方面,一些美国的运动,比如黑人民权运动、反越战运动等,根源于美国独特的历史和政治环境,在西欧就没有。而一些西欧的社会运动,比如为了反对以美国为首的北约在欧洲部署巡航导弹和核武器而发生的和平运动和反核运动,在美国规模甚小,在欧洲却规模甚大、影响深远。社会运动形态的差异在一定程度上造成了两地社会运动理论在发展路径上的差异。

其次,比第一个原因影响更大的,是两地理论传统的差异。新社会运动论根源于欧洲大陆的社会理论和政治哲学,它主要是作为对经典马克思主义在分析集体行动上的"不足"的回应而产生的。马克思主义作为一种诞生于欧洲的学术传统,对欧洲大陆的社会科学研究具有非常深远的影响。而在美国,马克思主义传统的影响却一直很小。尽管大批欧洲学者在第二次世界大战期间为逃避战火或法西斯的迫害而逃亡美国,造成马克思主义在战后美国的社会运动研究中曾有一定影响,但这种影响随着资源动员论及其他理论视角的崛起很快就消退了(Buechler 2011:157)。在社会运动研究领域,正宗的美国传统还是帕克所开创的集体行为论,而不是马克思主义。两地理论传统的差异,在很大程度上制约着两地学者观察社会运动问题的方向和方式。因此,即使面对差不多的社会运动现象,美国学者首先想到的是与集体行为论对话,西欧学者首先想到的却是与马克思主义对话。

至于英国,之所以在社会运动理论上与欧洲大陆国家更为疏离,是因为它在社会理论和政治哲学上与美国系出同源,在政治上,政府和民众也一直与美国较为亲近,与此同时在这两个方面与欧洲大陆一直较为疏远。

二、新社会运动论:共识与分歧

新社会运动论的中心思想是,20世纪60年代以来,西方社会正在经历某种历史性转变,导致社会运动从传统的工人运动开始向新社会运动转型。尽管新社会运动理论家都相信西方社会运动正在发生某种新旧交替,且这种交替与西方社会的历史性变迁息息相关，但具体到每个问题上，却是众说纷纭，莫衷一是，新社会运动论因此而有很多变种，显得非常庞杂。

布奇勒（Buechler 1995：442）认为，新社会运动论内部各家在以下六个方面的看法比较一致：第一，当代社会运动的一个主要竞技场是市民社会和文化领域中的象征性行动（symbolic action），而不是国家和政治领域中的工具性行动；第二，对当代社会运动形态影响最显著的是那些旨在促进个人自主和自决的过程，而不是那些旨在扩大影响力和权力的权谋；第三，与以物质利益为中心的社会冲突相反，后物质主义价值在当代社会运动中扮演着中心角色；第四，不满情绪和意识形态是社会建构的产物，不能归结为一个团体或个人所处的结构性位置；第五，社会运动中集体认同的建构过程和群体利益的识别过程具有脆弱性和易变性，因此，社会运动团体及其利益不是由某种结构决定的，也不具有稳定性；第六，社会中存在着许多隐蔽的、潜在的和易逝的，但有利于发动集体行动的社会网络，社会运动的发起并非必须以某种集中性的组织形式为前提。

利用布奇勒的概括，我们可以对新社会运动论与马克思主义革命理论之间的分歧进行考察。如表6—1所示，上述共识实际上每一点都是针对马克思主义革命理论而来的，都是有所指的。

表6—1　　　　新社会运动论与马克思主义革命理论的分歧

分歧点	马克思主义革命理论	新社会运动论
（1）运动的目标	夺取或影响国家政权	争夺对符号的控制权
（2）运动的过程	是一个以扩大权力和影响力为宗旨的工具性过程	是一个以促进个人自主和自决为宗旨的表达性过程
（3）运动的价值诉求	物质利益、政治权力等现代主义价值	人与人之间的亲近、良好的环境等后现代主义价值
（4）认同和诉求的来源	个人在生产方式中所处的位置	社会建构的产物
（5）认同和诉求的特征	具有结构性和稳定性	脆弱、易变
（6）运动的组织基础	高度组织化的、权力集中的无产阶级政党	松散的、隐蔽的、潜在的、易逝的社会关系网络

当然，不同的新社会运动理论对这些共识的赞同程度是有差异的，它们对待"经典马克思主义"的态度也各不相同。据此，新社会运动论可以划分为两个版本，如表6—2所示，一个是亲马克思主义的"政治版"，一

个是后马克思主义的"文化版"(Buechler 1995：456 - 459)。其中，"政治版"的新社会运动理论在一般取向上是"亲马克思主义"(pro-Marxist)的，即它不寻求抛弃马克思主义，而倾向于从新马克思主义（neo-Marxism）的最前卫的成果中汲取力量。这一派认为，当前西方社会总体上处于发达资本主义阶段，整个社会的权力仍然是由资产阶级通过一个国家系统而集中掌握的。相应地，它的理论分析集中在宏观和中观层次，并继续以国家为中心；仍然沿用马克思主义的阶级分析思路，即用不同人群在整个社会生产方式中的位置所具有的对抗性来分析社会运动的成因。与此同时，它对所谓"新社会运动"的看法比较保守：一是，它认为为完成某种战略目标而采取的工具性行动在整个社会运动中仍然具有重要意义，并不像某些理论家所认为的那样，当代西方社会运动完全是没有什么目的性、工具性的象征性表达；二是，它承认新社会运动具有一定社会意义和历史意义，但并不否认工人阶级运动的存在和历史意义。相反，新社会运动只有与工人运动相结合，才具有进步意义。对于新社会运动的内部分化，它认为其中的政治运动是最为激进的，而文化运动则比较保守，没有什么政治意义。

表 6—2　　　　　　　　　新社会运动论的两个版本

议题	政治版	文化版
一般取向	亲马克思主义	后马克思主义
对社会总体性的判断	发达资本主义	信息社会
关于权力的意象	系统的、集中的	分散的、非中心的
分析的层次	宏观和中观层次，以国家为中心	中观和微观层次，市民社会、日常生活
社会运动活动的特征	保留以战略目标为旨归的工具性行动的角色	回避战略考虑，追求象征性表达
新社会运动的地位	承认新社会运动的作用，但不否认工人阶级运动的作用	认为新社会运动已经完全取代工人阶级运动
新社会运动的取向	如果与工人运动相结合，将有成为进步运动的潜质	新社会运动是自卫性的，摒弃"进步"概念
对新社会运动的评价	政治运动最为激进，文化运动是非政治性的	文化运动最为激进，政治运动容易被收编
新运动的社会基础	根据对立性位置、新阶级、中产阶级等阶级条件进行分析	根据非阶级性支持者或议题和意识形态进行分析

与此不同，新社会运动论中的"文化版"，在基本立场上则是"后马克思主义"的，对马克思主义持全面否定态度。因此，它对西方社会正在经历的历史性转变的判断更为激进，即西方社会不再是一个资本主义社会，而是一个文化性的或符号性的"信息社会"。在这一社会中，整个社会的权力是分散的、去中心化的，统治的形式隐藏在形形色色的管理符码之中。相应地，它把分析的层次放在中观和微观层次的市民社会和日常生活上，并且放弃马克思主义的阶级分析思路，以非阶级性的支持者或者以议题和意识形态为中心对社会运动进行分析。它对新社会运动的看法也比较激进和乐观，认为新社会运动完全是一种没有什么战略考虑的象征性表达，并且已经摒弃传统社会运动所坚持的"进步"理念。由于强调文化在新社会运动中所扮演的角色，所以它对新社会运动中的文化运动最为推崇，认为它是最为激进的、与旧社会的决裂最为彻底的；而对其中的政治运动则不那么看好，认为它容易被旧势力收编。

布奇勒关于新社会运动的看法和概括尽管不无可商榷之处，但至少可以让我们对新社会运动论内部的复杂性及其与马克思主义革命理论之间的关系有一个大体的了解。

新社会运动论有三个核心理论议程：一是关于当前社会运动特征的分析，即所谓"新社会运动"到底"新"在何处？二是关于新社会运动之社会历史成因的理解，即新社会运动之"新"所从何来？三是关于新社会运动之历史使命的展望，即新社会运动将归向何方？在人类历史发展中将扮演什么角色？下面分述这三个理论议程，以便读者进一步了解新社会运动论的基本观点，以及观点之间的共识与分歧。

三、新社会运动之"新"特征

描述是研究任何社会现象的第一步。同样地，新社会运动论首先得描述：所谓"新社会运动"，到底"新"在何处？这是新社会运动论无法回避的第一个理论议题。关于这个问题，新社会运动论内部从一开始就各执一词，迄今仍无定论（Cohen 1985；Eder 1985；Melucci 1985；Offe 1985；Tilly 1985；Touraine 1985）。从总体上看，诸种新社会运动理论所揭示的当代西方社会运动之"新"特征，可以概括为四个方面（参见 Crossley 2002：149 - 167；Larana et al. 1994：6 - 9；Pichardo 1997：414 - 416），即意识形态、行动策略、组织方式和社会基础。这四个方面中，意识形态之"新"被认为是新社会运动区别于工人运动的决定性特征,其他三个方面都是这一特征的派生物。

意识形态

在意识形态方面,首先,新社会运动被认为不像工人运动那样有一个统一的、整体性的意识形态。严格地说,新社会运动没有意识形态,而只有一套与特定群体的归属感,与特定群体的成员关于自身形象的意象,与其对日常生活意义的理解联系在一起的信念、符号、价值和意义。这些信念、符号、价值和意义与他们所在的群体、所处的日常生活和他们的自我想象的联系是如此紧密,以致相互之间缺乏关联,缺乏意识形态所应有的逻辑性和整体性,因此不能把它称为一种意识形态。

其次,尽管新社会运动缺乏严整的意识形态,但仍然表现出若干与工人运动的价值取向相区别的共同特征,那就是:工人运动追求的是物质利益的提高,以及与这一要求相适应的政治权力的保障,而新社会运动的价值诉求的核心却是追求自主自立和身份认同(Cohen 1985;Larana et al. 1994;Offe 1985),即,一方面通过自己独立而自主的努力使自己所标举的某种身份对内得以巩固,对外得到承认,另一方面又通过自身身份认同的巩固而有效地维护自己的自主性和独立性,尤其是生活方式的自主性和独立性。并且,这些身份认同本质上是象征性、文化性和生活性的,不像工人阶级认同那样是工具性、政治性和物质性的;这些身份认同是从日常生活和群体生活中建构起来的,随时间、地域、群体、议题而不断流转,不像工人阶级认同那样基于在生产方式中所处的地位,具有结构上的稳定性。相应地,新社会运动的身份认同是弹性的、零碎的、犬牙交错的,不像工人阶级认同那样是刚性的、整体性的、排斥性的和界限分明的。

因此之故,新社会运动主要发生在日常生活领域内,而不像工人运动那样主要发生在国家政治领域。新社会运动对国家政权或政治权力没什么兴趣,它的兴趣是维护某种身份认同和体现这种认同的生活方式(Melucci 1980:220)。相应地,新社会运动不仅议题比较分散,而且大量涉及生活性和私密性议题,比如环境、堕胎、同性恋等。在这个意义上,新社会运动"终结了公共领域和私人领域的分离"(Melucci 1980:219)。与此相对照,工人运动的议题则集中于经济增长与分配、军事和社会安全、社会控制，等等。

简单地说，如果从意识形态的角度来考察，那么，传统的工人运动和其他社会运动都属于以利益为中心的"利益政治"，新社会运动则属于以认同为中心的"认同政治"（Bernstein 2005；Huiskamp 2000；Medina 1997；Taylor and Raeburn 1995；Tesh and Williams 1996）。

还有学者认为，新社会运动在意识形态上具有强烈的自省性特征，这是工人运动所不具备的（Gusfield 1994）。所谓"自省性"（self-reflexivity），即新社会运动具有强烈的自我意识，会不断地追问和反省当前所作所为的意义何在，并在自省中不断调整运动的策略和结构；而工人运动却在一个强势的工人政党的主导下，沉迷于某种乌托邦幻想，以致缺乏这种反思能力和自觉性。

行动策略

由于新社会运动志在追求自我认同，全力维护个人及群体的自主和自治，因此，它对当下的代议制民主深表怀疑，认为代议制民主会限制民众准确、真实地表达意见。这种不恰当的"被代表"会导致自身的身份和认同被扭曲。因此，新社会运动既不像工人运动那样对暴力夺取政权跃跃欲试，也不像工人运动那样会设法利用既有的政治参与渠道尽可能多地获取利益，而是倾向于保持在既有的政治参与渠道之外，同时采取直接的、破坏性的、反制度的行动策略。它们会采用非暴力不合作、静坐、游行、戏剧性展演、影响社会舆论等方式破坏和影响代议制民主的运作（Melucci 1994，1995）。有学者（Cohen 1985）认为，新社会运动在行动取向上是守卫性的，即防止自我认同遭到外来力量的破坏，而不是进攻性的、冒犯性的、夺取性的。

不过，这一观点深受怀疑。因为后来的事实证明，被认为属于典型的新社会运动的环境运动非但没有拒绝代议制民主，甚至组成"绿党"参加议会选举和政府。因此，很多人认为，所谓直接的、破坏性的行动策略并不是新社会运动的标志性特征，而只是其行动戏码的一个组成部分而已（Pichardo 1997：416）。

组织方式

同样出于对认同的追求，在新社会运动中，人们不仅不愿意被国家所代表，而且不愿意被其他任何组织所代表。因此，新社会运动反对采取任何科层制、等级性的组织形式。它们倾向于采取开群众大会、对所有议题直接投票等方式做决定；即使有组织，组织形式也是非常分散的、没有定形的、去中心化的，采取轮流领导等方式。因此，新社会运动很少建立全国性的或区域性的伞状组织（Offe 1985）。这也是新社会运动相对于包括工人运动在内的老社会运动的区别性特征。比如，工人运动一直强调要建立一个集中领导的、纪律严明的列宁主义政党。有人甚至认为，新社会运动根本就没有严格意义上的组织，它们只是一群集体行动的个体，它们是基于个体的行动，而不是基于一个动员化的群体而行动起来的。社会运动只是一群为了确认自我认同而走到一起的个体的集合（Larana et al. 1994：7-8）。

社会基础

新社会运动的社会基础涉及两个方面的问题：首先，谁是新社会运动的主要参与者？其次，参与的原因是什么？在这两个问题上，目前主要有两种解释（Pichardo 1997：416-417）。一种解释认为，新社会运动的社会基础是伴随后工业社会而崛起的"新中产阶级"。新中产阶级主要在国家部门或公共服务部门工作，因此既不像资产阶级那样具有强烈的追求利润的动机，也不像工人阶级那样需要依赖公司求生存。与此同时，他们的教育水平相对较高。这使他们有兴趣、有能力去关心自我认同问题和一些共同的社会问题。不过也有人认为，新中产阶级参加新社会运动的目的是争夺工作控制权，即反对技术官僚对新中产阶级的工作自主性的侵犯。

另一种解释则认为，新社会运动不与任何特定的阶级相联系，它的社会基础是人们对一些社会议题的共同关心。新社会运动的参与者是根据共同的价值，而不是根据共同的结构性位置来定义的。随着议题的转换，新社会运动的参与者也在不断地变换，并没有一个一致的、稳定的、明确的阶级界限。也就是说，新社会运动的社会基础与阶级结构不存在清楚的对应关系，它是跨阶级的，是超阶级的。

当然，新社会运动的上述四种"新"特征，并不是每一种都得到所有新社会运动理论家的认可，一些理论家可能认可其中一些而不认可另外一些特征。这体现了新社会运动论内部在观点上的复杂性。

四、新社会运动的历史起因

新社会运动论的第二项理论议程是：新社会运动是怎样兴起的？对于这个问题，新社会运动论继承马克思主义的整体论思维，倾向于从社会形态变迁的高度来把握社会运动的变迁。在这一思路指引下，新社会运动论的基本倾向是将新社会运动的兴起视为一种历史现象，然后从西方社会所经历的具有整体性和历史性的变迁中去找原因，而不像美国研究传统那样着眼于一个个社会运动的具体动员过程和环境。不过，对于西方社会到底了发生了哪些历史性变迁，这些变迁又是怎样导致新社会运动崛起的，新社会运动理论家并没有一个统一的说法。关于西方社会所经历的历史变迁，新社会运动理论家有"程控社会"（Touraine 1971）、"后工业社会"（Touraine 1971）、"发达资本主义"（Inglehart 1990）、"信息社会"（Melucci 1996a）等多种不同的描述。比这个问题更重要同时观点也更庞杂的，是这些历史变迁引发新社会运动的逻辑和机制。在这个问题上，尽管新社会运动论以批判"正统马克思主义"起家和立足，但其关于新社会运动之历史起因的分析却深受"正统马克思主义"的影响，那就是，它仍然倾向于从社会不平等所引发的社会冲突去解释新社会运动兴起的历史动因，但不同理论家所关注和揭示的社会冲突有所不同。

第一种观点（Dalton et al. 1990；Mouffe 1984；Steinmetz 1994）认为，新社会运动起源于发达资本主义或"后工业社会"条件下的文化冲突，没有什么阶级冲突的含义。其原因在于，在发达资本主义条件下，物质条件的丰裕使围绕经济利益的争夺而产生的阶级斗争逐渐淡化，支撑集体行动的群体认同已经从阶级转向社会地位、性别、世代、种族或族群，等等。与此同时，受整个社会生活不断商品化、科层化、信息化以及文化的群众化等过程的影响，社会剥夺和压迫的范式越来越隐蔽、越来越深入、越来越超出特定社会团体和阶级的范围而波及全社会。随着剥夺和压迫逐渐获得超阶级的特征，作为其对应物的社会运动也逐渐脱离阶级范围的限制，开始围绕特定的议题、价值或意识形态而组织起来，在这一过程中诞生的就是新社会运动。

第二种观点认为，新社会运动起源于发达资本主义或晚期资本主义条件下国家与市民社会的冲突。在发达或晚期资本主义条件下，经济增长的方式发生了重大转变，那就是，知识、技术、信息和服务在经济过程中发挥着越来越重要的作用。为了保证经济增长和资本积累，资产阶级不得不通过国家对社会实施更加全面的控制，即不再停留于生产资料层面，而是深入到人们头脑中的知识、技术、旨趣和生活方式等以前独立于国家控制之外的私人领域和生活世界。为了反对这种控制，以维护市民社会的独立性和自主性相号召的新社会运动应运而生。这种观点以哈贝马斯的"交往行动理论"（Habermas 1984）最为有名。在他看来，在晚期资本主义阶段，随着国家控制的不断深入，体制对生活世界的"殖民"越来越严重。新社会运动就是人们为了维护"生活世界"的本真性而发起的一场反对"殖民化"的斗争。对此，后文将有详述，此处不赘。这种观点尽管也从反对资产阶级阶级压迫的角度来理解新社会运动，但它认为，这场运动主要不是资产阶级与工人阶级的对抗，因为随着资本主义经济增长方式的转变，工人阶级的劳动力不再是剩余价值的主要来源，反倒是知识和技术阶层成为主要的剥削对象。

最后，第三种观点，把新社会运动的起因归结为中产阶级兴起而引发的社会对抗。这里面又分为两派，其中一派强调包括新、老中产阶级在内的整个中产阶级的作用，另一派则只强调新中产阶级的作用。前者以艾德尔的理论（Eder 1985，1993）为代表。他把包括新、老中产阶级在内的整个中产阶级称为"小资产阶级"（petit bourgeois）。这个"小资产阶级"除了包括由靠专业技能谋生的各种专业技术人员组成的"新中产阶级"之外，还包括那些纯粹从事行政管理工作的中下层白领、在服务业部门工作的一般职员和国家雇员，等等。随着西方福利国家的兴起，新中产阶级的队伍不断壮大，连带使"小资产阶级"的队伍也不断壮大。尽管队伍在不断壮大，但"小资产阶级"追求享受的阶级习性却未发生根本性改变。这样一种阶级习性是由小资产阶级处于资产阶级和无产阶级之间这样一种阶级地位所决定的：一方面，他们未获得能够使自身的需要得到社会承认的权力，因此，他们永远不可能进入上流社会，成为"真正的资产阶级"；另一方面，拜其所掌握的生产手段和得到国家保障的工作所赐，他们免于沦为一无所有的无产阶级。这样一种中间位置使小资产阶级在生活习性上一方面具有资产阶级追求享受的个人主义特征，另一方面也有下层民众常有的本位主义意识。新社会运动就是小资产阶级在这样一种阶级习性驱动下发起的抗争。新社会运动是"小资产阶级激进主义"的表现，是"那些19世纪在道德、政治和社会方面曾经拥有显著而矛盾的影响的'老实人'

和'小资产阶级激进民主主义者'所发起的第二次抗争浪潮"（Eder 1985：874）。在这样一个社会运动中，"他们所捍卫的'生活世界'既是传统的又是现代的；他们所认同的自己既是统治者又是被统治者"（Eder 1985：878）。

与艾德尔的观点不同，另一些学者则只强调中产阶级中"新中产阶级"的作用。"新中产阶级"（纯粹依靠专业技术本领维生的专业技术人员）作为一个阶级的崛起，是第二次世界大战后后工业社会兴起的产物。新中产阶级的崛起，极大地改变了整个社会冲突的面貌。古尔德纳（Gouldner 1979）认为，新中产阶级的崛起带来了一整套新的思维方式和价值观，那就是：强调理性，反对专断；维护专业和领域的整体性；尊重事功体制（meritocracry）。这样一种价值观必然与那些掌握行政管理权力的官僚发生冲突。这些官僚强调权威，讲求服从而不是理性；维护组织的整体性而不是专业和领域的整体性；尊重的是官僚体制（bureaucracy）而不是事功体制。新社会运动就是新中产阶级反对这些官僚的斗争。不过，克里希（Kriesi 1989）的实证研究发现，这样一种用"新中产阶级"来解释新社会运动的观点，一方面太狭隘了，另一方面又太宽泛了。说它太狭隘，是因为经验研究发现，新社会运动的支持者并不限于所谓"新中产阶级"。比如在荷兰，新社会运动的支持者远远超出了新中产阶级的范围——除"新中产阶级"之外，工人阶级和小资产阶级对新社会运动的支持也相当广泛。说它太宽泛，是因为并不是整个"新中产阶级"，而是只有其中比较年轻的一代才是新社会运动的积极参与者。

不难看出，第三种观点尽管像"经典马克思主义"一样，是从一个社会的阶级结构中去找社会运动和革命的原因，但不难发现，这些观点最为强调的是阶级意识、阶级习性等文化因素的作用，而不是物质利益因素的作用。这确实更接近于葛兰西，而与马克思和列宁所代表的"经典马克思主义"有重大差别。事实上，在很多新社会运动理论家（比如 Eder 1993）看来，在发达资本主义社会中，阶级与集体行动的对应关系已经大大松弛，文化在阶级结构与集体行动之间发挥着越来越重要的中介作用，因此，所有集体行动都是通过一个社会过程而逐步建构起来的，而不是由某个社会结构先验地决定的。

上面三种观点尽管所揭示的社会冲突各不相同，但归根到底都认为引发新社会运动的根源在于剥夺、压迫和社会不平等，在本体论观念上是冲突论的。除此之外，还有一些理论观点虽然也认为新社会运动代表着一种社会冲突，但它们不认为这些冲突是由剥夺和压迫引起的，而是由社会发展和进步引起的。因为社会的发展和进步必然导致社会分化，社会分化必然造成社会各个部分在运作上的不同步，于是引起社会冲突。其中，最有名的是英格雷哈特的"后物质主义论"。英格雷哈特（Inglehart 1971，1977，1981，1990）认为，第二次世界大战后，随着西方进入发达社会，再加上世代更替的作用，文化上也开始发生转变，其核心是"后物质主义价值"逐渐兴起，"物质主义价值"逐渐式微。物质主义价值注重物质需要和安全需要，后物质主义价值则推崇审美、社会团结、表达自由、民主参与和自我实现。那些在第二次世界大战后一段时间内出生、在20世纪60年代或稍后成年的社会成员，在经历和生活方式上与他们的前辈有很大差异。他们赶上一个丰裕时代，享受到前所未有的经济福利和高等教育机会，与此同时，面对的战争风险大大减少，个人和集体安全基本不成问题。这使他们比前辈在价值观上更倾向于后物质主义。随着这个世代的成长，整个社会的价值观也不断地从物质主义向后物质主义偏移。在英格雷哈特看来，新社会运动就是后物质主义价值的兴起在集体行动领域的体现。

尽管英格雷哈特宣称其理论已经被从美国和欧洲主要国家获取的调查数据所证实，但仍然受到广泛质疑。最遭诟病的是其中蕴涵的两个理论假设。一是"稀缺性假设"，即认为人类在心理上存在着某种需要等级，生存、安全等较低级的需要得到满足后将会寻求爱、自由、团结、自我实现等更高级的需要；二是"社会化假设"，即人的价值观具有持续性，在早期社会化过程中建立起来的需求的顺序会一直持续到成年。这两个假设不无可疑之处，因为有经验事实证明，人的需求的顺序在一生中并不是一成不变的。此外，在方法上，英格雷哈特用于测量后物质主义价值的指标和提问方式也受到质疑。

除"价值转变"的因素外，还有学者（Brint 1984；Parkin 1968）强调第二次世界大战后西方高等教育扩张所造成的"解放效应"的影响。接受高等教育可以促进一个人认知能力的发展，有利于接触更为复杂的、更为广阔的和更有批判性的沟通网络；它有利于那些自由主义的、异端性的思想从老师到学生、从学生到学生的传播，等等。这些都有利于"新阶级"的诞生，从而有利于新社会运动的发展。

五、新社会运动的历史意义

与美国传统的社会运动研究醉心于事实问题而不关心价值问题不同，新社会运动论具有浓厚的历史关怀和价值关怀。因此，一些新社会运动理论家非常关注新社会运动在促进人类解放这个问题上所能发挥的作用，并据此考察新社会运动的历史意义。新社会运动论的这样一种关怀无疑继承了马克思主义传统的精神。众所周知，马克思主义固然是一门关心和研究人类社会发展规律的社会科学，但同时是一门志在促进人类解放的革命理论。同样，新社会运动理论也很关心人类的未来，关心人类的解放。这充分体现了新社会运动论作为一种社会理论和政治哲学的本色，也是它与美国社会运动研究传统的又一重大区别。

如前所述，与工人运动相比较，新社会运动具有鲜明的非政治（apolitical）和反政治（anti-political）特征：在意识形态上以维护认同和自治为己任，而不是以夺取国家政权为目标；在行动策略上，较少使用暴力，而主要采用集体不合作、戏谑、控诉、扰乱等非暴力手段；在组织方式上，反对集中性的、等级性的、科层制的政党或利益集团形式，主要采取分散性的、流动性的、直接民主的活动结构；在社会基础上，阶级界限也非常模糊，阶级对立并不明显。那么，如此非政治和反政治的新社会运动是否还具有工人运动那种促进人类解放的进步作用？研究新社会运动的理论家对此一直众说纷纭（参见 Buechler 1995：449-453）。

一种观点认为，新社会运动完全是守成性的，只知道守卫自己狭小的"生活世界"不被外界侵犯，只知道保守自己的独立和自主，缺乏创造历史和改造世界所需要的愿景和主动性。因此，不管他们的集体抗争采取什么形式，涉及什么议题，都摆脱不了"小资产阶级习性"的束缚，即整个运动都是在寻求"回归直接体验，回归拟人化的自然和永久和平的旧梦"，希望"借助群体寻求群体中的解放"，"小资产阶级意识的核心是享乐"，他们"从来不创造历史"（Eder 1985：876、878、875）。新社会运动着眼于改造市民社会而不是国家政治，降低了整个运动的眼界，是一种新的改良主义（Mooers and Sears 1992）。它离开国家政治而去强调所谓"正确的"生活方式，是企图用个体的自省和修为去取代必不可少的政治活动，不但不能有效地维护自己的认同和自治，而且会在不自觉中贩卖和巩固现有的政治逻辑和市场逻辑（Kauffman 1990）。

另一种观点（Brandt 1986）则认为，新社会运动的非政治性不但不是它的弱点，反而是它的优点。它的非政治性代表着对资本主义文明的彻底拒绝，这是一种比政治批判更彻底的"元政治"（meta-political）批判。新社会运动虽然拒绝"搞政治"，但在客观上发挥着非常重大的政治影响：一是在相当大程度上提高了人们对工业现代化所造成的负担和风险、对新技术所造成的环境问题和危险、对官僚化管理和控制的失能等问题的普遍认识。与此同时，它使人们对一味追求自我实现可能造成的恶果更加敏感。二是通过广泛的动员，新社会运动实际上起到一种政治教育的作用，让人们对参与式的政治文化、新颖的直接行动方式和草根性的自我组织方式有了更多的认识。三是促进了草根性的行动网络、替代性项目和氛围的发展，使更多的人更容易被动员起来去追求变革。四是新社会运动所造成的政治压力弱化了国家政治生活中政治势力两极对立的状况，造成了政治版图的重组。五是新社会运动所培养的群体基础为招纳新的政治精英提供了方便。六是新社会运动高强度的社会动员改变了国家处置社会运动的方式，使之不得不更多地采取顺应策略，而不是对抗手段。七是充分暴露了一些技术和工业决策所具有的政治含义以及一些以前不为民众所知晓的军事发展。除了上述政治影响之外，新社会运动还从更深的层次上改变了整个社会和文化的结构。总而言之，新社会运动看上去是非政治性和反政治性的，但它实际上深刻地批判了现代化生产模式的局限和后果，并揭示了社会冲突的新的走向和替代性的社会发展模式。

坚持同样观点的还有梅鲁奇。梅鲁奇（Melucci 1989）认为，正因为新社会运动坚持文化批判，所以它对资本主义秩序的挑战才比通常意义上的政治挑战更有效力，更有效率。因为资本主义的统治已经在很大程度上凝结为文化符号，只有从文化入手，才能打破资本主义秩序中权力与文化相互依偎、相互支持这样一种相容性，从根本上打破资本主义的权力。社会运动如果只做政治挑战而缺乏文化反思，就很容易掉入资本主义制度的权力陷阱，被资本主义制度收编。

不难发现，第二种观点在很大程度上继承了葛兰西对资本主义制度的认识，即资本主义的文化霸权是比其政治霸权更难以攻破的堡垒，如果革命只着眼于夺取资本主义的国家机器而不注意克服其文化霸权，将会招致失败。按照这一逻辑，新社会运动所坚持的文化革命方向自然就比政治革命更有革命性和进步意义了。

与上述两种观点不同，更多的观点认为，新社会运动的倾向是复杂的，在某些方面它是进步的，在某些方向则是保守的。比如，鲁切特（Rucht 1988）认为，社会运动通常都是对社会质变的反应和反映，因此，随着社会质变的性质不同，它既可能是保守性的，也可能是追求性的，还可能是依违两可的。就新社会运动而言，其中为了追求民主化、维护个人和团体的认同和自治的部分是进步性的，其中为了反对体制对生活世界的殖民化而反对政治、经济和技术变革的部分则具有反现代主义的色彩，是保守的。赫希（Hirsch 1988）则认为，新社会运动是社会对资本主义福特制的反应。"福特制"（Fordism）最初只是资本主义为了大规模生产的需要而采取的一种工厂管理制度。这种制度在"科学管理"的旗号下，把包括劳动者在内的一切生活要素和环节都纳入"科学管理"的范围，严重忽视了劳动者作为一个人所具有的情感和价值需要。随着第二次世界大战后福利国家在西方的兴起，福特制也走出工厂，随着社会管理在生活领域中泛滥开来。为了反对福特制对人的贬抑，于是爆发了以极端民主形式追求个性解放和身份整合的新社会运动。福特制危机的广泛扩张使新社会运动确实在一定程度上超越了以往左与右、进步与保守的对立，为人类摆脱福特制的限制发挥着更大的作用。但到底能够发挥什么作用，则难一概而论。

还有一些理论家给出了新社会运动为促进人类进步发挥更大作用的条件。博格斯（Boggs 1986）认为，新社会运动有一个死穴——缺乏能够有效地挑战国家权力的策略，它必须与工人运动相结合，才能切实推动社会转型。福莱克斯（Flacks 1988）认为，使新社会运动从保守转向进步的关键是培养民主意识。只有民主意识增强，才能缩小生活世界与"创造历史"之间的落差，从而让尽可能多的人自愿加入"创造历史"的过程。

六、新社会运动论的理论影响

总的来看，新社会运动论虽然对社会运动研究也有一定影响，但比美国研究传统要小得多。其原因主要有三个方面。首先，在当今世界格局中，美国仍然是唯一的超级强国，它的社会科学研究在全球也拥有无可比拟的"文化霸权"，即使作为西方文化正源的西欧也不得不相形见绌。相应地，美国传统的社会运动研究自然比西欧传统的社会运动研究拥有更大的影响。其次，社会运动研究虽然现在已经成为一个横跨多个学科的交叉领域，但总的来说，还是以社会学对这个领域的耕耘更深，研究更为发达，影响也更为深远。而新社会运动论就其学科倾向而言，更近于思辨性的社会哲学和政治哲学，与强调实证研究的社会学格格不入，在社会学主导下的社会运动研究中自然会被边缘化。最后，过于强烈的价值判断在一定程度上损害了新社会运动论研究的科学性，实证研究发现，它的许多论断站不住脚，这自然会降低它的学术影响力。

目前对新社会运动论的质疑和批评集中在三个方面。一是它夸大了新社会运动的历史趋势性。也就是说，新社会运动的崛起到底在多大程度上代表着一种历史趋势，实在值得怀疑。在塔罗（转引自 Buechler 1995：447-448）看来，许多所谓新社会运动实际上是从既已存在的社会组织中发展起来的，而且已经有了很长的历史，只不过新社会运动论在价值判断的遮蔽下不予重视而已。新社会运动的所谓"新"特征也与资本主义社会的整体变迁没有太多关系。社会运动特征的变化具有周期性。在一个抗争周期的早期，社会运动总是会出现一些新特征。随着抗争周期的结束，社会运动会逐渐消退，在特征上也会逐渐回到常规形态。新社会运动论把社会运动在特定时间和空间下出现的一些特征变异视为一种整体性的、不可逆转的历史趋势，实在是有些夸大了。皮查多（Pichardo 1997：412-414）则认为，新社会运动论只选择那些左翼运动，而忽视同时期还有大量右翼运动。左翼运动确实比右翼运动更多地表现出新社会运动论所描述的那些"新"特征，但如果把右翼运动也考虑进去，新社会运动是否代表一种历史趋势就要大打折扣了。

二是新社会运动论所描述的那些"新"特征是不是事实，也值得怀疑。有研究（比如 Kriesi 1989）发现，即使是被新社会运动论明确标记为新社会运动的那些运动，比如环境运动、妇女运动、社区运动等，其意识形态取向、行动策略、组织方式、社会基础也是多样化的，并不一律那么"新"。最典型的是绿党，它崛起于环境运动，最终却成为政党，甚至加入议会和政府，岂止是不新，简直是比旧社会运动还要旧了。

三是关于新社会运动形成和发展过程的研究，基本上是一片空白。关于新社会运动崛起的逻辑和机制，新社会运动论做了诸如"发达资本主义"、"后工业社会"等抽象和宏大的历史判断，但"发达资本主义"、"后工业社会"等宏大的历史变迁具体又是怎样导致一个新社会运动的形成和发展的，新社会运动论的有关论述却一直停留在哲学思辨上，缺乏细致的、有说服力的研究（参见 Rose 1997）。和美国传统的社会运动研究比起来，新社会运动论更接近于偏爱从社会结构角度思考问题的集体行为论，但它的结构主义色彩甚至比集体行为论还要浓。

正是由于上述原因，新社会运动论的影响目前仍然局限在西欧，对西欧以外的社会运动研究影响很小。在美国社会运动研究中，虽然很多学者也在使用"新社会运动"这个概念，但仅仅是用这个概念来标记那些工人运动以外的或不以争取物质利益和政治权利为目标的社会运动，并不表示接受新社会运动论的理论观点。不过，最近美国社会学家魏昂德（Walder 2009）指出，20世纪70年代以来的美国社会运动研究因为过于注重分析运动动员的过程而严重忽视对社会运动起源的研究。因此，他呼吁恢复社会运动研究中的政治社会学传统，加强对于社会结构与政治行为之间关系的研究，特别是加强对于政治取向，即意识形态、目标、动员、暴力倾向等方面的研究。这一建议，对于美国社会运动传统怎样正确处理与新社会运动论之间的关系，并从中充分汲取理论营养不无警醒意义。

第三节 新社会运动论的代表性理论

新社会运动论不仅内部歧见迭出，而且诸种观点各自为政，相互间缺乏严格而系统的理论对话。这样一种"割据状态"，加上新社会运动论作为一种思辨性的宏大理论所固有的晦涩风格，使得任何对新社会运动论进行整体把握的尝试都显得力有不逮。这样一来，了解其中具有代表性的理论，就成为把握新社会运动论的一个重要途径。新社会运动论在发展过程中产生了一些标志性的理论家，这里选择介绍其中三位影响最大者：梅鲁奇、图海纳和哈贝马斯。通过比较这三位理论家的观点，大家可以对新社会运动论有更深入的理解。

一、梅鲁奇的信息社会论

梅鲁奇，1943年生，意大利社会学家，代表作有《现时代的流浪者：当代社会的社会运动与个人需求》（Melucci 1989）、《挑战符码：信息时代的集体行动》（Melucci 1996a）、《游戏的自我：星球社会中的个人和意义》（Melucci 1996b）。梅鲁奇是最早将"新社会运动"这个概念及相关研究引入英语世界的学者。梅鲁奇的基本思想是用所谓"信息社会"的兴起来解释新社会运动的内容和特征，因此这里把他的理论称为"信息社会论"。但在阐述这一思想之前，首先要了解梅鲁奇关于社会运动的理念。

正如第二节已经提到的，新社会运动论一直饱受质疑。其中一个质疑是，是否真有所谓"新社会运动"存在？或者说，新社会运动的那些所谓"新"特征真的那么新吗？对此，梅鲁奇回答说，那些质疑新社会运动的人在认识上存在一个误区，就是把包括新社会运动在内的社会运动现象当作一种经验性现象（empirical phenomena），而不是分析性现象（analytical phenomena）。在这样一种思维支配下，他们不是从理论分析框架出发，而是从感性直观出发，把所谓"新社会运动"作为一个整体去与老社会运动相比较，寻找相同或差异，然后得出"新"还是"不新"的结论。这样一种做法，由于没有透彻地解析出社会运动的本质特征，很容易模糊问题的焦点，从而得出错误的结论。正确的思路应该是把社会运动视为一种分析性现象，即把它视为一种出于理论分析的需要而进行的概念建构，通过理论分析厘清社会运动的本质。只有基于本质特征上的比较，才能准确地得出新社会运动"新"还是"不新"的结论。由于存在上述认识误区，以往研究中广泛存在一种倾向，即把那些凡是多人在同一个时间和地点做出形态近似的行为的现象都称为社会运动，结果把太多的集体行动现象混杂在一起，以致抓不住问题的关键，模糊了社会运动研究真正需要解答的问题。

那么，怎样对社会运动现象进行分析才算正确呢？梅鲁奇认为，关键是要避免以往研究中无处不在的二元论思维，即总是将结构与动机、结构性与能动性对立起来。其中，马克思主义和功能主义倾向于从结构上、符号互动论和理性选择论则倾向于从动机和能动性上去解释社会运动的成因。这两种倾向都是片面的。正确的做法应该是把社会运动以及更一般的集体行动视为一个"行动系统"（action system）。所谓"行动系统"，具有两层含义：一方面，它是一个"系统"，即它具有某种结构，这种结构性表现在卷入集体行动和社会运动的人与人之间、群体与群体之间具有某种整合性和相互依赖性；但另一方面，它又是一种"行动"，因为这种结构不是先定的，而是特定的目标、信念、决策在与特定场域的不断互动过程中建构出来的（Melucci 1985：793）。社会运动作为一个行动系统的特征，决定了不能再像以往的研究那样把社会运动视为一种经验性现象，从而根据一些直观的经验特征对社会运动进行考察，而是必须进行更深入的理论分析，特别是要对以前那些被当作研究之起点的、不可再分解的特征做进一步解析。

基于对以往社会运动研究的上述批判，梅鲁奇致力于构造一个关于集体行动的概念谱系，然后把社会运动置于这个谱系中，从社会运动与其他集体行动现象之间的联系和区别中来界定社会运动。梅鲁奇（Melucci 1989：17-57，1996a：16-41）认为，任何集体行动都是一群抱有特定目标的人在特定环境的约束下采取特定手段的产物，因此，任何集体行动都有三个维度：目标、手段和环境。如图6—1所示，每个维度都有两种端点情况。首先，在目标这个维度上，根据集体行动的目标与整个社会系统的目标的相容性，可以区分为"冲突"（conflict）和"共识"（consensus）两种情况：相容性越好，越倾向于共识；相容性越差，越倾向于冲突。其次，在手段这个维度上，根据卷入集体行动的人群内部的整合情况，可以区分为"团结"（solidarity）和"集合"（aggregation）两种：团结是人与人彼此有患难与共的意识；而集合则无此种意识，只是有相似特征和要求的人在同一时间和空间聚集到一起而已。最后，在与环境的关系这个维度上，有的集体行动不满足于系统所提供的机会和创造的条件，因而倾向破坏该系统所设置的界限；有的则倾向于维持这个界限。根据在这三个维度的取值情况，集体行动一共可以分为8种基本类型：（1）社会运动，基本特征是：冲突＋团结＋破坏系统界限；（2）竞争（competition）：冲突＋团结＋维持系统界限；（3）越轨（deviance）：共识＋集合＋破坏系统界限；（4）合作（cooperation）：共识＋团结＋维持系统界限；（5）反应（reaction）：共识＋团结＋破坏系统界限；（6）个体性抵抗（individual resistance）：冲突＋集合＋破坏系统界限；（7）个体性流动（individual mobility）：冲突＋集合＋维持系统界限；（8）仪式（ritual）：共识＋集合＋维持系统界限。

图6—1 集体行动的基本维度

根据这一分析框架，社会运动的基本特征有三个：一是它与其他人群在目标上存在冲突；二是其参与者具有共同体意识，相互之间有一种唇齿相依的团结感；三是它倾向于打破系统所设置的界限。所谓社会运动，"指的这样一种集体行动形态：（1）借助某种团结，（2）展现某种冲突，（3）蕴涵着对该行动所在系统的相容性边界的某种破坏"（Melucci 1996a：28）。相应地，社会运动研究需要解决的问题主要有三个：一是不同人群在目标上存在着哪些冲突，这些冲突从何而来？二是具有相似目标的人是怎样团结起来的？三是既有的系统蕴涵着什么样的机会和限制，从而促使特定人群去破坏系统所设定的界限？正是在这样一种社会运动观念的基础上，梅鲁奇展开了他对新社会运动的分析。

梅鲁奇认为，在人类历史进程中，社会也像所有生命系统一样，耗费着包括物质、能量和信息在内的资源。一些社会依靠物质资源维持其结构，一些社会依靠能源保持其增长，而20世纪70年代发生的微电子技术革命则使人类进入了一个可以称为"信息社会"的时代。从技术上说，信息社会的一个基本特征就是人类能够采集和处理海量的信息，并以极快的速度在无垠的空间里传输。从社会活动来说，信息社会则意味着，第一，人类开始高度依赖各种信息来维持生产和生活，信息作为一种基本资源建构着社会生活，即使是那些物质性产品的生产、流通和分配过程，也受着信息的生产、流通和分配过程的支配。第二，整个社会生活具有极强的反思性、人为性和建构性。所谓"反思性"是指，一个社会行动者会根据自己对现实的反思而不断决定和调整自己的行动。这样，社会生活的形态和走向就不是由某种外在于人的客观条件和客观规律决定的，而是高度依赖于人们对信息的生成、传播和解读，从而具有显著的人为性和建构性。在信息社会中，每天都流淌着海量的信息，每个人的生活体验因此都达到了"N量级"（Melucci 1994：110），如何在多种信息之间建立起连接、关系和顺序，从而使碎片性的生活体验组织化，以形成一个关于自我与他人、自我与环境之间关系的统一的理解，亦即形成一个统一的自我认同，就构成一个严峻的挑战。如果在这个问题上失去自主性，将失去影响社会生活和掌控自身生活的能力。在这种情况下，对信息的编码和解码能力就成为影响每个人生活方式和质量的关键。但问题就在于，在现实生活中，人与人的地位是不平等的，一些人可以利用自己的优势地位对信息的编码和解码过程，亦即信息的生产和传播进行控制，从而操纵他人关于社会生活的体验和认知，从动机层面操控他人的行为。这注定了在信息社会中，"冲突将从经济和工业系统转向文化领域……集中于个体的认同、生活的时间和空间以及日常行为中的动机和符码"，"意义的生产和扭转似已成为当代社会冲突的中心"（Melucci 1994：109、110）。

在文化领域中围绕信息的生产和传播而产生的冲突是信息社会中一个无法避免的、不以人的意志为转移的"系统性冲突"。原因在于，信息作为一种符号，其使用和效用不像物质资源那样能够独立于人的感知和认知能力而存在，因此，信息作为一种建构社会生活的基本资源而被广泛使用，就意味着社会成员必须拥有一定程度的自主性以及学习和行动能力。只有这样，他才能作为一个可靠的、可自我调节的社会单元而发挥作用，整个社会也才能够有效地运转。为此，信息社会不得不把越来越多的社会资源，包括信息资源分配给个人自主使用。然而，个人自主性和能动性的增强无疑会引起社会的高度分化，从而给社会整合造成巨大的压力。在巨大的压力之下，社会控制不得不将重心从行动的内容转移到行动的语法上，从仅仅对行为进行外部规制转移到对认知和动机进行前设性干预上。就这样，如何对信息进行"编码"，又如何对信息进行"解码"就不可避免地成为社会冲突的核心领域。在梅鲁奇看来，新社会运动就起源于信息社会的这样一种"系统性冲突"，运动的根本兴趣是争夺对于符号的控制权，以维护自身认同的完整，防止自己的认同建构过程被操控。因此，新社会运动本质上是一种"挑战符码"（challenging codes）的"符号性挑战"（symbolic challenge）。

信息社会不仅为新的社会运动的产生提供了结构性条件，而且规定着这些社会运动的新特征：首先，社会运动具有明显的拼贴性质，即不同时代、不同领域、不同社会发展阶段的文化元素会融合或混杂在一起，共同塑造当代社会运动的形貌（参见 Melucci 1994：115‐116）。这样一种拼贴性质是信息时代的社会整体形貌在社会运动领域的反映：正是借助于发达的信息技术的威力，人们才有可能突破时间、地域和其他形式的社会分割，将不同时代、不同领域和不同社会发展阶段的文化元素整合到同一个时空之中。

其次，社会运动不再是发生于社会边缘的偶然性的紧急状态，也不是某种社会状况的孑余；相反，在信息社会中，社会分化是如此广泛，以致社会运动也从日常形态的社会行动以及其他形态的集体行动（特别是针对国家政权的政治行动）中分化出来，成为一个个相对独立和恒久存在的子系统（参见 Melucci 1994：116 - 117）。在信息社会中，社会运动会将自己变身为形形色色的社会网络。一个运动性的社会网络就是一个社会关系场域。在这样一个场域中，团结性的社会网络可以不通过专门的政治动员，而是在日常生活中把社会个体关联起来，使各种社会群体能够通过协商确立和调整集体行动的取向，识别和改变集体行动的限制条件，从而建立起集体认同。与此同时，在社会系统中，个体和群体的认同常常是碎片化的、非结构化的，而社会运动则可以为个体和群体提供一个相对稳定的参照点，根据这个点，他们被不同归属、角色和社会经验撕裂了的身份认同能够重新建立起来，一个社会运动内的社会网络能够为这些认同提供一定程度上的连续性和稳定性。

　　再次，社会运动将是针对一个社会之意义系统的纯粹的"对抗性运动"。梅鲁奇（参见 Melucci 1996a：35 - 37）认为，一个社会系统可以划分为生活世界（lifeworld）、组织系统、政治系统和文化系统四个层次。相应地，分别存在着四种社会运动：即针对生活世界的冲突性串联（conflictual networking）、针对组织系统的诉主运动（claimant movement）、针对政治系统的政治运动（political movement）和针对文化系统的对抗性运动（antagonist movement）。越是不发达的社会，这四个层次之间越没有分化，四种形式的社会运动之间也因此而越缺乏区隔。比如在工业社会中，政治系统与文化系统的分化就不明显，使工人运动中同时混合着反对资本主义制度的对抗性运动和反对某个资本主义政权的政治运动的成分。而在信息社会中，这两个系统之间的分化越来越清晰，从而使社会运动不必采取政治斗争的形式，而成为纯粹采取文化形式的、只对一个社会的文化和价值系统进行挑战的"对抗性运动"。这些运动并不想夺取国家政权，甚至不追求解决问题的效率和有效性。社会运动的目的只是想扮演一个媒介，只是想通过自己的行动"暴露这样一个事实，即存在某种社会困境，存在与一个社会的基本取向有关的冲突"（Melucci 1996a：37）。在梅鲁奇看来，"20 世纪 70 年代末期和 80 年代的运动是从作为组织行动者或政治行动者的运动向作为媒介的运动转变的第一个迹象"（Melucci 1996a：36）；这些运动的议题和活动的范围虽然通常比较有限，有时可见，有时不可见，有时采取政治行动，有时不采取政治行动，但这些特殊性背后都蕴涵着一种普遍性，即质疑和挑战信息社会的文化系统，可惜美国自 20 世纪 70 年代以来的社会运动研究一直忽视这一点，一直把社会运动理解为被排斥于某个政治体之外的"挑战者"试图进入体制内的集体努力。梅鲁奇认为这是一个严重的理论偏差。

最后，新社会运动作为一种"符号性挑战"的特征，不仅表现在内容上，即它的目标是挑战一个社会的符号系统，而且表现在它的组织和结构形式也具有很强的符号性上。也就是说，新社会运动不仅在行动的目标上表现出它对主导信息社会的文化逻辑的挑战，而且把这样一种意义追求体现在集体行动的组织方式和结构上，让这种组织方式和结构也具有反对信息社会的支配逻辑的象征意义。在信息社会中居于支配地位的文化逻辑强调稳定性、连续性、可预测性和顺从，作为对这样一种逻辑的反对，新社会运动的"动员结构是临时的和可逆的；它以直接参与为基础，只要觉得好就采用，而不管它能达到什么结果；它是为了满足那些不再区分工作时间和休闲时间的个体的需要而设计的。这个结构在动员的具体内容之外，向系统传播着它关于如何定义集体中的个体的另外一种符码。它用可逆的时间去反对可预测的时间——这种可逆的时间背后是以成员属性的多样性和以要求对体验的直接改变为基础的个体节奏。参与被看作一种担当而不是一种义务，它具有局域性的而非全域性的内涵，但有全域性的关切；临时的而非永久的担当；个体在不同的群体和组织之间流转，也是这种符码的颠覆性的指针"（Melucci 1994：123）。总而言之，为了反对信息社会中强调支配、连续、进步、可预测的文化逻辑，新社会运动在组织形式上也保持着强烈的反思性特征，即不断反思当下行动的意义，进而不断调整运动的组织形式和结构。这样一来，整个运动在组织形式上具有强烈的开放性、流动性、临时性、可逆性和象征性，其目的在于保持足够平等和开放的空间，使运动的参与者能够表达自己的需要，相互之间能够充分地协商，最大限度地消除以往以权力不平等为基础的组织结构的不良影响。

在诸多新社会运动理论家中，梅鲁奇是最重视美国社会运动研究成果的学者之一。他早期的理论倾向于用马克思主义的"阶级"和"阶级行动"等概念去理解新社会运动（可参见 Melucci 1980），而后期的研究则大量吸收美国社会运动研究的成果，基本放弃了马克思主义的解释模式，不管是在理论议题上，还是在理论解释的思路上都明显受到美国社会运动研究的影响。这一点在 1996 年出版的《挑战符码：信息时代的集体行动》

一书中表现得非常明显。这是梅鲁奇与图海纳、哈贝马斯等新社会运动理论家之间一个很重要的差别。尽管如此，从根本上说，梅鲁奇仍然属于西欧的社会运动研究传统，因为其理论的基本出发点仍然是根据社会形态的历史变迁来解释社会运动的起源、特征和变迁，用以解释社会运动的根本变量仍然是社会历史变迁所造成的人类文化取向的变化。这样一种视野是美国传统的社会运动研究所没有的。

二、图海纳的程控社会论

图海纳，1925年生，法国社会学家。图海纳是最早研究"新社会运动"的社会学家之一。1968年5月，法国爆发了震惊世界的学生起义。这一运动被广泛认为是西方新社会运动出现的标志。而就在当年，图海纳即出版了专门研究该运动的专著《五月运动与共产主义的乌托邦》(Touraine 1968)。随后，图海纳出版了大量关于社会运动和社会理论的著作，其中译成英文的主要有：《后工业社会，明天的社会史：程控社会中的阶级、冲突与文化》（Touraine 1971）、《五月运动：起义与改革》(Touraine 1979)、《声音与眼睛：社会运动分析》（Touraine 1981)、《团结工会：关于波兰一个社会运动的分析，1980—1981》（Touraine 1983b)、《工人运动》（Touraine et al. 1987)、《行动者的归来：后工业社会的社会理论》（Touraine 1988)。在这些著作中，《声音与眼睛：社会运动分析》一书集中体现了图海纳的社会运动理论。不过，由于图海纳把社会运动作为其社会学理论的核心议题，因此，在他的其他著作中也能见到他关于社会运动的观点。图海纳的著作主要以法语出版，加上其晦涩的语言以及与美国社会运动研究大异其趣的理论取向，其社会运动理论在英语世界中的影响并不是很大。

一如欧洲理论家的一贯风格，图海纳也是从社会历史的高度来考察新社会运动的。在他看来，新社会运动的兴起是人类（包括资本主义国家和社会主义国家）从工业社会向后工业社会，亦即向"程控社会"转型的产物。这是图海纳关于新社会运动的核心思想，因此这里称之为"程控社会论"。由于图海纳关于新社会运动的思考与其关于社会历史的整体思考不可分割地联系在一起，因此，要了解图海纳的新社会运动理论，就必须了解他的社会理论。在社会理论方面，图海纳的基本思想是突出人作为历史主体的地位，强调"人自己创造自己的历史"。为此，他强调，社会学研究应以"行动"为中心,而不是以"社会"或"社会系统"为中心。在图海纳看来,在20世纪五六十年代广为流行的结构马克思主义(structural Marxism)和功能主义(functionalism)都因为过于强调结构而严重忽视了行动和行动者。为了批判这一取向,并在社会分析中重拾行动和行动者,他苦心孤诣地创立了所谓"行动社会学"(sociology of action)。

"行动社会学"的核心理念是把社会看作"一个行动的系统,即一个由文化取向和社会关系所界定的行动者们构成的系统"(Touraine 1981:2)。所谓"行动",就是"一个行动者在某些文化取向的指引下,在种种社会关系——亦即与针对这些文化取向的社会控制之间的不平等联系——的限制下所做出的行为"(Touraine 1981:61)。在社会学史上,帕森斯的功能主义社会学也曾把"社会行动"作为整个理论的逻辑出发点,图海纳的"行动社会学"观念似乎与之不无相似之处。的确,"行动社会学"观念在一定程度上吸收了功能主义社会学的理论观点。这表现在,它特别强调意识,亦即所谓"文化取向"对于行动和行动者的界定作用。也就是说,行动之所以成为行动,行动者之所以成为行动者,在很大程度上不是由其客观特征所决定的,而是由其主观的"文化取向"所决定的。在这一点上,图海纳摒弃了结构马克思主义根据一个人的客观特征去确定其阶级归属并预测其行动取向的理论取向。但与功能主义不同,"行动社会学"又强调,社会行动并不是对文化取向的简单反映,从文化取向到社会行动尚有一个转化过程,但这个转化过程不像功能主义社会学所想象的那样,是一个个社会个体平静地"内化"社会价值和规范的过程,而是一个在种种社会关系驱动和约束下的冲突性过程。原因在于,每个人群都力图通过社会行动让实际的社会过程服从自己的文化取向,但由于不同人群与社会控制之间的联系并不平等,因此,不同文化取向转化为社会行动的过程一定是冲突性的,转化的实际结果也是大有差别的。所以,在文化取向之外,图海纳又特别强调"社会关系"(social relations)对于界定行动和行动者的意义。在这一点上,图海纳显然深受高度重视社会冲突和社会不平等的马克思主义观念的影响,而摒弃了功能主义的社会均衡和社会整合观念。图海纳之所以强调社会学不能以"社会"、"社会系统"为中心,就是因为在他看来,在以往的社会学理论中,这两个概念过于强调均衡和整合,以致把社会行动完全看作某种结构和系统需求的体现,实际上抹杀了行动的主体能动性。他之所谓建立"没有社会的社会学"(sociology without society)就是在这个意义上说的。

在"行动社会学"的理论议题中,社会运动具有核心地位,这不仅是因为"行动社会学"以社会行动为研究中心,而在现实生活中,社会行动又总是表现为冲突性的社会运动;而且是因为,在图海纳看来,社会运动是人们创造历史、促进社会变革、寻求自我解放的主要途径。特别是在程控社会中,社会运动的角色越来越重要。图海纳关于社会运动的理解具有明显的马克思主义色彩。这主要表现在以下三个观点上:首先,社会运动是阶级冲突的表现,是"一个阶级行动者为了争夺对具体群落中的历史性的社会控制而反对其阶级敌人的有组织的集体行为"(Touraine 1981:77);其次,社会运动是社会发展的一个重要动力,甚至是主要动力;最后,任何一种社会形态中都有且只有一个主要的阶级冲突,相应地,一定有一种主导的社会运动类型。

不过,作为一个后马克思主义者,图海纳也对"正统马克思主义"进行了严厉的批判,并自觉地与其中某些观点保持距离。首先是关于阶级的定义。在他看来,所谓"阶级",就是任意两群在"文化取向"上相互对立的人。也就是说,阶级是根据其文化取向来界定的,而不是根据脱离人的主观意识的某种客观特征来界定的。图海纳与正统的马克思主义阶级观针锋对相对地说:"没有阶级意识,就没有阶级","不存在能够与阶级行动相分割的阶级关系"(Touraine 1981:68、94)。其次,相应地,在关于社会运动的理解上,他强调三点(Touraine 1981:80):第一,社会运动并不是某种统治体制的内在矛盾的展现,而是某种文化取向的展现。图海纳很讨厌马克思的"矛盾"概念。根据马克思的观点,资本主义体制有其不可克服的内在矛盾,资产阶级和无产阶级的对立正是这一矛盾在人格上的体现。而图海纳则认为,这样一种理解把阶级简单地视为某种历史法则的承担者,抹杀阶级作为社会行动者的主体性。根据这样一种理解,在革命后,革命政权完全代表了被压迫阶级的需要,革命、市民社会和社会运动这些东西不再需要了——从而使整个社会丧失活力(参见 Touraine 1981:3-4)。第二,从根本上说,社会运动的目标不是夺取国家,而只是反对那些现实的、真实的社会敌人而已。因此,不能把社会运动等同于征服某种权力的政治行动。社会运动与那些旨在改变国家政权的政治行动之间可能会结盟,但从来不会统一。第三,社会运动并不是某种历史使命的承担者,也不必然导致某种更现代或更发达的社会。社会运动只不过反对某种模式,同时寻求一个替代模式而已。图海纳要求社会学放弃以往那种一定要寻找某种规律的进化论思维。图海纳正是基于对社会运动的上述一般性理解来讨论新社会运动问题的。因此,这些观点实际上已经构成了他的新社会运动论的一部分。

图海纳认为,20世纪中期以后,人类社会逐渐由一个工业社会进入后工业社会。图海纳是"后工业社会"概念的发明者。早在美国社会学家丹尼尔·贝尔于1973年出版影响巨大的《后工业社会的来临》(Bell 1973)一书之前,他已先于1969年以法语出版了题为《后工业社会》(Touraine 1969)的专著,并于1971年以英文出版。图海纳认为,如果从统治阶级的性质来定义,后工业社会是一个"技术官僚制社会"(technocratic society);如果从统治技术的角度来定义,后工业社会则是一个"程控社会"(programmed society)(Touraine 1971:27)。相对来说,图海纳更喜欢使用"程控社会"而不是"后工业社会"的概念,他认为前者对当代西方社会特征的描述更为准确(Touraine 1981:6)。在图海纳(Touraine 1981:6-10)看来,从工业社会向程控社会的转型主要表现在三个方面。首先,也是最重要的一点,物质和服务的生产逐渐被知识和技术的生产所代替。在工业社会中,人类主要致力于把人力、物力和财力等各种资源整合起来,以便尽可能多地、尽可能有效率地生产出所需要的物质产品和服务。在这一生产模式下,"阶级统治都是泰勒式的"(Touraine 1981:6),即阶级统治主要表现为对具体劳动过程的组织,资本家及其管理者通过尽可能精细地控制雇佣工人的劳动流程而实现最大产出。而在程控社会中,阶级统治已经超越了"工作组织"(work organization)层次,而上升到"生产管理"(production management)层次,即不再通过对工作组织内部劳动流程的精细化管理,而是通过垄断数据的提供和处理去达到控制社会生产的目的。在这样一种生产模式下,知识和技术的生产,亦即"那些塑造和改变我们关于人类本质和外部世界之表现方式的符号物品的技术性生产"(Touraine 1985:781)就成为统治的关键手段。通过生产特定类型的知识和技术,统治阶级可以改变被统治阶级的心灵,从而达到控制其行动的目的。这就相当于一台电脑,工业社会的阶级统治只控制其器件,而后工业社会中的阶级统治则控制其程序,这也许是图海纳更愿意将后工业社会称为"程控社会"的原因。很显然,程控社会中的阶级统治更为隐蔽、更为深入、更为全面（Touraine 1985：778）：
"工业社会能够通过改变'生产手段'而创制机械器件和组织体制，而我们的社会是通过发明技术而生产符号性物品、语言和信息。它不仅创造生产的手段，而且创造生产的目的、需求和表达。它已经能够改变我们的身体，我们的性，我们的精神生活。"或者更简单地说，在程控社会中，统治阶级的主要活动是"对生产的生产"（Touraine 1983a：120），即不是直接生产器物和服务，而是通过知识和技术的"生产"，在背后支配着人们对器物和服务之生产的认知和认同方式。

其次，整个社会变革具有越来越强的反思性。这表现在，人们越来越不信任从历史上流传下来的社会模式，社会的自我复制越来越困难，与此同时，人们越来越相信自己有能力掌握社会的发展，越来越倾向于让整个社会的发展服从自己的文化取向。这就使整个社会的发展越来越显著地表现为一个"自我生产"（self-production）的过程，即在自我反思中不断学习和调整的过程。这样一种"自我生产"特征的出现，显然与程控社会的第一个特征，即知识和技术在整个社会中的地位日益重要密切相关。

最后，国家的多种功能相互分割，整个社会的权力越来越分散。在程控社会中，国家被日益分割成四个部分：一是作为技术官僚制之组成部分的公营公司（public companies），二是代表部门和团体利益的管理系统（administrative systems），三是作为社会秩序和等级之维护者的国家，四是作为社会发展和国家关系之施为者的国家。并且这四个部分的统一越来越困难。在图海纳看来，在程控社会中，事实上已经没有一种能够把这四个部分统一起来的力量，那种国家无所不能的时代已经过去了。

从工业社会向程控社会的转型从根本上改变了整个社会的阶级对立和社会运动状况，催生了迥异于传统工人运动的"新社会运动"。首先，不言而喻，在工业社会中，劳资冲突是主要的社会冲突，工人运动是主要的社会运动；而在程控社会中，主要的阶级对立不再是工人阶级与资产阶级的对立，而是那些掌握着整个社会的"程序"的技术官僚与这些程序的"使用者"（user）或"消费者"（consumer）之间的对立。由于程序控制无所不在、无远弗届，因此，这些程序的使用者或消费者并不限于特定人群，而是遍及全社会。这样，公众反对技术官僚的斗争就成为程控社会中占主导地位的社会运动。这些运动就是图海纳眼中的新社会运动。

其次，由于整个社会的变迁越来越成为一个遵循特定的文化取向而"自我生产"的反思性过程，因此相应地，在程控社会中，社会运动具有两个重要特征：第一，社会运动的主要目标不再是争取经济利益或政治权利，而是争取"自主性"，即让特定社会群落的发展摆脱技术官僚的操控，使该群落能够实现自己的"文化取向"，而不是被强加一种"文化取向"。用图海纳自己的话来说，在程控社会中，社会运动的根本目标是占得"历史性"（historicity）。所谓"历史性"，图海纳在不同的地方有不同的解释，大意是"根据文化模式创造某种历史经历的空间"（Touraine 1985：778）。因此，所谓占得历史性，就是一个群体通过斗争为自己争取更多的创造历史和影响历史的空间。第二，"社会运动第一次成为社会的主要行动者"（Touraine 1981：9）。其原因在于，既然程控社会下的社会发展是一个在反思中不断调整的"自我生产"过程，那么，行动起来并且不断行动就非常重要，因为只有不断地行动，才有可能干预这个"自我生产"过程，才有可能占得"历史性"。而如前所述，由于社会不平等的广泛存在，这个不断行动的过程一定是一个冲突性的社会运动过程。这样，社会运动就成为整个社会变迁过程中的主角，而不是配角；不是一种过渡现象，而是一种恒久现象。正是在这个意义上，图海纳将社会运动置于其社会学议程的中心位置。

最后，统治阶级的权力在越来越深入和广泛的同时，国家机器的权力却越来越分散，与此相应，社会运动不再像工人运动那样以夺取国家政权为目标，也不企图建立一个后革命（post-revolutionary）的国家政权。与此同时，社会运动在发生的时间和空间上越来越离散，在议题、组织方式和社会基础上越来越多元化，社会运动因此失去传统工人运动集中而统一的特征，表现出明显的弥散性特征。

总而言之，在图海纳看来，新社会运动是从工业社会向程控社会过渡的必然产物。基于程控社会的基本特征，新社会运动将不以争取经济利益和政治权利，不以夺取和建立国家政权为目的；它的基本兴趣在于通过弥散性的、日常性的和不间断的行动，让自己的文化取向落实为现实的社会过程，创造真正属于自己的生活，创造真正属于自己的历史。

如图 6—2 所示，图海纳描述了新社会运动在从工业社会向程控社会的转型中兴起的过程及其内在逻辑（参见 Touraine 1981：10 - 22）。这一过程有七步：第一步是"老社会运动"即工人运动的衰落。所谓"工人运动的衰落"，并不是说工人阶级的劳动和生活条件彻底改善，使得工人运动没有必要了；也不是说工人运动因为别的原因而彻底消失或正在消失。而是说工人运动在很大程度上被制度化了。这表现在，在西方资本主义国家，工人运动的组织——工会逐渐成为拥有广泛政治影响和政治权力的政治行动者，从而成为国家代议政治体系中的一个重要组成部分；而在社会主义国家，工会则直接成了一个国家机构。在图海纳看来，工人运动的制度化使之再也难以真正反映工人阶级的心声，工人越来越难以通过工人运动表达自己的意愿。这样，工人运动就丧失了作为社会核心反对力量和阶级福利的首要作为者的地位。第二步是工业文化（industrial culture）的危机。工业社会的主流文化观念是进化论，即相信人类社会是一直朝着更加复杂、更加理性、征服自然的能力更强的方向发展的。在社会研究中盛行的经济决定论、结构主义和功能主义思潮都是进化论思维的表现。但随着人类知识的发展，这样一种社会观念逐渐被抛弃。人们不再认为社会是由某种高于人类自身的规律支配的，而相信人类社会是一个可以利用自己的创造性为自己创设规范性法则的、可以自我生产的社会。这样一种观念上的改变将动摇工业社会的基础，使之陷入整合不良、秩序失调的危机。第三步是大拒绝（great rejection），即工业社会的危机使人们感觉受到威胁，从而广泛行动起来，拒斥工业社会关于秩序的种种安排。在这一阶段，由于作为威胁之源的敌人尚不能清楚地辨识，因此，人们的拒绝和抵抗往往采取复古的或自发的形式。但即使是这样一些尚不完备的抗争形式，也有利于充分揭示工业社会片面追求增长的恶果，有利于阻止新的统治阶级的形成，从而有利于寻找一种新的、更合适的生产关系。第四步是对国家的批判，特别是对其镇压系统（比如监狱体制、死刑、精神病房）和特权系统的批判，主张自由主义和行动自由。第五步是向共同体回归（community withdrawal），即对工业社会文化的拒斥、对国家的批判和对社会真空的痛惜，导致人们开始寻求对个体和共同体的认同，希望共同体能够扮演拯救历史的角色。第六步是民粹主义运动的兴起。民粹主义运动反映了人们避免分裂，希望把社会发展掌握在自己手中的要求。经过上述六个阶段的发展，最后才是以反对技术官僚为目标的新社会运动的形成。

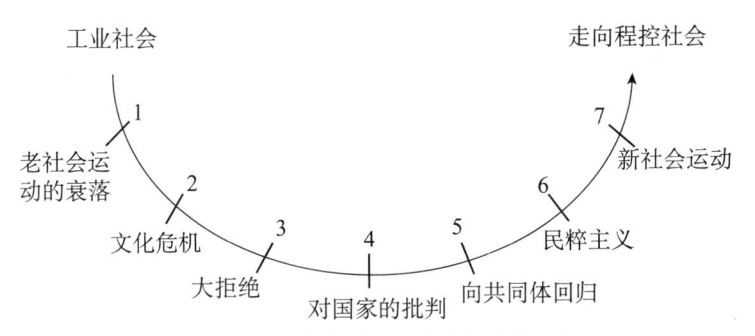

```
          工业社会                          走向程控社会
               \                           /
                 1                       7
    老社会运                                    新社会运动
    动的衰落  2                          6
          文化危机  3      4      5     民粹主义
               大拒绝  对国家的批判  向共同体回归
```

图 6—2　社会转型与新社会运动的兴起

对于新社会运动在未来的走向，图海纳仍然从社会历史高度出发，指出从工业社会向程控社会的变迁将给社会运动（当然也包括新社会运动）的形成造成两个障碍（Touraine 1985：779-780）。一是元社会限制（meta-social limits）的消失，将使社会运动失去用以缔造和维护内部团结的信仰。在程控社会中，社会冲突的焦点已经从经济和政治利益转移到文化层面。文化冲突无疑会打破整个社会的价值共识。对一个社会来说，价值共识是比利益上的相互依赖更深层的"元社会秩序"。"元社会秩序"的颠覆，固然使统治阶级比以前更难以维持自己的统治，但同样会使社会运动和市民社会内部失去信仰上的一致性，每个人都变得很自我，从而难以团结起来。图海纳忧心新社会运动会受到功利主义和享乐主义的侵蚀而一事无成。他说（Touraine 1985：779）："当上帝已经死亡，当罪恶和救赎已经失去意义，我们还有什么能够阻挡功利主义和享乐主义？"二是由于新社会运动对国家政权和政治生活的兴趣很淡，因此，在传统政治斗争中常见的那种从社会运动变成政党，再从政党成为一个国家政权的演变路线将不复存在。在这种形势下，新社会运动的主要风险不再是被政党吸收，而是社会运动与国家之间的完全分隔；这将使"社会运动很容易成为割据性的，变成对少数族群的捍卫和对认同的追寻，而公共生活则被亲国家的或反国家的运动所主导"（Touraine 1985：780）。

尽管这里竭力梳理图海纳的多种观点之间的理论逻辑，但正如很多批评者（Kivisto 1984；Scott 1990：67-68；Sutton 2000：31-32）所指出的，图海纳的理论中晦暗不明以及前后不连贯甚至矛盾之处颇多。这是在理解图海纳的理论时需要注意的地方。

三、哈贝马斯的晚期资本主义危机论

哈贝马斯，德国哲学家、社会学家。哈贝马斯一生著述甚丰，影响较大的著作有：《知识与人类的旨趣》（Habermas 1971）、《理论与实践》（Habermas 1973）、《合法化危机》（Habermas 1975）、《公共领域的结构转型》（Habermas 1989）、《交往行动理论》（Habermas 1984）等。这些著作以德文写成，但基本都有英文和中文译本。哈贝马斯是著名的法兰克福学派的旗帜性人物，在哲学、社会学、政治学等多个领域都有非常重大的影响。不过，对新社会运动，他从未进行过专门研究，更没有做过社会学意义上的经验研究，而只是在1981年写过一篇题为《新社会运动》（Habermas 1981）的短文，并在《交往行动理论》一书中对新社会运动偶有涉及。但他关于新社会运动的理解，特别是其关于当代资本主义社会中的主要冲突及其根源的阐述，不但比其他新社会运动理论家更完整、更透彻，而且是其他新社会运动理论家常常称引的重要理论资源。因此，哈贝马斯也被认为是新社会运动论的代表人物之一。哈贝马斯关于新社会运动的核心观点是，随着自由资本主义向晚期资本主义过渡，资本主义体制中"系统"与"生活世界"的矛盾日益突出，因而在经济危机和政治危机之外进一步引发了"合法化危机"（legitimation crisis）和"动机危机"（motivation crisis）；新社会运动就是对合法化危机和动机危机的反应。由于哈贝马斯的立足点是用晚期资本主义的内在危机去解释新社会运动，所以这里将他的理论称为"晚期资本主义危机论"。

哈贝马斯是以社会系统的整合为出发点来讨论"晚期资本主义危机"问题的。所谓"危机"，就是这样一种状况，即一个社会无法解决所面临的问题，以致威胁到它作为一个整体的维持和运转。换言之，"危机"是社会系统的整合严重失败的产物和表现。哈贝马斯认为，社会系统的整合应该包括两个方面：一个是"社会整合"（social integration），即基于行动的动机和意义而进行的整合；另一个是"系统整合"（system integration），即基于行动的过程和后果而进行的整合。人类的行动都是在一定动机和意义制导下的行动，但由于种种客观条件的限制，行动的过程和后果并不总是符合行动者的预期，因此，"社会整合"与"系统整合"所要完成的任务和所应遵循的逻辑是不同的：前者重在维持和不断再生产人与人之间的理解和沟通，遵循交往理性逻辑（即尽可能保证交往各方能够真

诚、准确、完整地沟通）；而后者的重点则是保持行为过程和后果的效益及效率，遵循工具理性逻辑。简单地说，"社会整合"为社会提供着"意义再生产"，"系统"则为社会提供着"物质再生产"。显然，这两种再生产都是一个社会维系和发展所必需的。需要注意的是，哈贝马斯所说的"社会整合"与社会学通常使用的"社会整合"有所不同。在社会学中，"社会整合"一词通常同时包括哈贝马斯所说的"社会整合"和"系统整合"，并且对二者不做区分，而这样一种混合正是哈贝马斯所批评的。下面将会看到，这两种整合之间的分别是哈贝马斯据以讨论晚期资本主义危机的理论前提。

哈贝马斯进一步分析说，从社会结构的角度看，"社会整合"的功能是由"生活世界"来承担的，而"系统整合"的功能则是由"系统"来承担的。所谓"生活世界"，是人们通过交往而形成的一个意义系统，包括三个基本内容：一是人类通过横向交流和纵向传承而积累下来的各种价值、信念、符号和技能；二是对于应然社会秩序的期望；三是"人格"，亦即关于自我及人我关系的观念。这个意义系统事实上是特定人群对于交往目的及方式的某种共识，自然有利于社会交往的顺利展开和社会系统的整合。从具体形式来说，生活世界就表现为人们在随性而自由的交往中形成的社会网络，哈贝马斯称之为"公共领域"。与"生活世界"相对应的另一种社会结构是"系统"，即对人类行为的过程和后果进行调整的一整套组织和制度安排。现代社会的复杂性，使每个人都不可能精确地控制自己行为的过程和后果，但这些超出个人预想的非期然后果却会对社会系统的运作产生实实在在的影响，因此，人类必须设计一套组织和制度，对人类行为的过程和后果进行控制，以保证社会系统的整合。"系统"的整合主要考虑行动可能造成的社会影响，而不考虑行动者赋予行动的动机和意义，因此，遵循的基本逻辑是最大限度地保证客观产出的效率和有效性，而不是意义交流的效率和有效性。

"生活世界—系统"这样一种两分法是哈贝马斯分析资本主义危机的基本概念框架。哈贝马斯认为，在原始社会中，"生活世界"与"系统"是高度统合的，"系统"完全从属于"生活世界"，形成一个混沌不分的"文化共同体"。随着人类社会的不断理性化，这两个部分逐渐分离。特别是到了资本主义阶段，"系统"不但在很大程度上脱离了"生活世界"的控制，甚至有凌驾而上之的趋势。相应地，整个社会也越来越服从"系统整合"而不是"社会整合"的逻辑。这就使资本主义社会的整合面临严重的危机。

为了更好地解析资本主义的危机，哈贝马斯对"生活世界"和"系统"做了进一步分解，即，将社会系统划分为社会文化、经济和政治行政等三个子系统，"生活世界"对应着"社会文化系统"，"经济系统"和"政治行政系统"则同属于"系统"。相应地，资本主义有四种基本的危机，即发生于经济系统的经济危机，发生于政治行政系统的理性危机，以及发生于社会文化系统的合法化危机和动机危机。在自由资本主义阶段，发生的主要是经济危机；而在晚期资本主义阶段，国家对经济危机的应对，虽使经济危机得到一定程度的缓解，却使经济危机转化为更隐蔽的、更深刻的理性危机、合法化危机和动机危机。后三种危机是晚期资本主义阶段的主要危机。

关于资本主义经济危机的表现和发生机理，哈贝马斯基本认同马克思的分析。为了缓解经济危机，国家不得不对经济过程进行干预，承担起管理经济活动的角色。但这会把经济系统中的矛盾引入政治行政系统，导致"理性危机"（rationality crisis）。所谓"理性危机"，是指认知能力的局限和各利益矛盾的牵制，使国家的经济干预总是会出现失误和偏差或在多种利益之间左右摇摆，各种经济政策相互冲突，造成各种恶果，使国家疲于应付。

经济危机和理性危机引起工人阶级的强烈反抗和工人运动的不断高涨。为了缓和社会冲突，国家不得不提高对工人阶级的福利保障，并把工人政党和有关组织纳入资本主义的国家政治体系，于是导致第二次世界大战后"福利国家"的形成。"福利国家"的形成至少造成两个严重的后果：一是，借助不断扩大的福利供给，国家对整个社会生活的干预越来越广泛，越来越深入，以致一些原本属于私人事务的生活领域也逐渐被纳入国家控制的范围。比如，随着医疗保障制度的形成，国家得以将控制的触角延伸到个人的身体。二是，基于现代社会的复杂性，国家在社会干预过程中倾向于遵循较为实用的工具理性逻辑，因而导致把所有政治问题都简化为一个技术问题，采用行政手段去处理，只关心干预的整体效果，而不管当事人的真正关切以及这些效果对当事人的"意义"。在政治行政系统不断扩张的同时，经济系统也在不断集中和扩张，由此导致整个社会的商品化越来越严重。一些原来属于生活领域的活动，比如休闲、娱乐等，也变成了按照效率逻辑来交易的商品。在这些过程的作用下，作为一种效率机制的"系统"肆行无忌，作为一个意义系统的"生活世界"则逐渐衰落和瓦解。这便是所谓的"系统对生活世界的殖民"。

"系统"对"生活世界"的殖民会引发两个危机:"合法化危机"和"动机危机"。首先是"合法化危机"。在"系统"的殖民之下,整个社会的意义系统和交往理性受到严重破坏,导致各种价值和规范乘机蜂起,但相互之间(包括国家内部、社会内部以及国家与社会之间)却难以沟通,以致对彼此作为的合法性互不接受,这便是"合法化危机"。"合法化危机"意味着一个社会缺乏足够的价值共识,显然不利于社会系统的整合。其次是"动机危机",即"系统"毫无节制的扩张和"生活世界"的萎缩,严重影响文化的传承和人格的养成,资本主义制度所需要的价值和规范因此而难以稳定地、有序地内化为个人的行为动机。这对资本主义制度来说自然是一个不祥之兆。

在哈贝马斯看来,新社会运动就是社会对合法化危机和动机危机的反应。由于两种危机的实质是蕴涵于生活世界中的意义系统的破坏,因此,新社会运动的目标不是追求物质利益,而是寻找和重建生活的意义(Habermas 1984:392):"它们不再爆发于物质生产领域;它们不再通过政党和社团;它们不再因为得到补偿而缓和。相反,这些新的冲突崛起于文化再生产、社会整合和社会化领域;它们通过亚文化的,至少是非议会的抗争形式进行;它背后反映的是按交往原则结构化的,而不是根据货币和权力媒介做出反应的行动领域中存在的不足。这些问题主要不是一个补偿——这是福利国家能够提供的——问题,而是捍卫和恢复受到危害的生活方式的问题。总而言之,新的冲突不是由分配问题引发的,而是由与生活形式的语法有关的问题引发的","如果我们接受经济—行政复合体的膨胀开启了生活世界的销蚀进程的观点,那么,我们就会预料旧的冲突会被新的冲突覆盖"。

要言之,哈贝马斯的核心观点是,随着资本主义从自由竞争模式向福利国家模式的发展,"系统"对"生活世界"的侵蚀日益严重,这导致整个社会冲突的中心从经济和政治领域转移到文化领域,新社会运动的本质是文化和价值冲突。事实上,如果将梅鲁奇、图海纳和哈贝马斯三人的观点做一个比较,就不难发现,将新社会运动归结为文化和价值冲突,也是整个新社会运动论的核心观点;不同理论的区别只在于,它们对这一冲突的产生机理有不同的解释。

第七章　结语:反思西方社会运动研究

虽然此前各章一直在反思西方社会运动研究,但那基本上都是针对具体理论议题和观点的。作为全书的结语,本章想再对西方社会运动研究作一个集中的、整体的反思。为此,本章将首先勾勒西方社会运动研究的最新趋势,然后总结西方社会运动研究发展的内在逻辑,并据此分析西方社会运动研究在未来的发展方向和面临的挑战,最后再联系中国社会转型的实际,谈谈怎样看待西方社会运动研究的问题。

第一节　西方社会运动研究的最新趋势

目前,在西方社会运动研究中,美国传统仍占绝对优势,西欧传统的新社会运动论则处于边缘地位。新社会运动论依然保持其作为一般社会理论和政治哲学的基本特征,没有什么重大变革,而美国传统则明显地表现出三个发展趋势:一是企图打破社会运动研究相对封闭的格局,将社会运动与其他形式的政治斗争打通起来研究;二是开始反思资源动员论、政治过程论和框架建构论赖以起家和立足的理性选择假设,向文化主义转向的趋势越来越明显;三是与此相应,曾经在集体行为论中地位显赫,但后来被理性选择假设赶出社会运动研究的情感因素重新引起重视,再度成为社会运动研究的一个重要议题。当然,美国社会运动研究的上述转变在某些方面也受到新社会运动论的影响。

一、从社会运动到"斗争政治"

20世纪70年代以来,经过集体行为论、资源动员论、政治过程论以及框架建构论等多种理论视角的反复辩论和阐发,"社会运动研究"作为一个专业领域的面目越来越清晰;与此同时,从事相关研究的学者对该领域的集体认同越来越鲜明,外部对该领域的认知度和认可度也越来越高。社会运动研究作为一个专业领域的学科地位就此底定。然而,由于多种原因,在此过程中,该领域在研究内容和方法上也逐渐画地为牢,即"基本局限于研究社会运动,特别是自60年代在美国发展起来的改良性运动,并且主要采用针对单个运动的个案研究方法"(McAdam and Tarrow 2011:2)。与此同时,有两种与社会运动非常相近的社会现象被排斥在"社会运动研究"之外:一个是数量比改良性运动要少,但规模和社会影响都要大得多的革命性运动;另一个是数量比改良性运动要多得多,但规模和社会影响都要小得多的社会冲突事件。关于革命的研究在政治学、历史学和社会学(主要是马克思主义社会学)等学科中都有非常悠久的传统,一般采用比较历史研究方法对为数不多的大型社会革命进行研究。长期以来,不断有学者(如 Goldstone 2001;Tilly 1978)呼吁将革命与社会运动整合起来研究,但一直收效甚微。关于社会冲突事件的研究则创始于格尔的《人们为什么造反》一书,它主要利用样本量足够大的、全国水平的社会冲突事件进行统计分析,不过很少分析单个事件。但在社会运动研究中,此类研究除《人们为什么造反》一书常被当作集体行为论的代表作而频遭批判之外,也基本上无人问津。

显然,在现实生活中,这三种社会现象之间并没有如此森严的壁垒。相反,它们之间的联系是非常紧密的:社会运动常常是革命的前奏或伴生物,而社会冲突事件则常常累积为社会运动或革命,或者是社会运动或革命的宣泄口。从科学上说,将三种现象适当分开研究并无不妥,但搞得相互隔绝，则绝非所宜。特别是随着各个领域研究的深入，将三种现象打通了研究就成为一种趋势。如何统合这三个领域，成为西方社会运动学者考虑的一个重要问题。

当前西方社会运动中存在的另一个问题是，关于社会运动的研究与关于常规政治的研究之间也存在严重的隔阂。自20世纪70年代资源动员论揭橥"范式革命"以来，西方社会运动研究的主流范式始终将社会运动定位为一种与常规政治没有本质差别的"另途政治"。这样一种定位导致社会运动研究在不期然中将整个社会的政治生活分劈为两个领域，更重要的是，它误置了两个领域之间的关系。

不言而喻，既然有"另途政治"，那就还有一个"正途政治"。"另途政治"（politics by other means），本义为"以另外一种手段进行的政治"。所谓"以另外一种手段"，是指为当权制度所不容的手段。尽管当今西方社会运动研究的主流理论为避免落入集体行为论视社会运动为非理性行为的窠臼，都刻意避免使用"正途政治"这样的概念，但它确实常常将那些按照制度许可的方式进行的政治活动称为"制度化政治"、"制度内政治"、"常规政治"或"常态政治"，而将社会运动等旨在挑战或绕开现存制度的政治活动称为"非制度政治"、"制度外政治"、"非常规政治"或"非常态政治"。显然，所谓"制度化政治"、"制度内政治"、"常规政治"和"常态政治"，就属于与"另途政治"相对的"正途政治"。然而，"另途政治"这个概念的目的不是要强调它与"正途政治"的区别，而恰恰是要强调：社会运动与常规政治一样，也是一种"政治"。言之下意，社会运动与常规政治没有什么本质区别，都是利益驱动下的理性行动，只不过"搞政治"的手段不同而已。

"另途政治"观念是"范式革命"的产物。前已述及，在20世纪70年代末，以资源动员论的诞生为标志，西方社会运动研究发生了一次范式革命。这次范式革命的核心，是摒弃集体行为论关于社会运动的非理性假设，代之以理性选择假设。"另途政治"观念的核心正是要突出社会运动的理性特征。"另途政治"观念原本是想克服集体行为论的非理性假设给社会运动研究造成的理论蔽障，但吊诡的是，它却给社会运动研究造成了新的蔽障。那就是，它客观上为社会运动研究回避常规政治研究提供了一个正当的理由。

应该说，将政治活动劈为"另途政治"和"正途政治"这样两个领域并没有什么问题，因为任何社会科学研究都是从分类开始的，分析的第一步就是分类。问题在于，"另途政治"这个说法的目的是要强调社会运动与常规政治没有什么本质区别。就这样，它在把社会运动理性化的同时，也抹杀了社会运动与常规政治的差异。在它看来，既然"另途政治"和"正途政治"没有什么本质差别，那么，对社会运动的研究就同时是对常规政治的研究。这样一种基于价值需要而来的理论预设，客观上翳蔽了社会运动研究的视野，使它"理直气壮"地不再理睬常规政治问题，而把自己相对封闭起来。这一倾向在资源动员论中表现得最为明显——它甚至把社会运动的兴灭视为一个基于资源竞争而来的分化过程，"社会运动部门"与"非社会运动部门"之间存在的是平等的竞争关系。后来的政治过程论和框架建构论虽然强调社会运动与体制之间是一种不平等的斗争关系，但前者却把体制简单地处理为一种前提性的、无需再深入解析的"政治机会结构"，后者则实际上很少考虑体制问题。

  这样一种不理睬社会运动与常规政治之差异的态度曾经极大地解放了思想，使研究者充分注意到社会运动作为理性选择的一面。但随着研究的发展，这样一种忽略在理论上的局限也暴露得越来越明显。因为在现实生活中，社会运动与常规政治毕竟是两种既有重大区别又有紧密联系的政治形式：一方面，社会运动常常是常规政治运作失败后的产物，或者是常规政治的延续和辅助，二者联系之紧密无需多说；但另一方面，尽管不能说社会运动是非理性的，但它与常规政治的区别却是不可否认的，不然，就难以解释社会运动何以能够对制度化政治构成一种挑战。即使在社会运动已在很大程度上制度化的西方，社会运动与常规政治的差别仍然是存在的，并且仍然是重要的。二者之间的这样一种关系决定了，社会运动与常规政治必须打通了研究，但又不能等同起来研究。然而在相当长的时间内，主流的范式恰恰是把二者"等同起来研究"，结果反而妨碍了"打通了研究"。因此之故，如何打破社会运动研究与常规政治研究之间的隔阂，就成为目前西方社会运动需要考虑的另外一个重要问题。

  针对上述两个方面的问题，2001 年，当前西方社会运动研究领域的三位领军者——麦克亚当、塔罗、梯利合作出版了《斗争的动力学》（McAdam et al. 2001）一书。该书的核心思想，是企图用"斗争政治研究"取代"社会运动研究"，以便将社会运动研究、革命研究和社会冲突研究这三个领域统合起来，并打破社会运动研究与常规政治研究之间的隔阌。此书是试图推动西方社会运动研究实现新的综合的标志性著作，在社会运动研究领域引起热烈的反响和讨论。

所谓"斗争政治"（contentious politics），是指"发生于主张的提出者与其对象之间的一种间发性的、公共性的、集体性的互动，并且：第一，政府要么是主张的提出者，要么是主张所涉及的对象，或者是主张涉及的一方；第二，这些主张一旦实现，将影响至少一方主张者的利益"（McAdam et al. 2001：5）。根据这个定义，第一，"斗争政治"要是间发性的，不包括那些按日程常规进行的政治活动，比如选举、议会投票和社团会议等；第二，要是公共性的，不包括那些在某个组织内部发生的，不具有公共性的利益斗争；第三，要是集体性的，即不是个人与个人之间，而是群体与群体之间的纷争；第四，它是政治性的，这体现在政府必然卷入其中，即使不是作为主张的提出者或对象，也是作为双方矛盾的解调人或仲裁者；第五，它是斗争性的，即一个主张的实现必然影响一方或多方的利益。如图7—1所示，2007年，梯利和塔罗在合著的《斗争政治》（Tilly and Tarrow 2007）一书中对"斗争政治"的含义做了一个简洁的说明——所谓"斗争政治"，也就是斗争、政治和集体行动三者之间的交集。

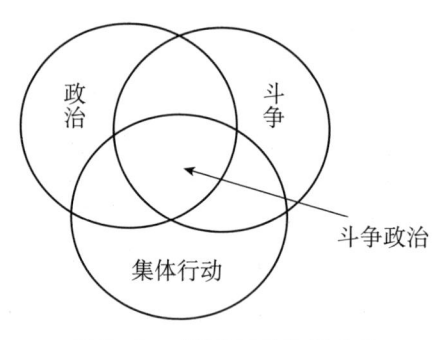

图7—1 "斗争政治"的含义

"斗争政治"分为两种形式（McAdam et al. 2001：7-8），一种是"内蕴型斗争"（contained contention），即"有关各方都是地位早已确立的行动者，并且采用确立已久的手段来进行的斗争"。通俗地说，"内蕴型斗争"就是"体制内斗争"，是体制内的行动者按照体制内的规则而进行的利益争夺。另一种是"逾制型斗争"（transgressive contention），指斗争政治中那些具有以下至少一种特征的斗争：第一，冲突中的至少一方是新近才通过自我认同而形成的政治行动者;第二,至少有一方采用了新异的集体行动。也就是说,只要卷入斗争中的任何一方不是地位早已得到体制承认的行动者,或者任何一方采用了超出体制常规之外的新异行动手段,它们之间的斗争就属于"逾制型斗争"。

"斗争政治"这个概念充分反映了麦克亚当、塔罗和梯利等三人重塑社会运动及相关研究的企图。首先,根据这个定义,社会运动和革命显然属于"逾制型斗争",但"逾制型斗争"的外延显然大于社会运动,向上可以包容革命性运动,向下可以包容短暂性的、小规模的社会冲突。这一概念体现了将社会运动、革命和社会冲突统合起来研究的意图。其次,除了"逾制型斗争",斗争政治还包括"内蕴型斗争",这显然体现了打破社会运动研究与常规政治研究之间的樊篱的意图。

除了企图用"斗争政治"的概念统合相关研究之外,《斗争的动力学》一书还有一个努力,即希望扭转以往社会运动研究致力于发现一个"广覆性定律"(covering law)的倾向,而将研究的重点转向揭示斗争政治的"机制"。所谓"机制",是指在不同环境下的斗争政治过程中反复出现并以相同或相近的方式发挥作用的某种结构。机制确定了条件与后果之间的关联方式。在麦克亚当、塔罗和梯利等三人看来,此前的社会运动研究范式,不管是资源动员论、政治过程论还是框架建构论,虽然比传统的集体行为论更注重分析社会运动的过程,但还是结构主义色彩太浓,对斗争政治过程的动态性仍然揭示不够。原因在于,它们总是以变量为中心,只揭示对社会运动的发生和发展造成影响的变量,而未揭示这些变量之间通过相互关联而发挥作用的方式,即机制。因此,他们希望用以机制为基础的研究去取代以变量为基础的研究。他们设想,如果能够找到一些基础性的机制,就能更好地揭示斗争政治的过程。因为所谓"过程",就是机制按照一定规律形成的一个序列。只要把"机制"说清楚了,"过程"也就明朗了。

为了更有效地寻找机制,他们主张将关于斗争政治的分析单位定为"情节"(episode)。他们没有阐述选择"情节"作为分析单位的理由,但显然是针对以往社会研究总是以整个社会运动为研究单位的个案研究方法而来的。以整个社会运动为研究单位,意味着运动与运动之间很难比较,因为把它们当作一个整体的时候,能够找到的相似性总是很少的,而且,即使能够找到一些相似性,样本量也太小,难以进行多层次、多角度的比较。而如果把一个社会运动拆成一个个情节，可用于比较的样本量就会陡然增大，可以进行多层次、多角度的比较，从而找到反复出现的、具有稳定性和基础性的机制的可能性要大得多。

《斗争的动力学》一书在西方社会运动学界引起空前反响的同时，也遭到不少批评（参见 Buechler 2011：199 - 203）。2011 年，麦克亚当和塔罗对《斗争的动力学》出版十年以来围绕"斗争政治"而展开的争论和研究做了一个总结。他们认为，《斗争的动力学》一书在以下四个方面取得了成功（McAdam and Tarrow 2011：5 - 7）：一是在一定程度上改变了"斗争政治"研究单纯关注社会运动的状态；二是推动了对机制进行测量和阐述的讨论；三是引起了人们关于斗争政治之文化基础的研究兴趣；四是激励年轻学者更多地关注社会运动之外的东西。与此同时，该书在以下四个方面未能取得预期的成功：一是书中尝试的东西太多，以致全书松散而晦涩；二是具有国家中心偏向，忽略了国家领域之外的政治斗争；三是提出了太多的机制，随意性太大；四是未对机制的测量和检验提供明确的方法。尽管毁誉参半，但《斗争的动力学》一书仍不失为西方社会运动研究历史上的一个新的里程碑。至少，它看到了当前社会运动研究存在的问题，反映了当前西方社会运动研究希望打破内部各自为政、对外相对封闭的状态，以实现新的综合的迫切愿望。

二、文化主义转向

自资源动员论兴起以来，西方社会运动研究就一直受到理性选择范式的主导。在理性选择范式下，涉及社会运动的行动者都是所谓"理性人"，他们的行动法则只有一条：追求利益最大化。20 世纪 80 年代，随着资源动员论、政治过程论和框架建构论的接连推出，理性选择范式在社会运动研究中盛极一时。然而，进入 90 年代以后，该范式遭到越来越多的质疑。在这些质疑的推动下，西方社会运动研究向更加强调文化因素的文化主义转向的趋势越来越明显。早在 1995 年，就有学者（Johnston and Klandermans 1995a）预言社会运动研究从理性选择向文化主义转向的"范式转换"正在来临。从目前取得的进展来看，这一论断未免言过其实。准确地说，当前社会运动研究界对理性选择范式越来越不满，文化主义作为一种替代范式的呼声越来越高，都是不争的事实，但文化主义要真正成为一种新的分析范式，还有很长的路要走。

文化主义的兴起是三种力量共同作用的结果。首先是一些不认同理性选择范式的学者的不断批判和揭露。理性选择范式是在批判集体行为论的过程中崛起的。它为了反对集体行为论视社会运动为非理性行为的谬误,不惜矫枉过正,把社会运动视为一种完全服从所谓利益最大化法则的理性选择行为。尽管学界对文化的界定一直聚讼纷纭,但至少一点是公认的,即文化是人类心灵活动的种种影响因素和表现。这些因素和表现包括价值信仰、认知能力和方式,以及情感,等等。撇开这些方面不谈,"文化"这一概念的提出意味着,人的心灵是多维的、丰富的、可塑的,是随着条件的变化而不断改变的。而理性选择范式,看似把人的"理性"置于分析的中心,但事实上对人的心灵做了非常简单的理解。在这一理解中,人的心灵活动有且只有一个法则——利益最大化,这个法则不会随着条件的变化而变化。显然,这样的心灵是单维的、干瘪的、僵硬的。这样一种范式从一开始就遭到一些学者,特别是那些仍然坚持集体行为论的学者的反对。这些学者除了揭露理性选择范式本身存在的逻辑问题而外,还不断用经验事实证明价值、情感等因素在社会运动参与过程中发挥着非常重要的作用。这些研究在第二章第五节中已经述及,此处不赘。

其次是理性选择范式内部的反思。理性选择范式本身存在缺陷,是一个无需多言的事实。即使是在《资源动员与社会运动:一个不完全理论》这篇真正确立资源动员论的著名论文中,麦卡锡和左尔德也不否认"怨愤"对于社会运动的意义,只不过基于理论策略的考虑,而把怨愤的作用从一个"强假定"变成一个"弱假定"(McCarthy and Zald 1977:1214 - 1215)。这表明,他们并非不知道理性选择范式忽视"怨愤"等情感因素可能造成的理论偏差。但当时为了打破集体行为论的统治,付出这样的代价似乎是值得的,加上理性选择范式刚刚破土出芽,其理论缺陷尚未充分暴露,所以人们对该范式更多的是拥护而不是批判。但是,随着研究的日益深入,理性选择范式的缺陷也暴露得越来越充分。特别是当框架建构论几乎把人的理念和认知视为可以任意操纵之物时,理性选择范式对文化因素的排斥达到了顶峰,其忽视文化因素的缺陷也就暴露无遗了。在这种情况下,即使是一些理性选择范式的大力倡导者也开始反思该范式的缺陷,逐步把文化分析提上日程。

甘姆森和欧伯箫是理性选择阵营的大将,他们早期的著作《抗争的策略》(Gamson 1975)和《社会冲突与社会运动》(Oberschall 1973)曾在摧毁集体行为论范式、建立理性选择范式的过程中立下汗马功劳。但到20世纪90年代，他们的理论取向却发生了微妙的变化：欧伯箫推出了《社会运动：意识形态、利益和认同》（Oberschall 1993）一书，甘姆森则推出了《说政治》（Gamson 1992b）。这两本书有一个共同点，即都强调意识形态、认同、"说"（talking）等文化因素、文化活动在社会运动过程中的作用。麦克亚当是政治过程论的创立者，但1999年，他在为其《政治过程与1930—1970年黑人起义的发展》一书再版作序时，明确提出当前社会运动研究应当走结构主义、文化主义和理性选择三大理论视角的综合之路（McAdam 1999：vvi - xliv）。2001年，他与塔罗和梯利合著的《斗争的动力学》一书，最重要的兴趣之一就是要引入文化分析，以打破结构主义（实际上是理性选择——本书注）的枷锁。这些来自理性选择范式阵营内部的批判对社会运动研究的文化主义转向无疑具有非常重要的推动作用。

　　促进文化主义转向的第三个动力来自欧洲的新社会运动论。如第六章所述，新社会运动论的一个核心观点是，新社会运动之所以"新"，关键是因为相对于老社会运动，其价值观念发生了根本性转变，即从注重利益转向注重认同。这样，价值和认同就成为新社会运动论的核心研究议程。这样一种研究议程在美国社会运动传统中是前所未闻的：即使是早期的集体行为论，它也只是强调作为一种情绪的怨愤，而不是价值和认同；至于资源动员论、政治过程论、框架建构论等理性选择范式，更是把价值和认同抛到了九霄云外。20世纪80年代以后，新社会运动论逐渐影响到美国。新社会运动论的传入，对那些既对理性选择范式不满但又不想回到集体行为论范式的美国学者而言，无疑是一个重要的理论资源。尽管到目前为止，新社会运动论的具体观点对美国社会运动研究的影响仍然很小，但它的研究议程扩展了美国学者的理论想象力，为社会运动研究的文化主义转向发挥了重要的推动作用。正如杰斯帕（Jasper 1997：74）指出的："后工业社会理论家的工作促使美国研究者严肃地对待文化：认同是一种产物，而不是基因性的遗传物。"

　　在上述三种力量的共同推动下，近年来，西方社会运动研究一直在努力引入和拓展文化分析，也出现了一些较为重要的作品，比如杰斯帕的《道义抗争的艺术》（Jasper 1997）、约翰斯顿和克兰德曼斯主编的《社会运动与文化》（Johnston and Klandermans 1995b）、波利塔的《就像发烧一样：抗争与政治中的讲故事》（Polletta 2006）。但总的来看，"文化主义"成为一种能够替代理性选择的范式，基本上还是一种期待，而不是一种现实。这表现在，但凡新范式的诞生，必须有破有立，即不但指摘旧范式的缺陷和过失，更重要的是提出一整套系统而有效的替代方案，而当前所谓"文化主义"，目前基本上还处于"破"的阶段，至于"立"，有则有之，但都支离破碎而不系统（Jasper 1997：97）："有些是把文化简化为一两个可以引入原来的事件序列或过程之中的新变量，说什么动听的意识形态或框架也是一种资源和政治机会云云，旧的理论框架则原封不动。有些则把文化说成某种全新的东西，却说不清文化与资源或策略是一种什么关系，更糟糕的，是把这种关系说成一种竞争关系——似乎只要说观念在起用，就可以把像资源动员这样复杂的理论传统扫地出门。新的强调文化意义的概念被置于其他理论框架之内或与之并列，不是不够突出，就是过分突出。真正的整合，即既承认文化因素和非文化因素各自的独立性，又承认它们之间的相互渗透，真是少而又少。"

当然，这种状况的出现与文化本身的属性有关系（Jasper 1997：97）："文化是复杂的。我们可以把它分析为隐藏于行动背后的快乐、动机或目标，或把它看成构成行动本身的技能、习惯和趣味。它存在于个体之内，也存在于个体之外。它存在于运动之中，也存在于运动之外。文化要素很容易穿越这些界限，因为它们首先不是资源那样的物质性事物（尽管它们可以体现在物质上）。它们是观念、热情和敏锐。它们有时优雅地表露于外，但更多的时候则比较隐晦和微妙，难以测量，甚至难以清楚地观察到。"

从研究内容来看，文化主义取向的社会运动研究目前主要集中在两个主题上：一个是认知过程和方式对社会运动的影响，另一个是认同与社会运动之间的关系。前者是框架建构论的遗绪，后者则是受新社会运动论影响的结果。对此，杰斯帕认为（Jasper 1997），文化应该有三个维度：情感、认知和道德。但目前西方社会运动学界关于文化的研究基本集中在认知方面，对情感和道德比较忽视。他的《道义抗争的艺术》一书正是要弥补这方面的缺陷。不过，这种观点也有可议之处。首先，根据社会学中更通常的用法，文化的三个维度应该表述为情感、认知和价值为佳。价值是一个比道德外延更大的范畴，包含道德但不限于道德。价值是关于好坏、对错、善恶、美丑的判断，而道德则是价值对特定行为的规范性要求。行为准则禀自价值，但价值并不全然表现为行为准则。其次，说当前关于文化取向的社会运动研究主要集中于认知方面也不准确：一是目前关于认同的研究比较热门（参见 Polletta and Jasper 2001），但认同不等于认知，因为认同中除认知因素外，还包含着情感和价值因素；二是严格来说，完全服从框架建构论思维的认知研究不能算文化主义取向，而应该算理性选择取向，因为它把文化完全视为一种可以任意取用和操作的"资源"，而忽视其作为一种心灵活动的特征。

三、重拾情感分析

当前西方社会运动研究发展的第三个趋势是重拾情感分析。在 20 世纪 70 年代以前，当时在西方社会运动研究中占统治地位的集体行为论，以集体行为是一种富含情感的行为而将其认定为非理性行为。后来，为了反对集体行为论这样一种非理性假设，新起的理性选择范式特别强调社会运动是一种基于利益算计而来的理性行为。就这样，情感因素被从社会运动研究中排除了出去。近年来，随着理性选择范式越来越受质疑，被该范式驱赶出去的情感因素又重新引起社会运动研究者的兴趣，关于情感与社会运动的研究又开始热络起来（Jasper 2011：286）："二十年以前，在关于政治、抗争和社会运动的学术研究中，情感几乎完全不存在。任何想从口头提及或索引目录中找到其踪影的努力都是徒劳的。但近年来，在仍然不断增长的文章和专著中，各种类型的情感再次出现在社会运动研究中。"一个重要的标志便是古德温、杰斯帕和波利塔三人主编的，于 2001 年出版的《激情的政治》（Goodwin et al. 2001）一书。2011 年，杰斯帕又在《社会学年评》上对"情感与社会运动"的研究成果做了系统的回顾和展望（Jasper 2011）。

杰斯帕在该文中指出，当前社会运动研究学界对情感研究的兴趣有四个重要来源（Jasper 2011：287 - 289）。首先，尽管自 20 世纪 70 年代以来理性选择范式在社会运动研究中一直很强势，但一些研究者仍然非常关注情感因素，并产生了一些有影响力的作品，比如甘姆森的《遭遇不公正的权威》（Gamson et al. 1982）以及拉弗兰（Lofland 1982）关于"聚众欢悦"（crowd joy）的研究。

其次，是自 20 世纪 90 年代以来对理性选择范式的挑战和批判。在这方面，关于女性主义运动的研究发挥了重要作用。基于女性主义运动自身的特点以及外界对于女性及其运动的刻板印象,都决定了情感因素是女性主义运动研究中的一个重要辩题。不管外界对于女性及其运动的刻板印象是否符合事实,也不管相关研究是否赞同这些刻板印象,这些研究客观上都会推动情感与社会运动之间关系的分析。

再次,20 世纪 90 年代以来,西方社会运动研究的"文化主义转向"也推动了关于情感的研究。正如上面所指出的,在一些研究者眼中,情感是文化的一个重要构成要素,重视文化就必须重视情感,甚至把重拾情感分析视为"文化主义转向"的起点。

最后,是情感社会学和精神分析学的发展。早在 1975 年,柯林斯(Collins 1975)就指出,情感和注意是人们争相竞逐的一种有价值的物品,兴奋和团结能够把人们吸引到集体行动中,而集体仪式、集体欢腾能创造充沛的情感能量。1978 年,坎普尔(Kemper 1978)系统地阐述了个人的情感反应与其在整个社会的地位和权力等级中所处的位置之间的关联。1983 年,赫希柴尔德出版的《被管理的心灵》(Hochschild 1983)一书,指出"感觉准则"(feeling rules),特别是那些由雇主强加给雇员的"感觉准则",深受文化因素的影响,其中蕴涵着丰富的文化信息。这些研究虽然并未直接涉及社会运动问题,但为后来社会运动研究重拾情感分析提供了重要的理论资源。发挥同样作用的还有精神分析学。尽管 20 世纪 70 年代以后,精神分析学在社会科学研究中的显赫地位逐渐被认知社会学取代,但在社会运动研究重拾情感分析时,它不失为一种可以倚重的理论工具。古德温(Goodwin 1997)关于高风险运动中"力比多"因素的分析就是一例。

就当前来说,社会运动研究中的情感分析主要存在以下三个问题(Jasper 2011:286 - 287):一是将情感与理性对立起来的二元主义思维仍然顽固地存在。在这样一种思维主导下,很多重视情感分析的学者不能正确处理情感因素与资源、框架及政治机会等因素之间的关系,常常为了突出情感因素的作用而只关注其有利于社会运动的一面,不能冷静地作出全面的、客观的分析。二是原封不动地使用自然语言而不是科学语言对各种情感进行分析和描述。而事实上,在自然语言中被视为一类的某些情感,如果进行科学分析,还可以区分为更多、更精细、更准确的类别。比如,自然语言中说的"愤怒",既可能是惊吓之余的本能反应,也可能是基于某种价值观的、经过仔细思虑后而产生的反应。这两种愤怒的成因和社会后果是大有分别的，在自然语言中可以不加区分，但在科学研究中，仔细区分是很有必要的。三是现实生活中的情感有很多类型，但现在很多关于情感因素的讨论都大而化之，对情感的类型化很不够。很多研究完全把情感理解为反射性的，并把反射性情感（reflex emotion）当作一切情感的模板，因而总是强调情感的强烈性、突发性和破坏性。而事实上，很多情感是反思性的而不是反射性的，反思性情感（reflective emotion）常常是深沉的、稳定的、持久的和有节制的。杰斯帕的综述表明，从以往的研究来看，情感对社会运动的目标、社会运动的手段，以及目标与手段的关系，都具有非常重要的塑造作用，并且这些作用随着情感类型的不同而有差异。

不难发现，当前西方社会运动研究重拾情感分析并不是简单地回到20世纪70年代以前集体行为论关于情感因素的分析范式上。一个根本差别在于，它特别强调情感的文化性和社会性，即强调特定情感的形成和展现都深受社会或文化因素的影响，而不像集体行为论那样把情感视为一种本能和个性。不过，不可否认，情感中确实蕴涵着很多本能和个性的成分。显然，社会性和文化性更强的情感会表现出更强的理性色彩，尽管这种理性不完全是经济学上的工具理性，而有可能是价值理性或传统理性；本能性和个体性更强的情感则会表现出更强的非理性色彩。情感所具有的这样一种二重性，决定了情感分析的关键是如何找到更有效的理论和方法，以便更好地分析和处理情感中这两方面特征之间的关系。对这个问题，赵鼎新（2006：70-71）认为，我们很难确证一个具体行为的基础是理性选择还是情感冲动，因此，真正需要思考的问题是："在什么样的结构条件下，运动参与者的行为更容易被情感控制；在什么样的结构条件下，一个社会运动的发展又将被运动参与者的情感所驱动？"对此，他的基本观点是："在社会运动中，运动参与者总会表现出生气、哭泣、义愤、咆哮等与体内激素水平改变相关的情感性行为，但这些情感性行为是否会主导一个社会运动的发展，则取决于该运动的组织力量。当一个运动的组织力量薄弱时，该运动的参与者就更容易被其他人的情绪所感染并作出在其他场合下他们可能不会做的事情；并且，当一个社会运动的组织力量很差，如果该运动在情绪感染下偏离了既定轨道，就很难回归到原来的目标。"

上面对西方社会运动研究中的最新发展趋势做了一个简单的勾勒。不难发现，这些趋势都是针对20世纪70年代以来在西方社会运动研究中占统治地位的理性选择范式而做出的调整。这些调整尽管都取得了一定成果，但要成为一种新的、替代性的研究范式，还有很长的路要走。其未来的走向和结果会受到社会运动研究领域内外多种因素的影响，具有很大的不确定性。

第二节 西方社会运动研究的演变规律

西方社会运动研究的内容和观点可谓林林总总，让人目不暇接。那么，其发展演变有没有规律可循呢？答案是肯定的。这个内在逻辑就在于，它们有共同的研究议程，并且围绕这些议程而展开的研究既各有侧重，又有很强的互补性，共同增进着人类对于社会运动现象的理解。本节尝试从核心关切与基本议程、范式和流派的变异这两个方面对其演变规律进行总结，并在此基础上对其在未来的走向做一个初步探讨。

一、核心关切与基本议程

从科学发展的逻辑来说，作为一个已经得到明确承认的研究领域，它只有拥有一些同时得到内部和外部认可的基本研究议程，才能在整个社会科学的知识谱系中获得自己的"身份"，否则是不可能作为一个独立领域而存在的。事实上，正如第一章第三节已经指出的，西方社会运动学者也一直在思考这个问题，并做了若干种归纳。尽管这些归纳不无道理，但都局限于站在社会运动研究领域内部对已经形成的社会运动知识进行梳理和概括，视野比较狭隘，缺乏反思性和批判性。现在应该跳出来，从社会运动研究领域外部来反观，从而更好地总结该领域所取得的成就、所存在的问题，以及未来的发展方向。

众所周知，社会学有两个核心关切：秩序和进步。作为社会学的一个重要分支领域，西方社会运动研究同样没有离开这两个核心关切。只不过，与其他分支领域不同，社会运动研究对社会秩序和进步的关切有自己独特的角度，那就是，它关注的焦点是那些采用非制度手段追求社会变革的集体行为或集体行动。西方社会运动研究内部尽管流派纷呈，但这样一种核心关切和研究角度却是共同的。基于共同的核心关切和研究角度,西方社会运动研究有三个基本的研究议程:一是变革的诉求所从何来?二是为什么要采用非制度手段?三是行动的集体性是怎样形成的?西方社会运动领域的所有研究都是围绕这些核心关切和基本议程而展开的。

自从理性主义精神在近代开始觉醒以来,人类社会的变迁就有了一个新的重要的特征,那就是,主动追求理想的社会秩序,而不像在传统社会中那样消极地接受或等待上帝或其他权威的安排。人们相信命运掌握在自己手中,人们可以而且应该通过自己的努力实现理想的生活。在这样一种昂扬的理性主义精神照耀下,人类社会得到极大极快的发展。就像马克思(1995:277)所惊叹的:"资产阶级在它的不到一百年的阶级统治中所创造的生产力,比过去一切世代创造的全部生产力还要多,还要大。"然而,理性主义在给人类带来极其丰富的物质财富的同时,也造成了一个严重的问题,那就是,人们越来越倾向于通过直接的、自主的集体行动去实现自己的愿望和目标,导致社会秩序严重失稳。当这种直接的、自主的集体行动达到很大规模,并且对改变社会现状的程度要求比较强烈时,就是革命,次之就是运动,再次之就是骚乱。从某种意义上可以说,理性主义精神就是革命精神,理性主义精神的勃兴是近代以来社会运动和革命此伏彼起的精神根源。

秩序和进步都是人类的要求,但二者常常发生矛盾,即,对进步的追求常常导致秩序的颠覆,而对秩序的保持则常常妨碍进步。这一矛盾在人类社会中亘古有之,但只有进入近代以后,在强烈的理性主义精神的引领下,这个矛盾才变得前所未有地突出。也正是这一矛盾,导致了作为一个学科的社会学的诞生,并使"秩序"和"进步"成为该学科的研究主题。社会运动研究也是在这样一种背景下诞生的,这决定了它的核心关切仍然离不开"秩序"和"进步"这两个主题。这一点在该领域成长的初期体现得非常明显。如本书第一、二章所述,社会运动研究起源于17、18世纪以来资产阶级革命所引发的社会动荡,而其早期据以讨论有关问题的思想原型也是孔德所创立的强调秩序和整合的社会有机体观念。尽管该领域后来的专业化进程使其研究与现实社会的联系不再那么直接和显然,但该领域的核心关切依然从未离开过"秩序"和"进步"这两个主题。表面上看,西方社会运动研究在集体行为论与之后的诸种理论流派之间有一个明显的断裂,但事实上,它们只是从不同的角度关注同一个问题而已。可以这么说，在"秩序"和"进步"这两个主题之间，集体行为论更关注"秩序"，而其后的以理性选择假设的诸论，包括资源动员论、政治过程论、框架建构论，更关注"进步"。或者说，前者更倾向于肯定既有的秩序，而后者更倾向于肯定未来的秩序。正是这样一种未来秩序与既有秩序之间的紧张，使集体行为论之后的诸种理论对集体行为论大张挞伐。尽管立足点不同，但它们的核心关切都是"秩序"和"进步"。

至于新社会运动论，情况要稍微复杂一点。如第六章所述，新社会运动论是对马克思主义革命理论的质疑和反思。马克思主义的革命理论是以推翻资本主义制度、实现共产主义为己任的。它是从不讳言对现存秩序的否定和对未来进步的追求的。新社会运动论虽然对马克思主义理论有所质疑，这使其革命精神不如马克思主义传统那么昂扬，但这种质疑中所蕴涵的对"秩序"和"进步"的关切则是毫无二致的。

要言之，西方社会运动研究内部尽管存在视角和流派的差异，但它们对"秩序"和"进步"的关切则是共同的。把握这一点，对于理解社会运动研究的基本议程以及以往研究的得失而言非常重要。当然，作为一个相对独立的领域，社会运动研究对这个问题的关切有其独特的角度。这个独特角度就在于，它只关注那些同时从以下三个方面对社会秩序和进步构成挑战的社会行为：第一，对社会现状不满，要求社会变革；第二，采用非制度手段；第三，行动具有集体性。如果用图表示，那么如图7—2所示，它感兴趣的是同时具有变革性、非制度性和集体性这三种特征的社会行为。相应地，社会运动研究就应该有三个基本议程：

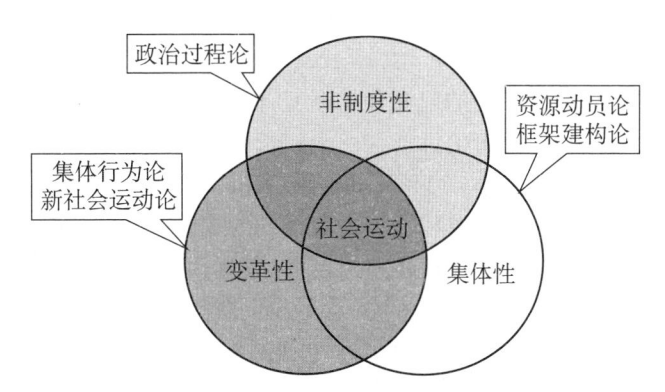

图7—2 社会运动的特征与社会运动研究视角

首先是变革的诉求。显然，不同人群对于社会现状的变革诉求是有差异的。有的人安于现状，循规蹈矩，这些人不属于社会运动研究关注的范围。它关注的是那些有变革诉求的人。那么，人们为什么会产生变革的诉求？这些诉求随时间、地区或其他因素的变化而有什么差异？这是社会运动研究需要回答的第一个问题。

其次是非制度手段。即使对变革社会秩序有诉求，人们也可以采用多种手段实现自己的目的。社会运动研究主要关注那些以非制度手段实现诉求的人群。那么，这些人群为什么采用非制度手段而不采用制度内手段？为什么采用这种非制度手段，而不采用那种非制度手段？人们怎样组合使用包括非制度手段在内的多种手段？这是社会运动研究需要回答的第二个问题。

最后是行动的集体性。为了实现自己的诉求，人们可以单独行动，也可以集体行动。社会运动研究关注的是后者。相应地，它需要回答：行动的集体性是怎样形成的？在能力上和意志上都具有独立性的社会个体是通过什么过程和逻辑而走到一起，最终形成一个具有统一意志和行动能力的集体的？这是第三个问题。需要注意的是，这里所说的集体性，是指那种通过自力活动所形成的集体性，不包括基于某种先在的分工结构而形成的集体性。在这个意义上，在同一个社会系统中按照某种既有的分工而相互配合的行动，不属于这里所说的集体行动。

西方社会运动研究中的所有理论流派都是在回答上述问题，只不过它们所采取的价值立场以及回答问题的思路和侧重点不同而已。关于每个理论流派对于社会运动的价值立场前面已经述及，这里重点讨论每种理论解释的思路和重点。如图7—2，大体来说，集体行为论和新社会运动论更关注变革的诉求，包括它的起源和类型变异。其中，新社会运动论主要是从历史的角度考察人类价值诉求在一个较长时期内的变化趋势，而集体行为论的研究尺度则比较小，主要考察特定人群围绕特定议题而产生的不满情绪及其扩散过程。政治过程论更关注行动的非制度性。政治过程论强调社会运动是被排斥群体为了反抗主流制度而进行的政治斗争，尤其突出社会运动的斗争性。它对斗争性的强调实际上就是对非制度性的强调。最后，资源动员论和框架建构论更关注行动的集体性是如何形成的。其中，资源动员论更关注统一行动能力的形成，焦点是资源动员；而框架建构论更关注统一行动意志的形成，所以焦点是思想动员。

当然，各个理论流派关于研究重点的区别并不是绝对的。毕竟，现实中的社会运动同时具有上述三个特征，而各个理论流派又是"在同一口锅里吃饭"，并且形成了明确的领域认同。因此，它们的研究不仅客观上难免相互影响，而且主观上也有相互借鉴以实现更大范围综合的愿望。

二、范式和流派的变异

正如大家已经看到的，西方社会运动研究除了具有相同的核心关切和共同的研究议程外，内部也还存在研究范式的差异，比如美国传统与西欧传统，以及美国传统内部集体行为论、资源动员论、政治过程论和框架建构论的差异。那么，这些差异又是怎样形成的呢？从知识社会学的角度来说，它是三种因素共同作用的结果：一是研究者所处的历史时代及"时代精神"；二是科学本身的发展逻辑及所处的历史阶段；三是研究对象所处的状态和特征。

社会运动研究的发展本质上是一个作为生产者的学者不断生产知识的过程。知识的生产是整个社会大生产的一部分，首先会受到研究者所处的历史时代及这个时代的精神的影响。任何一个时代都有一个基本的时代精神，时代精神代表着当时大多数人的需要和认识水平。绝大多数社会科学研究者都难以超越时代精神的局限，社会运动研究也不例外。原因在于，第一，研究者都是生活于特定社会关系中的社会人，一个时代的精神会潜移默化地影响到研究者的兴趣、意向、价值和认知；第二，研究者作为知识的生产者，其产品具有社会性，需要得到社会认可，这样一种合法性压力迫使研究者向时代精神靠拢；第三，时代精神也是一种社会选择机制，在这样一种机制作用下，那些符合时代精神的作品更容易流传，从而更容易成为一种范式，那些违背时代精神的作品则很容易湮灭，难以构成一种知识传统。

在社会运动研究领域，20世纪六七十年代，不管是美国还是西欧都发生了范式革命。在美国，是从集体行为论过渡到集体行动论（包括资源动员论、政治过程论和框架建构论）；在西欧，是从马克思主义的阶级革命论过渡到新社会运动论。这两种范式革命都反映了当时西方社会要求扩大民主和自由的时代精神。在这样一种时代精神的作用下，视社会运动为非理性行为的集体行为论自然不合时宜了，视社会运动为利益争斗并且强调革命纪律和组织的马克思主义也不合时宜了。在时代精神的选择下，一些即使从科学的角度来说并无不妥的理论观点也会被抛弃或被选择性遗忘，甚至遭到"抹黑"而无处诉冤。在这个时候，时代精神就相当于一种群众暴力，让那些落后于时代精神的研究成果无法承受。事实上，在集体行动论取代集体行为论时就曾经发生过这样的"群众暴力"。终身坚持集体行为论的特纳和克利安曾经抱怨（参见 Morris and Herring 1988：188）：资源动员论并没有什么原创性的构想，它只是把一些旧观点和旧概念贴上新的标签而已；追捧资源动员论是一种时尚行为，是从众效应的反映。尽管如此，集体行为论仍是"无可奈何花落去"。

造成社会运动研究范式变异的第二个因素是科学本身的发展逻辑及所处的历史阶段。时代精神对社会运动研究的影响，体现的是超出科学领域之外的社会环境因素的力量。但科学作为一个具有高度自觉性、反思性和系统性的人类活动领域，尽管受到社会环境因素的制约，仍然具有相对独立的内在力量和运行逻辑。这个内在力量和运行逻辑就表现在，它努力不懈地追求知识的真理性、完整性和简洁性。为此，它会不断和既有的知识对话、辩难。在此过程中，既有的知识传统就会作为一种起点制约着新的知识系统的发展方向和路径。这一点在美国传统和西欧传统内部都表现得非常明显。尽管在 20 世纪六七十年代面对的是大体相同的社会运动现象，但由于美国传统的对话基础是起始于勒庞的集体行为论，所以它演绎出的是集体行动论，而在集体行动论内部又由于相互辩难而次第演绎出资源动员论、政治过程论和框架建构论，直到最近的斗争政治、文化主义和情感分析等研究议题；在西欧，由于对话的起点是马克思主义，所以它演绎出的是新社会运动论。

时代精神和科学逻辑都是作为一种来自主观方面的力量制约着社会运动研究中的范式变异。除此之外，造成社会运动研究之范式变异的，还有来自客观方面的力量，这便是研究对象所处的状态和特征。学者关于社会运动的研究不会是对特定社会运动特征的简单摹写，而是会受到时代精神和科学逻辑的折射，但不管所经历的折射如何曲折，社会运动研究终究会受到社会运动之客观状态和特征的影响。第二次世界大战后，不管是美国还是西欧，社会运动研究都集中于那些改良性运动，而很少涉及革命性研究，显然与"福利国家"在西方兴起，革命性运动日渐稀少，改良性运动日益增多有关。同样地，随着近年来恐怖主义运动、全球性运动和网络集体行动的兴起，这些运动也逐渐成为西方社会运动研究的热门领域。

一般地说，西方社会运动研究内部范式和流派的变异是时代精神、科学逻辑和社会运动本身等三种力量共同作用的结果。但三种力量具体怎样结合，然后又造成什么样的变异，限于篇幅，此处不做详细讨论。

三、未来的挑战与走向

如上所述，西方社会运动研究的发展是同中有异，异中有同。同，在于它们有共同的核心关切和基本研究议程；异，在于它们在研究范式和视角上有差别。根据西方社会运动研究的上述发展规律，可以对西方社会运动研究在未来面临的挑战和可能的发展走向做一个大致的预测。可以肯定，西方社会运动研究仍将以"秩序"和"进步"为核心关切，并以那些对社会秩序和进步构成重大挑战的、采用非制度手段追求社会变革的集体行为或集体行动为研究焦点。那么，在这一前提下，西方社会运动研究又可能发生什么变化呢？这仍然需要从影响研究范式和流派变异的三种力量谈起。

首先来看时代精神的变化。第二次世界大战以后，特别是经过民权运动和学生运动以后，多元主义已然成为主导西方社会和政治生活的"时代精神"。多元主义理念推崇社会的多样性，相信多元主义的社会和政治模式（即通过利益集团之间公开而有规则的冲突达到共识和团结）既能保持社会的活力，又能保证社会的整合，是在秩序和进步之间保持平衡的最佳途径。正是在这样一种时代精神的影响下，西方社会洋溢着一种乐观而宽容的气氛——人们相信西方社会总体上虽然是不平等的，然而是公平的，人与人之间虽然财富有多寡，地位有高低，权力有大小，但都有相同的机会公开表达自己的需要，都可以通过集体行动维护自己的权益。因此，社会普遍对改良性社会运动持肯定和宽容态度。但另一方面，同样是在这样一种时代精神的影响下，社会也普遍对骚乱和革命性运动表示怀疑和厌恶，因为骚乱和革命性冲突会颠覆"按规则竞争"的社会和政治格局，是不按理出牌。鉴于这样一种时代精神，我们就不难理解为什么20世纪60年代以后，视社会运动为非理性行为的集体行为论会遭到集体鄙视，为什么特别强调社会运动之理性特征的集体行动论会大受欢迎；就不难理解为什么集体行动论会把研究范围局限在改良性运动上而把集体行为论非常重视的聚众等集体行为边缘化，并同时对那些以革命性运动为研究对象的理论（比如康豪瑟的大众社会理论）深表怀疑并大张挞伐。

进入 20 世纪后,在多种因素的交织影响下,西方社会的这样一种多元主义精神似乎有所衰减,激进主义和极端主义有所抬头:一是频繁发生的金融危机,让人们对西方社会的公平性产生怀疑,贫富对抗日趋激烈;二是全球性社会流动使西方社会内部的种族冲突日益严重;三是经济活动的全球化使西方国家与新兴国家之间的冲突越来越严重;四是恐怖主义活动的猖獗使人们开始质疑保持社会开放的合理性。在这种情况下,上至国家、下至民众还能对社会运动保持多大程度的宽容和耐心,是一个值得研究的问题。比如,学术界普遍注意到,从 1999 年反对世界贸易组织的"西雅图之战"(Battle in Seattle)和 2001 年"9·11 事件"之后,美国政府对社会运动的警治模式似乎又从所谓的"协商管理模式"回到了 20 世纪 70 年代以前的暴力对抗模式(见 Earl 2011:269-270)。政府是如此,那么社会呢?从最近几年来伦敦和巴黎爆发的大规模骚乱来看,民众似乎已经对那种温和的、"文明的"、展演性的、改良性的社会运动失去了耐心,而开始求助于直接的、暴力的"革命手段"。如此种种,是否预示着西方社会的基本精神正在发生变化?这种变化又会对社会运动研究产生什么影响?

自 17、18 世纪西方的现代化严峻地提出秩序与进步的问题以来,西方理论家们对这个问题就有两种截然相反的回答:一种是马克思主义的,认为资本主义制度已经无可救药,唯有革命才能从根本上解决秩序与进步的问题;另一种是孔德主义和涂尔干主义的,相信可以通过改良而实现社会整合和团结。西方社会运动研究显然走的是孔德和涂尔干的路线。这在美国传统的社会运动研究中表现得尤其明显。即使是西欧的新社会运动论,尽管是在与马克思主义传统对话的基础上产生的,但其基本立场仍然是质疑无产阶级革命的必要性和有效性,仍然是孔德主义和涂尔干主义的。那么,有没有这样一种可能,随着时代精神的变换,西方社会运动研究会趋向激进和马克思主义?如果真有这样一种趋势,那么可以料想,西方社会运动研究将面临比以往任何时候都严重得多的范式冲突。这对西方社会运动研究来说无疑是一个严峻的挑战。这一冲突将如何发展,对西方社会运动会产生什么影响,一时难以论定,但确实值得关注。

其次来看科学逻辑的发展。对任何研究领域而言,对科学的追求都是一种重要的发展动力。因此,科学发展的内在逻辑在很大程度上引导和制约着整个领域的演变。本章第一节中所指出的当前西方社会运动研究的三个最新发展趋势,就是科学逻辑作用下的产物。然而,这三种趋势固然体现了西方社会运动学界对科学的不懈追求,但同时也体现了他们认识上的局限,因此只能算是一种有局限的创新,对整个领域的发展的促进效果非常有限。原因在于,仅就西方社会运动研究集中关注的集体行为和集体行动现象而言,它们还有相当多的领域没有涉及,还有相当多的空白需要填补。既然西方社会运动研究关注的是那些以非制度手段追求社会变革的集体行为或集体行动,那么,我们就可以以此类现象的三个基本特征,即集体化的程度、变革的强度和是否采取制度外手段为轴,描绘出一个集体行为和集体行动的谱系。如图 7—3 所示,目前西方社会运动研究只涉及了整个领域的一小部分,即图中右上角的"社会运动"那一部分。目前西方社会运动研究的第一种最新趋势,即"斗争政治"框架想做的,首先是将右上角中"社会运动"和"革命"这两部分整合起来;其次是将右上角与左上角的"骚乱"整合起来,这便是所谓"逾制型斗争"所包含的内容;最后再将前面这两部分与所谓"内蕴型斗争",即图中右下角的"利益集团"和"政党"整合起来,这便是整个"斗争政治"所欲包括的全部内容。

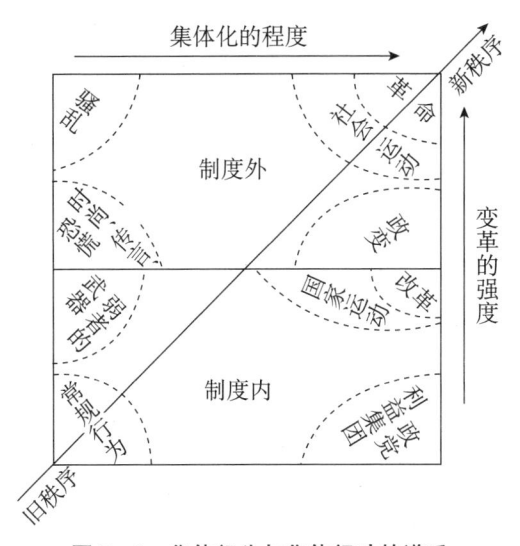

图 7—3 集体行为与集体行动的谱系

尽管"斗争政治"框架的野心不小,但如图 7—3 所示,它仍然遗漏了一些非常重要的内容。首先是政变。从理论上讲,政变也是斗争政治很重要的内容和戏码，特别是在第三世界国家。但长期以来，西方社会运动研究对此是相当忽视的。这也许与西方国家绝少发生政变有关。其次是时尚、恐慌和传言。在早期的集体行为论中，时尚、恐慌和传言等初级集体行为都是非常受重视的研究内容，后来随着集体行动论对更理性的、更有组织性和持续性的社会运动的重视，这些研究内容逐渐被边缘化，最后几乎完全被搁置。而事实上，时尚（特别是讽刺性的和调侃性的）、恐慌和传言常常是发生社会运动或革命的前兆，要理解斗争政治，这些研究内容也是必不可少的。这种情况在最近发生的"阿拉伯之春"中表现得非常明显。最后，即使是骚乱、暴众等行为，也随着集体行为论的边缘化而被边缘化，长期以来的研究也是相当不够的。

"斗争政治"框架还有一个心愿，就是希望将"非制度政治"与"制度化政治"整合起来研究，因此，"斗争政治"的内容也包括发生在制度内的、按照制度规则出牌的利益集团之间、政党之间的"内蕴型斗争"。然而，仅仅研究"内蕴型斗争"与"逾制型斗争"之间的关系，还不足以实现"非制度政治"与"制度化政治"之间的整合。首先，"内蕴型斗争"除政党、利益集团之间的斗争之外，还有一种被广泛提及的形式——"弱者的武器"，即偷懒、装傻、软扛、使坏、阴损等隐蔽的、日常形式的抵制和反抗（Scott 1985）。这样一种形式的斗争策略在那些敌我力量悬殊的政治形势中经常被采用，但西方社会运动研究几乎没有涉及过这方面的研究。其次，由国家主动进行的改革和"国家运动"（冯仕政 2011）也常常促进或阻碍集体行为和集体行动的发生，它们与集体行为或集体行动之间的关系也是一个需要研究的内容，但西方社会运动研究同样涉及不多。

就这样，许多从理论上看本应涉及的内容，西方社会运动研究实际上涉及很少。造成这种状态的一个重要原因在于，长期以来，西方社会运动研究在理论预设和研究对象的选择上都存在着"西方偏见"（McAdam and Tarrow 2011：2），导致那些在西方比较少见的或落在其理论预设之外的集体行为或集体行动现象难以引起重视，自然也不会得到研究。

总而言之，集体行为和集体行动是一个构成非常复杂的谱系。怎样处理其中各个部分、各种形态之间的关系，比如，把哪些内容作为研究的焦点突出起来，又把哪些内容作为研究的背景悬置起来，都得有一个清晰的、开阔的思路。然而到目前为止，虽然西方社会运动研究内部对本领域存在的不足有很多反思，但包括本章第一节所揭示的当前最新的研究趋势在内，都只是小修小补，路线仍然不够清晰，思路仍然不够开阔。

最后，来看社会运动本身正在发生的变化。随着社会的发展，社会运动本身的形态也在不断变化。在当前社会运动形态发生的诸种变化中，至少有三种趋势将会对西方社会运动研究产生重要影响：一是"社会运动社会"的来临，二是社会运动的全球化，三是社会运动的网络化。随着越来越多的人开始采用以前被认为属于非常规的政治行动，以及越来越多以前被认为属于非常规的政治行动被接纳和认可，一个"社会运动社会"来临了（Meyer and Tarrow 1998）。这样一种趋势在西方已经非常明显。"社会运动社会"的来临不仅意味着一个社会中社会运动的发生会更加普遍，而且意味着"非制度政治"与"制度化政治"之间的界限会更加模糊。不难理解，这将促进"斗争政治"框架所倡导的社会运动研究与常规政治研究之间的融合。而社会运动的全球化，不是说全球各地都在爆发社会运动，而是说随着全球化过程的加深，社会运动发生和发展所需要的各种要素、所涉及的各个环节已经打破原来基本限于一个主权国家之内的格局，开始在全球范围内连接、整合起来。而当前社会运动研究的思维方式、概念工具和研究方法基本上都是针对一国之内的现象而产生和创造的，如何适应全球化形势进行调整，无疑是一个严峻的挑战。与此同时，随着互联网对人类社会的影响越来越深，互联网不仅成为社会运动可以利用的一个技术手段，而且互联网使用所造成的社会问题本身也成为社会运动发生的一个重要原因和一个重要抗争对象。这就是社会运动的网络化。网络化社会运动对于数据的收集和整理以及理论工具的创革也是一个重大挑战。在这方面，西方社会运动研究已经开始有所尝试（如 Almeida and Lichbach 2003；Earl and Kimport 2011），但还有很长的路要走。

第三节　中国社会转型与社会运动研究

对包括中国在内的广大发展中国家来说，如何在快速的社会转型过程中保持良好的政治秩序，始终是一个严峻的挑战（Huntington 1968）。在过去三十多年中，中国的经济和社会发展取得了有目共睹的成就，人民生活水平得到极大提高。但吊诡的是，与此同时，社会矛盾和冲突似乎也越来越严重，特别是频频发生的"群体性事件"更让举国上下忧心忡忡。中国学术界正是在这样一种背景下对西方社会运动研究产生兴趣的；近年来，自觉参考西方社会运动研究成果的论著越来越多。在这种情况下，如何理解中国社会转型与西方社会运动研究之间的关系，如何正确对待西方社会运动研究的成果，就成为一个重要的问题。在这个问题上，本书想特别强调以下三点：第一，社会运动及相关现象固然具有很强的政治性，但是是可以而且应当进行科学研究的，在社会运动这个敏感的问题上，中国学者必须坚持开放而正直的科学精神；第二，中国社会运动研究必须培养开阔的历史视野，特别是在中国这样一个历史背景与西方存在很大差异的社会中，保持足够敏锐的历史意识尤其重要；相应地，第三，中国目前正处于一个关键的历史时期，这要求相关研究既要充分借鉴西方社会运动研究的成果，同时要保持足够敏感的中国关怀，立足于中国实际去设置研究议程。

严格地说，当前中国经常发生的是那些组织性很差、持续时间很短的"群体性事件"，真正称得上"社会运动"的集体行动现象并不多。但为简便起见，加上两种现象之间具有密切的联系，因此，在一般情况下，下面将"群体性事件"和"社会运动"两个概念交替使用，不作刻意区分。

一、科学精神

对于西方社会运动研究，首先值得学习的是其中表现出的科学精神。这里说的是"科学精神"，而不是"科学主义"。科学主义的本质是否认价值的多样性、复杂性，以及多种价值取向之间可能存在的冲突，从而把任何社会问题都化约为一个可以用标准化的技术手段去解决的所谓"科学问题"。科学主义观念不但会翳蔽事实真相，妨碍科学本身的发展，而且会因为妨碍各种价值需求的平衡表达而造成新的社会冲突——新社会运动论已经非常深刻地指出了这一点。而科学精神并不否认价值冲突的存在，而是强调所有价值主张必须通过科学的方法和程序为自己的确当性进行辩护，不能以武力或武力威胁将自己的观点强加于人。尽管科学研究本身是一个开放性过程，每次研究得到的都是相对真理而不是终极真理，后面的研究会不断地修正前面的研究，但这并不能成为否定科学的理由。因为科学无论如何自我修正，它都保持着一种理性沟通的精神。这表现在，首先，它对追寻事实真相、揭示客观规律始终保持着浓厚的兴趣。基于这一兴趣，科学在发展过程中尽管有激烈的争论，但最终目的始终是为了达到对事实真相的共同理解，而不是为了压迫或剥夺对方；其次，这种共同理解是通过开诚布公的争论达到的，而不是通过威逼、利诱和欺骗达到的，科学允许和提倡公开争论；最后，在争论过程中，双方始终保持着对对手和程序的尊重，始终在真诚和理性的轨道上进行。

对照这个标准，不得不承认，西方社会运动研究总体上表现出良好的科学风范。这并不是说西方社会运动研究没有价值和政治关切，完全是价值中立的。恰恰相反，正如此前各章所揭示的，西方社会运动研究起源于对现实政治问题的关切，在其发展的每个阶段都受到当时社会政治背景的影响，每种观点和范式实际上都受着一定价值和政治取向的支配，范式的更迭背后也有政治动因在焉。但不管怎样，各种理论始终保持着对揭示事实真相的浓厚兴趣，并因此而愿意与其他理论，包括与政治和价值取向相左的理论进行公开的、坦诚的交流，所有批判都基于公开而严格的程序进行，都力争用事实说话。如果没有这样一种精神，很难想象西方社会运动研究会如此繁荣，如此专业。西方社会运动研究远未达到科学的程度，但其中充盈着科学精神却是一个不争的事实。反观中国，无论是官方还是社会，都把社会运动现象高度政治化，这在很大程度上阻碍了社会运动研究的发展，不仅对相关学科的发展不利，而且会对社会发展产生严重的负面影响。

大约从 20 世纪 80 年代末开始，稳定和发展就并列为中国改革进程中的两大主题，维护社会稳定（简称"维稳"）于是成为"压倒一切"的政治任务。毋庸讳言，所谓"维稳"，核心工作是预防和化解群体性事件，防止群体性事件演变为持续性的社会运动和颠覆性的社会革命。应该说，维稳本身并无不妥。世界上任何国家都需要维稳，同时也都在维稳。从某种意义上说，第二世界大战后在西方广泛出现的"福利国家"形态，就是维稳的结果。因此，尽管中国的维稳所招致的非议不少，但实事求是地说，维稳并不是中国一家独有的现象。区别只在于怎样维稳。正如亨廷顿在《变革社会中的政治秩序》一书中开宗明义地指出的："国家之间最重要的政治差别不在于政府的形式，而在于治理的程度。"（Huntington 1968：1）换言之，政府的形式并不重要，重要的是保持稳定而有活力的政治秩序。从这个角度来说，国家在政治上高度重视群体性事件并采取相应的措施，亦无可厚非。正如政治过程论所揭示的，由于主观上具有寻求社会变革的意图或客观上具有这样一种效应，社会运动现象的政治属性是一个无需争辩的事实。这决定了国家必须对这种现象予以政治上的注意。相反，如果国家漠然置之，不仅是整个社会不愿意看到的，而且是社会运动的组织者本身也不愿意看到的。真正的问题在于，社会运动现象的发生和发展是有规律的，因此，维稳亦必须尊重和遵循规律。这就需要国家尊重并维护社会运动研究的科学精神；在"讲政治"的同时必须"讲科学"，单凭"讲政治"是做不好维稳工作的，甚至会适得其反。但遗憾的是，这恰恰是事实：很多部门和官员只讲政治，不讲科学，轻视甚至妨碍科学。

这突出地表现在，很多部门和官员单纯把"维稳"视为一项政治任务，对相关学术研究不了解、没兴趣、不支持。这并不是要求国家官员都去搞科学研究，而是说，他们至少要树立一种意识——知道这些社会现象是可以研究的，并且是应该研究的；相关的政治和行政工作是应该尊重并遵循客观规律的。由于社会分工的不同，让国家官员去搞研究很难，但树立这样一种意识并不难。中国有大批社会科学人才，只要获得足够的空间，他们一定能够对社会运动现象做出很好的研究，为国家的长治久安提供很好的理论和政策建议。但糟糕的是，现在很多部门和官员，不仅自己不研究，也不让别人去研究，为社会运动研究的开展设置重重障碍。举例言之：现在集体上访的问题很严重，信访部门手中掌握着那么多的数据，可曾开放给学者研究？信访部门的一些官员也做一做所谓的"研究"，但毕竟不是搞专业研究的，很多"研究"一看就肤浅可笑，却堂而皇之地被用于指导实际工作。

国家有关部门不仅不主动开放数据，而且对学者主动求取数据严加防范。笔者曾想利用档案资料，把某地自新中国成立以来的信访活动梳理成一个可以进行计量分析的数据库。令人兴奋的是，在文献调研过程中，笔者发现该地档案馆中收藏有上万卷与信访有关的档案。但旋踵之间，兴奋就转变为沮丧：尽管这些档案并不涉密，但笔者去复印这些档案时却遭到"严词拒绝"；尽管当地信访部门愿意为笔者担保并从中协调，但最后仍然只能有限制地复印，每件档案还被临时加盖了"内部资料，未经允许不得公开"之类的印章，以免"流失"出去，造成"不良政治影响"。与此相类似，对现在发生的大量群体性事件，很多学者都急于通过田野调查了解实际情况，却处处受到阻挠，难以进行。没有扎实的数据，怎么开展扎实的研究？现在每每听到有国家官员轻蔑地说"学者不掌握情况，他们的研究没有多大价值"云云。可是有关部门和官员宁可让花了大量人力、物力和财力收集回来的数据烂在那里，也不开放给学者使用，甚至处处提防学者使用,怎能期望他们"掌握情况",怎能期望他们的研究有价值?换言之,"学者不掌握情况"恰恰是因为有些部门和官员对情况"掌握"得太紧造成的。在这个意义上,没有民主就没有科学;"学者不掌握情况"不是学者和科学的耻辱,而是国家和政治的耻辱。

社会运动研究的发展没有足够的政治空间,不仅伤害了这门学科,而且会伤害中国社会的发展和秩序,包括有关部门和官员念念在心的"稳定"。首先,没有社会运动研究做支撑,国家的相关政策制定将缺乏充分的知识供给,陷入创新乏力和缺乏远见的困境。现在中国社会冲突治理的政策思路在很大程度上还停留在毛泽东的"两类矛盾"学说上。"两类矛盾"学说从战略上说是正确的,但是从根本性的战略设想到具体的制度安排,还有相当长的路要走。如果没有适当的制度安排,仅靠战略设想是行而不远的。毛泽东本人在提出"两类矛盾"学说之后不久即在"反右"运动中严重地混淆"两类矛盾",就是明证。而形成适当的制度安排,非有社会学关于社会运动的研究不可。

其次,由于政治原因而导致社会运动研究不发达,会在客观上造成一种畸形的"思想市场"和舆论生态,那就是,让一些哗众取宠的或浅薄的观点因为占尽优势而"一枝独秀"。不管国家怎么考虑,社会上总是有多种思想在竞争人们的头脑和注意力,从而在客观上形成一个"思想市场"。国家对社会运动研究的干涉或妨碍,只会使"思想市场"上的竞争不充分。更糟糕的是,在这样一种竞争格局下,发展最受限制的恰恰是那些尊重事实的、从而在政治上比较稳健的思想力量,最为繁盛的恰恰是那些最"大胆"、最无底线地消费政治的媚俗之见和浅薄之见。因为,即使在没有国家干涉的条件下,严肃的科学研究就已经比那些志在投机的"研究"更耗时费力,已经在竞争上处于劣势;而国家的干涉却恰恰只能管住那些严肃的、从而显得比较"老实"的学者,对那些恣意妄为的投机者事实上毫无办法。甚至形成这样一种怪现象:越是敢"玩政治"的人,国家对他们越是忌惮,他们的社会影响力也就越大。这样一种"思想市场"和舆论生态,到底对谁有好处?除了对那些投机者,对政府、对整个社会都没有好处。对这样的投机者,依靠政治力量是无法克服的。对那些以消费国家、消费政治为营生的投机者来说,国家的压制无异于给他们提供了一根"阿基米德杠杆",可以倍增他们的影响力,并且引来更多的效仿者。现在很多所谓"公共知识分子"不就是这么诞生和获得社会影响力的吗?要有效地抑制这些投机者,最有效的办法还是让思想与思想去竞争。从短期来说，严肃的科学研究在竞争力上或有不逮，但从长远来说，科学的研究才是最有力量的。

最后，畸形的"思想市场"反过来容易使国家丧失判断力，容易被忽悠，从而做出错误的决策。据媒体报道，某地党委中心组在集体学习时研究群体性事件，推荐书目中居然有一本是勒庞的《乌合之众》（即《聚众》）！本书已经指出，这本书及其创生的集体行为论，对社会运动现象不管是在价值上，还是在科学上都充斥着偏见和错误。官员如果按照这本书的指示去理解和治理群体性事件，后果不问可知。不难料想，这本书一定是"专家"推荐的。但这样的"专家"居然也能成为国家决策咨询的座上宾，可以想见国内的"思想市场"是多么贫乏，有关部门和领导的判断力是多么可疑。可悲的是，这并不是个别现象。这些年来，随着群体性事件越来越成为国家急务，号称研究群体性事件并四处提供政策咨询的"专家"委实不少。

在社会运动研究问题上缺乏科学精神的不仅仅是国家，还有媒体、学界和普通民众。任何个人、任何群体，囿于生活阅历、知识能力等局限，对特定问题的认识难免存在偏失。有偏失并不可怕，可怕的是缺乏推崇理性沟通的科学精神，每个人都把自己的一孔之见当作绝对真理，为了捍卫这个"绝对真理"而不惜"死磕"。对现代社会而言，一方面，整个社会的分工越来越复杂，价值和利益冲突因此而越来越普遍和严重，共识越来越难以形成；另一方面，正是越来越复杂的社会分工，使社会各个部分之间形成必要的合作和共识越来越重要。在这样一种二律背反的条件下，如何在冲突与共识之间保持适当的平衡，就成为创造健康的社会政治生活的关键。一个健康的社会应该形成这样一种机制：一方面，要允许社会冲突公开地展现，以便各种社会力量清晰地表达自己的关切，同时清晰地了解他人的关切，从而更好地调整人我之间的关系；另一方面，又要能很好地凝聚社会共识，以使社会冲突不致造成社会崩溃。要言之，通过冲突凝聚共识，通过共识约束冲突；既不要因为追求共识而压制社会冲突，又不要因为社会冲突而完全无法形成共识。但目前在群体性事件及类似现象上，国家和社会都只从政治着眼，各执一端，誓不两立，本身就是一个严重的社会安全隐患。正因为这样，未来的中国社会运动研究保持开放而正直的科学精神非常重要。西方社会运动研究在这个方面值得中国学者学习，同时值得国家、媒体和民众学习。

二、历史视野

西方社会运动研究虽然表现出值得称许的科学精神，但在知识视野上仍然受到西方历史和价值的局限。这一点在前面各章中已经相机指出。因此，中国的社会运动研究在学习和借鉴过程中，需要保持足够强烈和敏锐的历史意识，切忌把西方社会运动研究的理论和方法当作普世价值和真理，生搬硬套到中国。

本章第二节已经指出，西方社会运动研究本质上关心的是发展与秩序的问题；这个问题在不同历史阶段的不同表现，以及不同国家和地区在这个问题上的差别，是造成西方社会运动的范式发生变异（包括纵向的和横向的）的一个重要动因。同理，中国的社会运动研究也应该扎根于中国特殊的发展和秩序问题，发展自己的社会运动研究，而不是照搬西方的研究。要实现这个目标，广阔的历史视野是必不可少的。只有把中国的发展和秩序问题置于恢宏的历史脉络中，才能真正发现中国社会运动形成的机理。仅仅根据一些表面上的相似性而套用西方的这个或那个理论，无异于缘木求鱼。从历史的角度来看，认识中国的发展与秩序问题以及相应而来的社会运动现象，有两点特别值得注意。

（一）迟发展

首先，中国是一个"迟发展社会"。初始条件对一个系统的演变方向和路径具有非常深刻的影响。对处于特定时期的民族和国家而言，历史就是一个无法选择的却对整个民族和国家的变迁具有深刻影响的初始条件。正如马克思（1995：585）所说的："人们自己创造自己的历史，但是他们并不是随心所欲地创造，并不是在他们自己选定的条件下创造，而是在直接碰到的、既定的、从过去承继下来的条件下创造。"要理解当代中国的社会运动现象，就不得不回溯中国近代史。自17、18世纪英国工业革命开启世界现代化进程以来，整个世界日益连为一体。在此过程中，原本作为世界文明轴心之一的中国也被动地卷入这一浪潮。在世界现代化史上，中国是一个后起者，相对于西方国家，是一个"迟发展社会"。世界现代化是一个全球化不断加深的过程，而全球化则是一个中心国家与边缘国家不断分化、中心国家不断剥削和压迫边缘国家的不平等过程。中国作为一个"迟发展社会"，自然处于世界体系的边缘，处于中心的是西方。

这一历史条件造成了两个后果：第一，中国的社会秩序在很大程度上是在与西方的不断对抗中演进的；第二，在相当长的时期内，中国将坚持国家主导的赶超型发展模式。在这两个方面中，前者意味着，中国社会内部的社会冲突将在很大程度上受中西方关系的影响；后者意味着，在相当长的时期内，国家将会是社会怨恨的对象，社会发展过程中合法性与有效性的对立将非常尖锐。

自1840年鸦片战争迄今，中国总体上一直处于与西方的对抗之中，只是对抗的强度和方式在不同的历史阶段有所不同。这样一种对抗关系，非常深刻地影响着中国的社会秩序和社会冲突。其中最直接的，便是1949年以前连绵不断的以救亡图存、民族解放为主题的社会运动和革命。这些运动和革命对当代中国的政治、经济和社会等各方面特征的影响是有目共睹的。与此同时，1949年直至今天，中国虽然取得了独立，但在政治和社会生活中，西方国家，特别美国，仍然从来没有缺过场——有时是正角，有时是反角，以反角的时候居多。这一情形注定了，理解当代中国的群体性事件或社会运动离不开对中西方关系的考察。西方作为中国最重要的外部环境，影响着中国内部的社会冲突态势。

比如，近年来，劳资冲突在中国有愈演愈烈之势，而这一趋势的形成，显然与中国作为"世界工厂"的地位是密切相关的。对于这些劳资冲突，国内媒体，包括一些学者常常将其归罪于中国政府GDP至上的发展方式或富士康等代工厂的剥削。这种理解显然忽略了西方及其主导下的世界格局在其中扮演的角色。以发生在富士康的劳资冲突为例。据研究（Kraemer et al. 2011），在一台iPhone的售价中，苹果公司的利润占比高达58.5%，相比之下，富士康等台湾地区代工厂虽为千夫所指，但实际上其利润只占到可怜的0.8%，中国工人的工资则占1.8%；iPad的情况也差不多：苹果的利润占到总售价的30%，台湾地区代工厂的利润占1.8%，中国工人的工资占2%。在这种情况下，且不说苹果公司的利润占比是否合理，仅以事实而论，苹果公司既然在价值分配中占到如此高的比例，在考察富士康与工人的冲突中，把苹果公司排斥在外，仅仅将冲突理解为劳工与厂商的双边关系或劳工、厂商、政府之间的三边关系，显然是不合理的；理论模型如果不考虑苹果公司作为一个西方跨国公司对富士康或中国政府构成的强大压力，显然不能求得正解。当然，西方在中国社会矛盾和冲突中的存在形式很复杂，既可以像在富士康的案例中那样表现为资本，也可以表现为武力、组织、价值观、认知方式；既可以表现为强加于人，也可以表现为国人自愿认同；有的表现得很明显，有的表现得很曲折。但不管怎样，在中国的社会冲突格局中，"西方因素"都是不容忽视的。这是由全球化的历史格局所决定的。

"迟发展社会"往往会采取强国家主导的赶超型发展模式（Apter 1965）。这样一种发展模式是由不平等的世界政治经济秩序决定的，是不以人的意志为转移的。从效率的角度来说，这是一种值得肯定的发展模式。但这样一种模式意味着国家对社会生活的干预比较多、比较深，容易卷入各种社会矛盾和冲突，成为社会矛盾的焦点和社会怨恨的对象，从而面临严峻的合法性挑战。合法性和有效性是所有政体得以维持和发展的两种基本需求，但两者之间往往存在矛盾，而在中国，这一矛盾尤其突出，即很多符合效率要求的作为民众不认可，而很多民众认可的政策执行起来却没有效率。从目前的形势来看，民众确实对社会现状普遍不满，并把矛头指向国家。在这个问题的理解上，需要区分两种矛盾，一种是发展性矛盾，一种是败政性矛盾。所谓发展性矛盾，是指基于人类社会发展的一般规律和中国社会发展面临的特殊历史条件，只要追求发展，就都免不了、绕不开的矛盾，主要表现为新与旧、整体与局部、长期和短期的矛盾，以及由于中国在不平等的全球政治经济秩序中处于弱势地位而被迫承受的"输入性矛盾"，也就是西方利用不平等的全球秩序有意识地或客观上转嫁给中国的矛盾。败政性矛盾则是由于政府不作为、胡作为而导致的矛盾。中国当前是两种矛盾交织在一起，相互孳生或强化。比如，沿海地区加工企业工人的工资比较低的问题，其中有国家有关制度安排不合理的因素，但也与中国在国际分工中处于产业链的下端，大量产业增加值被西方跨国企业拿走有关。

中国的很多社会问题都是这样：表面上看是败政性矛盾，其实背后都有发展性矛盾在起作用。更复杂的是，中国作为一个迟发展社会，要解决发展性矛盾，就需要一个强势国家，而一个强势国家，权力恰恰容易失去约束，结果造成败政性矛盾。也就是说，为了解决发展性矛盾，结果造成败政性矛盾，两种矛盾结合在一起，难以分辨，解决起来难免投鼠忌器，很不容易。现在有一种倾向，似乎中国的一切问题都是由败政性矛盾引起的，只要解决了"体制问题"，一切问题就都迎刃而解了。这种观点很直观，很"通俗"，所以很容易引起社会共鸣，但完全忽视了发展性矛盾的作用，是不全面的。

从今后来看，只要不平等的世界政治经济格局没有根本性改变，只要中国在这个不平等的格局中仍然处于弱势地位，中国都会坚持强国家主导的赶超型发展模式。显然，世界格局和中国地位的改变是一件长期的事情，因此，中国国家主导的赶超型发展模式仍会维持相当长一段时间。相应地，在相当长的时间内，国家的有效性与合法性之间的尖锐冲突仍将是中国面临的一个严峻挑战。

（二）社会转型

除了是一个"迟发展社会"，中国还是一个转型社会。从形式上说，"转型社会"就是亨廷顿（Huntington 1968）所说的"变革社会"（changing society），即变革速度特别快、特别剧烈的社会。中国作为一个转型社会，显然是采取赶超型发展模式并取得成效的结果。而如上所述，中国的赶超型发展战略是在"迟发展"压力之下的历史选择。在这个意义上，转型社会是"迟发展社会"的历史产物。不过，并不是所有"迟发展社会"都是一个转型社会，而是只有采取赶超型发展战略并取得成效的"迟发展社会"才是一个转型社会；那些未采取赶超型发展战略，或者赶超型发展不成功的社会，显然不会经历什么大的社会转型。

当然，对当前中国社会的转型，不能只从形式上去理解，还要从内容上去理解。长期以来，中国社会转型被理解为一个单纯的市场化过程，而未注意到其中还包含着一个现代化过程（冯仕政 2007）。市场化视角一般只关注 1978 年以来国家与市场之间的权力转移过程，以及双方围绕这个过程而采取的"理性行动"，即国家的路线、方针和政策以及市场的反应。而现代化视角则强调，不管是国家、市场还是它们之间的关系，都有一个从传统向现代的演化过程；国家和市场的行动及其后果不仅取决于它们各自的理性，而且受制于中国在 1978 年以前甚至 1949 年以前的历史发展所积累的历史条件，以及中国在整个世界现代化进程中所处的阶段和地位。这样一些历史条件可能会被国家和市场意识到，并纳入自己的理性算计，也有可能没有被意识到。但是，不管意识到与否，国家和市场的理性算计都会受到这些历史条件的影响并产生相应的历史后果；即使已经被意识到，历史进程也会产生一些国家和市场没有预料到的非期然后果。1949年以后中国实行计划体制，是国家为了尽快实现社会现代化，参考当时的国内外政治、经济和社会环境而理性选择的结果（林毅夫、蔡昉、李周 1994：18-54），但最终的结果却是：虽然城市和工业部门实现了一定程度的现代化，但农村和农业仍在很大程度上保留了传统习俗经济和自然经济的特点。人民公社体制号称"计划经济"，实际上是建立在自然经济基础上的一种"准军事共产主义体制"。因此之故，当前的中国社会变迁实际上并存着两个过程：一是体制转轨，即从计划经济向市场经济转变；二是发展转型，即从传统习俗经济或自然经济向现代市场经济转变，从传统城乡二元经济向现代统一市场经济转变（赵人伟 1999）。同样的道理，中国自 1978 年以来的市场化改革虽然在相当大程度上是国家和市场主动选择的结果，但其决策仍然会自觉不自觉地受到 1978 年甚至 1949 年以前所积累的历史条件、世界现代化进程及其自身理性选择的非期然后果的影响。因此，在分析当前中国的社会矛盾和冲突时，不仅要关注表现于历史前台的国家与市场之间的权力转移，即市场化过程，而且要关注影响这一权力转移过程的、活动于历史后台的现代化进程。当前中国的很多社会问题，都是现代化进程和市场化进程共同作用的结果。尤其是，现代化与市场化并不总是一致的，而在很多时候是相互对立的。因此，市场化本身并不构成一种终极价值。目前对中国来说，现代化是更为根本的任务，市场化只是为了有效地推进现代化而在特定历史时期采取的一种策略。在这个意义上，当前一些学者和媒体把中国的一切问题都归结为市场化程度不够，并以所谓"自由市场"为标尺对有关体制和政策大张挞伐的做法是值得商榷的。

快速的社会转型会造成社会利益、意识和结构的迅速而剧烈的调整，从而引起广泛的、严重的社会冲突。因此，对当前中国来说，最严重的挑战之一是如何在快速发展的同时保持良好的政治秩序，既不要因为只追求发展而致社会崩溃，也不能为了维持秩序而窒息社会活力。这个问题的本质，一如亨廷顿（Huntington 1968）所指出的，是如何保持现代化与制度化之间的平衡，即国家通过不断地调整和创新制度，将现代化所催生的新的价值和利益表达及时纳入规范化渠道，使这些表达能够在制度内有序地进行。这就要求国家对改革和创新保持足够强烈的意愿，并具备足以适应的能力。与此同时，要注意中国制度变革中存在的一些特殊困境。第一，现代化的快速推进，要求制度也要不断翻新。而制度之为制度，最重要的特质之一便是稳定、可预期，因此，如果翻新的速度过快，制度便不成为制度了。当前中国的一个困难就在于，社会发展的速度如此之快，制度如果不随之调整，将影响社会发展，并造成社会矛盾；如果随之调整，又会因翻新速度过快，导致失去稳定性和可预期性，同样会影响社会发展并造成社会矛盾。这样一种"进亦忧，退亦忧"的困境是那些发达国家或传统国家难以体会的。

第二，制度调整本身就是一个容易引起社会纷争的过程，不断的制度调整就意味着不断地引起社会纷争，并使不同时期的社会纷争不断叠加，从而使社会冲突的广泛程度和激烈程度呈几何级数倍增。更麻烦的是，制度调整必须以一定程度的社会共识为基础，但快速的社会发展恰恰会造成严重的文化失调，即形成于不同历史时期的各种文化被挤压在一个很局促的时间和空间里，相互脱节甚至相互扞格，导致共识很难形成。这使制度调整更难以进行，更容易引起社会纷争。

总而言之，基于特定的历史条件，中国社会发展有自己特定的轨迹和逻辑，因此，对当前中国社会运动现象的研究应该具有广泛的历史视野，对相关现象的理解应该抱以"历史的同情"。而历史视野恰恰是西方社会运动研究，特别是美国传统的社会运动研究所缺乏的。自近代以来，世界历史进程，包括经济的、政治的和文化的，一直受到西方国家主导。因此，西方国家在社会发展过程中自主选择的空间很大，很少面临为了现实需要而被迫抛弃历史或想抛弃历史却不可得的困境。历史对它们来说很少成为一种困境，这使它们的历史意识相对淡薄。这是西方社会运动研究中历史意识缺乏的社会原因所在，同时也反映了西方社会运动研究所具有的西方中心色彩。

对包括中国在内的广大第三世界国家来说，它们的发展空间在很大程度上受到外部力量（主要是西方国家）的约束，远不像西方国家那么舒展；为了追求发展，它们不得不艰难地在历史条件与现实需要之间来回腾挪和挣扎。这使它们的社会变迁，包括社会冲突的形成和演变，具有比西方国家复杂得多的历史性。研究对象所具有的这样一种客观特征，加上西方社会运动研究浓厚的西方中心色彩，决定了中国社会运动研究在今后的发展过程必须有意识地培养广阔的历史视野。跟着西方社会运动研究人云亦云，根本无法揭示中国社会发展和社会冲突所具有的复杂的历史性。

三、中国关怀

中国社会运动研究应该保持"中国关怀"，即在研究工作中充分考虑中国社会的需要和特征。首先，社会运动研究要适应中国社会的需要，为中国社会发展服务,这是没有疑义的。问题的关键是怎样服务。在这个问题上,要特别注意防止因为强调为现实服务而违背科学规律,结果欲速则不达,甚至造成危害。现在有一种不良倾向,一说到为社会服务,就是做"国家急需的前沿性、战略性、应用性课题",在经费资助或成果评价上严重忽视基础研究。这是不明智的。科学研究是一种生态性的活动,需要保持良好的多样性。只有多种研究取向同时并存,充分竞争,科学才能得到真正的发展,也才能真正为社会发展服务,真正做到"中国关怀"。一门自身发展都不充分的科学,怎么可能为社会提供充分的服务?不但不能满足社会需要,甚至会误导政府和民众,造成严重的社会危害。

其次,研究议程的设置和分析框架的制定要抓住中国社会的本质特征,立足于中国社会去想问题。对西方社会运动研究及其他相关研究的成果,既不追捧,也不排斥,而是根据中国社会的实际,融会贯通,自成一家。如果没有扎实的、立足于中国社会的研究,所谓"中国关怀"很容易沦为廉价的颂扬或批判。群体性事件是当前中国的热点问题之一,每每在社会上引起激烈的争论。但坦率地说,其中很多观点都属于缺乏科学依据的皮相之论。特别是一些所谓"公共知识分子"基于某些"普世价值"而来的社会评论和批判,虽然痛切而激越,却长于义理和辞章,疏于考据和论证,鼓动性很强,预后却很差。脱离实际和事实的高论,对中国社会的发展和民众的福祉实在不是福音。

社会运动本身是一种政治性很强的社会现象,在中国尤其如此,关于社会运动的研究因此而难免卷入政治纷争。在这个问题上,社会运动研究的泰斗梯利三十五年前的一些告诫值得铭记(Tilly 1978: 5-6):

"分析集体行动是一件冒险的事。一个原因是,我们身边有太多的专家。这有点像食物、性和言谈。差不多每个人都知道怎样通过食物、性和言谈在环境中求得生存,没有人愿意别人说他对这三件事愚昧无知。然而,从科学的角度来看,要了解这三件事,我们所有人都还有很多功课要做。对集体行动的研究也是如此。……就像那些研究食物、说话和性的学者一样,即使是最认真的集体行动研究者也冒着给显而易见的事实贴标签或提出与常识相矛盾的假设的风险。

"更敏感的是,每个关于集体行动的讨论的深处都涌动着一座随时可能爆发的火山:集体行动涉及权力和政治;不可避免会提出正确与错误、正义与不公、希望与绝望的问题;这些问题的背后是关于谁有权利行动、这些行动有什么好处的判断。……从某种意义上说，任何关于集体行动有什么用、可不可行、是否有效的立场都是一种政治立场。……

"糟糕的是，这些风险会造成一种强烈的诱惑，即用时髦的、模棱两可的术语或用令人望而却步的、深奥难懂的模型把这个题材包装起来。当然，平实的表述也有它的劣势，因为人们通常对那些过甚其辞的言论比对那些扎实的知识反应更为热烈。而如果没有某种术语的标准化和一定程度的抽象，我们将冒更大的风险，即越来越陷入对特定行动细节的繁琐描述之中。我们必须在粗放与深奥之间找到一个均衡点。"

主要参考文献

Aberle, David Friend. 1966. *The Peyote Religion among the Navaho*. Chicago: Aldine Publishing Co.

Alfano, Geraldine and Gerald Marwell. 1980. "Experiments on the Provision of Public Goods by Groups III: Nondivisibility and Free Riding in 'Real' Groups." *Social Psychology Quarterly* 43: 300-309.

Almeida, Paul D. and Mark Irving Lichbach. 2003. "To the Internet, from the Internet: Comparative Media Coverage of Transnational Protests." *Mobilization* 8: 249-292.

Amenta, Edwin, Neal Caren, Elizabeth Chiarello, and Yang Su. 2010. "The Political Consequences of Social Movements." *Annual Review of Sociology* 36: 287-307.

Andreas, Joel. 2007. "The Structure of Charismatic Mobilization: A Case Study of Rebellion During the Chinese Cultural Revolution." *American Sociological Review* 72: 434-458.

Apter, David Ernest. 1965. *The Politics of Modernization*. Chicago; London: University of Chicago Press.

Barnett, William P. and Michael Woywode. 2004. "From Red Vienna to the Anschluss: Ideological Competition among Viennese Newspapers During the Rise of National Socialism." *American Journal of Sociology* 109: 1452-1499.

Beach, Stephen W. 1977. "Social Movement Radicalization: The Case of the People's Democracy in Northern Ireland." *The Sociological Quarterly* 18: 305-318.

Bell, Daniel. 1973. *The Coming of Post-Industrial Society: a Venture in Social Forecasting*. New York: Basic Books.

Benford, Robert D. 1993a. "Frame Disputes within the Nuclear Disarmament Movement." *Social Forces* 71: 677-701.

——. 1993b. "'You Could Be the Hundredth Monkey': Collective Action Frames and Vocabularies of Motive within the Nuclear Disarmament Movement." *The Sociological Quarterly* 34: 195-216.

——. 1997. "An Insider's Critique of the Social Movement Framing Perspective." *Sociological Inquiry* 67: 409-430.

Benford, Robert D. and Scott A. Hunt. 1992. "Dramaturgy and Social Movements: The

Social Construction and Communication of Power." *Sociological Inquiry* 62: 36-55.

Benford, Robert D. and David A. Snow. 2000. "Framing Processes and Social Movements: An Overview and Assessment." *Annual Review of Sociology* 26: 611-639.

Berbrier, Mitch. 1998. "'Half the Battle': Cultural Resonance, Framing Processes, and Ethnic Affectations in Contemporary White Separatist Rhetoric." *Social Problems* 45: 431-450.

Bernstein, Mary. 2005. "Identity Politics." *Annual Review of Sociology* 31: 47-74.

Beyerlein, Kraig and John R. Hipp. 2006. "A Two-Stage Model for a Two-Stage Process: How Biographical Availability Matters for Social Movement Mobilization." *Mobilization* 11: 299-320.

Birnbaum, Pierre. 1988. *States and Collective Action : The European Experience*. Cambridge: Cambridge University Press.

Blumer, Herbert. 1969. "Collective Behavior." pp. 67-121 in *Principles of Sociology*, edited by A. M. Lee. New York: Barnes & Noble.

Boggs, Carl. 1986. *Social Movements and Political Power : Emerging Forms of Radicalism in the West*. Philadelphia: Temple University Press.

Brandt, Karl-Werner. 1986. "New Social Movements as a Metapolitical Challenge: The Social and Political Impact of a New Historical Type of Protest." *Thesis Eleven* 15: 60-68.

Brint, Steven. 1984. "'New-Class' and Cumulative Trend Explanations of the Liberal Political Attitudes of Professionals." *American Journal of Sociology* 90: 30-71.

Brush, Stephen G. 1996. "Dynamics of Theory Change in the Social Sciences: Relative Deprivation and Collective Violence." *The Journal of Conflict Resolution* 40: 523-545.

Buechler, Steven M. 1995. "New Social Movement Theories." *The Sociological Quarterly* 36: 441-464.

——. 2004. "The Strange Career of Strain and Breakdown Theories of Collective Action." pp. 47-66 in *The Blackwell Companion to Social Movements*, edited by D. A. Snow, S. A. Soule, and H. Kriesi. Malden, MA: Blackwell Pub.

——. 2011. *Understanding Social Movements : Theories from the Classical Era to the Present*. Boulder, CO: Paradigm Publishers.

Burstein, Paul. 1997. "Social Movement Organizations, Interest Groups, Political Parties, and the Study of Democratic Politics." in *Social Movements and American Political Institutions*, edited by A. Costain and A. McFarland. Boulder, CO: Rowman & Littlefield.

Capek, Stella M. 1993. "The 'Environmental Justice' Frame: A Conceptual Discussion and an Application." *Social Problems* 40: 5-24.

Carroll, William K. and R. S. Ratner. 1996. "Master Framing and Cross-Movement Networking in Contemporary Social Movements." *The Sociological Quarterly* 37: 601-625.

——. 1999. "Media Strategies and Political Projects: A Comparative Study of Social Movements." *Canadian Journal of Sociology / Cahiers canadiens de sociologie* 24: 1-34.

Chan, Anita. 1985. *Children of Mao: Personality Development and Political Activism in the Red Guard Generation*. London: Macmillan.

Clemens, Elisabeth S. 1993. "Organizational Repertoires and Institutional Change: Women's Groups and the Transformation of U. S. Politics, 1890-1920." *American Journal of Sociology* 98: 755-798.

——. 1996. "Organizational Form as Frame: Collective Identity and Political Strategy in the American Labor Movement." pp. 205-226 in *Comparative Perspectives on Social Movements: Political Opportunities, Mobilizing Structures, and Cultural Framings*, edited by D. McAdam, J. D. McCarthy, and M. N. Zald. New York: Cambridge University Press.

Clemens, Elisabeth S. and Debra C. Minkoff. 2004. "Beyond the Iron Law: Rethinking the Place of Organizations in Social Movement Research." in *The Blackwell Companion to Social Movements*, edited by D. A. Snow. Malden: Blackwell Publishing Limited.

Coclanis, Peter A. and Stuart Weems Bruchey. 1999. *Ideas, Ideologies, and Social Movements: The United States Experience since 1800*. Columbia: University of South Carolina Press.

Cohen, Jean L. 1985. "Strategy of Identity: New Theoretical Paradigms and Contemporary Social Movements." *Social Research* 52: 663-716.

Coles, Roberta L. 1998. "Peaceniks and Warmongers' Framing Fracas on the Home Front: Dominant and Opposition Discourse Interaction During the Persian Gulf Crisis." *The Sociological Quarterly* 39: 369-391.

Collins, Randall. 1975. *Conflict Sociology: Toward an Explanatory Science*. New

York: Academic Press.

Cornfield, Daniel B. and Bill Fletcher. 1998. "Institutional Constraints on Social Movement 'Frame Extension': Shifts in the Legislative Agenda of the American Federation of Labor, 1881-1955." *Social Forces* 76: 1305-1321.

Couch, Carl J. 1968. "Collective Behavior: An Examination of Some Stereotypes." *Social Problems* 15: 310-322.

Coy, Patrick G. and Lynne M. Woehrle. 1996. "Constructing Identity and Oppositional Knowledge: The Framing Practices of Peace Movement Organizations During the Persian Gulf War." *Sociological Spectrum* 16: 287-327.

Cress, Daniel M. and David A. Snow. 1996. "Mobilization at the Margins: Resources, Benefactors, and the Viability of Homeless Social Movement Organizations." *American Sociological Review* 61: 1089-1109.

Crossley, Nick. 2002. *Making Sense of Social Movements*. Buckingham: Open University Press.

Croteau, David and Lyndsi Hicks. 2003. "Coalition Framing and the Challenge of a Consonant Frame Pyramid: The Case of a Collaborative Response to Homelessness." *Social Problems* 50: 251-272.

Currie, Elliott and Jerome H. Skolnick. 1970. "A Critical Note on Conceptions of Collective Behavior." *Annals of the American Academy of Political and Social Science* 391: 34-45.

Curtis, Russell L., Jr. and Louis A. Zurcher, Jr. 1973. "Stable Resources of Protest Movements: The Multi-Organizational Field." *Social Forces* 52: 53-61.

——. 1974. "Social Movements: An Analytical Exploration of Organizational Forms." *Social Problems* 21: 356-370.

Dahl, Robert Alan. 1961. *Who Governs? Democracy and Power in an American City*. New Haven: Yale University Press.

Dalton, Russell J., Manfred Kuechler, and Wilhelm Burklin. 1990. "The Challenge of the New Movements." pp. 3-20 in *Challenging the Political Order : New Social and Political Movements in Western Democracies*, edited by R. J. Dalton and M. Kuechler. New York: Oxford University Press.

Davenport, Christian. 2007. "State Repression and Political Order." *Annual Review of Political Science* 10: 1-23.

Davenport, Christian and Marci Eads. 2001. "Cued to Coerce or Coercing Cues? An Exploration of Dissident Rhetoric and Its Relationship to Political Repression." *Mobilization* 6: 151-171.

Davies, James C. 1962. "Toward a Theory of Revolution." *American Sociological Review* 27: 5-19.

——. 1970. "The J-Curve of Rising and Declining Statisfactions as a Cause of Some Great Revolutions and a Contained Rebellion." in *The History of Violence in America: Historical and Comparative Perspectives*, edited by H. D. Gramham and T. R. Gurr. New York: Bantam.

——. 1971. *When Men Revolt and Why: A Reader in Political Violence and Revolution*. New York: Free Press.

——. 1974. "The J-Curve and Power Struggle Theories of Collective Violence." *American Sociological Review* 39: 607-610.

Davies, Scott. 1999. "From Moral Duty to Cultural Rights: A Case Study of Political Framing in Education." *Sociology of Education* 72: 1-21.

della Porta, Donatella and Mario Diani. 2007. *Social Movements: An Introduction* (2nd Ed.). Oxford, UK; Malden, Mass.: Blackwell.

della Porta, Donatella and Herbert Reiter. 1998. *Policing Protest: The Control of Mass Demonstrations in Western Democracies*. Minneapolis; London: University of Minnesota Press.

Deng, Fang. 1997. "Information Gaps and Unintended Outcomes of Social Movements: The 1989 Chinese Student Movement." *American Journal of Sociology* 102: 1085-1112.

Diani, Mario. 1992. "The Concept of Social Movement." *Sociological Review* 40: 1-25.

Diani, Mario and Paolo R. Donati. 1999. "Organizational Change in Western European Environmental Groups: A Framework for Analysis." pp. 13-34 in *Environmental Movements: Local, National and Global*, edited by C. Rootes. London; Portland, OR: Frank Cass.

Donati, Paolo R. 1996. "Building a Unitified Movement: Resource Mobilization, Media Work, and Organizational Transformation in the Italian Environmentalist Movement." pp. 125-157 in *Research in Social Movements, Conflict and Change*, vol. 19, edited by L. Kriesberg. Greenwich, CT: JAI Press.

Earl, Jennifer. 2003. "Tanks, Tear Gas, and Taxes: Toward a Theory of Movement Repression." *Sociological Theory* 21: 44-68.

——. 2006. "Introduction: Repression and the Social Control of Protest." *Mobilization* 11: 129-143.

——. 2011. "Political Repression: Iron Fists, Velvet Gloves, and Diffuse Control."

Annual Review of Sociology 37: 261-284.

Earl, Jennifer and Katrina Kimport. 2011. *Digitally Enabled Social Change: Activism in the Internet Age*. Cambridge, Mass.; London: MIT Press.

Edelman, Marc. 2001. "Social Movements: Changing Paradigms and Forms of Politics." *Annual Review of Anthropology* 30: 285-317.

Eder, Klaus. 1985. "The 'New Social Movements': Moral Crusades, Political Pressure Groups, or Social Movements?" *Social Research* 52: 869-890.

——. 1993. *The New Politics of Class: Social Movements and Cultural Dynamics in Advanced Societies*. London: Sage.

Edwards, Bob. 1994. "Semiformal Organizational Structure among Social Movement Organizations: An Analysis of the U. S. Peace Movement." *Nonprofit and Voluntary Sector Quarterly* 23: 309-333.

Edwards, Bob and Sam Marullo. 1995. "Organizational Mortality in a Declining Social Movement: The Demise of Peace Movement Organizations in the End of the Cold War Era." *American Sociological Review* 60: 908-927.

Edwards, Bob and John D. McCarthy. 2004. "Resources and Social Movements Mobilization." pp. 116-152 in *The Blackwell Companion to Social Movements*, edited by D. A. Snow, S. A. Soule, and H. Kriesi. Malden, MA: Blackwell Pub.

Einwohner, Rachel L. 2003. "Opportunity, Honor, and Action in the Warsaw Ghetto Uprising of 1943." *American Journal of Sociology* 109: 650-675.

Eisinger, Peter K. 1973. "The Conditions of Protest Behavior in American Cities." *The American Political Science Review* 67: 11-28.

Ellingson, Stephen. 1995. "Understanding the Dialectic of Discourse and Collective Action: Public Debate and Rioting in Antebellum Cincinnati." *American Journal of Sociology* 101: 100-144.

Evans, John. 1997. "Multi-Organizational Fields and Socialmovement Organization Frame Content: The Religious Pro-Choice Movement." *Sociological Inquiry* 67: 451-469.

Evans, Peter B., Dietrich Rueschemeyer, and Theda Skocpol. 1985. *Bringing the State Back In*. Cambridge Cambridgeshire; New York: Cambridge University Press.

Evans, Robert R. 1969. *Readings in Collective Behavior*. Chicago: Rand McNally.

Ferree, Myra Marx. 1992. "The Political Context of Rationality: Rational Choice Theory and Resource Mobilization." pp. 29-52 in *Frontiers in Social Movement Theory*, edited by A. D. Morris and C. M. Mueller. New Haven, Conn.: Yale University Press.

Fiss, Peer C. and Paul M. Hirsch. 2005. "The Discourse of Globalization: Framing and Sensemaking of an Emerging Concept." *American Sociological Review* 70: 29-52.

Flacks, Richard. 1988. *Making History: The American Left and the American Mind*. New York; Guildford: Columbia University Press.

Freeman, Jo. 1970. "Tyranny of Structurelessness." *Berkeley Journal of Sociology* 17: 151-165.

——. 1978. *The Politics of Women's Liberation : A Case Study of an Emerging Social Movement and Its Relation to the Policy Process*. New York; London: Longman.

Frey, R. Scott, Thomas Dietz, and Linda Kalof. 1992. "Characteristics of Successful American Protest Groups: Another Look at Gamson's Strategy of Social Protest." *American Journal of Sociology* 98: 368-387.

Gamson, William A. 1975. *The Strategy of Social Protest*. Homewood, Ill. : Dorsey Press.

——. 1980. "Understanding the Careers of Challenging Groups: A Commentary on Goldstone." *American Journal of Sociology* 85: 1043-1060.

——. 1987. "Introduction." pp. 1-14 in *Social Movements in an Organizational Society: Collected Essays*, edited by M. N. Zald and J. D. McCarthy. New Brunswick: Transaction Books.

——. 1990. *The Strategy of Social Protest (Second Edition)*. Belmont, Calif. : Wadsworth Pub.

——. 1992a. "The Social Psychology of Collective Action." pp. 53-76 in *Frontiers in Social Movement Theory*, edited by A. D. Morris and C. M. Mueller. New Haven, Conn. : Yale University Press.

——. 1992b. *Talking Politics*. Cambridge England; New York, NY: Cambridge University Press.

——. 1995. "Constructing Social Protest." pp. 85-106 in *Social Movements and Culture*, edited by H. Johnston and B. Klandermans. Minneapolis: University of Minnesota Press.

Gamson, William A., David Croteau, William Hoynes, and Theodore Sasson. 1992. "Media Images and the Social Construction of Reality." *Annual Review of Sociology* 18: 373-393.

Gamson, William A., Bruce Fireman, and Steven Rytina. 1982. *Encounters with Unjust Authority*. Homewood, Ill. : Dorsey Press.

Gamson, William A. and David S. Meyer. 1996. "Framing Political Opportunity." pp. 275-290 in *Comparative Perspectives on Social Movements : Political Opportu-*

nities, *Mobilizing Structures*, *and Cultural Framings*, edited by D. McAdam, J. D. McCarthy, and M. N. Zald. New York: Cambridge University Press.

Gamson, William A. and Andre Modigliani. 1989. "Media Discourse and Public Opinion on Nuclear Power: A Constructionist Approach." *American Journal of Sociology* 95: 1-37.

Gamson, William A. and Gadi Wolfsfeld. 1993. "Movements and Media as Interacting Systems." *The Annals of the American Academy of Political and Social Science* 528: 114-125.

Gerhards, Jurgen and Dieter Rucht. 1992. "Mesomobilization: Organizing and Framing in Two Protest Campaigns in West Germany." *American Journal of Sociology* 98: 555-596.

Gerlach, Luther P. 1971. "Movements of Revolutionary Change: Some Structural Characteristics." *The American Behavioral Scientist* 14: 812-836.

Gillespie, David P. 1983. "Conservative Tatics in Social Movement Organizations." pp. 262-275 in *Social Movements of the Sixties and Seventies*, edited by J. Freeman. New York: Longman.

Gitlin, Todd. 1980. *The Whole World Is Watching: Mass Media in the Making & Unmaking of the New Left*. Berkeley: University of California Press.

Giugni, Marco G. 1998. "Was It Worth the Effort? The Outcomes and Consequences of Social Movements." *Annual Review of Sociology* 24: 371-393.

Goffman, Erving. 1974. *Frame Analysis: An Essay on the Organization of Experience*. New York: Harper & Row.

Goldstone, Jack A. 1980a. "Theories of Revolution: The Third Generation." *World Politics* 32: 425-453.

——. 1980b. "The Weakness of Organization: A New Look at Gamson's the Strategy of Social Protest." *American Journal of Sociology* 85: 1017-1042.

——. 1991a. "An Analytical Framework." pp. 37-51 in *Revolutions of the Late Twentieth Century*, edited by J. A. Goldstone, T. R. Gurr, and F. Moshiri. Boulder, Colo; Oxford: Westview.

——. 1991b. *Revolution and Rebellion in the Early Modern World*. Berkeley; Oxford: University of California Press.

——. 2001. "Toward a Fourth Generation of Revolutionary Theory." *Annual Review of Political Science* 4: 139-187.

——. 2003a. *Revolutions: Theoretical, Comparative, and Historical Studies*. Belmont, Calif.: Thomson Wadsworth.

——. 2003b. *States, Parties, and Social Movements*. Cambridge, UK; New York: Cambridge University Press.

——. 2011. "Understanding the Revolutions of 2011: Weakness and Resilience in Middle Eastern Autocracies." *Foreign Affairs* May/June.

Goldstone, Jack A., Ted R. Gurr, and Farrokh Moshiri. 1991. *Revolutions of the Late Twentieth Century*. Boulder, Colo; Oxford: Westview.

Goldstone, Jack A. and Charles Tilly. 2001. "Threat (and Opportunity): Popular Action and State Response in the Dynamics of Contentious Politics." pp. 179-194 in *Silence and Voice in the Study of Contentious Politics*, edited by R. Aminzade. Cambridge; New York: Cambridge University Press.

Goldstone, Jack A. and Bert Useem. 1999. "Prison Riots as Microrevolutions: An Extension of State-centered Theories of Revolution." *American Journal of Sociology* 104: 985-1029.

Goodwin, Jeff. 1994. "Toward a New Sociology of Revolutions: Rejoinder." *Theory and Society* 23: 795-797.

——. 1997. "The Libidinal Constitution of a High-risk Social Movement: Affectual Ties and Solidarity in the Huk Rebellion, 1946 to 1954." *American Sociological Review* 62: 53-69.

——. 2001. *No Other Way Out: States and Revolutionary Movements, 1945-1991*. Cambridge: Cambridge University Press.

——. 2005. "Revolutions and Revolutionary Movements." pp. 404-422 in *The Handbook of Political Sociology: States, Civil Societies, and Globalization*, edited by T. Janoski, R. Alford, A. Hicks, and M. A. Schwartz. Cambridge: Cambridge.

Goodwin, Jeff, James M. Jasper, and Jaswinder Khattra. 1999. "Caught in a Winding, Snarling Vine: The Structural Bias of Political Process Theory." *Sociological Forum* 14: 27-54.

Goodwin, Jeff, James M. Jasper, and Francesca Polletta. 2001. *Passionate Politics: Emotions and Social Movements*. Chicago, Ill.; London: University of Chicago Press.

Goodwin, Jeff and Theda Skocpol. 1989. "Explaining Revolutions in the Contemporary Third World." *Politics and Society* 17: 489-509.

Gotham, Kevin Fox. 1999. "Political Opportunity, Community Identity, and the Emergence of a Local Anti-Expressway Movement." *Social Problems* 46: 332-354.

Gould, Roger V. 1991. "Multiple Networks and Mobilization in the Paris Commune, 1871." *American Sociological Review* 56: 716-729.

——. 1993. "Collective Action and Network Structure." *American Sociological Review* 58: 182-196.

——. 1995. *Insurgent Identities: Class, Community, and Protest in Paris from 1848 to the Commune*. Chicago; London: University of Chicago Press.

Gouldner, Alvin Ward. 1979. *The Future of Intellectuals and the Rise of the New Class*. London: Macmillan.

Gramsci, Antonio. 1972. *Selections from the Prison Notebooks*. Translated by Q. Hoare and G. Nowell-Smith. New York: International Publishers.

Granovetter, Mark. 1978. "Threshold Models of Collective Behavior." *American Journal of Sociology* 83: 1420-1443.

Gurr, Ted R. 1968a. "A Causal Model of Civil Strife: A Comparative Analysis Using New Indices." *The American Political Science Review* 62: 1104-1124.

——. 1968b. "Psychological Factors in Civil Violence." *World Politics* 20: 245-278.

——. 1970a. "Sources of Rebellion in Western Societies: Some Quantitative Evidence." *Annals of the American Academy of Political and Social Science* 391: 128-144.

——. 1970b. *Why Men Rebel*. Princeton, N. J.: Princeton University Press.

——. 1973. "The Revolution-Social-Change Nexus: Some Old Theories and New Hypotheses." *Comparative Politics* 5: 359-392.

——. 1976. *Rogues, Rebels, and Reformers: A Political History of Urban Crime and Conflict*. Beverly Hills, [Calif.]; London: Sage.

——. 2011. *Why Men Rebel (Fortieth Anniversity Edition)*. Boulder, Colo.; London: Paradigm.

Gusfield, Joseph R. 1966. "Functional Areas of Leadership in Social Movements." *The Sociological Quarterly* 7: 137-156.

——. 1989. "Constructing the Ownership of Social Problems: Fun and Profit in the Welfare State." *Social Problems* 36: 431-441.

——. 1994. "The Reflexivity of Social Movements: Collective Behavior and Mass Society Theory Revisited." pp. 58-78 in *New Social Movements: From Ideology to Identity*, edited by E. Larana, H. Johnston, and J. R. Gusfield. Philadelphia: Temple University Press.

Habermas, Jürgen. 1971. *Knowledge and Human Interests*. Boston: Beacon Press.

——. 1973. *Theory and Practice*. Boston: Beacon Press.

——. 1975. *Legitimation Crisis*. Boston: Beacon Press.

——. 1981. "New Social Movements." *Telos* 49: 33-37.

——. 1984. *The Theory of Communicative Action*. Boston: Beacon Press.

——. 1989. *The Structural Transformation of the Public Sphere: An Inquiry into a Category of Bourgeois Society*. Cambridge, Mass.: MIT Press.

Heijden, Hein-Anton van der. 1999. "Environmental Movements, Ecologoical Modernization and Political Opportunity Structures." pp. 199-221 in *Environmental Movements: Local, National and Global*, edited by C. Rootes. London: Frank Cass.

Hirsch, Joachim. 1988. "The Crisis of Fordism, Transformations of the 'Keynesian' Security State, and New Social Movements." pp. 43-55 in *Research in Social Movements, Conflicts, and Change*, edited by L. Kriesberg. Greenwich, Connecticut: JAI Press.

Hochschild, Arlie Russell. 1983. *The Managed Heart: Commercialization of Human Feeling*. Berkeley; London: University of California Press.

Huiskamp, Gerard. 2000. "Identity Politics and Democratic Transitions in Latin America: (Re) Organizing Women's Strategic Interests through Community Activism." *Theory and Society* 29: 385-424.

Huntington, Samuel P. 1968. *Political Order in Changing Societies*. New Haven; London: Yale University Press.

Imig, Douglas R. and Jeffrey M. Berry. 1996. "Patrons and Entrepreneurs: A Response to 'Public Interest Group Entrepreneurship and Theories of Groups Mobilization'." *Political Research Quarterly* 49: 147-154.

Inglehart, Ronald. 1971. "The Silent Revolution in Europe: Intergenerational Change in Post-Industrial Societies." *The American Political Science Review* 65: 991-1017.

——. 1977. *The Silent Revolution: Changing Values and Political Styles among Western Publics*. Princeton, N. J.: Princeton University Press.

——. 1981. "Post-Materialism in an Environment of Insecurity." *The American Political Science Review* 75: 880-900.

——. 1990. *Culture Shift in Advanced Industrial Society*. Princeton, N. J.: Princeton University Press.

Jacobs, Jerry A. 2005. "ASR's Greatest Hits: Editor's Comment." *American Sociological Review* 70: 1-3.

Jasper, James M. 1997. *The Art of Moral Protest: Culture, Biography, and Creativity in Social Movements*. Chicago London: University of Chicago Press.

——. 2011. "Emotions and Social Movements: Twenty Years of Theory and Research." *Annual Review of Sociology* 37: 285-303.

Jasper, James M. and Jeff Goodwin. 1999. "Trouble in Paradigms." *Sociological Forum* 14: 107-125.

Jenkins, J. Craig. 1977. "Radical Transformation of Organizational Goals." *Administrative Science Quarterly* 22: 568-586.
——. 1983. "Resource Mobilization Theory and the Study of Social Movements." *Annual Review of Sociology* 9: 527-553.
Jenkins, J. Craig and Craig M. Eckert. 1986. "Channeling Black Insurgency: Elite Patronage and Professional Social Movement Organizations in the Development of the Black Movement." *American Sociological Review* 51: 812-829.
Jenkins, J. Craig and Bert Klandermans. 2004. "The Politics of Social Protest: Comparative Perspectives on States and Social Movements." pp. 1-13 in *The Politics of Social Protest*, edited by J. C. Jenkins and B. Klandermans. London: Routledge.
Jenkins, J. Craig and Charles Perrow. 1977. "Insurgency of the Powerless: Farm Worker Movements (1946-1972)." *American Sociological Review* 42: 249-268.
Johnston, Hank and Bert Klandermans. 1995a. "The Cultural Analysis of Social Movements." pp. 3-24 in *Social Movements and Culture*, edited by H. Johnston and B. Klandermans. Minneapolis: University of Minnesota Press.
——. 1995b. *Social Movements and Culture*. Minneapolis: University of Minnesota Press.
Johnston, Hank and David A. Snow. 1998. "Subcultures and the Emergence of the Estonian Nationalist Opposition 1945-1990." *Sociological Perspectives* 41: 473-497.
Jordan, A. G. and William A. Maloney. 1997. *The Protest Business?: Mobilizing Campaign Groups*. Manchester; New York: Manchester Unversity Press.
Kauffman, L. A. 1990. "The Anti-Politics of Identity." *Socialist Review* 90: 67-80.
Kemper, Theodore D. 1978. *A Social Interactional Theory of Emotions*. New York: Wiley.
Kitschelt, Herbert P. 1986. "Political Opportunity Structures and Political Protest: Anti-Nuclear Movements in Four Democracies." *British Journal of Political Science* 16: 57-85.
Kivisto, Peter. 1984. "Contemporary Social Movements in Advanced Industrial Societies and Sociological Intervention: An Appraisal of Alain Touraine's 'Pratique'." *Acta Sociologica* 27: 355-366.
Klandermans, Bert. 1984. "Mobilization and Participation: Social-Psychological Expansions of Resource Mobilization Theory." *American Sociological Review* 49: 583-600.
——. 1986. "New Social Movements and Resource Mobilization: The European and the

American Approach." *International Journal of Mass Emergencies and Disarsters* 4: 13-39.
——. 1991. "New Social Movements and Resource Mobilization: The European and the American Approach Revisited." pp. 17-44 in *Research on Social Movements: The State of the Art in Western Europe and the USA*, edited by D. Rucht. Frankfurt am Main; Boulder, Colo.: Campus Verlag; Westview Press.
——. 1992. "The Social Construction of Protest and Multiorganizational Fields." pp. 77-103 in *Frontiers in Social Movement Theory*, edited by A. D. Morris and C. M. Mueller. New Haven, Conn.: Yale University Press.
——. 1993. "A Theoretical Framework for Comparisons of Social Movement Participation." *Sociological Forum* 8: 383-402.
Klandermans, Bert 2004. "The Demand and Supply of Participation: Social-Psychological Correlates of Participation in Social Movements." pp. 360-379 in *The Blackwell Companion to Social Movements*, edited by D. A. Snow, S. A. Soule, and H. Kriesi. Malden, MA: Blackwell Pub.
Klandermans, Bert and Dirk Oegema. 1987. "Potentials, Networks, Motivations, and Barriers: Steps Towards Participation in Social Movements." *American Sociological Review* 52: 519-531.
Koopmans, Ruud. 1999. "Political Opportunity Structure: Some Splitting to Balance the Lumping." *Sociological Forum* 14: 93-105.
Koopmans, Ruud and Hankspeter Kriesi. 1995. "Institutional Structures and Prevailing Strategies." pp. 26-52 in *New Social Movements in Western Europe: A Comparative Analysis*, edited by H. Kriesi, R. Koopmans, J. W. Duyvendak, and M. G. Giugni. Minneapolis: University of Minnesota Press.
Kornhauser, William. 1959. *The Politics of Mass Society*. Glencoe, Ill.: Free Press.
Kraemer, Kenneth L., Greg Linden, and Jason Dedrick. 2011. "Capturing Value in Global Networks: Apple's Ipad and Iphone." Personal Computing Industry Center (PCIC), The Paul Merage School of Business, University of California, Irvine.
Kriesi, Hanspeter. 1989. "New Social Movements and the New Class in the Netherlands." *American Journal of Sociology* 94: 1078-1116.
——. 1996. "The Organizational Structure of New Social Movements in a Political Context." pp. 152-184 in *Comparative Perspectives on Social Movements: Political Opportunities, Mobilizing Structures, and Cultural Framings*, edited by D. McAdam, J. D. McCarthy, and M. N. Zald. New York: Cambridge University Press.

——. 2004. "Political Context and Opportunity." pp. 67-90 in *The Blackwell Companion to Social Movements*, edited by D. A. Snow, S. A. Soule, and H. Kriesi. Malden, MA: Blackwell Pub.

Krogman, Naomi T. 1996. "Frame Disputes in Environmental Controversies: The Cases of Wetland Regulations in Louisiana." *Sociological Spectrum* 16: 371-400.

Lang, Kurt and Gladys Engel Lang. 1961. *Collective Dynamics*. New York: Crowell.

Larana, Enrique, Hank Johnston, and Joseph R. Gusfield. 1994. *New Social Movements: From Ideology to Identity*. Philadelphia: Temple University Press.

Le Bon, Gustave. 1897. *The Crowd: A Study of the Popular Mind*. London: T. F. Unwin.

Lipsky, Michael. 1968. "Protest as a Political Resource." *American Political Science Review* 62: 1144-1158.

Locher, David A. 2002. *Collective Behavior*. Upper Saddle River, N. J. : Prentice Hall.

Lodhi, Abdul Qaiyum and Charles Tilly. 1973. "Urbanization, Crime, and Collective Violence in 19th-Century France." *American Journal of Sociology* 79: 296-318.

Lofland, John. 1982. "Crowd Joys." *Urban Life* 10: 355-381.

Lowi, Theodore J. 1971. *The Politics of Disorder*. New York: Basic Books.

Mackay, Charles. 1969. *Extraordinary Popular Delusions and the Madness of Crowds*. Wells, Vt. : Fraser Pub. Co.

Marullo, Sam. 1988. "Leadership and Membership in the Nuclear Freeze Movement: A Specification of Resource Mobilization Theory." *The Sociological Quarterly* 29: 407-427.

Marwell, Gerald and Ruth E. Ames. 1979. "Experiments on the Provision of Public Goods. I. Resources, Interest, Group Size, and the Free-Rider Problem." *American Journal of Sociology* 84: 1335-1360.

——. 1980. "Experiments on the Provision of Public Goods. II. Provision Points, Stakes, Experience, and the Free-Rider Problem." *American Journal of Sociology* 85: 926-937.

Marwell, Gerald and Pamela Oliver. 1993. *The Critical Mass in Collective Action: A Micro-Social Theory*. Cambridge England ; New York, NY: Cambridge University Press.

Marwell, Gerald, Pamela E. Oliver, and Ralph Prahl. 1988. "Social Networks and Collective Action: A Theory of the Critical Mass. III." *American Journal of Sociology* 94: 502-534.

Marx, Gary T. and James L. Wood. 1975. "Strands of Theory and Research in Collec-

tive Behavior." *Annual Review of Sociology* 1: 363-428.
McAdam, Doug. 1982. *Political Process and the Development of Black Insurgency*, 1930-1970. Chicago: University of Chicago Press.
——. 1983. "Tactical Innovation and the Pace of Insurgency." *American Sociological Review* 48: 735-754.
——. 1986. "Recruitment to High-risk Activism: The Case of Freedom Summer." *American Journal of Sociology* 92: 64-90.
——. 1988. *Freedom Summer*. New York: Oxford University Press.
——. 1989. "The Biographical Consequences of Activism." *American Sociological Review* 54: 744-760.
——. 1995. "'Initiator' and 'Spin-Off' Movements: Diffusion Processes in Protest Cycles." pp. 217-239 in *Repertoires and Cycles of Collective Action*, edited by M. Traugott. Durham: Duke University Press.
——. 1996a. "The Framing Function of Social Movement Tactics: Strategic Dramaturgy in the American Civil Rights Movement." pp. 338-356 in *Comparative Perspectives on Social Movements: Political Opportunities, Mobilizing Structures, and Cultural Framings*, edited by D. McAdam, J. D. McCarthy, and M. N. Zald. New York: Cambridge University Press.
——. 1996b. "Political Opportunities: Conceptual Origins, Current Problems, Future Diretions." pp. 24-40 in *Comparative Perspectives on Social Movements: Political Opportunities, Mobilizing Structures, and Cultural Framings*, edited by D. McAdam, J. D. McCarthy, and M. N. Zald. New York: Cambridge University Press.
——. 1999. *Political Process and the Development of Black Insurgency*, 1930-1970 (2nd Edition). Chicago: University of Chicago Press.
McAdam, Doug, John D. McCarthy, and Mayer N. Zald. 1988. "Social Movements." in *Handbook of Sociology*, edited by N. Smelser. Newbury Park: Sage Publications.
——. 1996a. *Comparative Perspectives on Social Movements: Political Opportunities, Mobilizing Structures, and Cultural Framings*. New York: Cambridge University Press.
——. 1996b. "Opportunities, Mobilizing Structures, and Framing Processes: Toward a Synthetic, Comparative Perspective on Social Movements." pp. 1-20 in *Comparative Perspectives on Social Movements: Political Opportunities, Mobilizing Structures, and Cultural Framings*, edited by D. McAdam, J. D. McCarthy, and M. N. Zald. New York: Cambridge University Press.

McAdam, Doug and Ronnelle Paulsen. 1993. "Specifying the Relationship between Social Ties and Activism." *American Journal of Sociology* 99: 640-667.

McAdam, Doug and Dieter Rucht. 1993. "The Cross-National Diffusion of Movement Ideas." *The Annals of the American Academy of Political and Social Science* 528: 56-74.

McAdam, Doug and David A. Snow. 1997. *Social Movements: Readings on Their Emergence, Mobilization, and Dynamics*. Los Angeles, Calif.: Roxbury Pub.

McAdam, Doug and Sidney G. Tarrow. 2011. "Introduction: Dynamics of Contention Ten Years On." *Mobilization* 16: 1-10.

McAdam, Doug, Sidney G. Tarrow, and Charles Tilly. 2001. *Dynamics of Contention*. New York: Cambridge University Press.

McCaffrey, Dawn and Jennifer Keys. 2000. "Competitive Framing Processes in the Abortion Debate: Polarization-Vilification, Frame Saving, and Frame Debunking." *The Sociological Quarterly* 41: 41-61.

McCammon, Holly J. 2001. "Stirring up Suffrage Sentiment: The Formation of the State Woman Suffrage Organizations, 1866-1914." *Social Forces* 80: 449-480.

McCammon, Holly J. and Karen E. Campbell. 2004. "Allies on the Road to Victory: Coalition Formation between the Suffragists and the Woman's Christian Temperance Union." *Mobilization* 7: 231 - 251.

McCarthy, John D. 2005. "Persistence and Change among Nationally Federated Social Movements." pp. 193-225 in *Social Movements and Organization Theory*, edited by G. F. Davis, D. McAdam, W. R. Scott, and M. N. Zald. Cambridge; New York: Cambridge University Press.

McCarthy, John D., Clark McPhail, and Jackie Smith. 1996. "Images of Protest: Dimensions of Selection Bias in Media Coverage of Washington Demonstrations, 1982 and 1991." *American Sociological Review* 61: 478-499.

McCarthy, John D. and Mayer N. Zald. 1973. *The Trend of Social Movements in America: Professionalization and Resource Mobilization*. Morristown, N. J.: General Learning Press.

——. 1977. "Resource Mobilization and Social Movements: A Partial Theory." *American Journal of Sociology* 82: 1212-1241.

——. 1987/1973. "The Trend of Social Movements in America: Professionalization and Resource Mobilization." pp. 337-391 in *Social Movements in an Organizational Society: Collected Essays*, edited by M. N. Zald and J. D. McCarthy. New Brunswick, N. J.: Transaction Books.

——. 2002. "The Enduring Vitality and the Resource Mobilization Theory of Social Movements." pp. 533-565 in *Handbook of Sociological Theory*, edited by J. H. Turner. New York: Kluwer Academic/Plenum Publishers.

McPhail, Clark, David Schweingruber, and John McCarthy. 1998. "Policing Protest in the United States: 1960-1995." pp. 49-69 in *Policing Protest: The Control of Mass Demonstrations in Western Democracies*, edited by D. Della Porta and H. Reiter. Minneapolis; London: University of Minnesota Press.

McVeigh, Rory, Daniel J. Myers, and David Sikkink. 2004. "Corn, Klansmen, and Coolidge: Structure and Framing in Social Movements." *Social Forces* 83: 653-690.

Medina, Laurie Kroshus. 1997. "Development Policies and Identity Politics: Class and Collectivity in Belize." *American Ethnologist* 24: 148-169.

Melucci, Alberto. 1980. "The New Social Movements: A Theoretical Approach." *Social science information*: 199-226.

——. 1985. "The Symbolic Challenge of Contemporary Movements." *Social Research* 52: 789-816.

——. 1989. *Nomads of the Present: Social Movements and Individual Needs in Contemporary Society*. London: Hutchinson Radius.

——. 1994. "A Strange Kind of Newness: What's 'New' in New Social Movements?" pp. 101-130 in *New Social Movements: From Ideology to Identity*, edited by E. Larana, H. Johnston, and J. R. Gusfield. Philadelphia: Temple University Press.

——. 1995. "The Process of Collective Identity." pp. 41-63 in *Social Movements and Culture, Social Movements, Protest, and Contention V.* 4, edited by H. Johnston and B. Klandermans. Minneapolis: University of Minnesota Press.

——. 1996a. *Challenging Codes: Collective Action in the Information Age*. Cambridge: Cambridge University Press.

——. 1996b. *The Playing Self: Person and Meaning in the Planetary Society*. Cambridge; New York: Cambridge University Press.

Mertig, Angela G., Riley E. Dunlap, and Denton E. Morrison. 2002. "The Environmental Movement in the United States." pp. 449-481 in *Handbook of Environmental Sociology*, edited by R. E. Dunlap and W. Michelson. Westport, Conn.: Greenwood Press.

Meyer, David S. 1995. "Framing National Security: Elite Public Discourse on Nuclear Weapons During the Cold War." *Political Communication* 12: 173-192.

——. 1999. "Tending the Vineyard: Cultivating Political Process Research." *Sociolo-

gical Forum 14: 79-92.

———. 2002. "Opportunities and Identities: Bridge-Building in the Study of Social Movements." pp. 3-21 in *Social Movements: Identity, Culture, and the State*, edited by N. Whittier and B. Robnett. New York; Oxford: Oxford University Press.

———. 2004. "Protest and Political Opportunities." *Annual Review of Sociology* 30: 125-145.

———. 2007. *The Politics of Protest: Social Movements in America*. New York; Oxford: Oxford University Press.

Meyer, David S. and Catherine Corrigall-Brown. 2005. "Coalitions and Political Context: U. S. Movements against Wars in Iraq." *Mobilization* 10: 327-344.

Meyer, David S. and Debra C. Minkoff. 2004. "Conceptualizing Political Opportunity." *Social Forces* 82: 1457-1492.

Meyer, David S. and Suzanne Staggenborg. 1996. "Movements, Countermovements, and the Structure of Political Opportunity." *American Journal of Sociology* 101: 1628-1660.

Meyer, David S. and Sidney G. Tarrow. 1998. *The Social Movement Society: Contentious Politics for a New Century*. Lanham, MD; Oxford: Rowman & Littlefield.

Meyer, David S. and Nancy Whittier. 1994. "Social Movement Spillover." *Social Problems* 41: 277-298.

Michels, Robert, Eden Paul, and Cedar Paul. 1959. *Political Parties: A Sociological Study of the Oligarchical Tendencies of Modern Democracy*. New York: Dover.

Michelson, Ethan. 2007. "Climbing the Dispute Pagoda: Grievances and Appeals to the Official Justice System in Rural China." *American Sociological Review* 72: 459-485.

Mills, C. Wright. 1956. *The Power Elite*. New York: Oxford University Press.

Minkoff, Debra C. 1997. "The Sequencing of Social Movements." *American Sociological Review* 62: 779-799.

———. 1999. "Bending with the Wind: Strategic Change and Adaptation by Women's and Racial Minority Organizations." *American Journal of Sociology* 104: 1666-1703.

Mitchell, Timothy. 1991. "The Limits of the State: Beyond Statist Approaches and Their Critics." *The American Political Science Review* 85: 77-96.

Mooers, Colin and Alan Sears. 1992. "The 'New Social Movements' and the Withering Away of State Theory." pp. 52-68 in *Organizing Dissent: Contemporary Social Movements in Theory and Practice: Studies in the Politics of Counter-hegemony*, edited by W. K. Carroll. Toronto: Garamond Press.

Mooney, Patrick H. and Scott A. Hunt. 1996. "A Repertoire of Interpretations: Master Frames and Ideological Continuity in U. S. Agrarian Mobilization." *The Sociological Quarterly* 37: 177-197.

Morris, Aldon D. 1981. "Black Southern Student Sit-in Movement: An Analysis of Internal Organization." *American Sociological Review* 46: 744-767.

——. 1984. *The Origins of the Civil Rights Movement : Black Communities Organizing for Change*. New York, London: Free Press; Collier Macmillan.

——. 1992. "Political Consciousness and Collective Action." pp. 351-373 in *Frontiers in Social Movement Theory*, edited by A. D. Morris and C. M. Mueller. New Haven, Conn. : Yale University Press.

Morris, Aldon D. and Cedric Herring. 1988. "Theory and Research in Social Movements: A Critical Review." pp. 137-198 in *Annual Review of Political Science*, vol. 2, edited by S. Long: Ablex Publishing Corporation.

Morris, Aldon D. and Suzanne Staggenborg. 2004. "Leadership in Social Movements." pp. 171-196 in *The Blackwell Companion to Social Movements*, edited by D. A. Snow, S. A. Soule, and H. Kriesi. Malden, MA: Blackwell Pub.

Mouffe, Chantal. 1984. "Toward a Theoretical Interpretation of 'New Social Movements'." pp. 139-144 in *Rethinking Marx*, edited by S. Hönninen, L. Paldán, and D. Albers. Berlin; New York: Argument-Verlag; International General/IMMRC.

Myers, Daniel J. 1997. "Racial Rioting in the 1960s: An Event History Analysis of Local Conditions." *American Sociological Review* 62: 94-112.

——. 2000. "The Diffusion of Collective Violence: Infectiousness, Susceptibility, and Mass Media Networks." *American Journal of Sociology* 106: 173-208.

Nelson, Daniel N. 1984. "Charisma, Control, and Coercion: The Dilemma of Communist Leadership." *Comparative Politics* 17: 1-15.

Nelson, Harold A. 1971. "Leadership and Change in an Evolutionary Movement: An Analysis of Change in the Leadership Structure of the Southern Civil Rights Movement." *Social Forces* 49: 353-371.

Neuman, W. Lawrence. 1998. "Negotiated Meanings and State Transformation: The Trust Issue in the Progressive Era." *Social Problems* 45: 315-335.

Nevitte, Neil, Herman Bakvis, and Roger Gibbins. 1989. "The Ideological Contours of 'New Politics' in Canada: Policy, Mobilization and Partisan Support." *Canadian Journal of Political Science / Revue canadienne de science politique* 22: 475-503.

Noonan, Rita K. 1995. "Women against the State: Political Opportunities and Collective Action Frames in Chile's Transition to Democracy." *Sociological Forum* 10:

81-111.

Nownes, Anthony J. and Grant Neeley. 1996. "Public Interest Group Entrepreneurship and Theories of Group Mobilization." *Political Research Quarterly* 49: 119-146.

Oberschall, Anthony. 1973. *Social Conflict and Social Movements*. Englewood Cliffs., N. J.: Prentice-Hall.

——. 1993. *Social Movements: Ideologies, Interests, and Identities*. New Brunswick (U. S. A.): Transaction.

Oegema, Dirk and Bert Klandermans. 1994. "Why Social Movement Sympathizers Don't Participate: Erosion and Nonconversion of Support." *American Sociological Review* 59: 703-722.

Offe, Claus. 1985. "New Social Movements: Challenging the Boundaries of Institutional Politics." *Social Research* 52: 817-868.

Oliver, Pamela E. 1984. "'If You Don't Do It, Nobody Else Will': Active and Token Contributors to Local Collective Action." *American Sociological Review* 49: 601-610.

——. 2008. "Repression and Crime Control: Why Social Movement Scholars Should Pay Attention to Mass Incarceration as a Form of Repression." *Mobilization* 13: 1-24.

Oliver, Pamela E., Jorge Cadena-Roa, and Kelley D. Strawn. 2002. "Emerging Trends in the Study of Protest and Social Movements." in *Research in Political Sociology*, vol. 11, edited by B. A. Dobratz, T. Buzzell, and L. K. Waldner. Stanford, CT: JAI Press, Inc.

Oliver, Pamela E. and Hank Johnston. 2000. "What a Good Idea! Ideologies and Frames in Social Movement Research." *Mobilization* 5: 37-54.

Oliver, Pamela E. and Gerald Marwell. 1988. "The Paradox of Group Size in Collective Action: A Theory of the Critical Mass. II." *American Sociological Review* 53: 1-8.

——. 2001. "Whatever Happened to Critical Mass Theory? A Retrospective and Assessment." *Sociological Theory* 19: 292-311.

Oliver, Pamela E., Gerald Marwell, and Ruy Teixeira. 1985. "A Theory of the Critical Mass. I. Interdependence, Group Heterogeneity, and the Production of Collective Action." *American Journal of Sociology* 91: 522-556.

Oliver, Pamela and Gerald Marwell. 1992. "Mobilizing Technologies for Collective Action." pp. 251-272 in *Frontiers in Social Movement Theory*, edited by A. D. Morris and C. M. Mueller. New Haven, Conn.: Yale University Press.

Olson, Mancur. 1965. *The Logic of Collective Action: Public Goods and the Theory of Groups.* Cambridge, mass.: Harvard University Press.

Park, Robert Ezra and E. W. Burgess. 1921. *Introduction to the Science of Sociology.* Chicago, Ill.: University of Chicago Press.

Parkin, Frank. 1968. *Middle Class Radicalism: The Social Bases of the British Campaign for Nuclear Disarmament.* Carlton: Melbourne University Press.

Passy, Florence. 2001. "Socialization, Connection, and the Structure/Agency Gap: A Specification of the Impact of Networks on Participation in Social Movements." *Mobilization* 6: 173-192.

Paulsen, Ronnelle and Karen Glumm. 1995. "Resource Mobilization and the Importance of Bridging Beneficiary and Conscience Constituents." *National Journal of Sociology* 9: 37-62.

Pellow, David N. 1999. "Framing Emerging Environmental Movement Tactics: Mobilizing Consensus, Demobilizing Conflict." *Sociological Forum* 14: 659-683.

Perrow, Charles. 1979. "The Sixties Observed." pp. 192-211 in *The Dynamics of Social Movements: Resource Mobilization, Social Control, and Tactics*, edited by M. N. Zald and J. D. McCarthy. Cambridge, Mass.: Winthrop Publishers.

Pichardo, Nelson A. 1997. "New Social Movements: A Critical Review." *Annual Review of Sociology* 23: 411-430.

Piven, Frances Fox and Richard A. Cloward. 1977. *Poor People's Movements: Why They Succeed, How They Fail.* New York: Pantheon Books.

——. 1991. "Collective Protest: A Critique of Resource Mobilization Theory." *International Journal of Politics, Culture, and Society* 4: 435-458.

——. 1992. "Normalizing Collective Protest." pp. 301-325 in *Frontiers in Social Movement Theory*, edited by A. D. Morris and C. M. Mueller. New Haven, Conn.: Yale University Press.

Platt, Gerald M. and Stephen J. Lilley. 1994. "Multiple Images of Charistmatic: Construcing Martin Luther King Jr.'s Leadership." in *Self, Collective Behavior, and Society: Essays Honoring the Contributions of Ralph H. Turner*, edited by G. M. Platt and C. Gordon. Greenwich, Conn.: JAI Press.

Plotz, John. 2000. *The Crowd: British Literature and Public Politics.* Berkeley: University of California Press.

Polletta, Francesca. 1999. "Snarls, Quacks, and Quarrels: Culture and Structure in Political Process Theory." *Sociological Forum* 14: 63-70.

——. 2006. *It Was Like a Fever: Storytelling in Protest and Politics.* Chicago; London: University of Chicago Press.

Polletta, Francesca and James M. Jasper. 2001. "Collective Identity and Social Movements." *Annual Review of Sociology* 27: 283-305.

Rao, Hayagreea, Calvin Morrill, and Mayer N. Zald. 2000. "Power Plays: How Social Movements and Collective Action Create New Organizational Forms." *Research in Organizational Behavior* 22: 239-282.

Reimann, Kim D. 2001. "Building Networks from the Outside In: International Movements, Japanese Ngos, and the Kyoto Climate Change Conference." *Mobilization* 6: 69-82.

Robnett, Belinda. 1996. "African-American Women in the Civil Rights Movement, 1954-1965: Gender, Leadership, and Micromobilization." *American Journal of Sociology* 101: 1661-1693.

Roche, John P. and Stephen Sachs. 1955. "The Bureaucrat and the Enthusiast: An Exploration of the Leadership of Social Movements." *The Western Political Quarterly* 8: 248-261.

Rochon, Thomas R. and Daniel A. Mazmanian. 1993. "Social Movements and the Policy Process." *The Annals of the American Academy of Political and Social Science* 528: 75-87.

Rose, Fred. 1997. "Toward a Class-Cultural Theory of Social Movements: Reinterpreting New Social Movements." *Sociological Forum* 12: 461-494.

Rucht, Dieter. 1988. "Themes, Logics and Arenas of Social Movements: A Structural Approach." pp. 305-328 in *International Social Movement Research (Vol. 1): From Structure to Action*, edited by B. Klandermans, H. Kriesi, and S. G. Tarrow. Greenwich, Connecticut: JAI Press Inc.

——. 2004. "Movement Allies, Adversaries and Third Parties." pp. 199-216 in *The Blackwell Companion to Social Movements*, edited by D. A. Snow, S. A. Soule, and H. Kriesi. Malden, MA: Blackwell Pub.

Rule, James and Charles Tilly. 1975. "Political Process in Revolutionary France: 1830-1832." pp. 41-85 in *1830 in France*, edited by J. M. Merriman. New York: New Viewpoints.

Ryan, Barbara. 1989. "Ideological Purity and Feminism: The U. S. Women's Movement from 1966 to 1975." *Gender and Society* 3: 239-257.

Sacks, Karen B. 1988. *Caring by the Hour : Women, Work, and Organizing at Duke Medical Center*. Urbana: University of Illinois Press.

Sawyers, Traci M. and David S. Meyer. 1999. "Missed Opportunities: Social Movement

Abeyance and Public Policy." *Social Problems* 46: 187-206.

Schindler, Sarah Brooke. 1999. *The Upper Chattahoochee Riverkeeper: Leadership and Membership in the Environmental Social Movement*.

Scott, Alan. 1990. *Ideology and the New Social Movements*. London; Boston: Unwin Hyman.

Scott, James C. 1985. *Weapons of the Weak: Everyday Forms of Peasant Resistance*. New Haven: Yale University Press.

Shemtov, Ronit. 1999. "Taking Ownership of Environmental Problems: How Local Nimby Groups Expand Their Goals." *Mobilization* 4: 91-106.

Shorter, Edward and Charles Tilly. 1974. *Strikes in France, 1830-1968*. London, New York: Cambridge University Press.

Skocpol, Theda. 1979. *States and Social Revolutions: A Comparative Analysis of France, Russia, and China*. Cambridge; New York: Cambridge University Press.

Skolnick, Jerome H. 1969. *The Politics of Protest*. New York: Simon and Schuster.

——. 2010/1969. *The Politics of Protest*. New York: New York Univeristy.

Smelser, Neil J. 1962. *Theory of Collective Behavior*. New York: Free Press.

Smith, Jackie, John D. McCarthy, Clark McPhail, and Boguslaw Augustyn. 2001. "From Protest to Agenda Building: Description Bias in Media Coverage of Protest Events in Washington, D. C." *Social Forces* 79: 1397-1423.

Snow, David A. 2004a. "Framing Process, Ideology, and Discursive Fields." pp. 380-412 in *The Blackwell Companion to Social Movements*, edited by D. A. Snow, S. A. Soule, and H. Kriesi. Malden, MA: Blackwell Pub.

——. 2004b. "Social Movements as Challenges to Authority: Resistance to an Emerging Conceptual Hegemony." pp. 3-25 in *Authority in Contention*, edited by D. J. Myers and D. M. Cress. Amsterdam; Oxford: Elsevier JAI.

Snow, David A. and Robert D. Benford. 1988. "Ideology, Frame Resonance and Participant Mobilization." pp. 197-217 in *From Structure to Action: Comparing Social Movement Research across Cultures*, vol. 1, *International Social Movement Research*, edited by B. Klandermans, H. Kriesi, and S. G. Tarrow. Greenwich, Conn.: JAI Press.

——. 1992. "Master Frames and Cycles of Protest." pp. 133-155 in *Frontiers in Social Movement Theory*, edited by A. D. Morris and C. M. Mueller. New Haven, Conn.: Yale University Press.

——. 1999. "Alternative Types of Cross-National Diffusion in the Social Movement Arena." pp. 23-40 in *Social Movements in a Globalizing World*, edited by D. Della Porta, H. Kriesi, and D. Rucht. Houndmills England, New York: Macmillan; St. Martin's Press.

——. 2000. "Clarifying the Relationship between Framing and Ideology." *Mobilization* 5: 55-60.

Snow, David A. and Scott C. Byrd. 2007. "Ideology, Framing Processes, and Islamic Terrorist Movements." *Mobilization* 12: 119-136.

Snow, David A. and Catherine Corrigall-Brown. 2004. "Falling on Deaf Ears: Confronting the Prospect of Nonresonant Frames." pp. 222-238 in *Rhyming Hope and History: Activists, Academics, and Social Movement Scholarship*, edited by D. Croteau, W. Hoynes, and C. Ryan. Minneapolis, MN: University of Minnesota Press.

Snow, David A., Daniel M. Cress, Liam Downey, and Andrew W. Jones. 1997. "Disrupting the 'Quotidian': Reconceptualizing the Relationship between Breakdown and the Emergence of Collective Action." *Mobilization* 3: 1-22.

Snow, David A. and Phillip W. Davis. 1995. "The Chicago Approach to Collective Behavior." pp. 188-220 in *A Second Chicago School? : The Development of a Postwar American Sociology*, edited by G. A. Fine. Chicago ; London: University of Chicago Press.

Snow, David A., E. Burke Rochford, Jr., Steven K. Worden, and Robert D. Benford. 1986. "Frame Alignment Processes, Micromobilization, and Movement Participation." *American Sociological Review* 51: 464-481.

Snow, David A., Sarah A. Soule, and Daniel M. Cress. 2005. "Identifying the Precipitants of Homeless Protest across 17 U.S. Cities, 1980 to 1990." *Social Forces* 83: 1183-1210.

Snow, David A., Sarah A. Soule, and Hanspeter Kriesi. 2004. *The Blackwell Companion to Social Movements*. Malden, MA: Blackwell Pub.

Snow, David A., Rens Vliegenthart, and Catherine Corrigall-Brown. 2007. "Framing the French Riots: A Comparative Study of Frame Variation." *Social Forces* 86: 385-415.

Snow, David A., Louis A. Zurcher, Jr., and Sheldon Ekland-Olson. 1980. "Social Networks and Social Movements: A Microstructural Approach to Differential Recruitment." *American Sociological Review* 45: 787-801.

Snyder, David and Charles Tilly. 1972. "Hardship and Collective Violence in France, 1830 to 1960." *American Sociological Review* 37: 520-532.

Soule, Sarah A. 1997. "The Student Divestment Movement in the United States and Tactical Diffusion: The Shantytown Protest." *Social Forces* 75: 855-882.

Spilerman, Seymour. 1970. "The Causes of Racial Disturbances: A Comparison of Alternative Explanations." *American Sociological Review* 35: 627-649.

——. 1971. "The Causes of Racial Disturbances: Tests of an Explanation." *American Sociological Review* 36: 427-442.

——. 1976. "Structural Characteristics of Cities and the Severity of Racial Disorders." *American Sociological Review* 41: 771-793.

Staggenborg, Suzanne. 1986. "Coalition Work in the Pro-Choice Movement: Organizational and Environmental Opportunities and Obstacles." *Social Problems* 33: 374-390.

——. 1988. "The Consequences of Professionalization and Formalization in the Pro-Choice Movement." *American Sociological Review* 53: 585-605.

Stanbridge, Karen. 2002. "Master Frames, Political Opportunities, and Self-Determination: The Aland Islands in the Post-Wwi Period." *The Sociological Quarterly* 43: 527-552.

Steinberg, Marc W. 1993. "Rethinking Ideology: A Dialogue with Fine and Sandstrom from a Dialogic Perspective." *Sociological Theory* 11: 314-320.

——. 1994. "The Dialogue of Struggle: The Contest over Ideological Boundaries in the Case of London Silk Weavers in the Early Nineteenth Century." *Social Science History* 18: 505-541.

——. 1998. "Tilting the Frame: Considerations on Collective Action Framing from a Discursive Turn." *Theory and Society* 27: 845-872.

——. 1999. "The Talk and Back Talk of Collective Action: A Dialogic Analysis of Repertoires of Discourse among Nineteenth-Century English Cotton Spinners." *American Journal of Sociology* 105: 736-780.

Steinmetz, George. 1994. "Regulation Theory, Post-Marxism, and the New Social Movements." *Comparative Studies in Society and History* 36: 176-212.

Strang, David and John W. Meyer. 1993. "Institutional Conditions for Diffusion." *Theory and Society* 22: 487-511.

Strang, David and Sarah A. Soule. 1998. "Diffusion in Organizations and Social Movements: From Hybrid Corn to Poison Pills." *Annual Review of Sociology* 24: 265-290.

Su, Yang and Shizheng Feng. 2013. "Adapt or Voice: Class, Guanxi and Protest Propensity in China." *Journal of Asian Studies* 72 (1): 45-67.

Sutton, Philip W. 2000. *Explaining Environmentalism: In Search of a New Social Movement*. Aldershot; Burlington, Vt.: Ashgate.

Swart, William J. 1995. "The League of Nations and the Irish Question: Master Frames, Cycles of Protest, and 'Master Frame Alignment'." *The Sociological Quarterly* 36: 465-481.

Swidler, Ann. 1986. "Culture in Action: Symbols and Strategies." *American Sociological Review* 51: 273-286.

——. 1995. "Cultural Power and Social Movements." pp. 25-40 in *Social Movements and Culture*, edited by H. Johnston and B. Klandermans. Minneapolis: University of Minnesota Press.

Tarrow, Sidney G. 1988. "National Politics and Collective Action: Recent Theory and Research in Western Europe and the United States." *Annual Review of Sociology* 14: 421-440.

——. 1994. *Power in Movement: Social Movements, Collective Action and Politics*. Cambridge [England]; New York: Cambridge University Press.

——. 1996. "State and Opportunites: The Political Stucturing of Social Movements." pp. 41-61 in *Comparative Perspectives on Social Movements: Political Opportunities, Mobilizing Structures, and Cultural Framings*, edited by D. McAdam, J. D. McCarthy, and M. N. Zald. New York: Cambridge University Press.

——. 1998. *Power in Movement: Social Movements, Collective Action, and Politics*. Cambridge: Cambridge University Press.

——. 1999. "Paradigm Warriors: Regress and Progress in the Study of Contentious Politics." *Sociological Forum* 14: 71-77.

——. 2011. *Power in Movement: Social Movements and Contentious Politics*. Cambridge; New York: Cambridge University Press.

Taylor, Verta. 1989. "Social Movement Continuity: The Women's Movement in Abeyance." *American Sociological Review* 54: 761-775.

Taylor, Verta and Nicole C. Raeburn. 1995. "Identity Politics as High-Risk Activism: Career Consequences for Lesbian, Gay, and Bisexual Sociologist s." *Social Problems* 42: 252-273.

Tesh, Sylvia N. and Bruce A. Williams. 1996. "Identity Politics, Disinterested Politics, and Environmental Justice." *Polity* 28: 285-305.

Tilly, Charles. 1978. *From Mobilization to Revolution*. Reading, Mass.: Addison-Wesley Pub. Co.

——. 1979. "Repetoires of Contention in America and Britain, 1750-1830." pp. 126-155 in *The Dynamics of Social Movements*: *Resource Mobilization*, *Social Control*, *and Tactics*, edited by M. N. Zald and J. D. McCarthy. Cambridge, Mass.: Winthrop Publishers.

———. 1981. *As Sociology Meets History*. New York: Academic Press.

———. 1984. "Social Movements and National Politics." pp. 297-317 in *Statemaking and Social Movements*: *Essays in History and Theory*, edited by C. Bright and S. F. Harding. Ann Arbor: University of Michigan Press.

———. 1985. "Models and Realities of Popular Collective Action." *Social Research* 52: 717-747.

———. 1995. *Popular Contention in Great Britain*, 1758-1834. Cambridge, Mass.: Harvard University Press.

———. 1999a. "From Interactions to Outcomes in Social Movements." pp. 253-270 in *How Social Movements Matter*, edited by M. Giugni, D. McAdam, and C. Tilly. Minneapolis: University of Minnesota Press.

———. 1999b. "Wise Quacks." *Sociological Forum* 14: 55-61.

———. 2004. *Social Movements*, 1768-2004. Boulder: Paradigm Publishers.

———. 2005. *Popular Contention in Great Britain*, 1758-1834. Boulder: Paradigm Publishers.

———. 2006. *Regimes and Repertoires*. Chicago: University of Chicago Press.

Tilly, Charles and Sidney G. Tarrow. 2007. *Contentious Politics*. Boulder, Colo.: Paradigm Publishers.

Tilly, Charles, Louise Tilly, and Richard H. Tilly. 1975. *The Rebellious Century*, 1830-1930. Cambridge: Harvard University Press.

Touraine, Alain. 1968. *Le Mouvement De Mai Ou Le Communisme Utopique*. Paris: Éditions du Seuill.

———. 1969. *La Société Post-Industrielle*. Paris: Denoël.

———. 1971. *The Post-Industrial Society*; *Tomorrow's Social History*: *Classes*, *Conflicts and Culture in the Programmed Society*. New York: Random House.

———. 1979. *The May Movement*: *Revolt and Reform*. New York: Irvington Publishers.

———. 1981. *The Voice and the Eye* : *An Analysis of Social Movements*. Cambridge; Paris: Cambridge University Press; Maison des sciences de l'homme.

———. 1983a. "From Exchange to Communication." pp. 115-140 in *The Humane Use of Human Ideas* : *The Discoveries Project and Eco-Technology*, edited by S. Aida. Oxford [Oxfordshire]; New York: Pergamon Press.

———. 1983b. *Solidarity*: *The Analysis of a Social Movement*, *Poland*, *1980-1981*. Ca-

mbridge [Cambridgeshire]; New York; Paris: Cambridge University Press; Editions de la Maison des sciences de l'homme.
——. 1985. "An Introduction to the Study of Social Movements." *Social Research* 52: 748-787.
——. 1988. *Return of the Actor: Social Theory in Postindustrial Society.* Minneapolis: University of Minnesota Press.
Touraine, Alain, Michel Wieviorka, and François Dubet. 1987. *The Workers' Movement.* Cambridge [Cambridgeshire]; New York; Paris: Cambridge University Press; Editions de la Maison des Sciences de l'Homme.
Turner, Ralph H. 1969. "The Theme of Contemporary Social Movements." *The British Journal of Sociology* 20: 390-405.
Turner, Ralph H. and Lewis M. Killian. 1957. *Collective Behavior.* Englewood Cliffs, N. J.: Prentice-Hall.
——. 1964. "Collective Behavior." pp. 382-425 in *Handbook of Modern Sociology,* edited by R. E. L. Faris. Chicago: Rand McNally.
——. 1987. *Collective Behavior.* Englewood Cliffs, N. J.: Prentice-Hall.
Useem, Bert. 1980. "Solidarity Model, Breakdown Model, and the Boston Anti-Busing Movement." *American Sociological Review* 45: 357-369.
——. 1998. "Breakdown Theories of Collective Action." *Annual Review of Sociology* 24: 215-238.
Valocchi, Steve. 1996. "The Emergence of the Integrationist Ideology in the Civil Rights Movement." *Social Problems* 43: 116-130.
——. 1999. "Riding the Crest of a Protest Wave? Collective Action Frames in the Gay Liberation Movement, 1969-1973." *Mobilization* 4: 59-73.
——. 2001. "Individual Identities, Collective Identities, and Organizational Structure: The Relationship of the Political Left and Gay Liberation in the United States." *Sociological Perspectives* 44: 445-467.
van Dyke, Nella. 2003. "Crossing Movement Boundaries: Factors That Facilitate Coalition Protest by American College Students, 1930-1990." *Social Problems* 50: 226-250.
van Dyke, Nella, Doug McAdam, and Brenda Wilhelm. 2000. "Gendered Outcomes: Gender Differences in the Biographical Consequences of Activism." *Mobilization* 5: 161-177.
van Dyke, Nella, Sarah A. Soule, and Verta A. Taylor. 2004. "The Targets of Social Movements: Beyond a Focus on the State." pp. 27-51 in *Authority in Contention,*

edited by D. J. Myers and D. M. Cress. Amsterdam ; Oxford: Elsevier JAI.

Voss, Kim and Rachel Sherman. 2000. "Breaking the Iron Law of Oligarchy: Union Revitalization in the American Labor Movement." *American Journal of Sociology* 106: 303-349.

Walder, Andrew G. 1983. "Organized Dependency and Cultures of Authority in Chinese Industry." *The Journal of Asian Studies* 43: 51-76.

——. 1986. *Communist Neo-Traditionalism: Work and Authority in Chinese Industry*. Berkeley: University of California Press.

——. 2009. "Political Sociology and Social Movements." *Annual Review of Sociology* 35: 393-412.

Walsh, Edward J. and Rex H. Warland. 1983. "Social Movement Involvement in the Wake of a Nuclear Accident: Activists and Free Riders in the Tmi Area." *American Sociological Review* 48: 764-780.

Westby, David L. 2002. "Strategic Imperative, Ideology, and Frame." *Mobilization* 7: 287-304.

White, Robert W. 1999. "Comparing State Repression of Pro-State Vigilantes and Anti-State Insurgents: Northern Ireland, 1972-75." *Mobilization* 4: 189-202.

Whittier, Nancy 2004. "The Consequences of Social Movements for Each Other." pp. 531-551 in *The Blackwell Companion to Social Movements*, edited by D. A. Snow, S. A. Soule, and H. Kriesi. Malden, MA: Blackwell Pub.

Williams, Rhys H. 1995. "Constructing the Public Good: Social Movements and Cultural Resources." *Social Problems* 42: 124-144.

Williams, Rhys H. and Susan M. Alexander. 1994. "Religious Rhetoric in American Populism: Civil Religion as Movement Ideology." *Journal for the Scientific Study of Religion* 33: 1-15.

Wilson, John. 1973. *Introduction to Social Movements*. New York: Basic Books.

Wood, Michael and Michael Hughes. 1984. "The Moral Basis of Moral Reform: Status Discontent vs. Culture and Socialization as Explanations of Anti-pornography Social Movement Adherence." *American Sociological Review* 49: 86-99.

Zald, Mayer N. 1996. "Culture, Ideology, and Strategic Framing." pp. 261-274 in *Comparative Perspectives on Social Movements : Political Opportunities, Mobilizing Structures, and Cultural Framings*, edited by D. McAdam, J. D. McCarthy, and M. N. Zald. New York: Cambridge University Press.

Zald, Mayer N. and Roberta Ash. 1966. "Social Movement Organizations: Growth, Decay and Change." *Social Forces* 44: 327-341.

Zald, Mayer N. and John D. McCarthy. 1980. "Social Movement Industries: Competion and Cooperation among Movement Organizations " pp. 1-20 in *Research in Social Movements, Conflicts and Change* (Vol. 3), edited by L. Kriesberg. Greenwich, Connecticut: JAI Press Inc.

Zald, Mayer N. and Bert Useem. 1987. "Movement, Countermovement Interaction." pp. 247-271 in *Social Movements in an Organizational Society : Collected Essays*, edited by M. N. Zald and J. D. McCarthy. New Brunswick, N. J. : Transaction Books.

Zhao, Dingxin. 1998. "Ecologies of Social Movements: Student Mobilization During the 1989 Prodemocracy Movement in Beijing." *American Journal of Sociology* 103: 1493-1529.

——. 2001. *The Power of Tiananmen : State-Society Relations and the 1989 Beijing Student Movement*. Chicago: University of Chicago Press.

Zhao, Dingxin and John A. Hall. 1994. "State Power and Patterns of Late Development: Resolving the Crisis of the Sociology of Development." *Sociology* 28: 211-229.

Zhou, Xueguang. 1993. "Unorganized Interests and Collective Action in Communist China." *American Sociological Review* 58: 54-73.

Zuo, Jiping and Robert D. Benford. 1995. "Mobilization Processes and the 1989 Chinese Democracy Movement." *The Sociological Quarterly* 36: 131-156.

Zurcher, Louis A. and Russell L. Curtis. 1973. "A Comparative Analysis of Propositions Describing Social Movement Organizations." *The Sociological Quarterly* 14: 175-188.

阿隆. 社会学主要思潮. 葛智强, 胡秉诚, 等, 译. 北京: 华夏出版社, 2000.

凡勃伦. 有闲阶级论. 蔡受百, 译. 北京: 商务印书馆, 1997.

冯仕政. 国家、市场与制度变迁——1981~2000年南街村的集体化与政治化. 社会学研究, 2007 (2).

——. 中国国家运动的形成与变异: 基于政体的整体性解释. 开放时代, 2011 (1).

葛兰西. 狱中札记. 曹雷雨, 等, 译. 北京: 中国社会科学出版社, 2000.

库恩. 科学革命的结构. 金吾伦, 胡新和, 译. 北京: 北京大学出版社, 2003.

勒庞. 乌合之众: 大众心理研究. 冯克利, 译. 北京: 中央编译出版社, 2005.

列宁. 列宁全集: 第39卷. 2版. 北京: 人民出版社, 1986.

——. 列宁选集: 第2卷. 3版. 北京: 人民出版社, 1995.

——. 列宁专题文集·论无产阶级政党. 北京: 人民出版社, 2009.

林毅夫, 蔡昉, 李周. 中国的奇迹: 发展战略与经济改革. 上海: 三联书店, 上海人民出版社，1994.
马克思，恩格斯. 马克思恩格斯选集：第1卷. 2版. 北京：人民出版社，1995.
涂尔干. 自杀论. 冯韵文，译. 北京：商务印书馆，1996.
——. 宗教生活的基本形式. 汲喆，渠东，译. 上海：上海人民出版社，1999.
——. 社会分工论. 渠东，译. 北京：三联书店，2000.
托克维尔. 论美国的民主. 董果良，译. 北京：商务印书馆，1988.
——. 旧制度与大革命. 冯棠，译. 北京：商务印书馆，1992.
韦伯. 韦伯作品集（Ⅲ）：支配社会学. 康乐，简惠美，译. 桂林：广西师范大学出版社，2004.
武丽丽，赵鼎新. 克里斯玛权威的困境：宁夏文革的兴起和发展. 二十一世纪，2007（3）.
赵鼎新. 西方社会运动与革命理论发展之述评——站在中国的角度思考. 社会学研究，2005（1）.
——. 社会与政治运动讲义. 北京：社会科学文献出版社，2006.
赵人伟. 对我国经济改革二十年的若干思考——特点、经验教训和面临的挑战. 经济社会体制比较，1999（3）.

人名中英对照表

部分外国学者的名字曾以中文形式在书中出现。这里列出这些名字的中英文对照，以方便读者根据其中文名字查找相关文献和观点。对那些未曾以中文名字出现的外国学者，则不列出。名字以英文字母顺序排列，姓在前，名在后。为简便起见，所有名字只译姓，不译名。

Aberle, David Friend　艾贝尔
Arendt, Hannah　阿伦特
Ash, Roberta　阿希
Beach, Stephen W.　比奇
Bell, Daniel　贝尔
Benford, Robert D.　本福特
Blumer, Herbert　布鲁默
Boggs, Carl　博格斯
Buechler, Steven M.　布奇勒
Calhoun, Craig　凯霍恩
Campbe, Karen E.　坎贝尔
Chan, Anita　陈佩华
Clemens, Elisabeth S.　克莱门斯
Cloward, Richard A.　克劳沃德
Collins, Randall　柯林斯
Corrigall-Brown, Catherine　卡里哥尔-布朗
Couch, Carl J.　考奇
Cress, Daniel M.　克雷斯
Curtis, Russell L.　科提斯
Dahl, Robert Alan　达尔
della Porta, Donatella　德拉·波塔
Diani, Mario　迪阿尼
Donati, Paolo R.　多拉提
Earl, Jennifer　厄尔

Eder, Klaus　艾德尔
Einwohner, Rachel L.　爱因沃勒尔
Eisinger, Peter K.　艾辛杰
Ellingson, Stephen　艾林森
Flacks, Richard　福莱克斯
Freeman, Jo　弗里曼
Gamson, William A.　甘姆森
Gerhards, Jürgen　格哈茨
Gerlach, Luther P.　格拉克
Gitlin, Todd　吉特林
Giugni, Marco G.　居里
Goffman, Erving　戈夫曼
Goldstone, Jack A.　戈德斯通
Goodwin, Jeff　古德温
Gouldner, Alvin Ward　古尔德纳
Gramsci, Antonio　葛兰西
Granovetter, Mark　格拉诺维特
Gurr, Ted R.　格尔
Gusfield, Joseph R.　古斯菲尔德
Habermas, Jürgen　哈贝马斯
Herring, Cedric　赫宁
Hochschild, Arlie Russell　赫希柴尔德
Huntington, Samuel P.　亨廷顿
Inglehart, Ronald　英格雷哈特

Jasper, James M.　杰斯帕
Jenkins, J. Craig　简金斯
Jenness, Valerie　詹内斯
Johnston, Hank　约翰斯顿
Kemper, Theodore D.　坎普尔
Killian, Lewis M.　克利安
Kitschelt, Herbert P.　凯茨切尔特
Klandermans, Bert　克兰德曼斯
Koopmans, Ruud　库普曼斯
Kornhauser, William　康豪瑟
Kriesi, Hanspeter　克里希
Krogman, Naomi T.　克洛格曼
Lang, Gladys Engel　朗
Lang, Kurt　朗
Le Bon, Gustave　勒庞
Lipsky, Michael　李普斯基
Lodhi, Abdul Qaiyum　罗蒂
Lofland, John　拉弗兰
Lowi, Theodore J.　罗伊
Mackay, Charles　麦凯
Marwell, Gerald　马威尔
Marx, Gary T.　马克思
McAdam, Doug　麦克亚当
McCammon, Holly J.　麦卡门
McCarthy, John D.　麦卡锡
McVeigh, Rory　麦克维
Melucci, Alberto　梅鲁奇
Mertig, Angela G.　梅提格
Meyer, David S.　迈耶
Michels, Robert　米歇尔斯
Mills, C. Wright　米尔斯
Morris, Aldon D.　莫里斯
Noonan, Rita K.　努南
Oberschall, Anthony　欧伯箫
Oegema, Dirk　奥格玛

Offe, Claus　奥菲
Oliver, Pamela E.　奥立弗
Olson, Mancur　奥尔森
Park, Robert E.　帕克
Parsons, Talcott　帕森斯
Passy, Florence　帕希
Pichardo, Nelson A.　皮查多
Piven, Frances Fox　皮文
Plotz, John　普拉兹
Polletta, Francesca　波利塔
Rucht, Dieter　鲁切特
Rule, James　鲁尔
Shorter, Edward　肖特
Skocpol, Theda　斯考契波
Skolnick, Jerome H.　斯科尔尼克
Smelser, Neil J.　斯梅尔塞
Snow, David A.　斯诺
Snyder, David　施耐德
Staggenborg, Suzanne　斯泰根伯格
Steinberg, Marc W.　斯泰因伯格
Swidler, Ann　斯威德勒
Tarrow, Sidney G.　塔罗
Taylor, Verta　泰勒
Tilly, Charles　梯利
Touraine, Alain　图海纳
Turner, Ralph H.　特纳
Useem, Bert　尤瑟姆
Valocchi, Steve　瓦洛奇
van Dyke, Nella　万德克
Voss, Kim　沃斯
Walder, Andrew　魏昂德
Walsh, Edward J.　沃什
Weber, Max　韦伯
Whittier, Nancy　威提尔
Williams, Rhys H.　威廉姆斯

Wilson, John   威尔逊
Wood, James L.   伍德

Zald, Mayer N.   左尔德
Zurcher, Louis A.   祖克尔

重要术语中英对照表

这里列出本书对社会运动研究中一些重要术语的中文翻译,供读者参考。除极少数情况按类别排列外,所有术语都按英文字母顺序排列。对于那些基于同一中心词而形成的术语,则一并罗列在该中心词之下,并在版式上比中心词缩进两格以示从属关系;为免繁冗,在该中心词下属的所有术语中,该中心词相应的英文和中文均以"~"代替。

abeyance structure 沉潜结构
biographical availability 人生可用性
bounded autonomy 受限自主性
bureaucracy 科层制
bureaucratization 科层化
circular reaction 循环反应
claimant 诉主
claim 诉愿
cleavage 劈理
　　~ structure ~结构
　　social ~ 社会~
coalition 联盟
　　~ work ~工作
collective 集体
　　~ behavior ~行为
　　~ excitement ~兴奋
　　~ identity ~认同
　　~ mind ~心智
collective action 集体行动
　　normal ~ 正常的~
　　normative ~ 规范性的~
　　contained ~ 内蕴型~
　　transgressive ~ 逾制型~

conscience adherent 良心拥护者
conscience constituent 良心支持者
contentious politics 斗争政治
craze 热潮
crisis 危机
　　economic ~ 经济~
　　legitimation ~ 合法化~
　　motivation ~ 动机~
　　rationality ~ 理性~
crowd 聚众
　　casual ~ 偶合~
　　conventional ~ 常规~
　　acting ~ 行动~
　　expressive ~ 表意~
deprivation 剥夺
　　relative ~ 相对~
　　decremental ~ 递减型~
　　aspirational ~ 追求型~
　　progressive ~ 进步型~
disaster behavior 灾事行为
early riser 先驱运动
emergent norm theory 突生规范理论
established groups 当权群体

excluded groups　被排斥群体
fashion　时尚
frame　框架
　　～ alignment　～规整
　　～ amplification　～渲染
　　～ articulation　～连接
　　～ bridging　～桥接
　　～ disputes　～争议
　　～ diffusion　～扩散
　　～ extension　～扩展
　　～ transformation　～转变
　　～ resonance　～共鸣度
　　collective action ～　集体行动～
　　master ～　主～
framing　框构
　　cultural ～　文化～
　　counter～　反框构
　　diagnostic ～　诊断性～
　　prognostic ～　预后性～
　　motivational ～　促动性～
　　contested ～　竞争性～［或框架竞争］
　　strategic ～　策略性～［或框架谋划］
　　discursive ～　言说性～［或框架言说］
free-rider　搭便车
frustration-aggression　挫折—攻击
generalized belief　概化信念
generative effect　繁殖效应
grievance　怨愤
intermediate group　中间群体
leader　领袖
　　movement ～　运动～
　　professional ～　专业～
　　nonprofessional ～　非专业～
　　volunteer ～　志愿性～
　　nonprofessional staff ～　非专业职员～

mass　群众
　　～ behavior　～行为
　　～ man　～人
　　～ movement　～运动
　　～ hysteria　～癔症
　　～ society　～社会
　　critical ～　关键～
meritocracry　事功体制
mob　暴众
mobilization　动员
　　～ potentials　～潜势
　　action ～　行动～
　　consensus ～　共识～
　　meso～　中观～
　　resource～　资源～
mobilizing structure　动员结构
movement　运动
　　counter～　对立～
　　norm-oriented ～　规范导向型～
　　value-oriented ～　价值导向型～
　　alternative ～　修正性～
　　reformative ～　改良性～
　　redemptive ～　救赎性～
　　transformative ～　革命性～
　　～ adherent　～拥护者
　　～ constituent　～支持者
　　～ bystander　～旁观者
　　～ opponent　～反对者
　　～ beneficiary　～受益人
multi-organizational field　多组织场域
oligarchy　寡头
　　iron law of ～　～铁律
panic　恐慌
policing　警治
political opportunity structure　政治机会结构

political process model　政治过程模型
polity　政体
postmaterialism　后物质主义
postmaterialist value　后物质主义价值［观］
professional cadre　专业干部
professional staff　专业职员
professional manager　专业管理人
protest　抗争
　　～ control　～控制
　　collective ～　集体～
　　cycle of ～　～周期
public　公众
recruitment　招纳
　　bloc ～　整群～
repertoire　戏码
　　～ of collective action　集体行动～
　　organizational ～　组织～
riot　骚乱
routinization　常规化
rumor　传言
SMO［social movement organization］
社会运动组织
　　classic ～　经典～
　　grassroots ～　草根～
　　formal ～　正式～

informal ～　非正式
professional ～　专业～
professionalization of ～　～的专业化
social contagion　社会感染
social movement　社会运动
　　～ activist　～活跃分子
　　～ entrepreneur　～创业家
　　～ leader　～领袖
　　～ leadership　～领导
　　～ organization　～组织
　　～ industry　～业类
　　～ sector　～部门
　　～ society　～社会
　　new ～　新～
society　社会
　　changing ～　变革～
　　information ～　信息～
　　programmed ～　程控～
　　post-industrial ～　后工业～
spillover effect　外溢效应
state-society relations　国家—社会关系
unintended consequences　非期然后果
value capability　价值能力
value expectation　价值期望
value-added theory　值数累加理论

后　记

　　尽管每个人都想把命运掌握在自己手中，但人生却充满戏剧性和偶然性。2001年5月或是6月的某一天，我的博士论文答辩已经通过，工作去向亦已确定，一时没有特别需要操心的事情，生活闲适得近乎无聊，因此，当通知说系里有个讲座时，我决定去听一听。须知，我平时是很不爱听讲座，也很少听讲座的。但没想到这一听，就改变了我此后的人生轨迹。当时来做讲座的就是为本书写序的赵鼎新教授。讲座的内容是西方的社会运动和革命理论。尽管赵老师讲得激情澎湃，黑板上满是他的各种手迹，但因为缺乏相关的背景知识，我听得如坠云雾中。唯一让我震惊的是，社会运动和革命在西方社会学中居然是一个专门领域！而在我的"常识"中，社会运动和革命是只有政治课才讨论的问题。与此同时，我隐约地感觉到，如果能早点知道这些理论，我的博士论文也许会写得更顺一点，更好一点。这无疑让我非常郁闷。带着这样一种震惊、郁闷以及因此而来的好奇，我决定今后就以"社会运动与革命"为研究方向。世易时移，没想到十余年后的今天，受中国日益严峻的群体性事件形势影响，这个方向不仅在社会学中，而且在很多学科中都成了"显学"。很多同仁恭喜我"抓住"了机会。但事实上，我从来没有想过要去"抓"机会，更没有想过要去赶什么时髦。对这个研究方向，我只是感兴趣而已。至于一做这么多年，只能说我的兴趣很稳定，我与这个方向有缘分。

　　不过，十年前，从事"社会运动与革命"研究的环境确实很不理想。首先一点是，在当时，很多人也和我一样，认为"社会运动与革命"纯粹是一个政治问题，而不是一个专业问题。在他们看来，搞社会运动研究，跟当年共产党举办"农民运动讲习所"没什么两样；我居然对这个问题感兴趣，一定是有什么政治企图。甚至有好心的老师和朋友提醒我：年轻人，不要那么激进，还是做个有把握的方向比较好。为此，我不得不时时捍卫这个领域在科学研究上的合法性，以致在别人介绍我的研究方向时，我每每要咬文嚼字地纠正说："我不是搞社会运动的，我是搞社会运动研究的。"

有幸的是，在种种怀疑和困苦之中，2003年，我以"西方社会运动理论研究"为题申报的国家社会科学基金课题获得批准。这让我非常兴奋。但困难接踵而至。首先是时间非常紧张。参加工作之后，不同渠道的课题和事务性工作不断涌入，我对自己的时间表几乎失去控制，虽然对这个课题念念在心，但一直无法抽出比较完整的时间进行研究，整个工作时断时续。

其次是资料难以获取。社会运动研究当时在国内是一个尚未开发的领域，几乎所有资料都是外文的，但大量关于社会运动研究的外文图书和期刊，国家图书馆等国内几家重要的图书馆都没有收藏。我拿到课题后，马上到国家图书馆检索和复印与社会运动有关的外文图书，凡一百余册，但仍有匮乏之叹。因为这一百多册图书看似数量不少，实则结构不佳，一些非常重要的文献反而没有收藏。为此，我不得不从美国亚马逊网上书店（www.amazon.com）邮购，不但成本高昂，而且运输周期长，常常缓不济急。至于期刊文章，查找更是困难。当时的电子学术资源和互联网本身远不像现在这么发达，很多期刊没有电子版，即或有之，学校图书馆也没有购买，因此我不得不委托国外的朋友从国外下载或扫描后邮寄。

再次是经费不足，使用不便。我最初以为，课题经费虽然不足，但不至于缺口太大，但没有想到的是，复印、扫描、购买相关资料的"烧钱"速度十分惊人。从亚马逊书店邮购一本外文书，寄到国内的运费一般都得15美元。我曾托朋友从美国购买 The Blackwell Companion to Social Movements（Snow, Soule, and Kriesi 2004），光是书费就花去140美元，按当时的汇价折合人民币近1 200元，占整个课题费的2.2%！更糟糕的是，若干财务规定使购买外文书的经费报销起来十分困难，为此也曾大费周章。

2005年，我获得一次机会，到美国加州大学尔湾分校（University of California, Irvine）社会学系和芝加哥大学社会学系进行总共一年的进修。在这一年中，我把几乎全部精力和时间都用在了解和掌握西方社会运动理论上，阅读了大量西方社会运动研究的原始文献，为课题的完成奠定了较为扎实的基础。回国后，我曾想把在美国掌握的知识写成专著，同时向国家社会科学基金交差，但一回国即被大量事务淹没，写作时断时续，直到2007年才算完成一个初稿，把课题做了了结。此后，本应一鼓作气，将书稿修改出版，但奇怪的是，我却对此失去了兴趣，觉得对西方社会运动理论既已了解，就没有必要再劳神费力地把它写成专著了——与其这样做，不如把相关理论结合起来去研究中国的现实问题更有意思。就这样，一放就是好多年。

但近一两年来，我却越来越感到出版这样一本专著的必要性。一个重要的原因是，我发现，国内很多研究者虽然对西方社会运动研究越来越重视，对相关成果的引用也越来越多，却常常是一知半解，知道那么一星半点就如获至宝，把玩不已，完全不知道这些理论和观点的局限。我还发现，关于中国的很多问题，其实西方的相关研究已经非常发达，完全可以借鉴其视角、理论或方法，但很多研究者却懵然不知地在那里闭门造车，由此造成的时间和精力浪费实在让人痛心。2003年，我曾在《国外社会科学》第5期发表《西方社会运动研究：现状与范式》一文。这是我发表的第一篇关于西方社会运动研究的论文，也是国内最早介绍西方社会运动研究的论文之一。现在回过头来看，这篇文章比较肤浅，真实地反映了我当时的水平，但一直到现在都还在被不断地引用。尽管在当今中国高校中，"被引用率"常被用作评价一个学者之学术水平的"硬指标"，我本应甘之如饴地享受这个"被引用"的过程和结果，但基于科学的诚实，我不得不遗憾地说，这篇文章的"被引用率"说明，向国内更为全面和完整地介绍西方社会运动理论还是非常必要的。

在本书之前，赵鼎新教授已经在国内出版了《社会与政治运动讲义》（社会科学文献出版社，2006）一书。该书志在为中国社会运动研究导航，因此，重点不是介绍西方的社会运动理论，而是谈他自己对社会运动以及社会运动研究的理解。在此过程中，该书虽然也介绍了不少西方社会运动研究的成果，但这些内容显然不是全书的中心，所以介绍的内容和框架与当代西方社会运动学界的主流观念有很大差异。与此不同，本书的主要兴趣是按照西方社会运动研究的主流框架，梳理各种范式、理论和观点的源流及得失。大致可以说，赵书是以批判为主，介绍为辅；本书则是以介绍为主，批判为辅，两书正好可以相互补充、相互参照、相互发明。

本人从实践中深刻地感受到，学术研究是一种生态性的活动，个人的学术发展依赖于良好的学术生态；只有在充分而健康的相互竞争和砥砺中，整体的和个人的学术发展才有广阔的前途。基于这一理念，2007年，在海外青年中国论坛（OYCF）和中国人民大学社会学系的共同资助下，在美国加州大学尔湾分校社会学系苏阳教授的全力帮助下，我在中国人民大学组织了为期两周的"集体行为与社会运动研究课程班"。受邀前来讲课的教师包括 David Snow、John McCarthy 和 Mayer Zald 等西方社会运动研究领域的领军学者，以及赵鼎新和苏阳这两位在美国大学从事社会运动研究和教学的华人教授。时在美国巴纳德学院（Barnard College）的杨国斌教授也来做了一次报告。课程班招收正式学员 65 名，加上旁听的非注册人员，参加学习的学员超过 80 人。他们来自全国 27 个省、市、自治区的 50 多家教学和科研机构。考虑到一些学员研究经费紧张，课程班没有收取学员任何费用，所有的课程阅读材料免费提供，而且给 30 名外地学员提供在京食宿和单程硬卧火车票，给 20 名北京地区学员提供午餐。这样做的目的只有一个，那就是推动中国社会运动研究的发展。这既是中国社会学的需要，也是中国社会发展的需要。

2011 年 7 月，在中国人民大学社会学系和芝加哥大学北京中心的共同资助下，赵鼎新教授和我组织举办了"第一届中国政治社会学讲习班"，主题仍为集体行为与社会运动。2012 年 7 月，仍是在上述两家单位的共同资助下，我们又组织举办了"第二届中国政治社会学讲习班"，主题是"现代中国的国家建构"。上述两次讲习班都主要面向国内招收学员，同时招收少量海外学员，并提供奖学金，每次参加讲习的学员都在 100 人以上。赵鼎新教授和我都希望借助这样的活动，有效地推动中国政治社会学和社会运动研究的发展，加强国内外学者，尤其是年轻学者之间的交流，并为相关研究领域培养新鲜血液。

本书的写作得到很多老师和朋友的支持。首先要感谢我的导师郑杭生教授。郑老师以他宽厚的胸怀，为我的学术研究创造了良好的条件，树立了良好的榜样。我在 2007 年举办"集体行为与社会运动研究课程班"时，郑老师欣然前来致词，用他的名望为我减轻压力，保证课程班的顺利举行。中国人民大学社会学系的李路路教授在担任系主任期间，慷慨同意资助"集体行为与社会运动研究课程班"和"第一届中国政治社会学讲习班"。如果这两次课程班和讲习班对推动中国相关研究领域的发展还有所助益的话，郑老师和李老师的贡献都是应该铭记的。

其次要感谢赵鼎新教授和苏阳教授，以及孙砚菲和张杨两位朋友。他们都是我在社会运动研究领域的学术伙伴。从他们那里，我得到的不仅有知识，还有友情和物质上的帮助。与他们的切磋，使我受益良多；当我需要某些资料时，他们总是及时响应。我在尔湾和芝加哥访学期间，更得到他们无微不至的照顾。

还有苏阳教授的夫人马俊陵女士，以及她的父母。他们的善良、体贴和包容，不仅让我在尔湾访学期间享受到温暖的家的感觉，而且让我感悟到不少做人的道理。我在尔湾访学期间，王丰教授夫妇也给予了我很多照顾和帮助。

中国人民大学社会学系是一个融洽的大家庭。我在这里求学，然后任教，从众多师友和同事那里得到了大量帮助。

给我提供支持的还有很多老师、朋友和同事，无法一一列举。

在本书的写作过程中，我曾向 David Snow、Sarah Soule、Robert Benford、Pamela Oliver 等教授索要资料，他们都及时予以帮助。Pamela Oliver 教授还把她的社会运动课程的密码给我，让我随便下载该课程提供的阅读材料，其中一些材料是在国内很难得到的。我非常感谢他们。让我非常难过的是，Mayer Zald 教授最近去世，社会运动研究又失去一位旗手。他在去世前不久还曾给我寄书。

我要感谢我的家人。我能够有今天，离不开父母的培养。他们作为一介农民，培养一个孩子是多么地不容易！在自己也开始做父亲后，我对这一点的感受越来越深刻。我的妻子李颖一直默默地支持我，她坚忍不拔和追求完美的做事风格本身对我就是一个无声的督促。我的儿子在我出国进修社会运动研究时还没有诞生，当这本《西方社会运动理论研究》完成时，他已经上小学了。他的成长给我带来无尽的欢乐。他在大约五岁时曾经问我："爸爸，1 个小时为什么是 60 分钟，而不是 100 分钟或 10 分钟呢？"我从来没有想过这个问题，我的儿子能够扩展我的想象力。幼儿园的兴趣班报名，我征求他的意见，他幽默地回答说："我喜欢看电视。幼儿园有看电视的班吗？"为了他学游泳，我才去学会了游泳。游泳现在成为我唯一算得上"会"的体育运动。还有我的姐姐。我儿子还没有出生时，她就来到北京，一直到现在还在北京给我看孩子，帮我料理家务。我的其他家人也从各个方面给予我无私的支持，极大地减轻了我各方面的压力。

最后，我还要感谢中国人民大学出版社人文分社社长潘宇女士。她一再催促本书的写作进度，并为本书的出版提供了大力支持。责任编辑黄超女士、刘畅先生为本书的出版付出了大量心血，纠正了不少错讹。

本人于 2011 年入选教育部"新世纪优秀人才支持计划"，当时拟定的研究课题是"社会冲突治理与国家政权建设"。本书是该课题成果的一个重要组成部分。与此同时，本书的出版得到了"北京市社会科学理论著作出版基金"的资助。

　　没有来自各方面的支持，这本书的出版是不可想象的。希望本书的质量能够对得起他们的期待。书中存在的错误和问题，当由本人负责，同时谨请读者赐教。

2012年10月25日

于北京时雨园家中

图书在版编目（CIP）数据

西方社会运动理论研究/冯仕政著.—北京：中国人民大学出版社，2013.3
（社会学前沿论丛）
ISBN 978-7-300-17189-0

Ⅰ.①西… Ⅱ.①冯… Ⅲ.①社会运动—理论研究—西方国家 Ⅳ.①D750.5

中国版本图书馆 CIP 数据核字（2013）第 049052 号

教育部"新世纪优秀人才支持计划"项目成果
社会学前沿论丛
西方社会运动理论研究
冯仕政　著
Xifang Shehui Yundong Lilun Yanjiu

出版发行	中国人民大学出版社		
社　　址	北京中关村大街 31 号	邮政编码	100080
电　　话	010-62511242（总编室）		010-62511770（质管部）
	010-82501766（邮购部）		010-62514148（门市部）
	010-62515195（发行公司）		010-62515275（盗版举报）
网　　址	http://www.crup.com.cn		
经　　销	新华书店		
印　　刷	涿州市星河印刷有限公司		
规　　格	170 mm×240 mm　16 开本	版　　次	2013 年 4 月第 1 版
印　　张	24.5 插 2	印　　次	2021 年 9 月第 3 次印刷
字　　数	398 000	定　　价	79.00 元

版权所有　侵权必究　印装差错　负责调换